WOHNMOBIL-TOURGUIDE

002to Abb.: gg

GABY GÖLZ

DIE SCHÖNSTEN ROUTEN
DURCH DIE TOSKANA
UND AUF ELBA

*„Viel zu spät begreifen viele
die versäumten Lebensziele:
Freude, Schönheit der Natur,
Gesundheit, Reisen und Kultur.
Darum, Mensch, sei zeitig weise!
Höchste Zeit ist's! Reise, reise!"*

Wilhelm Busch (1832–1908)

001to Abb.: gg

Die schönsten Routen durch die TOSKANA

Gaby Gölz
Die schönsten Routen durch die Toskana und auf Elba

erschienen im Reise Know-How Verlag Peter Rump GmbH
Osnabrücker Straße 79, 33649 Bielefeld

Herausgeber: Klaus Werner
© Reise Know-How Verlag Peter Rump GmbH 2009, 2011, 2013, 2015, 2017
6., neu bearbeitete und aktualisierte Auflage 2019
Alle Rechte vorbehalten.

Lektorat und Gestaltung: amundo media GmbH
Covergestaltung: Wayan Rump
Fotos inkl. Umschlag: die Autorin (gg)
Stadtpläne: Anna Medvedev, Catherine Raisin, amundo media GmbH, der Verlag
Routenatlas: world mapping project
Druck und Bindung: mediaprint solutions GmbH, Paderborn

ISBN 978-3-8317-3294-4

Dieses Buch ist erhältlich in jeder Buchhandlung Deutschlands, Österreichs, der
Schweiz, Belgiens und der Niederlande. Bitte informieren Sie Ihren Buchhändler
über folgende Bezugsadressen:

Deutschland: Prolit GmbH, Postfach 1109, D-35461 Fernwald (Annerod)
sowie alle Barsortimente
Schweiz: AVA Verlagsauslieferung AG, Postfach 27, CH-8910 Affoltern
Österreich: Mohr Morawa Buchvertrieb GmbH, Sulzengasse 2, A-1230 Wien
Niederlande, Belgien: Willems Adventure, www.willemsadventure.nl
Wer im Buchhandel trotzdem kein Glück hat, bekommt unsere Bücher auch über
unseren Büchershop im Internet: www.reise-know-how.de

INHALTSVERZEICHNIS

VORWORT

Die Toskana grenzt im Norden an die Regionen Ligurien und Emilia-Romagna, im Osten an Umbrien und die Marken und im Süden an Latium. Die in 10 Provinzen eingeteilte Region in der Mitte Italiens hat ungefähr 3,6 Mio. Einwohner, von denen rund 380.000 in der Hauptstadt Florenz leben.

Italiens beliebteste Urlaubsregion steht für traumhafte, abwechslungsreiche Landschaften, kulturelle und historische Stätten von Weltruf, kulinarische Genüsse und Spitzenweine von internationalem Rang – kurzum: Urlaubsfreuden pur. Viele berühmte Künstler wie Michelangelo, Leonardo da Vinci, Brunelleschi und Botticelli haben hier gewirkt und ihre Spuren hinterlassen.

Städte wie Siena und Lucca, San Gimignano oder Montepulciano und natürlich die Touristenzentren Pisa und Florenz gehören ebenso zu dieser Region wie schattige Kastanien- und Pinienwälder, Strand und Meer, Olivenbäume und weite Mohnfelder. Natürlich darf auch die Insel Elba, die zur Provinz von Livorno gehört, nicht vergessen werden. Darüber hinaus hat die Toskana aber noch eine Menge weiterer Reize zu bieten: Zahlreiche Burgen und Schlösser erzählen von längst vergangenen Zeiten und vielerorts sind jahrtausendealte Spuren der Besiedlung durch die Etrusker und die Römer erhalten geblieben. Der Geschichte der bis heute rätselhaften etruskischen Urbevölkerung begegnet man am berühmten *Tomba Ildebranda* (Hildebrandgrab) bei Savona oder an den Resten der alten Stadtmauer von Fiesole.

An den langen Sandstränden der etruskischen Riviera, auf Elba oder an den Küsten der Maremma kann man schwimmen gehen und wer es warm mag, der kann in den Thermalquellen in Bagni San Filippo, Equi Terme oder in Satúrnia ein ungewöhnliches Bad im Freien nehmen. Bergwanderungen mit wundervoller Aussicht locken am Monte Amiata und in der Garfagnana. In Chianciano Terme sowie Montecatini Terme findet man sich in mondänen Kurorten wieder.

Eingebettet zwischen dem Apenninengebirge und dem Mittelmeer liegen weite, mit den für die Toskana typischen Hügelketten durchzogene Beckenlandschaften. Das Herz der Region ist das Chianti-Gebiet, das sich zwischen Florenz und Siena erstreckt. Seine sanften, mit Weinreben und Olivenbäumen bestandenen Hügel, gekrönt von einsamen Gehöften, zu denen eine Zypressenallee führt, sind geradezu malerisch. In der Maremma findet der Reisende im Mündungsgebiet des Flusses Ombrone eine unter Naturschutz stehende ehemalige Sumpflandschaft mit flachen Binnenseen und kleinen Dünen.

Doch es gibt auch eine Toskana, die nur wenige kennen und die es zu entdecken gilt. Die Hügel der Garfagnana, deren höchste Gipfel beinahe alpinen Charakter aufweisen, oder das einsame, waldreiche Mugello sowie das Casentino entlang des Flusses Arno sind Regionen, die abseits der Touristenströme liegen und gerade deshalb den

Wohnmobiltouristen mit besonders schönen und bestens ausgestatteten Stellplätzen umwerben.

Ich möchte Sie ausdrücklich ermuntern, die Toskana einmal zwischen November und Februar zu besuchen. Verlängern Sie den goldenen Herbst oder genießen Sie einen früheren Frühlingsbeginn. Es ist eine wunderschöne und ruhige Zeit. Die Museen sind überwiegend geöffnet, die Stellplätze funktionsfähig, Gas gibt es überall zu kaufen und die Restaurants warten darauf, Sie mit Spezialitäten verwöhnen zu dürfen. Besonders im Mugello sind die Dörfer in der Adventszeit liebevoll dekoriert und in Maradi und Pallazuolo gibt es an den Adventssonntagen stimmungsvolle Weihnachtsmärkte. Es wird bestimmt eine etwas andere Toskanareise, aber sie wird Ihnen in guter Erinnerung bleiben.

Die zehn miteinander verbundenen Routen dieses Buches sind so gewählt, dass man einen umfassenden Eindruck von der Toskana erhält – von der einsamsten Bergregion in den Apenninen bis zum Badespaß auf Elba, vom kleinen, beschaulichen Dorf bis zu den Glanzpunkten der italienischen Renaissance in Florenz.

Ich bereise die Toskana seit über 40 Jahren mit dem Wohnmobil und stelle dabei immer wieder fest, wie viel sich schon innerhalb eines Jahres ändert. Deshalb meine Bitte: Sollte Ihnen bei Ihrer Reise auffallen, dass Angaben im Buch nicht mehr aktuell sind, teilen Sie mir bitte die Änderungen mit (am besten per E-Mail an info@reise-know-how.de).

Ich wünsche Ihnen eine gute Reise und dass Sie mit einer Fülle von schönen Eindrücken und angenehmen Begegnungen wieder wohlbehalten nach Hause kommen.

Ihre

Gaby Gölz

DVD zum Buch
Exakt auf das Buch abgestimmt, hat die Autorin eine Video-DVD produziert, auf der die zehn Routen des Buches in einem stimmungsvollen Film dargestellt werden. In eingehenden Aufnahmen, unterlegt mit Musik und erklärendem Text, kann man bereits zu Hause bei der Reiseplanung alle beschriebenen Orte und Landschaften sowie die meisten der im Buch erwähnten Stellplätze sehen. Die DVD mit einer Spielzeit von 100 Min. kann direkt bei der Autorin bezogen werden (s. S. 279).

GPS-Koordinaten in diesem Buch

Die GPS-Koordinaten in diesem Buch sind generell als **geografische Koordinaten** *(Breite und Länge, Lat./Lon.) angegeben. Die Schreibung erfolgt in* **Dezimalgrad** *(hddd.dddddd), also z. B. 46.138658°N 8.906981°E. Das* **Kartendatum** *ist WGS84.*

Umrechnung von Koordinaten: *Geografische Koordinaten können in drei Varianten angegeben werden: Dezimalgrad (zum Beispiel 46.138658°), Dezimalminuten (46° 8,319') und Dezimalsekunden (46° 8' 19,2"). In diesem Buch verwenden wir ausschließlich Angaben in Dezimalgrad. Die Umrechnung zwischen diesen Varianten führt immer wieder zu Fehlern, denn ein Grad hat 60 (nicht 100!) Minuten. Die Angaben in Dezimalgrad können daher nicht einfach durch Kommaverschiebung in Dezimalminuten umgewandelt werden! 46.138658°N sind nicht gleich 46° 13,8658', sondern 46° 8,319'. Wer dies nicht beachtet, erhält beträchtliche Fehler. Achten Sie auch darauf, dass Sie für die Eingabe am GPS-Gerät das Format auswählen, in dem die Koordinaten vorliegen. Falls dies nicht möglich ist, erleichtert ein Datenkonverter die Umrechnung, z. B. im Internet unter www.geoplaner.de.*

Nutzung der GPS-Koordinaten: *Wer ein* **GPS-Gerät oder Navigationssystem** *benutzt, das Wegpunkt-Eingaben akzeptiert, der kann sich von diesem Gerät direkt zu den jeweiligen Punkten führen lassen. Praktisch alle GPS-Handgeräte bieten diese Möglichkeit, während manche Navigationssysteme nur Eingaben von Adressen akzeptieren – doch Park- oder Stellplätze haben nicht immer eine Adresse. Einige* **Internet-Kartendienste oder Routenplaner** *wie www.google.de/maps zeigen nach Eingabe der Daten den gesuchten Punkt an, auf Wunsch mit Luftbildansicht und an vielen Stellen mit StreetView-Funktion. (Achtung: GoogleMaps™ erwartet die Eingabe mit Punkt als Dezimalzeichen, z. B. 46.138658°N 8.906981°E.)*

Koordinaten zum Download: *Auf der Produktseite des Buches unter www.reise-know-how. de finden Sie alle Stellplatzkoordinaten aus diesem Buch als kml- oder gpx-Datei zum Download auf den PC. Von dort können Sie die gesamte Liste auf Ihr GPS-Gerät oder Navi übertragen. Benötigt Ihr Gerät ein anderes Datenformat, kann die Umrechnung beispielsweise auf den Internet-Seiten www.routeconverter.de oder www.gpsvisualizer.com erfolgen.*

Service für Smartphones und Tablets: *Durch Einscannen des QR-Codes auf dem Umschlag bzw. durch Eingabe der Internet-Adresse www.reise-know-how.de/wohnmobil-tourguide/ toskana19 wird ein für den mobilen Einsatz optimierter Internet-Dienst aufgerufen. Damit kann die Lage der Stellplätze auf einer Karte und die Route dorthin angezeigt werden. Voraussetzung ist eine Datenverbindung über das Mobilfunknetz oder WLAN.*

Eintrittspreise und Öffnungszeiten: *Bei den Eintrittspreisen wird zuerst der Preis für Erwachsene, dann für Kinder und, wenn angeboten, der für Familien angegeben: z. B. 10/4/22 €. Preise für Personen über 65 Jahre sind mit 65+ gekennzeichnet. Die Angaben im Buch zu den Öffnungszeiten sind immer einschließlich der genannten Monate gemeint (April–September meint 1. April bis 30. September).*

Hinweis für große Wohnmobile: *Große Fahrzeuge meint Wohnmobile über 8 m Länge und 3 m Höhe. Campingbusgröße meint Camper unter 5,50 m Länge und 3 m Höhe.*

004to Abb.: gg

005to Abb.: gg

006to Abb.: gg

003to Abb.: gg

PRAKTISCHE REISETIPPS A–Z

ANREISE

Die in diesem Band beschriebene Rundreise beginnt in Prato, ca. 20 km nordwestlich von Florenz. Im Folgenden werden die fünf wichtigsten Anfahrtsrouten von West nach Ost detailliert und z. T. mit Routenvarianten beschrieben. Alle Routen laufen in Bologna zusammen. Sicher findet man weitere Möglichkeiten, nach Bologna zu kommen, in diesem Buch sollen jedoch nur die Routen aufgezeigt werden, die einigermaßen zügig und ohne Probleme wie schwierige Alpenpässe, kleine Bergstraßen in den Alpen etc. zu meistern sind. Ab Bologna geht es über die A1 weiter bis nach Prato.

DIE WESTLICHE ROUTE

Wer aus dem Westen Deutschlands, aus den Niederlanden oder Belgien kommt, den führt die Westroute am schnellsten ans Ziel. Sie führt über Karlsruhe (A5) – Basel – Egerkingen – Luzern (A2) – Airolo – St. Gotthard – Bellinzona (A2) – Mailand (A9/A8) – Bologna (A1) – Prato (A1). Die Gesamtlänge der Strecke von Karlsruhe bis Prato ist 830 km. Der Preis für Dieselkraftstoff liegt in der Schweiz höher als in Deutschland, Superbenzin kostet etwa gleich viel (Stand Mitte 2019).

Folgende **Übernachtungsplätze** bieten sich bis Bologna an:

Camping International Lido, Luzern
47.05003°N 08.33821°E
Platz in ruhiger Lage, Seebad in der Nähe. **Lage/Anfahrt:** Von der A2 (E35) in Richtung Luzern Zentrum abfahren, dann Richtung Gotthard um den nördlichen Teil des Vierwaldstätter Sees fahren, ausgeschildert; **Untergrund:** Wiese; **Ver-/Entsorgung:** Strom, Trinkwasser, Abwasser, Chemie-WC; **Sicherheit:** umzäunt, beleuchtet, bewacht; **Preise:** 20–30 CHF/Fahrz., 10 CHF/Pers., Hund 4 CHF, Strom 4 CHF, Kurtaxe 2,80 CHF, Müll 0,50 CHF, Okt.–Apr. 20 % auf Personentaxe; **Geöffnet:** ganzjährig; **Kontakt:** CH–6006 Luzern, Lidostraße 19, Tel. +41 (0)413702146, www.camping-international.ch.

Camper Area Tamaro
46.138658°N 8.906981°E
Platz in guter und relativ ruhiger Lage. **Lage/Anfahrt:** Von der A2 (E35) an der Ausfahrt 48 abfahren, weiter 1,2 km Richtung Monte Ceneri zum Platz; **Platzanzahl:** 80; **Untergrund:** Schotterrasen; **Ver-/Entsorgung:** Strom, Trinkwasser, Abwasser, Chemie-WC; **Sicherheit:** umzäunt, beleuchtet, videoüberwacht; **Preise:** 10 CHF/2 Std., ab 3. Std. 1 CHF/Std., ab 73. Std. 1,50 CHF/Std., inkl. Ver- und Entsorgung und Strom; **Geöffnet:** ganzjährig; **Kontakt:** CH–6802 Rivera, Via Monte Ceneri, Tel. +41 (0)919462303, www.camperareatamaro.ch.

Oasi Camper, Monzambano
45.38943°N 10.69291°E (s. S. 14)
Anfahrt: Die A4 bei der Ausfahrt „Peschiera" verlassen und Richtung Monzambano fahren. Dort unbedingt erst bei der zweiten Einfahrt in den Ort fahren, ab da beschildert.

Area Sosta Camper, Parma
44.80875°N 10.28434°E
Platz hinter Lärmschutzwand an der Ringstraße, Bus Nr. 23 ins Zentrum, Lebensmittelmarkt in der Nähe, WC, Duschen. **Lage/Anfahrt:** Von der A1 an der Ausfahrt „Parma" abfahren, weiter auf der „tangenziale" bis zur Ausfahrt 10, ab dort ausgeschildert; **Platzanzahl:** 26; **Untergrund:** Asphalt; **Ver-/Entsorgung:** Strom, Trinkwasser, Abwasser, Chemie-WC; **Sicherheit:** umzäunt, beleuchtet; **Preise:** 20 €/Fahrz. inkl. Ver- und Entsorgung und Strom; **Geöffnet:** ganzjährig; **Kontakt:** I–43100 Parma, Largo 24. Agosto 1942, 21/a, Tel. +39 3890217735, www.comune.parma.it.

DIE BODENSEE-ROUTE

Die Bodensee-Route ist eine Anfahrtsvariante für diejenigen, die über die A7 von Ulm in Richtung Allgäu fahren und lieber über die Schweiz als über Österreich nach Italien reisen möchten. Sie führt über Ulm (A7), Memmingen (beim AK Memmingen auf die A96 in Richtung Lindau) und Bregenz (A14). Bei der Ausfahrt „Hohenems" fährt man von der A14 auf die L46 und bis zur Schweizer Grenze, hier der Beschilderung zur A13 folgen. Auf ihr geht es über Chur und durch den San-Bernadino-Tunnel weiter nach Bellinzona. Hier trifft die Bodenseeroute mit der vorab beschriebenen Westroute zusammen. Die Entfernung von Ulm bis Prato beträgt auf dieser Strecke 731 km.

Achtung: Auf der A14 braucht man für die kurze Strecke zwischen Staatsgrenze und Hohenems eine österreichische **Vignette**. Wichtig ist beim Anbringen, dass sie nur auf die Windschutzscheibe geklebt werden darf. Wer diese Vorschrift nicht beachtet, muss eine Ersatzmaut von 120 € oder, wenn diese nicht sofort bezahlt wird, eine Geldstrafe von mindestens 400 € bezahlen (s. S. 17).

Camp Au, Chur
46.86195°N 09.50722°E

Sehr ansprechender Platz am Ufer des Vorderrheins. Hallen- und Freibad in unmittelbarer Nähe. **Lage/Anfahrt:** Von der A13 an der Ausfahrt 17 („Chur-Süd") links auf die Waffenplatzstraße, dann rechts in die Sommeraustraße, kurz darauf links in die Roßbodenstraße, nach ca. 700 m rechts in die Pulvermühlstraße, dann links in die Industriestraße und nach 550 m links in die Felsenaustraße zum Platz. **Platzanzahl:** 100; **Untergrund:** Wiese; fest; **Ver-/Entsorgung:** Strom, Trinkwasser, Abwasser, Chemie-WC; **Sicherheit:** umzäunt, beleuchtet, bewacht; **Preise:** 12,50–19,50 CHF/Fahrz., 7,50 CHF/Pers., Hund 3 CHF, Strom 3,50 CHF, Kurtaxe 1,20 CHF, Pauschale 1. Übernachtung 15 €; **Geöffnet:** ganzjährig; **Kontakt:** CH–7000 Chur, Felsenaustr. 61, Tel. +41 (0)812842283, www.camping-chur.ch.

Tipp
Weitere Übernachtungsmöglichkeiten zwischen Bellinzona und Prato finden Sie in der Beschreibung der **westlichen Route.**

DIE BRENNER-ROUTE

Die Brenner-Route führt über München – München-Süd – Rosenheim (A8) – Kufstein (A93) – Innsbruck (A12) – Brenner (A13) – Brixen – Bozen – Trient – Verona – Mantua – Modena (A22) – Bologna (A1) – Prato (A1). Die Distanz zwischen München und Prato beträgt 642 km.

Natürlich gibt es auch im Verlauf der Brenner-Route genügend Übernachtungsmöglichkeiten. Unter anderem bieten sich die im Folgenden genannten Plätze an:

Camping Kranebitterhof, Innsbruck
47.26407°N 11.32564°E

Platz mit guter Ausstattung. **Lage/Anfahrt:** An der Ausfahrt „Innsbruck-Kranebitten" die A12 verlassen und auf die B171 wechseln, ausgeschildert; **Platzanzahl:** 120; **Untergrund:** Wiese; **Ver-/Entsorgung:** Strom, Trinkwasser, Abwasser, Chemie-WC; **Sicherheit:** umzäunt, beleuchtet, bewacht; **Preise:** 25–36 € inkl. 2 Pers., Strom, Ver- und Entsorgung, WLAN; **Geöffnet:** ganzjährig; **Kontakt:** A–6020 Innsbruck, Kranebitterallee 216, Tel. +43 (0)512279558, www.kranebitterhof. at/de/camping-de.

Stellplatz Autocamp, Brenner
46.88061°N 11.43864°E

Separater Parkplatz für Wohnmobile direkt an der Brennerautobahn. Für diese Lage relativ ruhig. WC, Restaurant. **Lage/Anfahrt:** An der Mautstation Raststätte Vipiteno/Sterzing, ausgeschildert; **Platzanzahl:** 300; **Untergrund:** Asphalt; **Ver-/Entsorgung:** Strom, Trinkwasser, Abwasser, Chemie-WC; **Sicherheit:** umzäunt, beleuchtet, bewacht; **Preise:** 15 €/17 € im Winter inkl. Strom; **Geöffnet:** ganzjährig, im Winter nicht alle Plätze geräumt; **Kontakt:** 39049 Sterzing, +39 0472721791.

Camping Moosbauer, Bozen
46.50283°N 11.29918°E

Sehr gepflegter Platz, Stellplätze durch Hecken parzelliert, alle Plätze mit Strom-, TV-Sat-, Frisch- und Abwasseranschluss, WLAN gebührenpflichtig, Restaurant, beheiztes Schwimmbad. **Lage/Anfahrt:** Die A22 an der Ausfahrt „Bozen Süd" verlassen, dann der Beschilderung in Richtung Krankenhaus folgen; **Untergrund:** Wiese; **Ver-/Entsorgung:** Strom, Trinkwasser, Abwasser, Chemie-WC; **Sicherheit:** umzäunt, beleuchtet, bewacht; **Preise:** 16,60–32,60 €/Fahrz., 10,10–11,30 €/Pers. , Hund 3,90–4,70 €, Kurtaxe 0,85 €; **Geöffnet:** ganzjährig; **Kontakt:** I–39100 Bozen, Morizinger Weg 83, Tel. +39 0471918492, www.moosbauer.com.

Ver-/Entsorgung

Wohnmobil-Ver-/Entsorgung Trento Centro in Trient, von der Ausfahrt „Trento Centro" der A22 (E45) ausgeschildert.

Stellplatz Parking Serenella, Bardolino
45.56163°N 10.71484°E

Offizieller Stellplatz, nur durch einen Fußweg vom Gardasee getrennt. Nur Fahrzeuge bis 7 m Länge. **Lage/Anfahrt:** Von Ausfahrt „Affi/Lago di Garda Süd" der A22 nach Garda fahren. Dort auf der Via Gardasana Richtung Bardolino. 1,6 km vor Bardolino, direkt hinter einer Tankstelle (Ugolini Petroli), rechts einbiegen, ausgeschildert. **Platzanzahl:** 10; **Untergrund:** Asphalt; **Ver-/Entsorgung:** Trinkwasser, Abwasser, Chemie-WC; **Sicherheit:** beleuchtet; **Preise:** 15 €/24 Std.; **Geöffnet:** ganzjährig.

Camping du Parc, Lazise
45.49833°N 10.73750°E (s. S. 16)

Oasi Camper, Monzambano
45.38943°N 10.69291°E

Großzügige, gepflegte Plätze in sehr schöner und ruhiger Lage, entweder unter Bäumen am Ententeich oder auf Schotterplätzen am Eingang, WC, Dusche, WLAN. Hübsches Städtchen mit einer Burganlage aus dem 13. Jh. **Lage/Anfahrt:** Von der A22 bei Verona auf die A4 Richtung „Milano" wechseln. Diese bei der Ausfahrt „Peschiera" verlassen. Dort auf der SP28 5 km nach Monzambano fahren. Unbedingt die zweite Ortseinfahrt nehmen, ab hier ist der Platz gut ausgeschildert; **Platzanzahl:** 80; **Untergrund:** Schotter/Wiese; **Ver-/Entsorgung:** Strom, Trinkwasser, Abwasser, Chemie-WC; **Sicherheit:** umzäunt, beleuchtet; **Preise:** 14 €/Fahrz., mit ADAC-Mitgliedschaft 13 €, Dusche 1 €, WLAN 1 €/12 Std.; **Geöffnet:** ganzjährig; **Kontakt:** I-46040 Monzambano, Via del Fante 27, Tel. +39 3341580937, www.camperistidimonzambano.it.

International Camping, Modena
44.65556°N 10.86583°E

Platz in ausreichender und lauter Lage zwischen Autobahnkreuzen, Schwimmbad. **Lage/Anfahrt:** Von der A1 an der Ausfahrt „Modena Nord" abfahren, nach der Ausfahrt nach 500 m links, ausgeschildert; **Untergrund:** Schotterrasen; **Ver-/Entsorgung:** Strom, Trink-wasser, Abwasser, Chemie-WC; **Sicherheit:** umzäunt, beleuchtet, bewacht; **Preise:** 13,50 €/Fahrz., 9,50 €/Pers., Hund 2,50 €, Strom 3,50 €, Kurtaxe 0,20 €; **Geöffnet:** ganzjährig; **Kontakt:** I-41100 Bruciata, Modena, Via Cave di Rame 111, Tel. +39 059332252, www.internationalcamping.org.

DIE RESCHENPASS-ROUTE

Die Reschenpass-Route führt über Ulm – Memmingen – Kempten – Füssen (A7) – Reutte – Nassereith – Imst (B179) – Landeck – Pfunds (B 180) – Meran – Bozen (SS40/SS38) – Trient – Verona – Mantua – Modena (A22) – Bologna (A1) – Prato (A1). Die Fahrstrecke von Ulm bis Prato ist insgesamt 713 km lang.

Diese Route ist, sofern man die Bezeichnung in diesem Zusammenhang gebrauchen kann, die gemütlichste. Sie bietet vielfältige landschaftliche Reize wie das Allgäu, den Fernpass, das obere Inn-Tal und den Reschenpass mit der im Stausee „ertrunkenen" Kirche, deren Turm noch sichtbar ist.

Die Route hat überdies noch den finanziellen Vorteil, dass sie in Österreich nicht mautpflichtig ist und man keine österreichische Vignette oder Go-Box (bei mehr als 3,5 t) benötigt. Sie ist sicher auch die langsamste Route, aber als Wohnmobilfahrer hat man in der Regel Zeit und Muße, die vorbeiziehende Landschaft auf sich wirken zu lassen und dort einen Zwischenstopp einzulegen, wo es einem am besten gefällt.

Zu Beginn der Route bietet sich in Ulm folgender Stellplatz an:

Stellplatz Donaustadion, Ulm
48.40728°N 10.00978°E

Ein offizieller Stellplatz auf dem Park-and-Ride-Parkplatz der Stadt Ulm, relativ ruhig, stadtnah und mit guter Anbindung an die öffentlichen Verkehrsmittel. Umweltzone! **Lage/Anfahrt:** Von der A7 fährt man am Kreuz „Ulm-Elchingen" auf die A8 in Richtung Stuttgart. An der nächsten Abfahrt („Ulm-Ost") fährt man ab und auf der B19 bis nach Ulm, ab hier ist der Platz aus-

geschildert; **Platzanzahl:** 50; **Untergrund:** Asphalt; **Ver-/Entsorgung:** Trinkwasser, Abwasser, Chemie-WC; **Sicherheit:** beleuchtet; **Preise:** kostenlos, Wasser 1 €; **Max. Stand:** 3 Nächte; **Geöffnet:** ganzjährig; **Kontakt:** Wielandstr. 74, 89073 Ulm.

Wohnmobilstellplatz Camper's Stop, Füssen

47.58168°N 10.70092°E

Platz in einem Gewerbegebiet, eingezwängt zwischen Supermärkten, Lage befriedigend und laut, Dusche, WC, WLAN, Restaurant. 2 km ins Zentrum, 1 km zum See. **Lage/Anfahrt:** Von der A7 bei der Abfahrt 139 Richtung Füssen abfahren, ausgeschildert; **Platzanzahl:** 120; **Untergrund:** Schotter; **Ver-/Entsorgung:** Strom, Trinkwasser, Abwasser, Chemie-WC; **Sicherheit:** umzäunt; **Preise:** 15 €/Fahrz., Strom 1 €/1,4 kWh, Dusche 1 €, XXL-Platz 20 €; **Geöffnet:** ganzjährig; **Kontakt:** D–87629 Füssen, Abt-Hafner-Str. 9, Tel. +49 (0) 8362940104, www.wohnmobilplatz-fuessen.de.

Aktiv-Camping Prutz

47.08015°N 10.65963°E

Platz in schöner und relativ ruhiger Lage am Ortsrand, gute Sanitärausstattung. **Lage/Anfahrt:** Von der B180 ausgeschildert. In Sichtweite der Bundesstraße; **Platzanzahl:** 130; **Untergrund:** Schotterrasen; Wiese; **Ver-/Entsorgung:** Strom, Trinkwasser, Abwasser, Chemie-WC; **Sicherheit:** umzäunt, beleuchtet, bewacht; **Prei**-

se: nach Ostern–Okt. 28–44 €, Dez.–Ostern 30–38 €/ Fahrz., Tagespauschale für 2 Pers., Strom im Sommer inkl., sonst 0,80 €/kWh, Hund 3–4 €; **Geöffnet:** Dez.–Okt.; **Kontakt:** A–6522 Prutz, Beim Sauerbrunn, Tel. +43 (0)5472 2648, www.aktiv-camping.at.

Via Claudiasee, Pfunds

46.95435°N 10.51297°E

Stellplätze vor dem Campingplatz in schöner und relativ ruhiger Lage (Straße). **Lage/Anfahrt:** Von der B180 hinter Pfunds ausgeschildert; **Platzanzahl:** 15; **Untergrund:** Schotter; **Ver-/Entsorgung:** Strom, Trinkwasser, Abwasser, Chemie-WC; **Sicherheit:** beleuchtet; **Preise:** 13,50 €/Fahrz. inkl. 2 Personen und Strom, Hund 3,50 €, WLAN gebührenpflichtig; **Geöffnet:** ganzjährig; **Kontakt:** 6542 Pfunds, Rauth 714, Tel. +43 (0) 547443097, www.camping-pfunds.at.

Area Sosta Camper, St. Valentin a.d.H.

46.76379°N 10.53106°E

Separater Stellplatz beim „Camping zum See" in schöner und ruhiger Lage, Restaurant, zum Haidersee 300 m. **Lage/Anfahrt:** In St. Valentin rechts zum See abbiegen, ausgeschildert. **Platzzahl:** 25; **Unter**-

⌃ *Bei einem Zwischenstopp im schönen Tirol*

grund: Schotterwiese; **Ver-/Entsorgung:** Trinkwasser, Chemie-WC; **Sicherheit:** beleuchtet; **Preise:** 10 €, Wasser 1 €; **Geöffnet:** ganzjährig; **Kontakt:** I-39027 St. Valentin, Kirchgasse 26, Tel. +39 0473 634576, www.zumsee.it.

Camping Gloria Vallis, Glurns
46.67218°N 10.57069°E

Vor dem Campingplatz gibt es schöne, parzellierte Stellplätze zur einmaligen Übernachtung für Womos. Restaurant, Mini-Markt, WC. **Lage/Anfahrt:** In Schluderns nach Glurns abbiegen, 1,5 km zum Platz; **Platzanzahl:** 12; **Untergrund:** Wiese; **Ver-/Entsorgung:** Strom, Trinkwasser, Abwasser, Chemie-WC; **Sicherheit:** beleuchtet; **Preise:** 15 €/Fahrz. inkl. aller Pers., Ver- u. Entsorgung, Strom, Hund 2 €; **Geöffnet:** März–Nov.; **Kontakt:** I-39020 Glurns, Tel. +39 0473835160, www.gloriavallis.it.

Camping Moosbauer, Bozen
46.50283°N 11.29918°E (s. S. 13)

Ver-/Entsorgung

Wohnmobil-Ver-/Entsorgung Trento Centro in Trient, von der Ausfahrt „Trento Centro" der A22 (E45) ausgeschildert. Beinahe jede Tankstelle an der Strecke bietet Ver- und Entsorgung gegen Gebühr an.

Camping du Parc, Lazise
45.49833°N 10.73750°E

Terrassierter Platz am Gardasee. In der Saison sehr voll. **Lage/Anfahrt:** An der A22 Ausfahrt „Affi/Lago di Garda Süd" auf die SR450 wechseln, nach 8 km auf die SP5 nach Lazise; **Platzanzahl:** 1550; **Untergrund:** Wiese; **Ver-/Entsorgung:** Strom, Trinkwasser, Abwasser, Chemie-WC; **Sicherheit:** umzäunt, beleuchtet, bewacht; **Preise:** 12–31,50 €/Fahrz., 6–12,30 €/Pers., Hund 1,50–6 €, Kurtaxe 0,50–0,80 €; **Geöffnet:** Mitte März–Oktober; **Kontakt:** I-37017 Lazise, Localita Sentieri, Tel. +39 0457580127, www.campingduparc.com.

Stellplatz Parking Serenella, Bardolino
45.56163°N 10.71484°E (s. S. 14)

Oasi Camper, Monzambano
45.38832°N 10.69269°E (s. S. 14)

DIE OST-ROUTE

Die Ost-Route ist für all diejenigen geeignet, die aus dem östlichen Teil Österreichs anreisen. Sie führt über Klagenfurt – Villach (A2) – Tarvisio – Carnia – Udine (A23) – Mestre – Padua (A4) – Ferrara – Bologna (A13)– nach Prato (A1). Von Klagenfurt nach Prato beträgt die Entfernung 520 km. Die österreichische Autobahn A2 geht an der Grenze zu Italien in die italienische A23 über, die über Udine zum Autobahnkreuz Palmanova führt. Hier wechselt man auf die A4 (E70) Richtung Mestre. Hinter Padova mündet die A4 in die A13, die nach Bologna führt.

Stellplatz Camper Don Bosco, Jesolo
45.521389°N 12.689167°E

Ansprechend angelegter Platz, 50 m zum 15 km langen Strand. Busverbindung nach Venedig, zahlreiche Fischrestaurants. **Lage/Anfahrt:** Von der A4 (E70) bei der Ausfahrt San Donà-Noventa abfahren und weiter Richtung Jesolo und nach Lido di Jesolo fahren. Platz liegt kurz hinterm Ort Richtung Cortellazzo. **Platzanzahl:** 50; **Untergrund:** Wiese; **Ver-/Entsorgung:** Strom, Trinkwasser, Abwasser, Chemie-WC; **Sicherheit:** umzäunt, beleuchtet, bewacht; **Preise:** 10–26 €/Fahrz., Strom 3–6 €, Kurtaxe 0,60 €/Pers., Camperstop 19.30–9.30 U Area Sosta camper, Parma hr 8–10 €; **Geöffnet:** ganzjährig; **Kontakt:** I-30016 Jesolo, Via Don Giovanni Bosco 28, Tel. +39 3382231462, www.jesolocamper.it.

Campeggio comunale Estense, Ferrara
44.85778°N 11.63000°E

Kleiner Platz beim Ort. **Lage/Anfahrt:** Von der A13 an der Ausfahrt Ferrara Nord abfahren auf die Via Eridano (SP19), dann links in die Via Modena, geradeaus in die Viale Po, halbrechts in den Corso Porta Mare, an seinem Ende links in die Via Gramicia, ausgeschildert; **Platzanzahl:** 50; **Untergrund:** fest; **Ver-/Entsorgung:** Strom, Trinkwasser, Abwasser, Chemie-WC; **Sicherheit:** umzäunt, beleuchtet, bewacht; **Preise:** 8–9 €/Fahrz., 5,50–6,50 €/Pers., Hund 2 €, Strom 4 €; **Geöffnet:** März–Anfang Jan.; **Kontakt:** I-44100 Ferrara, Via Gramicia 76, Tel. +390532752396, www.campeggioestense.it.

BOLOGNA BIS PRATO

Der größte Teil der Anfahrt ist geschafft. Auf der Autobahn A1 geht es südwärts in Richtung Florenz. An der Ausfahrt „Calenzano-Sesto Fiorentino" verlässt man die Autobahn in Richtung Prato. Die weitere Anfahrtsbeschreibung deckt sich mit der des Stellplatzes in Prato (s. S. 63). Die Entfernung von Bologna bis zum Stellplatz beträgt 102 km.

MAUT

Auf jeder schnellen Strecke (wie Autobahn und Alpentunnel), die man in den Süden wählt, wird eine Gebühr verlangt. Sieht man die enormen Finanz- und Abgasbelastungen, die z.B. in Österreich und in der Schweiz entstehen, mag man vielleicht ein gewisses Verständnis für diese Abgabe entwickeln.

Maut in Österreich

Autobahnen sind mautpflichtig. Wohnmobile bis zu einem zulässigen Gesamtgewicht von 3,5 t benötigen eine **Vignette** (von den Österreichern „Pickerl" genannt), die es im grenznahen Gebiet an allen Tankstellen oder in jeder ADAC-Geschäftsstelle zu kaufen gibt oder als digitale Vignette unter https://shop.asfinag.at. Die Jahresvignette kostet 89,20 €, eine 2-Monats-Vignette 36,50 €, die 10-Tages-Vignette 9,20 € (Stand 2019). Anhänger benötigen keine Vignette! Am kostengünstigsten liegt man mit jeweils einer 10-Tages-Vignette für die Hin- und Rückreise. Man sollte auf keinen Fall eine österreichische Autobahn ohne gültige Vignette befahren, es drohen drakonische Geldstrafen, die sofort vollstreckt werden!

Wohnmobile über 3,5 t zulässigem Gesamtgewicht werden elektronisch nach gefahrenen Kilometern (streckenabhängig) und nach Achsenanzahl abgerechnet. Bei Wohnmobilen werden die Achsen der Anhänger nicht mitgezählt. Voraussetzung für die elektronische Mauterhebung ist die **Go-Box,** die an Tankstellen an den Hauptzufahrtsstrecken nach Österreich und in den ÖAMTC-Grenzbüros gegen eine Gebühr von 5 € erhältlich ist. Das Gerät kann mit einem Guthaben zwischen 75 und 500 € aufgeladen werden, das man dann abfährt (gültig bis zwei Jahre nach der letzten Aufladung). Mittels der innen an der Windschutzscheibe befestigten Go-Box und den Mautportalen an den Autobahnen erfolgt während der Fahrt die elektronische Abbuchung der Gebühren. Die Höhe der Maut hängt von der Euro-Emissionsklasse, der Achszahl, der Lärmbelastung (seit 2017) und der gefahrenen Kilometer ab. Unter www.go-maut.at können alle nötigen Informationen abgerufen werden.

Zur eigentlichen Autobahnmaut kommt noch die Maut für die Brenner-Autobahn hinzu. Sie beträgt für Wohnmobile unter 3,5 t 9,50 € (über 3,5 t zwischen 21,19 und 30,18 €) zzgl. 20 % MwSt. je nach Emissionsklasse, Achsenzahl und Zeitpunkt der Fahrt (bei Tag oder Nacht).

Maut in der Schweiz

Bei der Fahrt mit dem Wohnmobil durch die Schweiz ist Folgendes zu beachten: Für Fahrzeuge unter 3,5 t zulässigem Gesamtgewicht besteht nur für Autobahnen eine Vignettenpflicht. Die Jahresvignette kostet 40 CHF (ca. 36,50 €, Stand 2019).

Für Wohnmobile mit einem zulässigen Gesamtgewicht über 3,5 t wird eine **Schwerverkehrsabgabe** erhoben. Im Gegensatz zur Vignette, die nur für das Befahren der Autobahnen vorgeschrieben ist, muss die Schwerverkehrsabgabe für das gesamte Straßennetz der Schweiz entrichtet werden. Zu zahlen ist sie bei der Einreise am Schweizer Zollamt.

Dort erhält man einen auf das Fahrzeug ausgestellten, nicht übertragbaren Zahlungsnachweis, den man sorgfältig aufbewahren sollte, da er bei Kontrollen vorzuweisen ist. Die Jahresgebühr für Wohnmobile über 3,5 t beträgt CHF 650. Die Abgabe kann aber auch nach voraussichtlicher Aufenthaltsdauer entrichtet werden: Für einen bis dreißig aufeinanderfolgende Tage werden pro Tag CHF 3,25 fällig, mindestens aber CHF 25 und höchstens CHF 58,50. Für aufeinanderfolgende Monate kostet die Schwerverkehrsabgabe pro Monat CHF 58,50, für zehn frei wählbare Einzeltage innerhalb eines Jahres CHF 32,50. Letzteres ist wohl die günstigste Alternative, wenn man die Schweiz nur im Transit durchfährt.

Maut in Italien

Das Mautsystem in Italien gliedert sich in zwei Systeme. Beim **geschlossen System** zieht man bei der Auffahrt auf die Autobahn ein Ticket, mit dem man bei der Abfahrt bei einem Kassierer oder einem Automaten abrechnet. Bitte das Ticket sorgfältig verwahren. Bei Verlust wird der Maximalbetrag verlangt! Sollte die automatische Ticketabgabe nicht funktionieren, findet sich an jedem Automaten ein Hilfeknopf.

Bei kürzeren Autobahnabschnitten wird oft das **offene System** angewandt. Hier muss kein Ticket gezogen werden, sondern an der Zahlstelle wird ein Pauschalbetrag abgerechnet.

Neben der Barzahlung kann die Maut auch mit gängigen Kreditkarten oder der Viacard beglichen werden. Die Viacard ist eine Guthabenkarte (25 €, 50 € oder 75 €), von der die Gebühren abgebucht werden. Sie kann jedoch nicht nochmals aufgeladen werden, fehlende Restbeträge kann man zum Teil mit Kreditkarte oder einer weiteren Viacard begleichen. Die Karte ist an Raststätten und Punto-blue-Stationen erhältlich.

Für die dritte Variante Telepass braucht man eine Mautbox Telepass, erhältlich gegen Gebühr unter www.tolltickets.com/country/italien. Für die Inhaber einer Viacard gibt es an größeren Mautstellen eigene Fahrspuren; damit ist eine schnellere Abfertigung gewährleistet. Eine Fahrt auf der Autobahn vom Brenner bis nach Florenz kostet für ein Wohnmobil gängiger Größe beispielsweise 33,80 €.

DIPLOMATISCHE VERTRETUNGEN

ITALIENISCHE BOTSCHAFTEN

> **Deutschland:** D–10785 Berlin, Hiroshimastr. 1, Tel. +49 (0) 30254400, www.ambberlino.esteri.it/ambasciata_Berlino
> **Österreich:** A–1030 Wien, Rennweg 27, Tel. +43 (0) 17125121, www.ambvienna.esteri.it/ambasciata_vienna
> **Schweiz:** CH–3006 Bern, Willadingweg 23, Tel. +41 (0) 313901010, www.ambberna.esteri.it/ambasciata_Berna

VERTRETUNGEN IN ITALIEN

Deutsche Vertretungen

> **Botschaft der Bundesrepublik Deutschland,** 00185 Rom, Via San Martino della Battáglia 4, Tel. +39 06 49213208, Notruf 17–24 Uhr und an Feiertagen 8–24 Uhr Tel. +39 335 7904170, www.rom.diplo.de
> **Honorarkonsulat der Bundesrepublik Deutschland,** Corso dei Tintori 3, 50122 Florenz, Tel. +39 0552343543

Österreichische Vertretungen

> **Botschaft der Republik Österreich,** 00198 Rom, Via Pergolesi 3, Tel. +39 06 8440141, Notruf +39 3357089749, www.bmeia.gv.at
> **Honorarkonsulat der Republik Österreich,** Lungarno A. Vespucci 58, 50123 Florenz, Tel. +39 0552654222

Schweizer Vertretungen

> **Botschaft der Schweiz,** Via Barnaba Oriani 61, 00197 Rom, Tel. +39 06 809571, www.eda.admin.ch
> **Konsulat der Schweiz,** Piazzale Galileo 5, 50125 Florenz, Tel. +39 055222434, firenze@honrep.ch

▷ *Die Italiener lieben ihre Wochenmärkte*

EINKAUFEN

Für Konsumenten galt Italien viele Jahre als Vorbild für **liberale Geschäftsöffnungszeiten.** Doch auch hier gibt es Regeln, die man beachten sollte. So ist z. B. die Siesta den Italienern heilig. Sie beginnt meist um 13 Uhr und endet zwischen 15.30 und 16.30 Uhr. In dieser Zeit sind die meisten Läden, Banken und Behörden geschlossen. Einzelhandelsgeschäfte *(negozio)* haben in der Regel Montag bis Samstag von 9 Uhr bis 13 Uhr und von 15 bzw. 16 Uhr bis 20 Uhr geöffnet. Bäckereien *(panificio* bzw. *forno)* und Lebensmittelgeschäfte *(alimentari)* öffnen morgens deutlich früher. In den Touristengebieten sind in der Saison alle Geschäfte abends häufig länger offen und viele Läden, besonders Lebensmittelgeschäfte, sind meist auch am Sonntagvormittag geöffnet. Einkaufszentren und große Supermärkte sind in der Regel durchgängig von 9 Uhr bis 20 Uhr, zum Teil bis 22 Uhr und am Sonntagvormittag, geöffnet.

In den kleineren *alimentari* kauft man gute **regionale Produkte,** allerdings sollte man ein paar Brocken Italienisch sprechen, damit man sich mit den freundlichen Verkäufern verständigen kann. Große internationale Supermärkte *(supermercato)* bieten alles, was zur Füllung des bordeigenen Kühl- und Vorratsschrankes benötigt wird. Sehr wichtig in Italien: Unbedingt den **Kassenbon mitnehmen!** Der *scontrino* (Kassenzettel) ist der Nachweis, dass die Ware bzw. die Dienstleistung in der Kasse verbucht wurde und dafür Steuern entrichtet werden. Gewissenhafte Geschäftsleute und Ladenbesitzer drängen Ihnen den Kaufbeleg richtiggehend auf. Nehmen Sie ihn mit, denn es kann vorkommen, dass Beamte der *guardia di finanza* (Finanz- und Zollpolizei) den Beleg sehen wollen. Wird dieser nicht vorgelegt, werden zum Teil erhebliche Strafen ausgesprochen.

LEBENSMITTEL

In Italien gibt es ein reichhaltiges Angebot an frischem Obst und Gemüse. Auch die gängigen Lebensmittel wird man in jedem *alimentari* finden, aber natürlich stehen hier vor allem die vielen verschiedenen Pastasorten im Vordergrund. Hausgemachte Soßen *(sugo)* und Pestos bieten ebenfalls viele Läden an.

Aus seinem Heimatland Lebensmittel nach Italien mitzubringen, ist völlig unnötig. Nur wer **spezielle Nahrungsmittel** benötigt, sollte diese dabeihaben und auch Kaffeesahne, Vollkornprodukte und biologisch verarbeitete Lebensmittel sind nicht überall zu finden.

©Foto Abb.: gg

In nahezu jeder Stadt und in jedem größeren Dorf findet einmal pro Woche ein **Markt** statt, auf dem zahlreiche Händler aus der Region ihre Waren anbieten. Die Termine dieser Markttage kann man in den örtlichen Tourismusinformationen erfragen und ein Besuch lohnt schon allein wegen der Atmosphäre.

In den **Küstenorten** findet man am frühen Morgen Fischer, die frischen **Fisch** *(il pesce)* direkt vom Boot verkaufen. In den **Tourismusgebieten** werben Läden mit *prodotti tipici,* regionaltypischen Lebensmitteln, die man auch als Mitbringsel verschenken kann. Besonders erwähnenswert sind hier grüne und schwarze Oliven bzw. das daraus gewonnene Olivenöl. In fast jeder Bäckerei kann man sich leckere *focaccia* (Fladenbrote) kaufen. Oft nur mit Olivenöl beträufelt und mit Salz

und Rosmarin gewürzt, sind sie eine äußerst delikate Zwischenmahlzeit. Wer Süßes mag, sollte sich in Siena einen *panforte* gönnen, eine Delikatesse aus kandierten Früchten, Mandeln und Gewürzen. Jede Region hat ihre eigenen Spezialitäten, auf die in den einzelnen Routen verwiesen wird.

Weltberühmt ist die Toskana aber auch wegen ihrer **Weine.** Chianti classico, Brunello und Vino Nobile sind internationale Spitzenweine, die natürlich auch ihren Preis haben. Sehr gut sind aber auch die einfachen Landweine, die überall angeboten werden.

SOUVENIRS

Die Toskana ist in punkto Reiseandenken sehr verführerisch. Die Auswahl der Souvenirs bemisst sich dann meist an der noch freien Ladekapazität des Wohnmobils.

Terrakotta findet man in der Region fast überall, das Zentrum der Herstellung liegt aber in Impruneta, südlich von Florenz. Die Palette reicht von Vasen in allen Größen über Töpfe, Krüge, Schalen, Büsten und Reliefs bis

⌂ *Eine riesige Auswahl an Terrakotta gibt es in San Piero a Sieve*

hin zu Pflanztrögen für den Balkon oder Garten. Eine besonders empfehlenswerte Adresse für Terrakotta ist darüber hinaus San Piero a Sieve (s. S. 254).

Volterra ist das Zentrum des **Alabaster,** schönes **Kristall** kommt vor allem aus Colle di Val d'Elsa und an jedem ersten Sonntag im Monat findet in Arezzo auf der Piazza Grande Italiens größter Markt für **Antiquitäten** statt. **Lederwaren** ersteht man in Siena und **Schmuck** kauft man stilgerecht auf der Ponte Vecchio in Florenz, wo sich seit dem Mittelalter die Goldschmiede angesiedelt haben.

PREISE

Man sollte bei Lebensmitteln im Durchschnitt von einem etwas höheren Preisniveau als in Deutschland ausgehen. Allerdings gibt es inzwischen auch deutsche Discounter mit angepasstem Warenangebot. Wein kauft man entweder in einem gut sortierten Supermarkt oder direkt bei einer der unzähligen Kellereien, die am Weg liegen. Prodotti tipici bekommt man in einem Supermarkt oder in einem „normalen" alimentari günstiger und oft in besserer Qualität als in den Souvenirgeschäften.

In Städten mit viel Tourismus und in der Hochsaison zahlt man in Lokalen oft überhöhte Preise. Man sollte deshalb solche Restaurants besuchen, in denen auch die Einheimischen verkehren, denn hier stimmt das Preis-Leistungs-Verhältnis zumeist.

Senioren ab 65 Jahren bekommen bei den Eintrittspreisen zu den Sehenswürdigkeiten häufig einen deutlichen Preisnachlass.

EINREISEBESTIMMUNGEN

Durch das Schengener Abkommen sind die Grenzen in Europa gefallen und seit dem 12. Dezember 2008 werden auch bei der Durchreise durch die **Schweiz** die Reisedokumente im Normalfall nicht mehr geprüft. Dennoch kann es zu **Zollkontrollen** kommen, da die Schweiz kein Mitglied der EU ist.

Ein **Personalausweis** ist für Deutsche, Österreicher und Schweizer als Ausweispapier ausreichend. Für das Wohnmobil benötigt man neben Führerschein und Fahrzeugschein auch eine **grüne Versicherungskarte.** Es ist anzuraten, eine **Vollkaskoversicherung** abzuschließen, da der Schadensausgleich der italienischen Haftpflichtversicherungen oft nicht dem tatsächlichen Schaden entspricht. Ein **Euroschutzbrief** ist bei Reisen mit dem eigenen Fahrzeug empfehlenswert. Weiterhin sind der Abschluss einer privaten Auslandskrankenversicherung, einer Haftpflichtversicherung und einer Wohnmobilinhaltsversicherung ratsam.

Innerhalb der EU können folgende **Warenmengen** zollfrei ein- und ausgeführt werden: 800 Zigaretten oder 200 Zigarren bzw. 1000 g Schnitttabak, 110 l Bier, 90 l Wein oder 20 l Spirituosen unter 22 Vol.-%, 10 l Spirituosen über 22 Vol.-% sowie 10 kg Kaffee.

Bei der Durchreise durch die Schweiz gelten folgende zollfreie Höchstmengen pro Person über 17 Jahren: Privatwaren mit einem Gesamtwert unter 5000 CHF, bis zu 1 kg Fleisch- und Wurstwaren, 5 l alkoholhaltige Getränke bis 18 % Vol., 1 l alkoholhaltige Getränke über 18 % Vol. und 250 Zigaretten. Haustiere brauchen den blauen EU-Heimtierpass, eine gültige Tollwutimpfung und einen Chip zur Identifizierung. Die Einfuhr von kupierten Hunden ist verboten, sie werden an der Grenze zurückgewiesen.

FAHRRAD

Als sehr praktisch hat es sich erwiesen, Fahrräder mitzuführen. Da die Park- beziehungsweise Stellplätze oft außerhalb der Städte liegen, kann man so die Distanz bequem überwinden. In diesem Buch sind auch Touren beschrieben, die sich mit dem Fahrrad unternehmen lassen.

GASVERSORGUNG

Im Allgemeinen sollte ein **Gasvorrat** von zwei 11-kg-Flaschen für einen Urlaub im Sommer ausreichen. Wer allerdings den Beginn des Frühlings oder den späten Herbst für seinen Urlaub aussucht, wird ab und zu die Heizung anstellen und somit mit seinen zwei Gasflaschen bei einem längeren Aufenthalt nicht über die Runden kommen.

Die **Anschlüsse** der italienischen Gasflaschen passen nicht an die in Deutschland und Österreich üblichen Druckregler. Ein Nachfüllen mitgebrachter Flaschen ist verboten, deshalb sollte man unbedingt ein Adapterset (Europa-Flaschenset, vierteilig, ungefähr 20 €) dabeihaben, mit dem sich italienische Gasflaschen ohne Schwierigkeiten anschließen lassen.

Da in Italien im Haushalt sehr viel Flaschengas genutzt wird, ist es kein Problem, Gasflaschen *(bombola del gas)* zu kaufen. Beinahe in jedem Dorf findet sich ein **Händler.** Es gibt 10-kg-, 15-kg- und 20-kg-Flaschen. Die 10-kg-Flasche hat einen Durchmesser von 27 cm und eine Höhe von 58,7 cm, die 15-kg-Flasche misst 31,5 × 65,4 cm und die 20-kg-Flasche 31,5 × 80,7 cm. Der Preis für eine 10-kg-Flasche liegt bei ca. 20 €, variiert aber von Ort zu Ort.

GELD

Beim Urlaub im europäischen Ausland lernt man die Vorzüge des Euro kennen: kein lästiges Tauschen von Währungen!

Geldautomaten für Debitkarten (Girocard), Kredit- oder V-PAY-Karten gibt es in Italien fast überall und beinahe alle sind mit einer deutschsprachigen Benutzerführung versehen. Hierbei sollte man auch die üblichen Sicherheitsvorkehrungen nicht außer Acht lassen (beim Eintippen des Pincodes das Eingabefeld mit der Hand abdecken, möglichst immer zu zweit am Automaten stehen, das Geld direkt einstecken).

Die Bezahlung per **Kreditkarte** ist in Italien die gebräuchlichste Art, seine Rechnung zu begleichen. Im Supermarkt, an der Tankstelle und im Restaurant ist das „Plastikgeld" die normale Zahlungsweise.

Bei **Verlust der Debitkarte (Girocard)** oder der **Kreditkarte** gibt es für Kartensperrungen eine **deutsche Zentralnummer** (unbedingt vor der Reise klären, ob die eigene Bank diesem Notrufsystem angeschlossen ist). **Aber Achtung:** Mit der telefonischen Sperrung sind die Karten zwar für die Bezahlung/Geldabhebung mit der PIN gesperrt, nicht jedoch für das Lastschriftverfahren mit Unterschrift. Man sollte daher auf jeden Fall den Verlust zusätzlich bei der Polizei zur Anzeige bringen, um gegebenenfalls auftretende Ansprüche zurückweisen zu können.

In **Österreich** und der **Schweiz** gibt es keine zentrale Sperrnummer, daher sollten sich Besitzer von in diesen Ländern ausgestellten Maestro-(EC-) oder Kreditkarten vor der Abreise bei ihrem Kreditinstitut über den zuständigen Sperrnotruf informieren.

Generell sollte man sich immer die **wichtigsten Daten** wie Kartennummer und Austellungsdatum **separat notieren,** da diese unter Umständen abgefragt werden.

> **Deutscher Sperrnotruf** (von Italien aus):
> Tel. +49 116116 oder Tel. +49 3040504050
> (aus dem Festnetz)

> **Weitere Infos:** www.kartensicherheit.de, www.sperr-notruf.de

GESUNDHEIT

Für die Reise nach Italien sind keine besonderen Vorsorgemaßnahmen nötig. Eine **normale Reiseapotheke** ist völlig ausreichend. Wer regelmäßig spezielle Medikamente einnehmen muss, sollte diese aber selbstverständlich mitnehmen. **Apotheken** *(farmacia)* gibt es fast überall und man erhält dort meist eine gute Beratung. In größeren Ortschaften findet sich die gleiche Auswahl an niedergelassenen **Ärzten** wie in Deutschland.

Seit dem 1. Juli 2004 ist die **europäische Krankenversicherungskarte** an die Stelle des Auslandskrankenscheins getreten. Mit ihr entfällt auch der Umweg über die ausländische Krankenkasse. Klären Sie jedoch bei einem Arztbesuch vor der Behandlung ab, ob die Krankenversicherungskarte anerkannt oder nur privat abgerechnet wird. Vor der Abreise sollten bei der Krankenkasse unbedingt genaue Erkundigungen eingeholt werden!

Ein **Krankenrücktransport** wird von den deutschen Krankenkassen nicht übernommen. Deshalb ist es ratsam, eine Auslandskrankenversicherung abzuschließen. Oft schließen auch Kfz-Schutzbriefe einen Krankenrücktransport ein.

Prüfen Sie auf jeden Fall rechtzeitig vor Ihrer Abreise, ob ein ausreichender Krankenversicherungsschutz vorhanden ist!

HAUSTIERE

Es stellt kein Problem dar, wenn man seinen treuen Begleiter auf eine Reise nach Italien mitnehmen möchte. Vor der Reise sollten Sie jedoch unbedingt daran denken, die **Tollwutimpfung** Ihres Vierbeiners auffrischen zu lassen. Zudem muss auf jeden Fall der **europäische Heimtierausweis** mitgeführt werden (innerhalb der EU ist dies Pflicht) und der Hund oder die Katze müssen mittels Chip oder Tätowierung **gekennzeichnet** sein.

Hunde- und Katzenfutter gibt es in Italien reichlich zu kaufen, allerdings nicht unbedingt dieselbe Marke, die Ihr Vierbeiner gewohnt ist.

Die meisten **Campingplätze** lassen Tiere zu. In öffentlichen Verkehrsmitteln besteht generell Leinen- und Maulkorbzwang. In vielen Restaurants sind Tiere nicht willkommen.

⌃ *Auch Vierbeiner genießen einen Urlaub in der Toskana*

INFORMATIONEN

ITALIENISCHE ZENTRALE FÜR TOURISMUS (ENIT)

In der heutigen Zeit ist das Internet sicher eine der bevorzugten Informationsquellen. Deshalb verschickt ENIT keine Prospekte mehr. Hier die Adressen der ENIT:

In Deutschland
❯ 60325 Frankfurt/Main, Barckhausstr. 10, Tel. +49 (0)69 237434, www.enit.de

In Österreich
❯ 1060 Wien, Mariahilfer Straße 1b, Tel. +43 (0)1 5051639, www.enit.at

In der Schweiz
❯ c/o Italienisches Generalkonsulat, Tödistrasse 65, 8002 Zürich, Tel. +41 (0)445440797, zurigo@enit.it

INTERNET

Aus der Vielzahl der im Internet zu findenden Adressen zum Thema Toskana hier eine interessante Auswahl:
❯ **www.enit.de:** Website des italienischen Fremdenverkehrsamtes
❯ **www.italia.it:** Italien online entdecken
❯ **www.touringclub.it:** Website des Touring Club Italiano, mit Camper-Infos nur in italienischer Sprache

> **www.camping.it:** Hier finden sich Informationen zu Campingplätzen
> **www.toscanapromocamping.it:** Auflistung der Campingplätze in der Toskana, auf Deutsch
> **www.camperweb.it:** Hier gibt es Infos zu Wohnmobilstellplätzen in ganz Italien, allerdings nur in italienischer Sprache.
> **www.visittuscany.com:** Umfassende Informationen über die Toskana, u. a. Infos zu Shopping, Restaurants und Sportangeboten

IN DER TOSKANA

In der Toskana gibt es eine Vielzahl an Informationsbüros für Touristen. In allen großen Städten und auch in vielen Kleinstädten finden sich **Tourismusbüros** mit sehr engagiertem Personal. Inzwischen sind immer öfter Englisch sprechende Mitarbeiter anzutreffen. Die Öffnungszeiten hängen allerdings häufig, besonders bei den kommunalen Büros, von der dünnen Personaldecke ab.

Eine spezielle Form der Touristeninformation ist **Pro Loco** (lateinisch: „für den Ort"). Dabei handelt es sich um eine Verbandsinitiative der lokalen Bevölkerung, die sich die Pflege örtlicher Traditionen zur Aufgabe gemacht hat. Daneben unterhält Pro Loco kleine Fremdenverkehrsbüros in Orten abseits der großen Touristenströme. Diese Büros werden von Ehrenamtlichen geleitet und haben häufig sehr unregelmäßige Öffnungszeiten.

Die Kontaktdaten von Informationsbüros sind in den jeweiligen Routenbeschreibungen angegeben.

KARTEN

STRASSENKARTEN

Empfehlenswert ist die im REISE KNOW-HOW Verlag erschienene Landkarte „Toskana" im Maßstab 1 : 200.000. Sie wurde auf Polyart (ein umweltfreundliches Material) gedruckt, ist wasser- und reißfest, beschreibbar, GPS-tauglich und hat eingezeichnete Höhenlinien sowie ein Ortsregister.

Eine weitere empfehlenswerte Karte ist die Italien-Regionalkarte Nr. 8 „Toskana" von Hallwag Kümmerly+Frey, ebenfalls im Maßstab 1 : 200.000.

WANDERKARTEN

Vom österreichischen Kompass-Verlag (www. kompass.de) gibt es eine Wanderkarte für die Toskana (Maßstab 1 : 50.000). Sie ist in Buchhandlungen und im Internet erhältlich.

PANNE/UNFALL

Wer trotz aller Vorsicht in einen Unfall verwickelt wird, sollte auf keinen Fall irgendwelche Schuldanerkenntnisse unterschreiben und die Polizei hinzuziehen (Tel. 112). Wenn auch noch Personenschaden entstanden ist, bitte unbedingt unter Tel. 118 den **Notarzt** benachrichtigen. Unbedingt Fotos machen und die Kfz-Nummer, die Versicherungsnummer und die Versicherungsgesellschaft des gegnerischen Fahrzeugs notieren. Die Angaben stehen auf einem Aufkleber an der Windschutzscheibe und sind in Italien Pflicht. Formblätter für die Unfallaufnahme gibt es bei den Automobilklubs ADAC/ÖAMTC und beim Schweizer ACS.

Bei einer Panne gelten natürlich die gleichen **Vorsichtsmaßnahmen** wie in Deutschland: Warnweste anziehen, Warndreieck aufstellen, Insassen aussteigen lassen. Wenn eine Reparatur nicht mehr möglich ist und das Wohnmobil abgeschleppt werden muss (Pannenhilfe des italienischen Automobilklubs ACI), findet man im internationalen Kundendienstverzeichnis des Fahrzeugherstellers die örtlichen Vertragswerkstätten. Grundsätzlich ist das Pannenfahrzeug aber auch bei einer freien Werkstatt gut untergebracht, denn gerade diese zeichnen sich durch Improvisationstalent aus.

Bei der Beschaffung von Ersatzteilen, besonders wenn sie angeliefert werden müssen, hilft ein **Schutzbrief.** Dieser wird inzwischen nicht nur vom ADAC angeboten, auch größere Wohnmobilhersteller und Kraftfahrzeugversicherungen haben diesen Service mittlerweile in ihrem Programm.

Notrufnummern

> **Polizei-Notruf:** Tel. 112
> **Polizei** (*Polizia di stato,* vorwiegend in Städten tätig): 113
> **Feuerwehr** *(Vigili del Fuoco):* Tel. 115
> **ACI** (italienischer Automobilklub): Tel. 803116 (Nummero Verde, kostenlose Rufnummer bei Unfällen, Pannen, medizinischen Notfällen, Rücktransport von Menschen und Fahrzeugen)
> **Rettungs- bzw. Krankenwagen** *(Soccorso Pubblico di Emergenza):* Tel. 118 (in italienischer Sprache)
> **ADAC-Notruf:** Tel. +49 (0)89 222222 bei Fahrzeugschäden, +49 (0)89 767676 bei Personenschäden, auch Auslandshelfer-App
> **ÖAMTC-Schutzbrief Nothilfe:** Tel. +43 (0)1 2512000 (Fahrzeugschäden), +43 (0)1 2512020 (Erkrankung) oder ÖAMTC-App
> **ACS-Notruf Schweiz:** Tel. +41 (0)44 2833377 (Fahrzeugschäden), +41 (0)31 3370677 (medizinischer Notfall) oder ACS-App

☐ *Herbststimmung im Chianti*

REISEZEIT

Das Klima der Toskana ist mediterran geprägt, mit heißen und trockenen Sommern und milden, aber feuchten Wintermonaten.

FRÜHJAHR

Schon im April kann es sehr warm sein, doch Niederschläge sind nicht ausgeschlossen. Am Meer kann es durchaus schon angenehme Tage geben, in den Hochlagen der Apenninen hält der Winter Auszug. Ab Mai stabilisiert sich die Wetterlage und die Temperaturen gehen rasch nach oben. Das Frühjahr eignet sich für all diejenigen, die gerne wandern, besichtigen und weniger Wert auf tagelanges Aalen am Strand legen.

SOMMER

Die Sommermonate von Ende Juni bis Mitte September sind von großer und anhaltender Hitze geprägt, allenfalls unterbrochen durch einen kräftigen Gewitterschauer. Wandern ist jetzt nur noch in den Hochlagen oberhalb der 1000-m-Grenze angesagt und das Besichtigungsprogramm sollte in einer der Hitze angepassten, angenehmen Dosierung erfolgen.

Jetzt ist es an der Zeit, die zahllosen Strände der Toskana aufzusuchen. Aber Vorsicht: Im August sind auch alle Italiener im eigenen Land unterwegs. Überall ist es sehr voll und die Preise klettern steil nach oben, sei es auf den Camping- und Wohnmobilstellplätzen, am Strand, in den Bars oder beim Abendessen im Restaurant.

HERBST

Mitte September bis Ende Oktober ist eine sehr angenehme Reisezeit. Oft ist es am Tag noch so warm, dass man ein Bad im Meer genießen kann. Am Abend kühlt es ab und bei der *Passeggiata* (Abendspaziergang) braucht man einen Pullover. Die Nachttemperaturen sind zum Schlafen angenehm. Wanderungen, Besichtigungen, baden gehen – alles ist in dieser Zeit möglich.

WINTER

Von November bis März haben die meisten Campingplätze geschlossen. Allerdings sind die Stellplätze offen und die Ver- und Entsorgungsmöglichkeiten auch im Winter funktionsfähig. Die Temperaturen sinken durchaus auf unter 10 °C, Frostperioden sind allerdings die Ausnahme. An vielen Tagen kann man im Freien sitzen und die Sonne genießen. Es gibt aber auch häufig Niederschläge, die in den Bergen um den Monte Amiata meist als Schnee fallen.

Beinahe alle Museen und Sehenswürdigkeiten haben inzwischen auch im Winter geöffnet. Manche haben in den Wintermonaten einen günstigeren oder sogar kostenlosen Eintrittspreis und dort, wo sich sonst Besuchermassen vorbeischieben, genießt man als einsamer Tourist jetzt seine Ruhe. Wer viel besichtigen möchte und auf das Bad im Meer verzichten kann, sollte daher die ruhige Jahreszeit in der Toskana zu einem Besuch nutzen.

SICHERHEIT

In den Touristenhochburgen der Toskana ist es wie überall auf der Welt: Man muss sich vor Diebstählen und Wohnmobileinbrüchen schützen. Zwar kann man die Gefahren nicht völlig verhindern, mit einigen wenigen Mitteln und Vorsichtsmaßnahmen aber doch weitgehend eingrenzen. Generell sollte man sein **Geld** nicht in der Hosentasche oder im Brustbeutel verwahren, sondern besser in Gürteln bzw. Waden- oder Bauchtaschen, die man unter der Kleidung verstecken kann. **Foto- und Videokameras** oder **Handtaschen** sollten nicht an der zur Straße gewandten Seite getragen werden – Rollerfahrer könnten sie im Vorbeifahren wegreißen. Und dass man Schmuck am besten gar nicht mitnimmt, ist sicher hinreichend bekannt.

Das **Wohnmobil** kann man mit einer Alarmanlage schützen, allerdings sind lärmende Alarmanlagen in Italien häufig und die Reaktion der Italiener ist dementsprechend gleichgültig. Hilfreich sind Maßnahmen, die schon von außen darauf hinweisen, dass das Wohnmobil nicht so einfach zu knacken ist. Bewährt sind z. B. Bügel über der Wohnteiltüre und Blockaden der Lenkung sowie der Türen im Fahrerhaus. Ein im Fahrerhaus wachender Hund trägt sicher ebenfalls dazu bei, dass sich niemand dem Wohnmobil in unehrlicher Absicht nähert.

Die beste Sicherheit ist aber, möglichst **wenig Wertvolles** mitzunehmen und seine Wertgegenstände immer bei sich zu haben. Wenn man einen Badestopp einlegt, das Wohnmobil möglichst **in Sichtweite** parken. Wenn sich zwielichtige Personen an der Strandstraße befinden, am besten eine andere Bademöglichkeit suchen. Aber bitte keine Panik! Die meisten Italiener sind anständige, rechtschaffene Menschen, die Ihnen nichts Böses wollen.

Bei einem Diebstahl oder Einbruch ins Wohnmobil sollte man grundsätzlich die **Polizei** (Tel. 112) verständigen. Von ihr erhält man ein Polizeiprotokoll, das die gestohlenen

Gegenstände auflistet (meist hat die Polizei mehrsprachige Formulare), sonst leistet die Versicherung später keinen Ersatz. Die Polizisten sind überwiegend äußerst freundlich und hilfsbereit.

Von den Ausweisen und Fahrzeugpapieren sollten man bereits zu Hause **Fotokopien** anfertigen. So ist es einfacher, sich im Ernstfall beim Konsulat Ersatz zu beschaffen.

STRASSEN

Viele Straßen benötigten inzwischen eine Sanierung, doch auch hier fehlt dazu das Geld. Auf schmalen, kurvenreichen Bergstraßen ist ein schnelles Vorankommen selten möglich – deshalb immer genügend Zeit einplanen.

Die wichtigsten **Autobahnen** (autostrada) sind die von Bologna über Florenz nach Rom führende A1 und die an der Küste verlaufende A12, die bei Rosignano Marittimo endet. **Staatsstraßen** (strada statale, Abk.: SS bzw. in manchen Karten auch S) sind meist gut ausgebaut. Ihre Bandbreite reicht jedoch von autobahnähnlichen bis zu schmalen, kurvigen Bergstraßen. **SR** (strada regionale) ist die Bezeichnung für **Regionalstraßen, Provinz- oder Landesstraßen** (strada provinciale) tragen die Bezeichnung SP. **Kommunalstraßen** (strada communale, Abk.: SC) sind kleine, enge Straßen, manchmal ohne Asphaltbelag. Mit dem Wohnmobil sind sie nur mit Vorsicht zu befahren, da sie manchmal ohne Wendemöglichkeit einfach enden.

Zu den Straßenbezeichungen SS und SP gibt es noch **Zusatzbezeichnungen.** Der Zusatz „bis" bedeutet in der Übersetzung tatsächlich auch „zusätzlich". Gemeint ist eine Alternativstrecke zur eigentlichen Straße mit derselben Straßennummer. Der Zusatz „dir" bezeichnet eine Zubringerstraße. So führt die „SS75dir" z. B. zur „SS75". An den Straßenrändern findet man in regelmäßigen Abständen kleine weiße Tafeln mit der Bezeichnung der Straße und der Nummer (z. B. „SS75").

Innerhalb der Routen wird in diesem Buch auf schmale und schwierig zu befahrende Straßen hingewiesen. Außerdem werden diese Strecken auf der zusätzlich zu diesem Buch erhältlichen DVD gezeigt.

TIPPS FÜR DEN WOHNMOBILTOURISTEN

❯ Wenn im Buch vermerkt ist, dass eine Strecke für **große Wohnmobile** nicht geeignet ist, sind damit Womos über 8 m Länge gemeint.

❯ Bei **Ortsdurchfahrten** muss unbedingt das Verbot für Lkws beachtet werden, sonst kann es passieren, dass man in einer engen Gasse mit hervorstehenden Balkonen landet und nicht mehr weiterfahren kann. Die Italiener nehmen gestrandete Wohnmobile relativ gelassen und sind zur Hilfe bereit, aber das Zurücksetzen ist für den Womo-Piloten kein Vergnügen.

❯ **Parkplätze** sind in kleinen Ortschaften Mangelware. In engen Städten lässt sich oft keine geeignete Möglichkeit finden, sein Wohnmobil abzustellen. Innerhalb der jeweiligen Routenbeschreibung finden sich Tipps für geeignete Parkplätze. Manchmal sind diese allerdings mit mehr oder weniger langen Fußwegen verbunden.

▷ *Unter schattigen Pinien lässt es sich angenehm reisen*

> Wie bei Lkw-Fahrern sollte es auch für Wohnmobilfahrer selbstverständlich sein, dass man anhält, wenn sich hinter dem eigenen **Fahrzeug eine Schlange** gebildet hat.

> **Die Hupe** wird anders als in Deutschland eingesetzt. Reagieren Sie nicht unwirsch. Der Überholende will nur auf sich aufmerksam machen und Sie nicht erziehen.

BESCHILDERUNG

Auf Staatsstraßen (SS), Landestraßen (SP) und Kommunalstraßen (SC) wird durch blaue Hinweisschilder mit weißer Aufschrift hingewiesen. Autobahnen haben grüne Schilder mit weißen Schriftzeichen. Braune Schilder mit weißer Aufschrift weisen den Weg zu Sehenswürdigkeiten und Naturparks. Kleine Täfelchen am Straßenrand dienen als **Kilometer-Markierungen.** Die arabische Zahl gibt die Kilometer-, die römische die 100-Meter-Abstände an. Bei den Anfahrtshinweisen zu Campingplätzen und Stellplätzen wird häufig auf diese Markierungen hingewiesen.

STROM

Die Netzspannung beträgt **230 Volt Wechselstrom.** Mit den flachen Eurosteckern hat man keine Probleme. Für die runden Stecker wird ein Adapter benötigt. Auf Campingplätzen und an Wohnmobilstellplätzen sind ausschließlich die dreipoligen CEE-Steckdosen angebracht. Es empfiehlt sich, ein Verlängerungskabel mitzuführen, um die manchmal langen Strecken zum Verteilerkasten zu überbrücken.

TANKEN

Das italienische Tankstellennetz ist dicht. Häufig findet man Tankstellen, an denen man mit einem Preisunterschied zwischen „Service" und „Selfservice" (auf italienisch:

Fai da te) wählen kann. Zu beachten ist, dass während der **Siesta** und an Sonn- und Feiertagen die meisten Tankstellen geschlossen haben. Ganztägig geöffnete Tankstellen findet man an Fernstraßen und in großen Städten. Immer häufiger sind die Tankstellen nicht mehr mit Personal besetzt, es muss mit Kreditkarte bezahlt werden. Dabei wird die Menüführung am Bezahlautomaten nicht überall auf Deutsch angezeigt.

Die **Preise** für Kraftstoff sind in Italien 2019 deutlich höher als in Deutschland.

TELEFONIEREN

VORWAHLNUMMERN

> **Nach Italien**

Man wählt die Landesvorwahl 0039 und dann die vollständige Teilnehmernummer inklusive der „0". In Italien sind die ehemaligen Vorwahlen nämlich heute fester Bestandteil der Rufnummer, man muss sie also auch bei Ortsgesprächen mitwählen. Handynummern beginnen dagegen nicht mit einer „0".

> **Nach Deutschland**

Man wählt die Landesvorwahl 0049, die Ortskennziffer ohne die „0" und die Teilnehmernummer.

> **Nach Österreich**

Telefongespräche nach Österreich funktionieren genauso wie Telefonate nach Deutschland. Lediglich die Landesvorwahl muss gegen die 0043 ausgetauscht werden.

> **In die Schweiz**

Für Telefongespräche in die Schweiz wählt man die Landesvorwahl 0041 und dann ebenfalls die Ortskennziffer ohne die „0" und die Teilnehmernummer. (Innerhalb der Schweiz wird wie in Italien auch bei Ortsgesprächen immer die komplette Telefonnummer mit der vollständigen Ortsvorwahl gewählt!)

▷ *Hier findet man eine Verbindung ins World Wide Web*

HANDY

Mit dem Handy in Italien zu telefonieren ist problemlos möglich. Ein Funkloch im Handynetz ist hier sehr unwahrscheinlich. Die überteuerten Rechnungen, die man früher nach der Heimkehr vom Netzbetreiber erhielt, gehören der Vergangenheit an.

Seit Mitte 2017 gibt es in der EU **keine Roaminggebühren** mehr. Damit wird das Telefonieren und Surfen mit dem Handy im EU-Ausland so günstig wie zu Hause – es sei denn, man nutzt das Handy im Ausland über einen längeren Zeitraum hinweg, dann können je nach Anbieter Nutzungsobergrenzen gelten.

Bei Diebstahl sollte man die Sperrhotline des Netzanbieters notiert und vom Handy getrennt aufbewahrt haben. Die Geräteidentifikationsnummer wird angezeigt, wenn man *#06# eingibt.

ÖFFENTLICHE FERNSPRECHER

Da inzwischen jeder Italiener ein Handy (mindestens) besitzt, gibt es kaum noch öffentliche Telefonzellen. Wenn man doch noch eine findet, funktioniert sie ausschließlich mit **Telefonkarten** *(carta telefonica)*. Diese gibt es in der *tabaccheria* (Tabakwarenladen) und manchmal auch in Bars zu kaufen.

INTERNET

Viele Bars, Restaurants und Touristeninformationen bieten sogenannte **WLAN-Points** an, wo man sich kostenlos ins Internet einloggen kann. Mitte 2017 sind die Roaminggebühren innerhalb der EU abgeschafft worden. Es gelten dieselben Konditionen wie im Heimatland.

ÜBERNACHTEN

Alle im Buch aufgeführten Stell- und Campingplätze wurden persönlich getestet. Die angegebenen Öffnungszeiten entsprechen einer möglichst genauen Recherche, dennoch kann es passieren, dass ein Campingplatz, der als ganzjährig geöffnet gekennzeichnet ist, im November oder im Februar mangels Besuchern geschlossen wird.

CAMPINGPLÄTZE

In der Toskana gibt es weit mehr Campingplätze – besonders die Küste entlang –, als in diesem Tourguide aufgeführt sind. Die Auswahl wurde nach Lage, Öffnungszeit und Komfort getroffen. In Gegenden, in denen es keine oder nur mangelhafte Stellplätze gibt, findet man Hinweise auf einen oder mehrere Campingplätze, ansonsten wird den Stellplätzen Vorrang gegeben. In Meernähe wurden die Campingplätze mit den längsten Öffnungszeiten oder der besten Lage ausgewählt. Der Standard reicht in der Toskana vom einfachen Ein-Stern-Platz bis zum Komfortplatz mit vier Sternen. Die Sauber- und die Funktionstüchtigkeit lassen allerdings manchmal auch auf Komfortplätzen zu wünschen übrig. Alle Campingplätze haben Wasserhähne mit Schlauchanschluss zur Tankbefüllung und die Möglichkeit zur Chemie-WC-Entsorgung. Die Entleerung des Grauwassertanks ist manchmal allerdings schwierig oder nicht direkt möglich.

STELLPLÄTZE

Italien ist das Land der Wohnmobilfahrer. An Wochenenden fahren Familien mit ihren Mobilen an die Strände oder in die Berge, dementsprechend ist auch die Infrastruktur. Sehr viele Städte und Gemeinden weisen Stellplätze aus. Die Platzqualität reicht von einem separaten Platzteil auf einem Großparkplatz bis hin zu eigens für Wohnmobile eingerichteten Plätzen mit Tischen, Strom- und Wasserversorgung.

So gut wie alle Touristenorte halten für ihre Besucher einen Wohnmobilstellplatz bereit. Die Hauptattraktionen wie Florenz, Pisa und Siena haben mehr oder weniger schön angelegte, aber relativ zentrumsnahe Stellplätze mit Busverbindung eingerichtet.

Das Auffinden der Plätze ist nicht immer leicht, häufig ist die **Beschilderung** lückenhaft oder beginnt erst in der Innenstadt, manchmal ist sie im Schilderwald kaum auszumachen. Es gibt jedoch auch Orte, in denen man hervorragend zum Stellplatz geleitet wird. In aller Regel werden Schilder mit einem Wohnmobilpiktogramm verwendet. Auch Hinweistafeln mit der Aufschrift „aera di sosta camper" (Wohnmobilstellplatz) sind gebräuchlich. Die im Buch verwendeten Stellplatzbezeichnungen weisen meist auf die Lage des Platzes hin, z. B. bedeutet „Campo sportivo", dass der Stellplatz beim Sportplatz liegt.

In den letzten Jahren wurden vermehrt **privat betriebene Wohnmobilstellplätze** eingerichtet, die die Preise je nach Jahreszeit entsprechend staffeln. In der Regel sind die Augustwochen zwei- bis dreimal so teuer wie die übrigen Zeiten.

Freie Stellplätze/Freies Stehen

Unter freien Stellplätzen verstehen sich **frei zugängliche Plätze** in der Natur, am Strand oder auch in Städten, die ein Übernachten für eine oder manchmal auch mehrere Nächte erlauben. Diese Plätze sind allesamt kostenlos, bieten aber auch **keine Infrastruktur für Wohnmobile** wie Stromanschlüsse, Wasser und Entsorgungsstationen. Auf allen im Buch beschriebenen Plätzen habe ich selbst unbehelligt übernachtet, sei es allein oder in der Nachbarschaft anderer Wohnmobilfahrer.

Offizielle Stellplätze

Offizielle Plätze wurden von Kommunen oder Touristikorganisationen angelegt. Die Preisspanne reicht von kostenlos bis zu 20 € (Siena). Sie besitzen überwiegend eine Ver- und Entsorgungsmöglichkeit, Stromanschlüsse sind aber eher die Ausnahme.

⊡ *Hier handelt es sich wohl um einen Dauercamper*

Private Stellplätze

Darunter verstehen sich Wohnmobilstellplätze privater Betreiber. Die Plätze sind durchweg gebührenpflichtig. Die Kosten für eine Übernachtung schwanken zwischen 10 € und 30 €, wobei die Preise oft kein Spiegel für Lage und Ausstattung sind. Die Plätze sind mit Ver- und Entsorgungsstionen ausgestattet, wobei man manchmal auf recht einfache, aber praktikable Lösungen trifft. Man findet auf diesen Plätzen Stromanschlüsse und oft auch Duschen und Toiletten.

Taxe

Einige Städte und Gemeinden haben eine Art **Kurtaxe** (Tassa di soggiorno) eingeführt, die man pro Person und Tag bezahlt.

VERHALTENSHINWEISE

FOTOGRAFIEREN UND FILMEN

Fotografieren und Filmen ist nicht in allen Sehenswürdigkeiten erlaubt. Auf die Einhaltung von Verboten wird streng geachtet.

RAUCHEN

Rauchen ist in allen öffentlichen Räumen verboten. Das Verbot wird auch in Restaurants und Bars eingehalten. Bitte die Verbotstafeln mit der Aufschrift „Vietato fumare!" („Rauchen verboten!") beachten!

TRINKGELD

Coperto, der Gedeckzuschlag ist in Italien obligatorisch und liegt in etwa zwischen 1 € und 4 € – je nach Exklusivität des Restaurants. Zudem ist es gebräuchlich, ein Trinkgeld in Höhe von 10 % des Rechnungsbetrages zu geben. Dies wird entweder auf dem Tisch liegengelassen oder in die Mappe gelegt, in der die Rechnung gereicht wird.

RELIGION

Italien ist ein katholisch geprägtes Land. Über 80 % der Bevölkerung gehören der römisch-katholischen Kirche an. Die Italiener praktizieren ihren Glauben bei Prozessionen, Heiligenfesten und Wallfahrten. Als Gast im Land versteht es sich natürlich von selbst, keine negativen Äußerungen zu tätigen, geschweige denn, sich über den Glauben lustig zu machen. Bei einem Besuch von Gotteshäusern wird auf angemessene Kleidung großen Wert gelegt, d. h. keine Shorts oder Badehosen. Die Damen sollten außerdem ihre weiblichen Reize nicht allzu offenherzig zeigen.

OFFENES FEUER

Besonders während der heißen Sommermonate besteht in Italien akute Waldbrandgefahr, deshalb darf man auf keinen Fall ein Lagerfeuer anzünden, um Campingromantik zu erzeugen, oder Zigarettenkippen wegwerfen.

⌃ *Ein Traumplatz an Elbas Küste*

VERKEHRSREGELN

Die italienische Fahrweise erscheint auf den ersten Blick lässig, temperamentvoll und oft etwas waghalsig. Der Verkehr in den Städten wirkt oftmals chaotisch. Es wird in Zweierreihen geparkt, gedrängelt und gehupt. Man sollte sich dadurch nicht täuschen lassen: In Italien herrschen **strenge Verkehrsregeln,** auch wenn man sie hin und wieder nicht wahrnimmt. Man sollte sich auf keinen Fall zu Verkehrsübertretungen verführen lassen, denn die Strafen sind oft drakonisch. Im Jahre 2010 wurde der Bußgeldkatalog noch einmal kräftig angehoben, seitdem können Geldbußen über 70 € auch im Heimatland vollstreckt werden (Achtung: zzgl. Verfahrenskosten).

Die **Höchstgeschwindigkeit** für Wohnmobile unter 3,5 t Gesamtgewicht beträgt innerorts 50 km/h, außerorts 90 km/h, auf Schnellstraßen 110 km/h und auf Autobahnen 130 km/h. Bei Regen besteht auf allen Autobahnen ein Tempolimit von 110 km/h und auf Schnellstraßen von 90 km/h.

🔲 *Und wo geht es jetzt lang?*

Für Wohnmobile über 3,5 t gilt innerhalb geschlossener Ortschaften ebenfalls 50 km/h, außerorts und auf Schnellstraßen 80 km/h, auf Autobahnen 100 km/h. Stationäre Radarkontrollen gibt es überall. Die Promillegrenze liegt in Italien bei 0,5 Promille. Bei starker Smogbelastung werden zeitlich begrenzte Fahrverbote ausgesprochen und Umweltzonen eingerichtet.

Von Deutschland abweichend gelten in Italien außerdem noch folgende **Bestimmungen:**

❯ Alle nach hinten über das Fahrzeug hinausragenden Dachlasten und Ladungen (vor allem Fahrradträger oder Träger für Motorroller) müssen mit einer 50 x 50 cm großen, rot-weiß gestreiften Warntafel (bei Ladungen, die die gesamte Fahrzeugbreite abdecken, zwei Tafeln) gekennzeichnet sein.

❯ Tagsüber muss auf Autobahnen und außerhalb geschlossener Ortschaften das Abblendlicht eingeschaltet sein.

❯ Privates Abschleppen auf Autobahnen ist verboten.

❯ An schwarz-gelb markierten Bordsteinen sowie an gelb gekennzeichneten – z. B. für Taxi und Busse reservierten – Parkflächen besteht Parkverbot.

❯ Wenden, Zurücksetzen und unerlaubte Spurwechsel im Mautstellenbereich sowie auf Autobahnauf- und abfahrten wird mit hohen Bußgeldern und oft auch mit Fahrverboten geahndet.

❯ Eine durchgehende Fahrbahnrandlinie darf nur in Notfällen überquert werden.

❯ An Zebrastreifen muss angehalten werden.

❯ Parkverstöße, Telefonieren mit dem Handy am Steuer, Fahren ohne Licht außerorts und Geschwindigkeitsüberschreitungen werden mit besonders hohen Geldbußen belegt.

PARKEN

Gelb oder schwarz-gelb markierte Bordsteine bedeuten Parkverbot, **blaue Bordsteinlinien** weisen darauf hin, dass hier das Parken gebührenpflichtig ist, an **weißen Markierungen** kann frei geparkt werden.

Es ist äußerst ratsam, in größeren Städten die an der **Peripherie** angelegten Parkplätze oder die ausgewiesenen Wohnmobilstellplätze aufzusuchen und zu Fuß, mit dem Fahrrad oder mit öffentlichen Verkehrsmitteln auf Besichtigungstour zu gehen. Beim Übernachten auf größeren Parkplätzen muss man auf die Schilder, die die **Markttage** aufzeigen, achten, damit man am nächsten Morgen nicht von Verkaufsständen eingebaut wird.

VER- UND ENTSORGUNG

Die Ver- und Entsorgung ist in der Toskana kein Problem. Überall gibt es in erreichbarer Nähe Ver- und Entsorgungstationen *(area attrezzata)*. Die Palette reicht dabei von sehr einfach bis luxuriös. *Aqua potabile* heißt Trinkwasser, *aqua non potabile* ist kein Trinkwasser und sollte nicht im Wassertank des Wohnmobils landen. Zur Grundausstattung des Wohnmobils sollten ein ungefähr 10 m langer Schlauch und ein Halbzoll- sowie ein Dreiviertelzollanschluss (z. B. von Gardena) gehören. Für Wasserzapfstellen ohne Schlauchanschluss bewährt sich eine Gießkanne, um den Wasservorrat aufzufüllen.

WANDERN

Die Toskana bietet abwechslungsreiche Wandermöglichkeiten: Von beinahe alpinen Touren in der Garfagnana im Norden, über ausgedehnte Spaziergänge in den Kastanienwäldern des Monte Amiata und des Mugello bis hin zu Wanderungen durch die Macchia (Buschwald) der Maremma im südlichen Küstenbereich.

Charakteristisch für die Region sind die lieblichen Hügellandschaften mit Olivenbäumen und Weingärten, aber ein Drittel der toskanischen Grundfläche besteht aus Wald. Flaum- und Steineichen, aber auch Korkeichen wechseln sich mit Pinien und Zypressen ab. Viele kleine abgeschiedene Dörfer, einsame Klöster und mächtige Burganlagen sind lohnende Wanderziele. Die Toskana besitzt ein weitläufiges Netz aus Wanderwegen, nur die Markierungen sind manchmal dünn gesät.

Das Mitführen eines Wanderführers und einer entsprechenden Wanderkarte ist ratsam. Innerhalb der einzelnen Routen finden Sie ebenfalls Vorschläge für lohnende kleine Wanderungen.

⌂ *In der Toskana findet sich immer eine Entsorgungsmöglichkeit in erreichbarer Nähe*

VON DEN TURBULENTEN STÄDTEN IN DIE ABGELEGENE GARFAGNANA UND DIE LUNIGIANA

Neben den berühmten toskanischen Städten wie Pisa und Florenz werden Prato, Pistóia und Lucca häufig vernachlässigt.

Völlig zu Unrecht, denn alle drei haben herausragende Sehenswürdigkeiten zu bieten und jede Stadt hat ihren typischen Charme. Das mittelalterliche Prato war in der Vergangenheit der Mittelpunkt einer florierenden Textilherstellung, an Pistóias Piazza della Sala werden kulinarische Köstlichkeiten geboten und Lucca wird wegen seiner angeblich 99 Kirchen auch „der kleine Vatikan in der Toskana" genannt.

Bagni di Lucca und Montecatini waren einst beide mondäne Badeorte, doch nur letzterer hat den Sprung in die Neuzeit geschafft. Bagni di Lucca liegt immer noch im Dornröschenschlaf.

Die Garfagnana und die Lunigiana sind Bergregionen, die absolut nicht dem typischen Landschaftsbild der Toskana entsprechen. Ihre bewaldeten Hügel und schroffen Berggipfel lassen eher an die Alpen denken. Hier, wohin nur wenige ausländische Touristen fahren, kann man ausgezeichnet wandern und die Ruhe sowie die gute ländliche Küche genießen.

▷ *Durch den Spiegel gesehen:*
die malerische Piazza Anfiteatro in Lucca

ROUTE 1

DIE NÖRDLICHE TOSKANA

STRECKENVERLAUF

Strecke:

Prato – Pistóia (25 km) – Abstecher nach Vinci (hin und zurück 64 km) – Montecatini Terme (22 km) – Pescia (10 km) – Collodi (4 km) – Abstecher zur Villa Mansi und zur Villa Torrigiani (Rundfahrt 12 km) – Lucca (15 km) – Bagni di Lucca (28 km) – Barga (18 km) – Abstecher zur Grotta del Vento (hin und zurück 23 km) – Castelnuovo di Garfagnana (13 km) – Abstecher nach Vagli (hin und zurück 8 km) – Fivizzano (50 km) – Equi Terme (16 km) – Fosdinovo (23 km) – Carrara (22 km)

Streckenlänge: ohne Abstecher ca. 246 km, mit Abstechern ca. 353 km

PRATO

Prato ist mit 185.000 Einwohnern die zweitgrößte Stadt der Toskana und seit 1992 Hauptstadt der gleichnamigen Provinz. Im 13./14. Jahrhundert wurde Prato durch

⌂ *Mit dem Wohnmobil durch die abgelegene Garfagnana*

Tuchhändler wie Francesco di Marco Datini in ganz Europa für ihre qualitativ hochwertigen Textilwaren bekannt und noch heute wird hier Mode gefertigt. Das einzigartige **Museo del Tessuto** zeigt neben Stoffen aus der Zeit vom 5. Jahrhundert bis zur Neuzeit auch Webstühle aus verschieden Epochen.

Der **Duomo Santo Stéfano** ist ein wunderschönes Beispiel einer romanisch-gotischen Kirche. Im 15. Jahrhundert verkleidete man die Fassade mit hellem Alberese-Stein und grünem Prateser Marmor. Zur gleichen Zeit wurde auch die Majolikagruppe von Andrea della Robbia über dem Hauptportal und die Außenkanzel von Donatello und Michelozzi angebracht. Von Paolo Uccello stammen die farbenprächtigen Fresken in der Assunta-Kapelle und von Filippo Lippi der Freskenzyklus „Szenen aus dem Leben des heiligen Stephanus und Johannes des Täufers" in der Hauptchorkapelle. In der **Cappella della Sacra Cintola** wird der golddurchwobene Gürtel der Muttergottes (die *Sacra Cintola*) aufbewahrt und an hohen Feiertagen dem staunenden Kirchenvolk von der Außenkanzel präsentiert.

Neben dem Dom im Bischofspalast stellt das **Museo dell'Opera del Duomo** sehr sehenswerte, wertvolle sakrale Kunstwerke und Gemälde, u. a. von Filippo Lippi, aus.

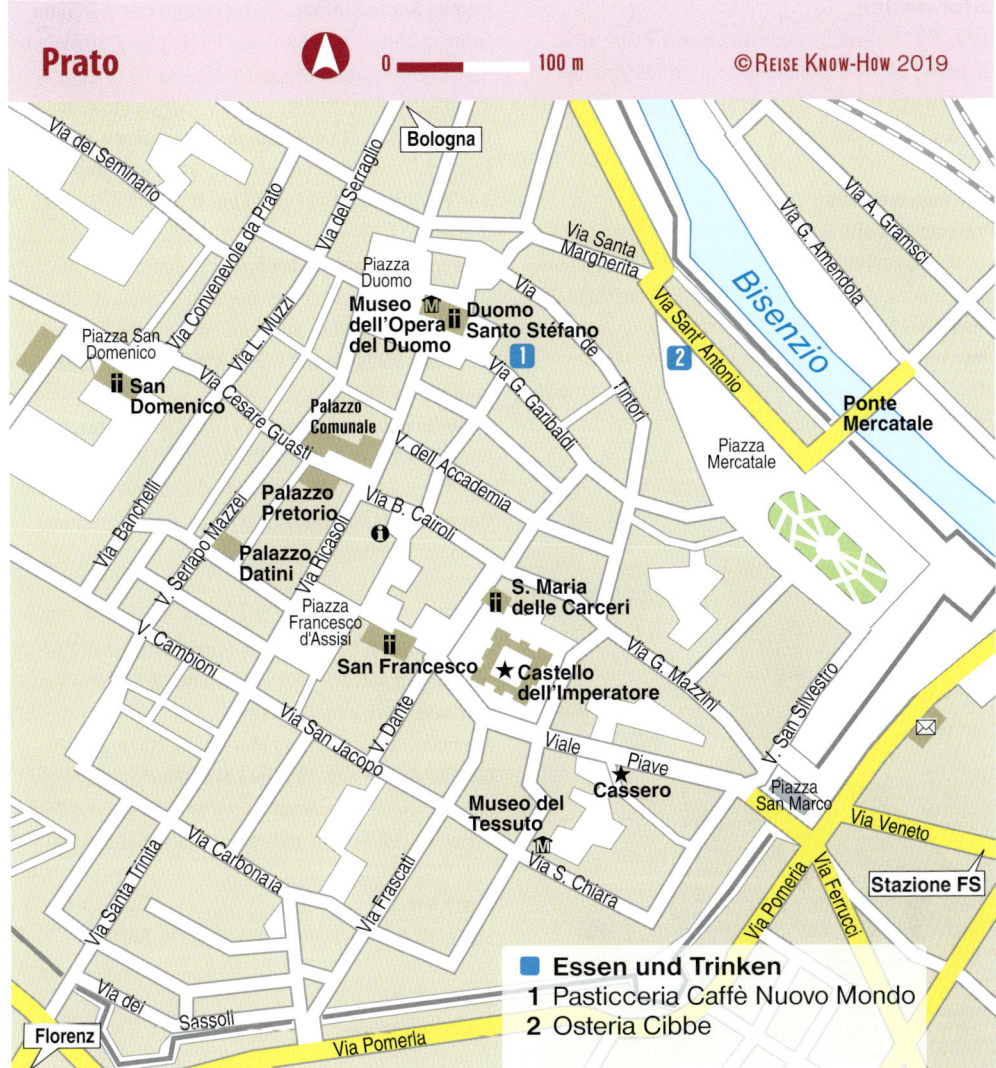

0 ▬▬▬ 100 m © Reise Know-How 2019

Essen und Trinken

1 Pasticceria Caffè Nuovo Mondo
2 Osteria Cibbe

Der mittelalterliche **Palazzo Pretorio** an der Piazza del Comune stammt aus dem 13. Jh. Die Zinnen und der Glockenturm kamen im 16. Jh. dazu. Wappen aus den Familien der Stadt- und Landvögte schmücken die Fassade. Der wundervoll renovierte Palast präsentiert neben der Stadtgeschichte herrliche Werke wie ein spätgotisches Polyptychon, ein großes Altarbild von Giovanni da Milano und Meisterwerke von Filippo Lippi.

Das **Castello dell'Imperatore** (die Kaiserburg), eine quadratische Burg mit wuchtigen Ecktürmen, ist das einzige Beispiel stauferischer Architektur in Mittelitalien. 1248 im Auftrag von Friedrich II. wurde sie von Riccardo da Lentini als Wachposten für die Straße über den Montepiano-Pass erbaut. Eine Innenbesichtigung lohnt sich besonders wegen der Sicht über die Stadt. Das **Cassero** (der Wehrgang) von Mitte des 13. Jh. hat zwei Gänge: einen geschlossenen Gang, auf dem man von den Verteidigungsmauern ungesehen ins Innere der Kaiserburg gelangte, und einen offenen, auf dem die Wache patrouillierte.

Route 1: Die nördliche Toskana

Information

U.I.T., 59100 Prato, Piazza Buonamici 7, Tel. +39 057424112, www.pratoturismo.it, Öffnungszeiten: Mo–Fr 9–13 und 15–18 Uhr, Sa 10–13 und 15–18 Uhr, So 10–13 Uhr

Sehenswertes

Pratomusei Card: Eintritt ins Museo del Tessuto, Museo di Palazzo Pretorio, Centro per l'Arte Contemporanea L. Pecci, Musei Diocesani 16 €, Familiencard 28 €
Museo del Tessuto, 59100 Prato, Via S. Chiara 24, www.museodeltessuto.it, Öffnungszeiten: Mo–Do 10–15 Uhr, Fr/Sa 10–19 Uhr, So 15–19 Uhr, Eintritt: 7 €, 7–26 Jahre und 65+ 5 €

Duomo Santo Stéfano, 59100 Prato, Piazza Duomo, Öffnungszeiten: Mo–Sa 7.30–19 Uhr, So 7.30–12 und 13–19 Uhr, Hauptchorkapelle Mo–Sa 10–17 Uhr, So 13–17 Uhr, Eintritt: 3 €
Museo dell'Opera del Duomo, 59100 Prato, Piazza Duomo, Öffnungszeiten: Mo/Mi–Sa 10–13 und 14–17 Uhr, So 14–17 Uhr, Eintritt: 5 €, 7–26 Jahre und 65+ 4 €
Museo di Palazzo Pretorio, Via Ricasoli, Tel. +39 05741934996, www.palazzopretorio.prato.it, Öffnungszeiten: Mo/Mi–So 10.30–18.30 Uhr, Eintritt: 8 €, unter 26 Jahre und 65+ 6 €, Familienticket 20 €, Audioguide 3 €
Castello dell'Imperatore, 59100 Prato, Piazza d. Carceri, Öffnungszeiten: Okt.–März Mi–Mo 10–16 Uhr, Apr.–Sept. Mi–Mo 10–13 und 16–20 Uhr, Eintritt: frei
Cassero, 59100 Prato, Viale Piave, Öffnungszeiten: nur noch bei Sonderausstellungen

Essen

Osteria Cibbe, 59100 Prato, Piazza Mercatale 49, Tel. +39 0574607509. Bodenständige Küche, herzlicher Wirt, einfaches Lokal.
Pasticceria Caffè Nuovo Mondo, 59100 Prato, Via Giuseppe Garibaldi 23. Hier bekommt man die herrlichen Pfirsiche (Pesche di Prato): ein Gebäck aus Briocheteig, gefüllt mit Vanillecreme. Eine Sünde wert!

Parken

Stellplatz ❶ an der Piazza Mercato Nuovo.

Stellplatz

❶ Piazza Mercato Nuovo, Prato

Über die SP126 und die SP1 erreicht man nach 25 km Pistóia.

◁ *Die weitläufige Piazza Duomo in Prato*

▷ *Das grün-weiß gestreifte Baptisterium an der Piazza del Duomo*

PISTÓIA

(25 km – km 25)

Es ist nicht eindeutig geklärt, ob die Pistole ihren Namen von „Pistóia" ableitet oder nicht, Tatsache ist jedoch, dass die Stadt vom 16. bis weit ins 20. Jh. hinein eine florierende Waffenproduktion besaß. Doch Pistóia präsentiert sich ihren Besuchern nicht kriegerisch. Ganz im Gegenteil: Egal, aus welcher Richtung man auf die Stadt zufährt, man wird von riesigen Baumschulen und Gartencentern empfangen. Durch ein wahres Meer von Grünpflanzen führen Hinweistafeln mit der Aufschrift „Stadio" auf den Stellplatz ❷ mit guter Busverbindung ins Zentrum.

Einnahmequellen der 90.000 Einwohner sind neben dem Verkauf von Grünpflanzen und Gemüse auch die Herstellung medizinischer Präzisionsinstrumente.

Man beginnt die Besichtigung Pistóias am besten an der Piazza Duomo. Der **Duomo San Zeno e San Jacopo** mit seiner von drei übereinander angeordneten Säulenloggien geprägten Fassade stammt aus dem 12. Jh. Die Vorhalle wurde erst im 14. Jh. angefügt. Der Kampanile (frei stehender Glockenturm) aus dem 13. Jh. mit seiner Spitze aus dem 16. Jh. hat eine stolze Höhe von 67 Metern. Die herausragendste Sehenswürdigkeit des im romanisch-pisanischen Stil errichteten Sakralbaus ist der Silberaltar des heiligen Jakobus. Er befindet sich in einer Seitenkapelle auf der rechten Seite des Kirchenschiffs. Für ein Entgelt von 3,70 € öffnet die Küsterin eine Eisengittertür, damit man den Altar aus nächster Nähe bewundern kann.

Gegenüber dem Dom steht das achteckige **Baptisterium.** Die mit grünem und weißem Marmor verkleidete Taufkirche wurde in der 2. Hälfte des 14. Jh. erbaut. Der **Palazzo Comunale** ist durch einen Brückenbogen mit dem Dom baulich verbunden. Das prachtvolle Gebäude besitzt eine wappengeschmückte Sandsteinfassade. In seinem Inneren befindet sich das **Museo Civico,** das neben Malerei aus dem späten Mittelalter auch eine

Ausstellung zu Ehren Giovanni Micheluccis präsentiert. Michelucci, ein italienischer Stararchitekt, wurde 1891 in Pistóia geboren und als er im Alter von 99 Jahren verstarb, hinterließ er so bedeutende Bauwerke wie den Bahnhof von Florenz. Rechts vom Dom steht der ehemalige **Bischofspalast (Palazzo dei Vescovi),** in dem heute die Touristeninformation untergebracht ist. Der rote Ziegelsteinbau verblasst neben den Marmorfassaden des Doms und des **Baptisteriums.** Nur ein paar Quadratmeter sind ebenfalls mit grün-weißen Marmorstreifen verkleidet, zu mehr reichte das Geld nicht.

24to Abb.: gg

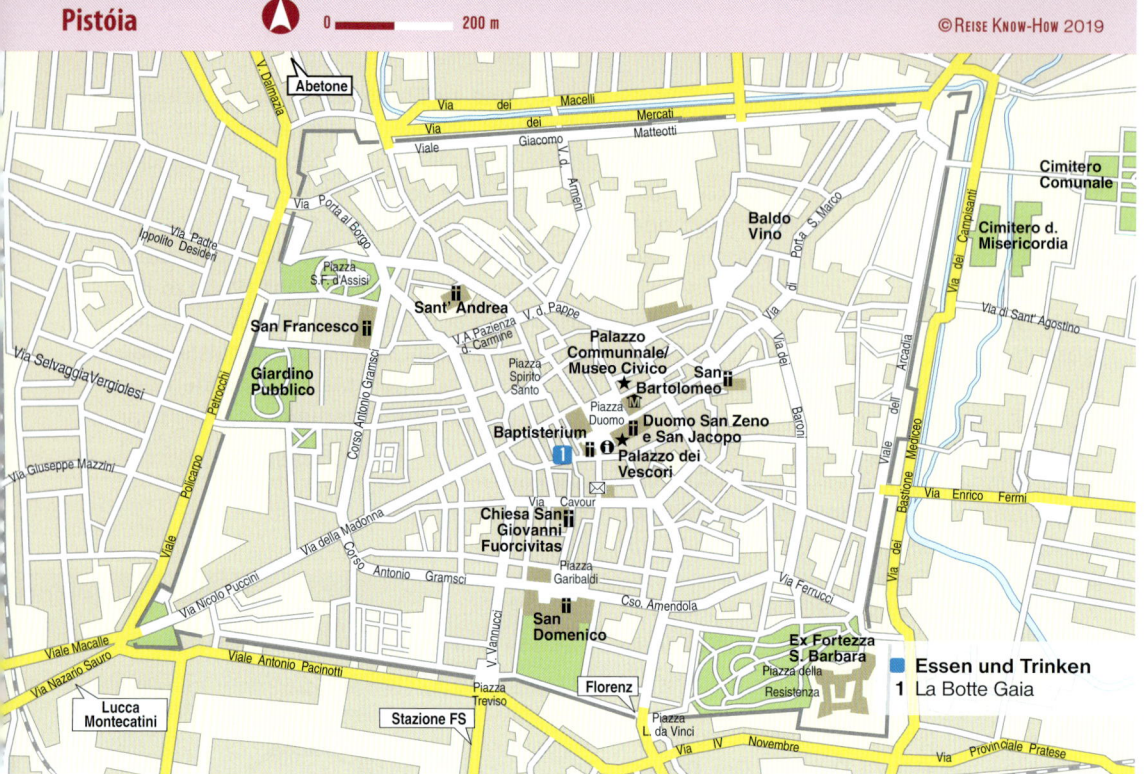

Rund um den Domplatz sind die meisten Straßen autofrei, sodass sich ein gemütlicher Bummel durch die gepflegte Stadt anbietet. Über die Via Roma sind es nur ein paar Minuten zu Fuß, bis man vor der Kirche **San Giovanni Fuorcivitas** in der Via Cavour steht.

Das Gotteshaus ist ebenfalls in grünweißem Marmor gehalten. Innen birgt es ein echtes Kleinod: eine auf zwei Löwen gestützte Marmorkanzel, deren figürlicher Detailreichtum ein wahres Wunderwerk der mittelalterlichen Steinmetzkunst darstellt. Neben der Kirche kann man im Caffè Valiani unter Fresken einer Kapelle aus dem 14. Jh. einen Espresso trinken. Die Gässchen zwischen Piazza Sala, Via Roma und Piazza Duomo erinnern mit ihren kleinen Kneipen und unzähligen Geschäften an den Montmartre in Paris. Hier kann man alles kaufen, was das Herz und vor allem der Gaumen begehrt.

▷ *Erinnerung an das Universalgenie Leonardo da Vinci*

Information

I.A.T., 51100 Pistóia, Piazza del Duomo (im Palazzo dei Vescovi), Tel. +39 057321622, www.turismo. provincia.pistoia.it, Öffnungszeiten: Okt.–März Mo/Mi/ Fr 9–17.30 Uhr, Di/Do/Sa/So 9–13 und 15–17.30 Uhr, Apr.–Sept. immer bis 18 Uhr

Sehenswertes

Duomo San Zeno e San Jacopo, 51100 Pistóia, Piazza del Duomo, Öffnungszeiten: tägl. 8–12.30 und 16–19 Uhr; Kapelle San Jacopo, Öffnungszeiten: Mo– Sa 10–12.30 und 15–17.30 Uhr, So 16–17.30 Uhr, Eintritt: 3,70 €

Chiesa San Giovanni Fuorcivitas, 51100 Pistóia, Via Cavour, Öffnungszeiten: 8–12 und 17–18.45 Uhr

Essen

La BotteGaia, 51100 Pistóia, Via del Lastrone 17, Tel. +39 0573365602, www.labottegaia.it, Mo. geschl. Gemütliches Restaurant mit guten Speisen und viel Lokalkolorit.

Stellplatz

❷ Stadio, Pistóia

ABSTECHER NACH VINCI

(hin und zurück 64 km)

Von Pistóia lohnt sich der Abstecher nach **Vinci,** dem Geburtsort von Leonardo da Vinci. Nicht nur das Ziel ist interessant, schon die Anfahrt macht den Abstecher lohnenswert. Hinter Pistóia fährt man immer Richtung Empoli, nicht durch hässliche Vorstädte, sondern über viele Kilometer an Baumschulen vorbei, die vom kunstvoll geschnittenen Buchsbaum bis zur hohen Palme alles anbieten. Die SP9 schlängelt sich durch schattige Wälder und silbern glänzende Olivenhaine die Hänge des Monte Albano hinauf bis nach San Baronto. Ab hier gibt es zwei Varianten zur Weiterfahrt. Ausgeschildert ist **Vinci** über die SP16 nach Lamporecchio und von dort weiter über die SP39. Die schönere Strecke mit herrlicher Aussicht, allerdings über schmale, kurvige Straßen führt auf der SP9 weiter bis **Porciano.** Von hier sind es 7,5 km durch eine reizvolle hügelige Landschaft bis nach Vinci.

Leonardo wurde als uneheliches Kind einer Dienstmagd und eines Notars am 15.04.1452 im Dorf Vinci (im Ortsteil Anchiano, wo man sein Geburtshaus besichtigen kann) geboren. Er lebte bis zum Tode seines Großvaters 1468 bei diesem. Die Familie väterlicherseits übersiedelte daraufhin nach Florenz, wo Leonardo bei Andrea del Verrocchio, einem bedeutenden Künstler seiner Zeit, in die Lehre ging. Er nannte sich nach seinem Geburtsort „da Vinci" (aus Vinci). Zu Ehren seines größten Sohnes hat das 14.000-Seelen-Dorf im Kastell Guidi und im Palazzina Uzielli das **Museo Leonardiano** eingerichtet. Hier sind 60 mechanische Modelle ausgestellt, die nach Skizzen des Universalgenies hergestellt wurden. Am eindrucksvollsten sind die Zeichnungen und Modelle seiner Flugapparate, darunter eine Art Hubschrauber. Auch ein Fahrrad und der Entwurf eines selbstfahrenden Wagens sind zu bestaunen. Die Museen verdeutlichen, dass sich Leonardo mit den unterschiedlichsten Themen befasste. Neben seinem künstlerischen Schaffen entwarf er Baumaschinen, Kriegswerkzeug und Geräte zur maschinellen Herstellung von Textilien. Im zweiten Stock der Burg befindet sich ein Videosaal. Hier werden Filme über das Leben und Wirken Leonardos gezeigt.

Das auf den Hügeln des Montalbano gelegene Städtchen hat noch eine weitere Künstlerpersönlichkeit hervorgebracht: Pierfrancesco da Vinci, ein Neffe Leonardos. Der

200to Abb.: gg

Von Michelangelo bis Gianna Nannini

Ein breites Spektrum von Künstlern aller Couleur kommt aus der Toskana.

__Michelangelo__ di Lodovico Buonarroti Simoni wurde am 6. März 1475 in Caprese geboren. Als Bildhauer, Dichter, Architekt und Maler wurde er zum bedeutendsten Repräsentanten der italienischen Hochrenaissance.

__Leonardo da Vinci,__ geboren am 15. April 1452 in Vinci, war wohl das größte Universalgenie Italiens: Erfinder, Maler, Wissenschaftler, Ingenieur, Schriftsteller – in allen Bereichen erreichte er außergewöhnliche Leistungen.

__Galileo Galilei__ ist mit seinem ganzen Wirken als Physiker, Mathematiker und Astronom untrennbar mit der Toskana verbunden. Geboren 1564 in Pisa, konnte er sich unter den Medici in Florenz seinen Forschungen widmen.

Ebenfalls durch die Förderung der Medici konnte __Amerigo Vespucci__ (1451–1512), Seereisender und Navigator, seine Forschungsreisen unternehmen.

Auch der Schriftsteller __Carlo Collodi__ (geboren 1826 in Florenz) kommt aus der Toskana. Mit seinem Roman „Die Abenteuer von Pinocchio" erfand er die kleine hölzerne Marionette, der, wenn sie schwindelt, eine lange Nase wächst.

Freunde der italienischen Oper kennen __Giacomo Puccinis__ Werke „La Bohéme", „Tosca" und „Madame Butterfly". Geboren wurde der Komponist am 22. Dezember 1858 in Lucca.

In Pistóia erblickte am 27. Februar 1901 __Marino Marini__ das Licht der Welt. Als Bildhauer und Maler drückte er dem letzten Jahrhundert seinen Stempel auf.

Und wer kennt nicht __Gianna Nannini,__ die Rockröhre aus Siena? Geboren 1956 als Bäckerstochter, wurde sie mit ihren anspruchsvollen Liedtexten und ihrer rauen Stimme in ganz Europa bekannt.

als Pierino bekannte Künstler (1529–1553) hat in seinem kurzen Leben große Werke geschaffen, so „Der Flussgott", ausgestellt im Pariser Louvre.

Information

Touristeninformation, 50059 Vinci, Via Montalbano 1, Tel. +39 0571933285, Öffnungszeiten: Apr.–Okt. 10–18 Uhr, Nov.–März Mo–Fr 10–15 Uhr, Sa 11–16 Uhr

Sehenswertes

Museo Leonardiano, Piazza dei Guidi, Öffnungszeiten: März–Okt. 9.30–19 Uhr, Nov.–Febr. 9.30–18 Uhr, Eintritt: 11/6 € inkl. Casa natale, 65+ 8 €

Casa natale, Via Anchiano, Öffnungszeiten: März–Okt. 10–19 Uhr, Nov.–Febr. 10–17 Uhr, Eintritt: s.o. inkl. Museo Leonardino, Anfahrt über schmale Straße, Parkplatz GPS: 43.79996°N 10.93907°E, auch für eine Übernachtung

Camping-/Stellplätze

❸ Camping Barco Reale, San Baronto
❹ Stellplatz Sportplatz, Vinci

Für die Weiterfahrt geht es zurück bis Lamporecchio und von dort über die SP16 hinunter über Castelmartini (SR436) nach Monsummano. Unterwegs in Castelmartini lohnt sich ein Stopp im **Naturgebiet Padule di Fucecchio** (GPS: 43.82258°N 10.83813°E). Ein Besucherzentrum informiert über das 1800 Hektar große Feuchtgebiet mit der einzigartigen Flora und Fauna. Mehr als 200 verschiedene Vogelarten machen hier auf ihren Zügen Station. Einen interessanten Einblick in dieses herrliche Naturparadies erhält man auf dem Rundweg „Le Morette". Für das leibliche Wohl und eine geruhsame Übernachtung sorgt der herrlich ruhig gelegene Agriturismo Poggetto ❺ ganz in der Nähe.

Sehenswertes

Riserva Naturale del Padule di Fuecchio, 51036 Larciano, Via Castelmartini 125, Tel. +39 057384540, www.paduledifucecchio.eu

▷ *Mondäne Badeanlage in Montecatini Terme*

Unterwegs zum Geburtshaus von Leonardo da Vinci

Die folgende Strecke kann als Spaziergang oder als Radtour zurückgelegt werden. Links neben der Touristeninformation beginnt der mit rot-weißen Strichen gut gekennzeichnete Wanderweg. Nach ca. 300 m biegt der Weg dann nach rechts ab – Beschilderung „Strada verde Casa natale" („Geburtshaus"). Steil geht es auf einer asphaltierten Straße hinauf. Oben folgt man dem gut sichtbaren und ausgeschilderten Weg durch Olivenhaine, bis man vor Anchiano auf die Straße trifft. Nach weiteren 100 m steht rechts das steinerne schmucklose Bauernhaus, in dem Leonardo da Vinci 1452 geboren wurde. Es versucht, das Wirken des Meisters in Bezug zu seiner Heimat zu zeigen. Besonders viel zu sehen gibt es nicht, nur einige Skizzen mit Erläuterungen in italienischer Sprache. Das Gebäude selbst ist ein typisches Haus dieser Gegend aus dem 15. Jh., das der Familie da Vinci bis 1629 gehörte. Zurück nimmt man denselben Weg wie auf dem Hinweg. Die Länge der Wanderung hin- und zurück nach Vinci beträgt ca. 4 km.

Stellplatz

5 Agriturismo Poggetto, Larciano

Zur Weiterfahrt folgt man in Monsummano den Schildern nach Montecatini.

MONTECATINI TERME
(22 km – km 47)

„Mondän" ist sicherlich die richtige Wahl, wenn man Montecatini Terme ein Attribut zuordnen will. Elegant gekleidete Damen und Herren spazieren schon in den frühen Vormittagsstunden entlang der Viale Giovanni Verdi, die zu den prunkvollen Thermenanlagen von Montecatini führt. Links und rechts protzt ein Grand Hotel neben dem anderen, auch wenn das eine oder andere bei näherer Betrachtung zumindest äußerlich einen neuen Anstrich vertragen könnte. Der pompöse Kurort wartet mit Superlativen auf: 220 Hotels, 14.000 Gästebetten, sechs Kuranstalten, elegante und teure Geschäfte, ein Kongresszentrum mit 1500 Plätzen und eine Trabrennbahn. Nach seiner Blütezeit Anfang des 20. Jahrhunderts verblasste der Glanz Montecatini Termes zusehends.

Heute profitiert die Stadt wieder von der Wellness-Welle und auch reiche Erholungssuchende aus Osteuropa bringen Geld in die Kassen.

Vom einzigen, für Wohnmobile geeigneten Parkplatz am Stadion geht man über die Via Garibaldi zur Piazza del Popolo, von hier führt die Viale G. Verdi schnurgeradeaus ins Kurzentrum.

Zum alten, ursprünglichen Ort Montecatini Alto kann man entweder mit dem Wohnmobil auf schmaler, kurvenreicher Straße oder mit der *funicolare* (Standseilbahn) hinauffahren. Mit der *funicolare* schwebt man ab der Viale Diaz 22 in 10 Min. hinauf (von Mitte März bis Oktober halbstündlich zwischen 9.30 und 13 Uhr sowie 14.30 und 24 Uhr, Berg- und Talfahrt 7 €, einfache Fahrt 4 €). Wer mit dem Wohnmobil hinauffährt, parkt beim Friedhof (GPS: 43.90081°N 10.78967°E) und spaziert von dort über die ansteigende Via Porta di Borgo nach **Montecatini Alto.**

Der Hauptplatz des Dorfes ist die **Piazza Giusti.** Sie ist gut für die Besucherströme gerüstet: Auf dem Platz reihen sich die Tische aneinander und alles wartet auf die hungrigen Touristen. Weiter den Berg hoch, steht man dann vor der Chiesa San Pietro aus dem 11. Jh. Daneben liegen die Reste der **Rocca** („Festung"). Gut erhalten ist einzig ihr eckiger Turm, dem Ende des 17. Jh. eine Uhr verpasst wurde. Entlang der Via Mura P. Grocco hat man eine schöne Aussicht hinunter nach Montecatini Terme.

⌂ *Bequem mit der Standseilbahn zu erreichen: Montecatini Alto*

Information

Info-Point, 51016 Montecatini Terme, Via Manzoni, www.comune.montecatini-terme.pt.it, Öffnungszeiten: 9–13 Uhr und 15–18 Uhr

Tipp: Wanderung von Montecatini Alto nach Montecatini Terme

Man fährt gemütlich mit der Seilbahn hinauf. Nach der Besichtigung geht es auf einem bequemen Weg in ca. 30 Min. wieder hinunter nach Montecatini Terme. Die Beschilderung – „A (Via Corta o Via Crucis)" – ist gut, überall sieht man Tafeln mit dem Wegverlauf.

Parken

P6 Stadio, GPS: 43.88234°N 10.76330°E, Donnerstag Parkverbot
Friedhof Montecatini Alto, GPS: 43.90081°N 10.78967°E

Campingplatz

6 Camping Belsito, Montecatini Alto

Weiter auf der Route geht es nun auf der SR435 in Richtung Lucca. Unterwegs kann man noch einen Halt in der Stadt Pescia einplanen.

Leider wird der dortige Stellplatz (GPS: 43.90541°N 10.69196°E) mit Ver- und Entsorgung laufend von Pkws zugeparkt.

PESCIA
(10 km – km 57)

Città dei Fiori („Stadt der Blumen"), so bezeichnet sich Pescia gern selbst. Sicher zu Recht, wenn man bedenkt, dass hier der größte Blumenmarkt Italiens beheimatet ist. Ungefähr 1200 Betriebe ernten tagtäglich 3 Mio. Blumen, die im **Centro di Commercializzazione dei Fiori dell'Italia** in den Handel kommen. Das moderne Gebäude befindet sich in der Nähe des Bahnhofes.

Die Stadt wird durch den Fiume Pescia zweigeteilt. Mit seinen breiten, begrünten Uferstreifen gräbt er eine mächtige Schneise zwischen dem historischen Stadtkern rund um die **Piazza Mazzini** und dem anderen Stadtteil mit einigen Fabriken, einem Franziskanerkloster und dem Dom. Sehenswert ist vor allem die sehr lange Piazza Mazzini mit schönen alten Gebäuden und Geschäften aller Art. Oben, wo sich der Platz verengt, steht der **Palazzo Comunale,** der heute noch als Rathaus dient. Parallel zur Piazza Mazzini verläuft an der flussabgewandten Seite die Ruga degli Orlandi, ein mittelalterlicher Straßenzug mit stolzen Bürgerhäusern. Dem 1875 geborenen Bildhauer und berühmten Sohn Pescias, Libero Andreotti, ist das **Museo Gipsoteca Libero Andreotti** gewidmet, das im **Palazzo della Podestà** aus dem 13. Jh. untergebracht ist. Über 200 Werke des 1933 in Paris verstorbenen Künstlers sind hier ausgestellt.

Information
Ufficio Turismo del Comune di Pescia, 51017 Pescia, Piazza Manzzini 11, www.comune.pescia.pt.it, Tel. +39 0572490919, Öffnungszeiten: Mo–Fr 8.30–12.30 Uhr, Di und Do zusätzl. 14–17 Uhr

▷ *Die Villa Torrigiani, Sommerresidenz einer reichen toskanischen Familie*

Sehenswertes
Museo Gipsoteca Libero Andreotti, 51017 Pescia, Piazza del Palagio 6, Tel. +39 0572490057, Öffnungszeiten: Di–So 9–12, Di/Do auch 15–18 Uhr, Fr–So auch 16–19 Uhr, Eintritt: frei

Parken
Ponte Europa Nähe Lidl, GPS: 43.89808°N 10.68976°E. Parken nur bis 3,5 t erlaubt!

Weiter der SR435 folgend, ist nach nur 4 km der Ort Collodi erreicht.

COLLODI
(4 km – km 61)

Collodi – das bedeutet Pinocchio! Aus jedem Andenkenladen schaut der freche Bengel mit seiner langen Nase gleich in tausendfacher Ausführung. Der Erfinder dieses hölzernen Lausbubs ist Carlo Lorenzini, der das Pseudonym Carlo Collodi im Gedenken an die Geburtsstadt seiner Mutter annahm. Um seine

Spielschulden zu begleichen, schrieb er in den Jahren 1881 bis 1883 die Pinocchio-Episoden für eine italienische Kinderzeitschrift. Der Erfolg war groß und als „Zäpfchen Kerns Abenteuer" erschien das Buch Anfang des 20. Jh. in Deutschland. Wer mit Kindern unterwegs ist, wird nicht umhin können, den **Parco di Pinocchio** zu besuchen. Hier trifft man auf Freunde und Feinde von Pinocchio und kann an seinen Abenteuern teilnehmen. Entworfen wurde der Park von 84 internationalen Künstlern.

Die andere Sehenswürdigkeit ist der **Giardino Garzoni** mit seinem Schmetterlingshaus. Ursprünglich stand hier zum Schutz des Dorfes eine Festung, später bauten sich die Garzonis daraus ein luxuriöses Landhaus. Ab dem 16. Jh. entwickelte sich aus dem dazugehörenden Gemüsegarten und dem Jagdwäldchen ein in Terrassen am steil ansteigenden Hang angelegter, künstlerisch gestalteter Park. Künstliche Höhlen, ein Theater aus Buchsbaumhecken und in verwunschenen Ecken versteckte Waldgeister- und Götterstatuen machen neben der beeindruckenden Pflanzenschau den Reiz des Gartens aus.

Hunderte bunter tropischer Schmetterlinge tummeln sich im Collodi Butterfly House. Sie fliegen frei im Glashaus mit tropischem Blumen- und Früchtegarten.

Sehenswertes

Parco di Pinocchio, 51014 Collodi, Tel. +39 0572429342, www.pinocchio.it, Öffnungszeiten: Nov.–Febr. 10 Uhr–Sonnenuntergang, Eintritt: 12/9 €, 65+ 9 €, März–Okt. 9–19 Uhr, Eintritt: 13/11 €, 65+ 11 €

Giardino Garzoni/Butterfly House, 51014 Collodi, Tel. +39 0572427314, Öffnungszeiten: März–Okt. 9 Uhr–Sonnenuntergang, Nov.–Febr. Sa/So 10 Uhr–Sonnenuntergang, Eintritt: März–Okt. 13/11 €, Nov.–Febr. 10/8 €; alle drei Attraktionen: März–Okt. 22/20 €, Nov.–Febr. 18/15 €, reduzierte Preise gelten auch für 65+, im Winter Butterfly House ohne Schmetterlinge

Campingplatz

🔴7 Camper Parc, Collodi

Von Collodi sind es noch 15 km auf der SR435 bis nach Lucca. Unterwegs sollte man vom Ort **Zone** (8 km hinter Collodi) aus einen Abstecher zur Villa Mansi und zur Villa Torrigiani machen. Die teilweise sehr engen Straßen dorthin sind aber nur für Fahrzeuge bis ca. 7 m Länge geeignet.

ABSTECHER ZUR VILLA MANSI UND ZUR VILLA TORRIGIANI
(Rundfahrt 12 km)

In Zone geht es unmittelbar hinter der Ampel rechts zur Villa Mansi ab (ausgeschildert). Die toskanischen Villen prägen mit ihren prächtigen Gärten und Zypressenreihen das Bild der Toskana. Ursprünglich waren sie die Verwaltungssitze der landwirtschaftlichen Betriebe, wurden dann jedoch zu prunkvollen Sommerresidenzen ausgebaut.

Die **Villa Mansi** ist ganz im barocken Stil gehalten. Dem ursprünglich einfachen, rechteckigen Bau wurde 1634 ein prachtvoller Portikus mit Treppenaufgängen hinzugefügt. Die Malereien im Inneren entstanden nach pompejischem Vorbild.

Die **Villa Torrigiani** (Villa Camigliano) liegt ganz in der Nähe. Man folgt der Via Selvette, biegt in Camigliano nach links und am Ortsende nach rechts zur Villa Torrigiani ab. Majestätisch thront sie leicht erhöht am Ende einer prachtvollen Auffahrt. Hier ist besonders der üppige Barockgarten mit Grotten, Wasserspielen und dem Geheimgarten (*Giardino Segreto*) interessant.

▷ *Ein Denkmal für Luccas berühmtesten Sohn, den Komponisten Giacomo Puccini*

Sehenswertes

Villa Mansi, Segromigno Monte, Via Selvette 242, Tel. +39 0583920234, GPS: 43.88916°N 10.60025°E, Öffnungszeiten: Mo–Sa 11.30–15.30 Uhr, Eintritt: 7 €
Villa Torrigiani, Camigliano Santa Gemma, Via del Gomberaio 3, GPS: 43.88618°N 10.60798°E, Tel. +39 0583928041, Öffnungszeiten: Apr.–Okt. 10–18 Uhr, Eintritt: 10/8 € für Villa und Garten, nur Garten 7/6 €, 65+ 6 €

Über die Straße Stradone di Camigliano kommt man von der Villa Torrigiani zurück nach Zone (4 km). Hier stößt man wieder auf die SR435 und fährt auf ihr 7 km bis Lucca.

LUCCA
(15 km – km 76)

Lucca wird neben Florenz und Pisa oft übersehen, und das völlig zu Unrecht, denn die Stadt ist außergewöhnlich! Schon die **Stadtmauer im Renaissancestil** fällt aus dem Rahmen: Ein breiter Erdwall, nach außen mit einer 12 m hohen Ziegelmauer befestigt und mit zehn „ohrenförmigen" *(ad orecchione)* Bastionen versehen, führt der Verteidigungsring rund um die Stadt. Das Innere ist von Verbindungsgängen, Pulverkammern, Zisternen und versteckten Ausgängen durchwoben. Durch sie konnten Angreifer überrascht werden und die Verteidiger konnten sich blitzschnell durch einen anderen Ausgang wieder zurückziehen. Heute lässt sich auf dem vier Kilometer langen Festungswerk über eine schattige wunderschöne Platanenallee die ganze Stadt umrunden.

Vom Stellplatz ❽ (s. S. 64) betritt man durch die Porta S. Anna bei der Piazzale Verdi die Stadt. Hier kann man sich in der Touristeninformation mit Material und einem Stadtplan versorgen und sich sogar ein Fahrrad für die Umrundung auf der Befestigungsmauer mieten.

Durch die lebhafte Via S. Paolino schlendert man in Richtung Piazza Michele. Gleich bei der ersten Straße links liegt der **Palazzo**

Mansi. In seinen prunkvollen Sälen kommt die staatliche Gemälde- und Textiliensammlung (15.–20. Jh.) sehr gut zur Geltung. Neben einigen Gegenständen aus dem Besitz von Napoleon kann man auch das beeindruckende Schlafzimmer von Luciala Mansi besichtigen. Diese Dame soll angeblich ein reges Liebesleben gehabt haben.

Weiter auf der Via S. Paolio sitzt an der **Piazza Cittadella** der Komponist **Giacomo Puccini** auf seinem Sockel. Dahinter steht die **Casa natale Giacomo Puccini,** das Haus, in dem Puccini am 22.12.1858 das Licht der Welt erblickte. Zu sehen gibt es persönliche Gegenstände, Noten, Briefe und Bilder des großen Meisters der italienischen Oper. Das wertvollste Ausstellungsstück ist das Klavier, auf dem Puccini die Oper „Turandot" komponierte. Zu seinen bekanntesten Werken zählen außerdem „Madame Butterfly", „La Bohème" und „Tosca".

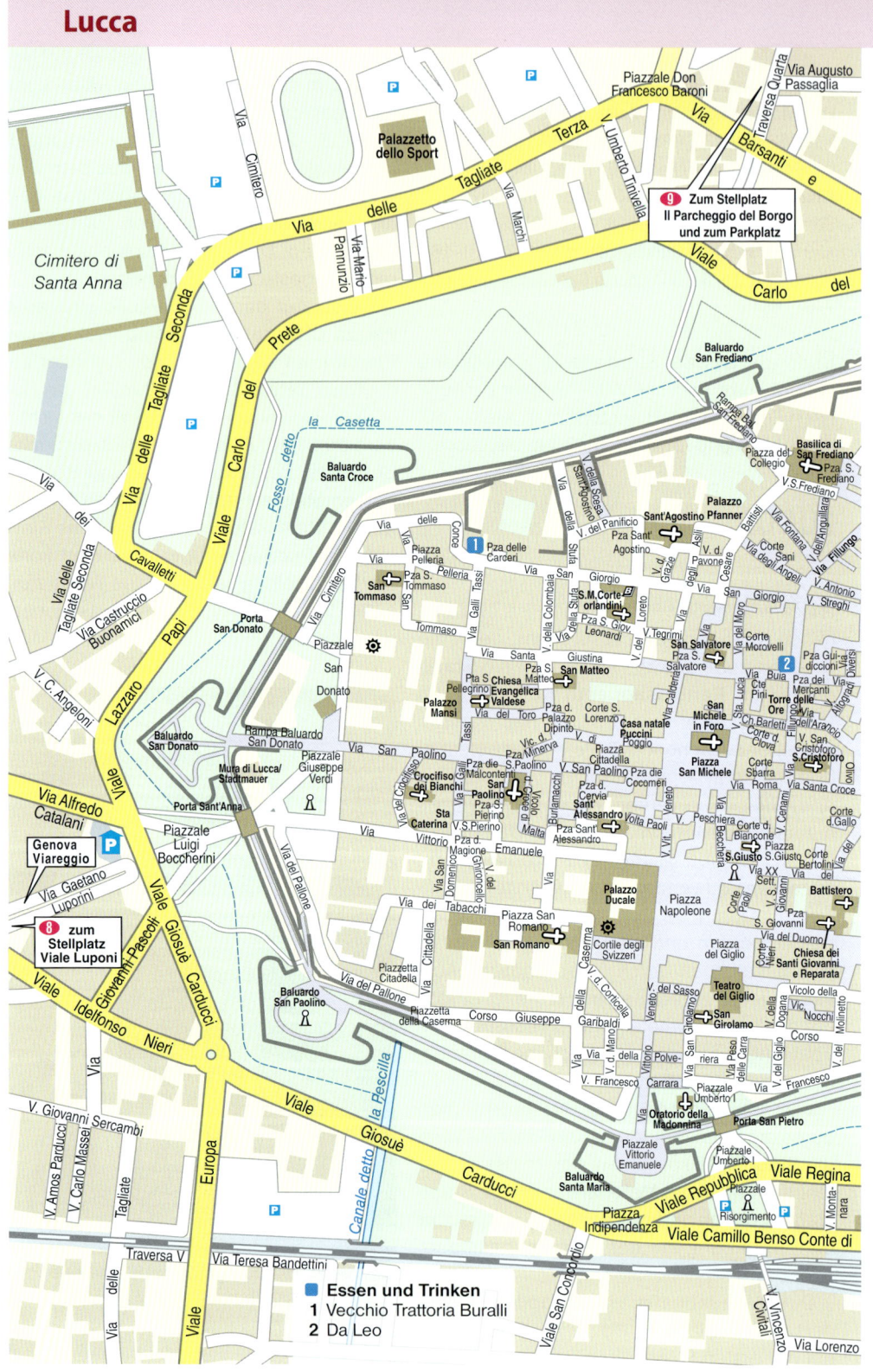

Essen und Trinken
1 Vecchio Trattoria Buralli
2 Da Leo

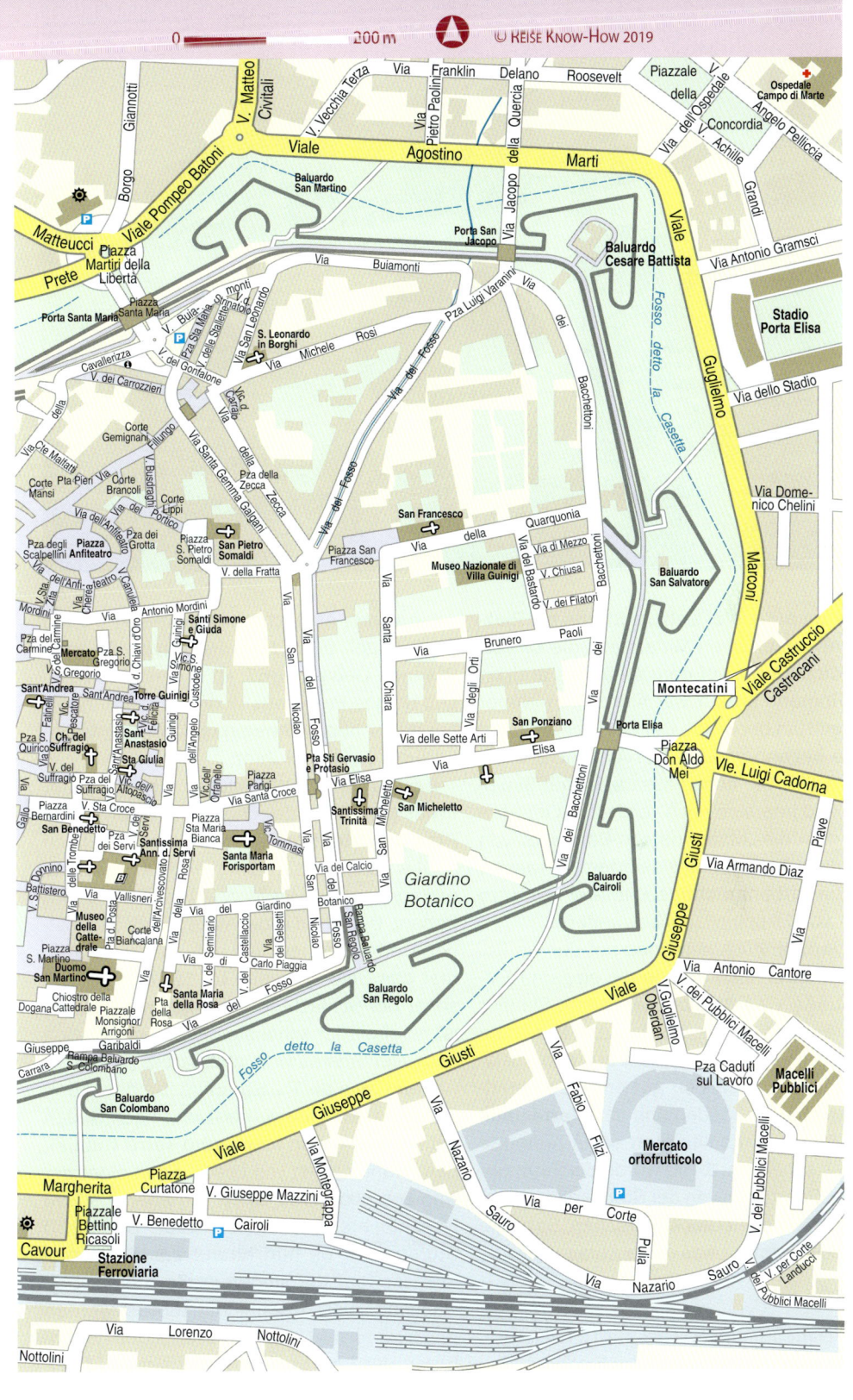

Giardino Botanico

Kurz darauf weitet sich die Straße zur **Piazza S. Michele,** deren Mittelpunkt die **Chiesa San Michele** ist. Auf dem Areal des antiken Foro Romano erbaut war hier schon immer das Zentrum der Stadt. Der Bau der heutigen Kirche begann unter Papst Alexander II. im Jahre 1070. Die hohe Fassade ist mit Skulpturen und Intarsien reich verziert. Im Inneren kann man die „Madonna con Bambino" von Luca della Robbia aus glasiertem Terrakotta und die farbenprächtige Bildtafel „Quattro Santi" von Filippino Lippi bewundern.

Ein kurzes Stück geht man auf der Via Roma, um dann nach links in die elegante Einkaufstraße Via Fillungo abzubiegen. Sie lädt mit ihren schönen Geschäften zum Bummeln und Shoppen ein. Doch nicht nur den Auslagen, sondern auch den gut erhaltenen mittelalterlichen Gebäuden und dem **Torre delle Ore** (Uhrenturm) sollte man seine Aufmerksamkeit schenken. 1490 wurde der Turm der Familie Quartigiani von der Stadt gekauft und mit einer Uhr samt Glocke versehen. So wussten die Bewohner, „was es geschlagen hat".

▱ Die Ponte della Maddalena, auch „Teufelsbrücke" genannt, überspannt den Serchio

Ein kurzer Abstecher nach links in die Via degli Angeli führt zum prächtigen **Palazzo Pfanner.** Gebaut 1667, ist er besonders wegen seines Parks aus dem 18. Jahrhundert mit den schönen Statuen und dem zentralen Springbrunnen berühmt.

Rechts von der Via Fillungo gibt es wieder etwas ganz Außergewöhnliches zu sehen: die **Piazza Anfiteatro.** Das Oval des ehemaligen antiken Amphitheaters mit 10.000 Zuschauerplätzen wurde im Mittelalter mit Häusern bebaut. Das Rund in der Mitte diente als Obst- und Gemüsegarten. Im Laufe der Zeit waren hier das Gefängnis und im 19. Jahrhundert sogar der Schlachthof untergebracht. Heute ist es einer der schönsten Plätze der Region mit vielen Restaurants und Cafés.

Wenn man die Piazza Anfiteatro durch den östlichen Ausgang verlässt und nach Süden geht, kommt man rasch zum **Torre Guinigi,** dem Wahrzeichen von Lucca. Er ist einer der wenigen noch erhaltenen von ehemals 250 Geschlechtertürmen der Stadt. Über 230 Stufen geht es nun hinauf zur Aussichtsterrasse, auf der sieben große Steineichen wachsen. Als „Geschlechtertürme" werden die kirchturmhohen, quadratischen Wohntürme der Patrizierfamilien aus dem Mittelalter bezeichnet. Sie dienten früher als Verteidigungsbastion (von einem zum anderen Stockwerk gelangte man nur über Leitern), aber auch zu Repräsentationszwecken, denn je höher der Turm, desto wohlhabender waren die Besitzer.

Auf der linken Seite der Via Fillungo liegt die Piazza S. Frediano mit der **Basilica S. Frediano.** Die Fassade wird von einem eindrucksvollen Mosaik aus dem 13. Jahrhundert dominiert, das die Himmelfahrt zeigt. Im dreischiffigen Innenraum steht das wunderschöne, mit Reliefs verzierte Taufbecken aus dem 12. Jahrhundert.

Von hier bietet sich ein geruhsamer Spaziergang auf der Stadtmauer an, wo man immer wieder schattige Rastmöglichkeiten findet. Das nächste Ziel, der Dom, liegt genau gegenüber auf der anderen Seite der Stadt. Unterwegs kommt man am **Botanischen Garten** vorbei.

Der **Duomo di S. Martino** erhielt seine heutige Außenfassade zwischen dem 12. und 15. Jahrhundert. Auffallend ist der Gegensatz zwischen der wuchtigen romanischen Vorhalle und den eher zierlichen Säulengalerien. Hier sind besonders die vielfältigen Muster der einzelnen Säulen sehenswert. Beim Betreten des Gotteshauses fällt sofort das marmorne Tempelchen auf der linken Seite auf. Es beherbergt das Volto Santo, ein Holzkreuz, das bei der Prozession am 13. September durch die Stadt getragen wird. Sogar mit einem Bild des Malers Tintoretto („Das Abendmahl", beim dritten Seitenaltar rechts) kann der Dom aufwarten. In der Sakristei steht der Sarkophag von Ilaria del Carretto – ein Meisterwerk der italienischen Bildhauerei. Die jung Verstorbene wird am Totenbett von ihrem Lieblingshund bewacht.

Archäologen haben im **Baptisterium Chiesa Santi Giovanni e Reparata** den Fußboden abgetragen und untersucht. Freigelegt wurden fünf übereinanderliegende Schichten – von der ersten frühchristlichen Kirchenmauer bis zu den Resten einer römischen Badeanstalt.

Information

Ufficio Turismo, 55100 Lucca, Piazzale Verdi, Tel. +39 0583583150, Öffnungszeiten: Apr.–Okt. 9–19 Uhr, Nov.–März 9–18 Uhr

Sehenswertes

Palazzo Mansi, 55100 Lucca, Via Galli Tassi 43, Öffnungszeiten: Di–Sa 8.30–19.30 Uhr, Eintritt: 4 €, unter 18 Jahren freier Eintritt

Casa natale Puccini, 55100 Lucca, Corte S. Lorenzo 8, www.puccinimuseum.org, Öffnungszeiten: 26. Dez.–Febr. Mi–Mo 10–17, März/Apr./Okt.–3. Nov. Mi–Mo 10–18, Mai–Sept. tägl. 10–19, 4. Nov.–24. Dez. Mo–Fr. 10–13 und 15–17, Sa/So 10–17 Uhr, Eintritt: 7/5/13 €, 65+ 5 €

Chiesa di S. Michele, 55100 Lucca, Piazza San Michele, Öffnungszeiten: 7.40–12 Uhr und 15–18 Uhr

Torre delle Ore, 55100 Lucca, Via Fillungo, Öffnungszeiten: März/Okt. 9.30–17.30, Apr.–Mai 9.30–18.30, Juni–Sept. 9.30–19.30 Uhr, Eintritt: 4/3 €, 65+ 3 €

Torre Guinigi, 55100 Lucca, Via S. Andrea 45, Öffnungszeiten: Nov.–Febr. 9.30–16.30, März/Okt. 9.30–17.30, Apr./Mai 9.30–18.30, Juni–Sept. 9.30–19.30 Uhr, Eintritt: 4/3 €, 65+ 3 €, Sammelticket für beide Türme und Botanischer Garten 9/6 €, 65+ 6 €

Palazzo Pfanner, 55100 Lucca, Via degli Asili 33, www.palazzopfanner.it, Öffnungszeiten: Apr.–Nov. 10–18 Uhr, Eintritt: Villa 4,50/4 €, Garten 4,50/4 €, beides 6/5 €, 65+ immer reduzierter Preis

Basilica S. Frediano, 55100 Lucca, Piazza S. Frediano, Öffnungszeiten: tägl. 9–18 Uhr, Eintritt: 3 €

Botanischer Garten, 55100 Lucca, Giardino botanico 14, Öffnungszeiten: Ende März–Apr./Okt. 10–17 Uhr, Mai/Juni 10–18 Uhr, Juli–Sept. 10–19 Uhr, Eintritt: 4/3 €, 65+ 3 €

Duomo di S. Martino, 55100 Lucca, Piazza S. Martino, Öffnungszeiten: Apr.–Okt. Mo–Fr 9.30–18 Uhr, Sa 9.30–18.45, So 9–10 und 11.45–18.00 Uhr, Nov.–März Mo–Fr 9.30–17 Uhr, Sa 9.30–18 Uhr, So 11.30–17 Uhr, Turm tägl. 10–18 Uhr, Juni–Sept. 10–19 Uhr, Eintritt: 3 €, Turm 3 €, Kombiticket mit Battisterio, Turm, Museo, Area Archeologica 9/6 €

Battisterio Chiesa Santi Giovanni e Reparata, 55100 Lucca, Piazza S. Giovanni, Öffnungszeiten: März–Okt. 10–18 Uhr, Nov.–Febr. Mo–Fr 10–14 Uhr, Sa 10–18 Uhr, So 10–17 Uhr, Eintritt: 4 €, Kombiticket siehe Duomo di S. Martino

Essen

Vecchia Trattoria Buralli, 55100 Lucca, Piazza S. Agostino 9, Tel. +39 0583950611, Mi geschlossen. Preiswerte regionale Küche, auch vegetarisch.
Da Leo, 55100 Lucca, Via Tegrimi 1, Tel. +39 0583492236. Gut besuchtes, preiswertes Lokal mit netter Atmosphäre, empfehlenswert: Spinatravioli

Parken Piazale Don Franco Baroni

GPS: 43.85101°N 10.50121°E, kostenlos. Anfahrt wie Stellplatz Il Parcheggio del Borgo ❾, dann nicht in die Via delle Tagliate di S. Marco, sondern weiter geradeaus, ausgeschildert mit „P".

Stellplätze

❽ Viale Luporini, Lucca
❾ Il Parcheggio del Borgo, Lucca
❯ Den in der Stadt ausgeschilderten Stellplatz Il Serchi (GPS: 43.85015°N 10.48600°E) kann ich nicht empfehlen.

Routenalternative

Wer nicht durch die Garfagnana fahren will, fährt direkt nach Pisa und schließt dort bei Route 2 (s. S. 75) an.

Man verlässt Lucca auf der SS12 in Richtung Garfagnana und Barga. Für die Fahrt durch die Garfagnana und die Lunigiana sollte man allerdings mindestens zwei Tage einplanen. Die Straßen sind zwar gut zu befahren, jedoch auch kurvig und hin und wieder so schmal, dass man bei Gegenverkehr anhalten muss. Man kommt deshalb nur langsam vorwärts, wird aber mit einer reizvollen Landschaft belohnt.

Hinter Lucca folgt die Route dem Flusslauf des Serchio nach Norden in die **Garfagnana,** dem nördlichsten und unbekanntesten Teil der Toskana. Dieser Landstrich bezeichnet sich selbst als das „wilde Gesicht" der Region. Wer mit der Toskana nur zypressengesäumte Alleen auf sanften Hügeln verbindet, wird erstaunt sein, sich bald in einer fast alpenländisch anmutenden Gebirgslandschaft zu finden. Der Fluss Serchio und seine Nebenflüsse haben zwischen den Apuanischen Alpen (westlich) und den toskanischen Apenninen (im Osten) ein Tal gegraben. Riesige Wälder, hauptsächlich aus Kastanien, bilden

Fauna und Flora in der Toskana

*Der besondere Reiz der toskanischen Landschaft ist ihre **Vielseitigkeit.** Am Tyrrhenischen Meer ragen hinter den sandigen Badestränden die schroffen, bis zu 2000 m hohen Gipfel der Apuanischen Alpen empor. An die Etruskische Riviera mit ihren felsigen Buchten anschließend beginnt die Maremma. Früher eine sumpfige, malariaverseuchte Landschaft, heute eine fruchtbare Ebene. Die **Vegetationsformen** unterscheiden sich nach Boden und nach Höhenlage. Palmen, Hochgebirgswälder, macchiabewachsene Hügel, die wilde und ursprüngliche Garfagnana, die beinahe wüstenhafte Crete und natürlich die „Bilderbuchkulisse" mit dunkelgrünen Zypressenalleen auf einem Berghügel – zusammen bilden sie eine der schönsten Urlaubsregionen Europas. Die **Tierwelt** der Maremma, „dem wilden Westen" der Toskana, ist die artenreichste der Region. Frei laufende Pferde und Rinder werden*

von den berittenen „butteri", den Cowboys, bewacht. Die langhornigen Maremma-Rinder stammen ursprünglich aus Indien, die hochbeinigen Maremma-Pferde aus Libyen.
In den sumpfigen Gebieten nisten Reiher und Kraniche. In den späten Abendstunden und in der Nacht begegnet man nicht selten einem Stachelschwein, tagsüber machen es sich die nachtaktiven Tiere in ihren Erdhöhlen bequem. Rehe und Hirsche sind weitestgehend der Jagdleidenschaft der toskanischen Bevölkerung zum Opfer gefallen. Wildschweine hingegen wird der Reisende bei Wanderungen und auf Speisekarten in Restaurants häufig antreffen.
Wölfe sind in den Apenninen inzwischen wieder heimisch geworden, lassen sich jedoch nur selten sehen. Bei Wanderungen kreuzen allerdings immer wieder Schlangen die Pfade, meist jedoch ungefährliche Äskulapnattern, die sich schnell im hohen Gras oder in Sträuchern verstecken.

vor allem im Herbst eine traumhafte Kulisse für Fahrten und Wanderungen.

Auf der Fahrt nach Bagni di Lucca verlässt man Lucca nordwärts auf der SS12. Ungefähr 25 km hinter der Stadt erreicht man das Dorf **Borgo a Mozzano.** Hier überspannt die **Ponte della Maddalena** den aufgestauten Serchio. Die Brücke ist ein wahres Meisterwerk mittelalterlicher Ingenieurskunst. Um das tatsächliche Alter des auch „Teufelsbrücke" *(Ponte di Diavolo)* genannten Bauwerks streiten sich die Gelehrten. Die einen schreiben es dem 13. Jh. zu, andere machen es etwas jünger und siedeln den Bau im 16. Jh. an. Allein der mittlere Bogen der fünfbogigen Brücke hat eine Spannweite von 40 m und eine Höhe von 18,5 m. Sie ist noch heute begehbar.

Hinter Borgo a Mozzano verlässt man den Serchio und folgt nun dem Lima ins 3 km entfernte Bagni di Lucca.

☐ *Der morbide Charme von Bagni di Lucca*

BAGNI DI LUCCA
(28 km – km 104)

Das heutige Erscheinungsbild des einst berühmtesten **Badeorts** Europas kann man wohl am ehesten mit „morbidem Charme" umschreiben. Hochherrschaftliche Villen, Badeanstalten, das Spielcasino – alle haben sie bessere Zeiten gesehen.

Bagni di Lucca besitzt eisenhaltige Thermen mit Wassertemperaturen zwischen 37 und 54 °C. Ihre wohltuende Wirkung genossen auch Napoleons Mutter und Schwestern, mit der Folge, dass es den gesamten **europäischen Adel** nach Bagni di Lucca zog. Als auch noch Lord Byron von Bagni di Lucca schwärmte, gab es für den englischen Adel kein Halten mehr. Viele ließen sich hier nieder. Heute zeugen noch die anglikanische Kirche und der Friedhof mit den stattlichen Grabsteinen von dieser Zeit. 1829 schwärmte Heinrich Heine in höchsten Tönen, als er schrieb: „Ich habe nie ein reizenderes Tal gesehen." Der Glanz des mondänsten aller Badeorte hielt allerdings nur das 19. Jh. über. Bereits Anfang des 20. Jh. ging es mit Bagni di Lucca steil bergab, als sich die adeligen Herrschaften anderweitig orientierten. Im Gegensatz zu Montecatini Terme hat sich die Stadt nie wieder erholt.

Die **Therme** ähnelt von außen mehr einem alten Fabrikgebäude und auch die Badeabteilung hätte dringend eine Auffrischung nötig. Das **Casino** aus dem 19. Jh. gammelt geschlossen vor sich hin. 1837 wurde hier erstmals das horizontale Roulette, wie es heute überall im Gebrauch ist, der Weltöffentlichkeit präsentiert. Davor gab es nur vertikale Zahlenräder.

Auch wenn der Lack abgesprungen ist, lohnt sich dennoch ein Gang oder eine Radtour durch den sich über 2 km am Lima dahinschlängelnden Badeort. Sehenswert sind die Villa Ada, eine Fußgängerhängebrücke über den Lima und eine der Brooklyn Bridge in New York ähnliche Kettenbrücke im Ortsteil Fornoli. Ein außergewöhnliches Bauwerk ist der kleine Demidoff-Tempel. Sein Erbauer, der russische Prinz Anatoli Demidoff war durch Heirat mit Napoleon I. verwandt und lebte lange Zeit in der Toskana.

Information

Ufficio Tursimo, 55021 Bagni di Lucca, Viale Umberto I. 95, www.turismobagnidilucca.com, Tel. +39 0583805745, Öffnungszeiten: Mi–Sa 10–14 Uhr

Camping-/Stellplätze

10 Stellplatz SS12, Bagni di Lucca
11 Campo sportivo, Bagni di Lucca

Es geht zurück bis zur SR445 und dann weiter durch das Valle del Serchio bis Fornaci di Barga. Ab hier geht es sehr kurvenreich 3 km hinauf nach Barga oder man fährt weiter bis Mologno. Die Straße von hier hinauf nach Barga ist breiter, etwas weniger steil und kurvenreich.

BARGA
(18 km – km 122)

Barga hat sich weitestgehend das Aussehen eines mittelalterlichen Dorfes bewahrt. Auf dem höchsten Punkt steht der **Dom,** der dem heiligen Jakob und dem heiligen Christopherus geweiht ist. Im Inneren befindet sich eine reich mit Reliefs verzierte, von Löwen und Atlanten getragene Marmorkanzel.

Vom Domplatz schweift der Blick weit über die Garfagnana. Der ganze Ort ist ein harmonisches Ganzes mit steilen Treppengängen, schmalen Gassen und kleine Piazzas. Ein besonders schönes Ensemble ist der Palazzo Pancrazi (heute Rathaus) mit der ehemaligen Getreidehalle Loggia aus dem 16. Jh. (seit dem 19. Jh. Café Capretz). Die stattliche Säule „Colonna Medicea" und der „Marzocco Mediceo" (die Skulptur eines Löwen an der Loggia) zeugen von der Macht der Medici vom 14. bis 16. Jh.

Information

Touristeninformation, 55051 Barga, Via di Mezzo 47, Tel. +39 0583724743, Öffnungszeiten: Mai–Sept. 9.30–12.30 und 15–19 Uhr, Okt.–Apr. Mo–Fr 9.30–12.30 Uhr, Di–Do auch 15.30–17.30 Uhr

◁ *Detail der sehenswerten Marmorkanzel im Dom von Barga*

Sehenswertes
Duomo S. Cristofano, 55051 Barga Piazza Duomo, Öffnungszeiten: 9–18 Uhr

Essen
Lo Scacciaguai, 55051 Barga, Via di Mezzo 23, Tel. +39 0583711368, Öffnungszeiten: Di–So 12–14 und 19.30–22 Uhr. Eine feine Auswahl gut zubereiteter und freundlich servierter Speisen.

Stellplätze
12 Stellplatz Area de sosta San Cristofero, Barga
13 Stellplatz Area comunale, Gallicano

Wieder zurück im Tal auf der SR445 bietet sich in Gallicano ein Abstecher zur Grotta del Vento (Höhle des Windes) an. Man folgt dazu auf sehr kurvenreicher Strecke der guten Beschilderung.

ABSTECHER ZUR GROTTA DEL VENTO
(hin und zurück 23 km)

Die Straße zum Eingang der Höhle ist schmal und hat teilweise sehr tiefe Felsüberhänge, deshalb ist sie für Fahrzeuge über 3,5 m Höhe und mehr als 11,60 m Länge gesperrt. Bei Gegenverkehr muss man damit rechnen, auch einmal zurücksetzen zu müssen. Auf der zusätzlich zum Buch erschienenen DVD kann man sich die Straße vorher anschauen (s. S. 279). Die Fahrt lohnt sich aber hier auf jeden Fall! Durch die schmale Schlucht ist die Straße in den Fels gehauen. Die atemberaubende Strecke führt 11,5 km direkt bis zur Grotta del Vento.

⌂ *In den Bergen der Garfagnana versteckt sich die Grotta del Vento*

Zuvor durchfährt man noch das pittoresk in einem schmalen Taleinschnitt gelegene **Fornovolasco** mit vielen idyllischen Winkeln. Hinter dem Dörfchen geht es 2,5 km bergan bis zum Eingang der Höhle.

Auf bequemen Wegen kann man die glänzenden Stalaktiten und Stalagmiten, die vielfarbigen Sinterkaskaden, die Alabastervorhänge sowie kleine Seen und Wasserläufe bestaunen. Die Temperatur in der Karsthöhle beträgt konstant 11 °C, deshalb ist warme Kleidung angeraten. Es werden drei verschiedene geführte Routen angeboten (1, 2 und 3 Std. Dauer).

Sehenswertes
Grotta del Vento, www.grottadelvento.com, Tel. +39 0583722024, Öffnungszeiten: Apr.–1. Nov., 26. Dez.–6. Jan. und ganzjährig an Sonn- und Feiertagen stündlich von 10–12 und 14–18 Uhr, Führungen: Route 1 um 10, 11, 12, 14, 15, 16, 17, 18 Uhr; Route 2 um 11, 15, 16, 17 Uhr; Route 3 um 10, 14 Uhr, Eintritt: 9/7 €, 14/11 €, 20/16 €, Audioguides kostenlos, Parkgebühr für Wohnmobile 4,50 €, Übernachtung erlaubt!

Zurück geht es auf derselben Strecke. Unterwegs kommt man nach 9 km an der Auffahrt zum **Eremo di Calomini** vorbei. Wohnmobile bis 6,50 m können gut hinauffahren, allerdings ist der Parkraum beschränkt und es werden Parkgebühren verlangt. Die Einsie-

delei schmiegt sich über einem Abhang eng an die Felswand. Schon im 7. Jh. wurden an dieser Stelle Mönchszellen und eine Kirche in den Fels geschlagen. Ihr heutiges elegantes Aussehen erhielt die Kirche im 17. Jh. Zurzeit lebt hier nur noch ein Mönch und hält regelmäßige Messen ab (Öffnungszeiten: 9.30–18 Uhr).

Die Route führt von Gallicano weiter auf der SR445 auf sehr imposanter Fahrstrecke immer im Tal des Serchios entlang nach Castelnuovo di Garfagnana.

CASTELNUOVO DI GARFAGNANA

(13 km – km 135)

Auf 277 m Höhe liegt Castelnuovo, das Zentrum der Garfagnana. Das Städtchen mit seinen 6500 Einwohnern ist Ausgangspunkt zahlreicher **Wander- und Mountainbiketouren.** Bestens beraten wird man hierzu im Centro Visite Parco Alpi Apuane. Im Zweiten Weltkrieg musste die Stadt große Zerstörungen hinnehmen. Heute ist davon aber nichts mehr zu sehen, das *centro storico* (historische Altstadt) wurde detailgetreu im mittelalterlichen Stil restauriert. Ein Bummel durch die lebendige und traditionsbewusste Kleinstadt mit ihren hübschen Gassen, dem Dom Pietro e Paolo, dem Alfieri-Theater und den vielen, den Serchio überspannenden Brücken hat seinen außerordentlichen Reiz.

Dominiert wird es von der **Rocca Ariostesca,** einer Renaissancefestung, deren Ursprünge auf das 11. Jahrhundert zurückgehen. Große Schautafeln weisen auf die geplante Renovierung mit Museumsbau hin. Wie diese Pläne umgesetzt werden können, hängt davon ab, ob und wann genügend Geld zur Verfügung steht.

Am linken Ufer des Serchio entlang, fährt man auf der SR445 etwa 8 km weiter bis zur Stadt Póggio. Die Landschaft in der Gegend vermittelt einem ein wenig das Gefühl, als ob man sich mitten in einer Modelleisenbahnanlage befinden würde. Verschiedene Eisenbahnbrücken überspannen die Täler und kleine, weit verstreute Dörfer liegen malerisch zwischen bewaldeten Bergen.

Information

Pro Loco, 55032 Castelnuovo Garfagnana, Via Cavalieri di Vittorio Veneto, Tel. +39 0583641007, Öffnungszeiten: Mo–Sa 9.30–13 Uhr und 15.30–19 Uhr, So 10–13 Uhr und 15.30–18.30 Uhr, Okt.–Apr. Mo–Sa 9.30–13 und 15.30–18.30 Uhr
Centro Visite Parco Alpi Apuane, 55032 Castelnuovo Garfagnana, Piazza delle Erbe 1, Tel. +39 058365169, www.turismo.garfagnana.eu, Öffnungszeiten: Di–So 9–13 und 15.30–17.30 Uhr, Mo 9–13 Uhr

Essen

Il Vecchio Mulino, 55032 Castelnuovo di Garfagnana, Tel. +39 058362192, www.vecchiomulino.info. Hier sitzen alle Gäste an einem Tisch und speisen gemütlich auf typisch italienische Art.

Camping-/Stellplätze

⑭ Stellplatz Campo sportivo, Castelnuovo di Garfagnana
⑮ Camping La Piella, Castelnuovo di Garfagnana

⌂ *Hier sieht die Brücke vor Castelnuovo di Garfagnana wie eine Modelleisenbahn aus*

ABSTECHER NACH VAGLI SOTTO
(hin und zurück 8 km)

Leider können diesen Abstecher **nur noch Fahrzeuge bis 3 t Gesamtgewicht** machen. Die Parkplätze am See erhielten diese Gewichtsbegrenzung, sodass zwar auch schwerere Fahrzeuge die SP50 befahren dürfen, dann allerdings keine Parkmöglichkeit finden.

Von Póggio fährt man auf der schmalen, kurvenreichen und teilweise etwas maroden SP50 9 km bis zur Staumauer des Lago di Vagli. Der See ist eingebettet in bewaldete Hügel und wird von den schroffen, kahlen Bergen der Apuanischen Alpen überragt. Ursprünglich stand hier im Talgrund das Dorf Fabbriche di Careggine. 1953 wurde es geflutet, um den Stausee zur Energieerzeugung anzulegen.

Alle zehn Jahre sollte ursprünglich das Wasser abgelassen werden. Dieser Touristenattraktion stehen die Millionenverluste der ENEL bei der Stromgewinnung gegenüber. So wurde 2016 darauf verzichtet. In der anderen Zeit ist der See je nach Jahreszeit mehr oder weniger voll, sodass auch dann immer wieder die Kirchturmspitze aus dem Wasser auftaucht.

Das Dörfchen Vagli Sotto liegt am nördlichen Seeufer in malerischer Lage. Hier gibt es einen Parkplatz (GPS: 44.10932 ° N 10.28943 ° E, mit Höhenbegrenzung von 2,80 m in der Saison) und man sollte nicht versäumen, hier durch die idyllischen Gassen zu schlendern.

Nach dem Abstecher zum See von Vagli erreicht man in Póggio wieder die SR445. Nach wenigen Kilometern erhebt sich die wehrhafte Felsenburg aus dem 15. Jh. mit ihren gut erhaltenen Umfassungsmauern über **Camporgiano.** Sie dienten bei den Auseinandersetzungen zwischen Lucca und Siena als Verteidigungsbastion.

Stellplatz

⑯ Stellplatz Area attrezzata, San Romano

Die Küche der Garfagnana und der Lunigiana

„Farro" (Emmer), das älteste von Menschen kultivierte Getreide, ist ein Hauptbestandteil der **garfagnanischen Küche.** *Es wird zu Kuchen, Salaten und Suppen verarbeitet.*
Heidelbeeren, Himbeeren und Walderdbeeren werden frisch oder als Marmeladen und Säfte angeboten. „Pecorino" (aus Schafsmilch) und „caciotta" (aus Kuhmilch) sind die Käse der Region. Eine außergewöhnliche Darreichungsform ist die mit Akazienhonig.
„Formenton otto file" (Polenta) wird aus einer lokalen Maissorte auf offener Flamme zubereitet und mit einer Soße aus Steinpilzen serviert. Mit einem Mehl aus gedörrten Kastanien („neccio") backt man dünne Fladen und bestreicht sie mit Ricotta und rollt sie ein. „Castagnaccio" ist eine weitere Spezialität aus Kastanienmehl mit

Rosinen und Pinienkernen. Aus Schweinefleisch werden die „biroldo", eine würzige Blutwurst, und die „mondiola di Garfagnana", eine uförmig gebogene Wurst mit Lorbeer, ebenso wie der „lardo", ein fetter geräucherter Speck, gewonnen.
Die Kartoffel ist seit Napoleons Zeiten in der Garfagnana heimisch. Sie wird auch dem typischen Brot der Region beigefügt und macht es saftiger und weicher als die anderen Sorten in der Toskana.
Die Küche der **Lunigiana** *ist ebenfalls unverfälscht und besteht aus regionalen Zutaten. Die „testaroli", dünne, mit Pesto bestrichene Weizenmehlfladen, und „panigacci", ein im Terrakottatopf gebackenes Brot, sind die bekanntesten Spezialitäten.*

046to Abb.: gg

Mittelpunkt des mittleren Serchio-Tals ist das Städtchen **Piazza al Serchio.** Für die Landschaft sind die *doglioni* kennzeichnend, gewaltige Kegel vulkanischen Ursprungs. Auf einem dieser Kegel thront die Ruine einer mittelalterlichen Burg. Vom Parkplatz bei der Dampflokomotive (GPS: 44.18293°N 10.30359°E) aus kann man sie in 15 Min. auf bequemem Weg erreichen. Viel gibt es von der Festung zum Schutz der Handelsstraße nicht mehr zu sehen, die grandiose Aussicht von oben reicht jedoch weit in alle vier Himmelsrichtungen.

Die SR445 führt nun vorbei an der höchstgelegenen Ortschaft der Garfagnana **Giuncugnano.** Wenn man von hier der Beschilderung zum Campingplatz folgt, kommt man auf schöner Strecke durch riesige Kastanien-, Eichen- und Buchenwälder. Man hat immer wieder die Möglichkeit, anzuhalten und die Aussicht zu genießen. Wer nicht auf den Campingplatz will, für den lohnt sich die Fahrt trotzdem, denn es gibt oben beim Restaurant Casa del Pellegrino eine schöne Grillstelle mit Tischen und Bänken (kurz vor dem Campingplatz, GPS: 44.20747°N 10.23445°E).

Campingplatz

🔴17 Camping Argegna, Giuncugnano

Über den Passo Carpinelli verlässt man die Garfagnana und kommt in die **Lunigiana.** Sie hat ihren Namen von der antiken römischen Stadt Luni, deren Überreste sich an der apuanischen Riviera unweit von Marina di Carrara befinden. Diese Landschaft mit ihrem voralpenländischen Charakter zieht sich bis hinauf zur Region Emilia-Romagna und wird von riesigen Laubwäldern geprägt, in denen sich immer wieder kleine verträumte Ortschaften finden. Die Straße (SP16) nach Fivizzano ist ziemlich kurvig und schmal und führt meist durch dichte Wälder, in denen im Herbst 30.000 Zentner Kastanien geerntet werden. Das Kastanienmehl wird in der Küche der Lunigiana verwendet, vor allem für gehaltvolle Kuchen mit kandierten Früchten und Nüssen.

Picknickplatz

mit Imbiss Le Bonta del Passo (kleine Speisen) am Passo Carpinelli 44.20031°N 10.22992°E, herrliche Fernsicht

⌃ *Blick auf den Stausee von Vagli*

▷ *Die Piazza V. Emanuele –* *„gute Stube" von Fivizzano*

FIVIZZANO
(50 km – km 185)

Das überschaubare und von Bergen umgebene Fivizzano ist Ausgangspunkt für Wanderungen. Mittelpunkt der Altstadt ist die schöne Piazza V. Emanuele, auf der munter ein figurengeschmückter Brunnen plätschert und in deren Bar man ein leckeres Eis schlecken kann.

An der anderen Seite des Platzes, in der Pizzeria Medicea, wird eine Pizza mit dünnem, knusprigem Boden serviert, im Sommer direkt auf der Piazza. Zur Verdauung macht man noch einen Spaziergang an der *mura*, der Stadtmauer, entlang, um den Ausblick auf die Lunigiana zu genießen. Wer auf große Wandertour gehen will, bekommt bei Pro Loco Tipps dafür.

Information
Pro Loco, 54013 Fivizzano, Via Umberto I 27, Tel. +39 058592058, www.comune.fivizzano.ms.it, Öffnungszeiten: Apr.–Okt. Mo–Fr 9–12 und Di/Do 15–17 Uhr

Essen
Pizzeria Medicea, 54013 Fivizzano, Piazza V. Emanuele 2, Tel. +39 058592085, Mi geschl. Tolle Pizzen.

Stellplatz
⑱ Stellplatz Tennisplatz, Fivizzano

In Fivizzano fährt man auf die SS63 in Richtung Aulla, biegt nach 5 km bei der zweiten Abfahrt Richtung Equi Terme links auf die SR445 ab und wechselt in Gragnola auf die SP10 in Richtung Equi Terme (Höhenbegrenzung 3,20 m).

Stellplatz
⑲ Agriturismo Al Vecchio Tino, Mezzano Monte de Bianchi

EQUI TERME
(16 km – km 201)

Versteckt in einem schmalen Tal duckt sich das alte Equi Terme unter einem hohen Felsmassiv des Monte Pisanino (1946 m). Enge Gassen mit alten grauen Häusern gruppieren sich um die Kirche. Die Thermalbadeanlagen im Talgrund sind berühmt für ihr schwefelhaltiges Wasser. Hier kann man Arthrose und Hautleiden behandeln lassen. Ein kleiner Tipp: Wer nicht im Schwimmbad plantschen will, der kann bei der Ausfahrt

des Stellplatzes hinunter zum Bach gehen. Dort vermischt sich das Wasser des Baches mit dem Thermalwasser und man kann gut in den mit Flusssteinen abgetrennten Becken im warmen Wasser baden.

Sehenswert sind außerdem die Tropfsteinhöhlen **(Grotte di Equi)** von Equi Terme. Sie gehören zu einem riesigen Höhlensystem mit Karstquellen. Neu gestaltet wurden ein Museum und der Naturwanderweg.

Sehenswertes

Grotte di Equi Terme, Tel. +39 0187422598, Öffnungszeiten: Apr.–Okt. Sa/So Führungen 11 und 15 Uhr, Mitte Juni–Aug. tägl. 10–12 und 14.30–18 Uhr, die Führung in italienischer Sprache dauert 50 Min., Eintritt: 8,50/4,50 €

Extratipp

Es bietet sich an, in Equi Terme das Womo mal auf dem Stellplatz stehenzulassen und die äußerst interessante und aussichtsreiche Bahnstrecke von Equi Terme nach Castelnuovo und zurück per Zug zu bereisen.

Stellplatz

⓴ Parkplatz Therme, Equi Terme

▱ *Kostenloses Badevergnügen in einem Bach mit Thermalwasser*

Von Equi Terme fährt man zurück bis zum Bahnübergang bei Monzone und biegt scharf links über die Gleise ab. Dann wird es auf der Straße in Richtung Carrara bis Marciaso noch einmal so richtig eng und steil. Sie führt bergauf- und -ab durch urwaldähnliche Wälder mit vielen Schlinggewächsen bis zur Abzweigung „Carrara/Fosdinovo". Hier nimmt man die rechte Straße Richtung Fosdinovo. Kurz hinter der Abzweigung auf die SS446dir hat man links einen wunderschönen Ausblick auf die Apuanischen Alpen und die **Marmorsteinbrüche** bei Carrara.

FOSDINOVO
(23 km – km 224)

Fosdinovo liegt imposant auf einem Bergrücken und wird von der **Burg der Malaspina** aus dem 12. Jahrhundert mit vier Rundtürmen und einer halbrunden Bastion dominiert. 1984 wurden hier in einem verschlossenen Raum die Skelette eines Mädchens und eines Hundes gefunden. Der Sage nach soll es sich um Bianca Malaspine handeln, die im 13. Jh. hier zur Welt kam. Tragischerweise verliebte sie sich ausgerechnet in den Stallburschen. Da eine solche Verbindung von ihren Eltern nicht toleriert werden konnte, ließen sie den

Jungen töten und Bianca mit einem Hund (Symbol der Treue) und einem Wildschwein (Symbol der Rebellion) einmauern. Heute noch soll Bianca des Nachts in den Mauern umgehen. Bei einer Burgbesichtigung kann man sich auf die Spuren der Unglücklichen begeben. In der **Chiesa di San Remigio** liegt in seinem prunkvollen Steinsarg der Ritter Galeotto Malaspina. Er lebte im 14. Jh. und ist ein Vorfahre der heutigen Marchese.

Schmale, hübsche Gassen, außerordentlich freundliche Bewohner, eine gute Trattoria und eine verwunschene Burg – wahrlich ein angenehmer Ort, um einige Stunden auszuspannen und in das italienische Dorfleben einzutauchen.

Sehenswertes

Castello di Malaspina, 54035 Fosdinovo, Tel. +39 0187680013, www.castellodifosdinovo.it, Öffnungszeiten: Mai–Sept. Mi–Mo 11, 12, 16, 17 und 18 Uhr, Okt.–Apr. Sa 15, 16, 17 Uhr, So 11, 12, 15, 16, 17 Uhr, geführte Besichtigungen ab 6 Pers., Eintritt: 8/5/20 €.

⌂ *Auf dem Ausgrabungsgelände der römischen Stadt Luni*

Marmor aus den Apuanischen Alpen

Schon von der Küste her sieht man die leuchtend weißen Gipfel der Alpi Apuani. Doch was wie Schnee wirkt, ist der für die Toskana so wichtige feine weiße Marmor. Hierher reiste Michelangelo, um den Stein für seinen David auszusuchen, und selbst heute noch kommen Künstler, um passendes Material für ihre Kunstwerke zu finden. Auch der berühmte englische Bildhauer Henry Moore (1898–1986) verwendete den wertvollen Stein für seine Skulpturen. Der Marmor, das weiße Gold der Toskana, ist hier besonders fein und der ideale Grundstoff für schimmernde Fassaden und Skulpturen.

Kubikmetergroße, aus den Brüchen geschnittene Marmorblöcke lagern in den Hallen und warten auf ihren Versand in die ganze Welt. In der Gegend um Carrara leben 40.000 Menschen vom Abbau, Handel, Transport und der Bearbeitung dieses kostbaren Steins.

Der Abbau in den Steinbrüchen ist auch noch heute, trotz maschineller Hilfe, eine schwere und gefährliche Arbeit. In der Römerzeit bohrte man Löcher in den Stein und füllte diese mit trockenem Feigenholz. Durch tagelanges Wässern quoll das Holz auf und sprengte die Marmorblöcke aus dem Steinbruch. Später nutzte man Schießpulver, um die Marmorblöcke zu lösen. Anfang des 19. Jh. kam in den Steinbrüchen die Sägetechnik auf. Zuerst wurden die einfachen Gattersägen durch Wasserräder angetrieben, Ende des 19. Jh. übernahmen Drahtsägen mit Dieselmotoren diese Arbeit. Heute werden in den Marmorbrüchen von Carrara sogenannte „Diamantseile" mit Elektromotoren oder auch „Schrämen" (überdimensionale Kettensägen ohne Wasserkühlung) benutzt.

Im Museo Civico di Marmo in Carrara erfährt man viel Interessantes über die Geschichte des Marmors.

Essen

Nigo Pezigo, 54035 Fosdinovo, Via Papiriana 1/a, Tel. +39 01871856184. Im rustikalen Gewölbekeller werden Gerichte von außergewöhnlich guter Qualität serviert.

Parken

44.13802°N 10.02259°E, sehr abschüssig

Es geht kurvenreich in Richtung Meer bis zur SS1, die man nach wenigen Kilometern hinter Castelnuovo Magra bei der Ausfahrt „Luni" wieder verlässt.

   Luni, eine römische Stadt, der die Lunigiana ihren Namen verdankt, war ehemals eine Hafenstadt. Heute liegt sie 2 km von der Küste entfernt. Zu sehen gibt es auf dem Ausgrabungsgelände die Ruinen eines einstmals 6000 Zuschauer fassenden Amphitheaters, Teile der Stadtmauer und anderer Gebäude aus dem Jahre 177 v. Chr.

Sehenswertes

Area archeologica della Città antica di Luni, Via Luni 37, 19034 Luni, GPS: 44.06389°N 10.01339°E, Tel. +39 018766811, www.luni.beniculturali.it, Öffnungszeiten: Di–So 8.30–19 Uhr, Amphiteatro Apr.–Sept. 10.30–17 Uhr, Okt.–März 10.30–15 Uhr, Eintritt: 4 €

Von Luni führt Route 1 nochmals in Richtung Landesinnere nach Carrara. Man folgt für 5 km der SS1/SP1 bis zum großen Kreisverkehr mit monumentaler Marmorskulptur und fährt an der vierten Ausfahrt über die Viale XX Settembre ins Zentrum von Carrara.

CARRARA
(22 km – km 246)

Carrara, am Rande der Apuanischen Alpen gelegen, ist seit der Antike ein wichtiger Marmorlieferant. Schon die alten Römer bedienten sich des wertvollen Gesteins für die Tempel und Statuen Roms.

   Michelangelo suchte sich in Carrara persönlich geeignete Marmorblöcke für seine Werke aus. Auch heute noch lebt Carrara von seinen Marmorbrüchen. Täglich fahren Hunderte mit dem wertvollen Stein beladene Lastkraftwagen durch die Stadt.

☑ *In Carrara und Umgebung wird Marmor in allen Farbschattierungen abgebaut*

051to Abb.: gg

Städtebaulich ist Carrara nicht sonderlich interessant. Es finden sich aber einige neoklassizistische Bauten aus der Zeit der Großherzogin Elisa, eine Schwester Napoleons.

Der **Dom Sant'Andrea Apostolo** ist aus dem Mittelalter übrig geblieben. Die Ursprünge des Gotteshauses stammen aus dem 11. Jh., bis ins 14. Jh. wurden jedoch immer wieder Veränderungen vorgenommen. Bemerkenswert sind die gotischen Spitzbögen und die außergewöhnlich große, filigrane Rosette.

Auf dem Domplatz steht die **Fontana del Gigante.** Über den Wasser speienden Fischköpfen des Brunnens wacht der genuesische Admiral Andrea Doria.

Alles Wissenswerte über Marmor präsentiert das **Museo Civico del Marmo di Carrara.** Auf über 300 Schautafeln werden dem Besucher die verschiedenen Muster und Farbgebungen des Marmors vorgestellt. Eine weitere Abteilung befasst sich mit der Geschichte des Marmorabbaus. Am Eingang erhält man kostenlos einen Audioguide, der in italienischer und englischer Sprache durchs Museum führt.

Information

Pro Loco, 54033 Carrara, Viale XX Settembre, 152/a, Tel. +39 0585844136, www.provincia.ms.it, Öffnungszeiten: 8.30–14.30 Uhr

Sehenswertes

Dom Sant'Andrea Apostolo, 54033 Carrara, Piazza del Duomo, Öffnungszeiten: 9–13 und 16–18 Uhr
Museo Civico del Marmo di Carrara, 54033 Carrara, Viale XX Settembre, Tel. +39 0585845746, Öffnungszeiten: Di–So 10–12.30 und 15–17.30 Uhr, Juli/Aug. 11–20 Uhr, Eintritt: 5/3 €

STELLPLÄTZE ENTLANG DER ROUTE 1

❶ Stellplatz Piazza Mercato Nuovo, Prato

43.88734°N 11.10123°E
Offizieller Stellplatz auf einem Parkplatz am Ufer des Flusses Bisenzio, wird auch von Pkws genutzt, etwas laut, aber zentrumsnah, montags ist hier Markt. **Lage/Anfahrt:** Die A1 an der Ausfahrt „Calenzano-Sesto/Fiorentino" verlassen und über SP6 immer geradeaus bis an den nördlichen Stadtrand, nach 7,7 km (ab Abfahrt A1) links über eine Brücke und wieder links zum Platz, ausgeschildert mit „P Mercato"; **Platzanzahl:** 20; **Ver-/Entsorgung:** Abwasser, Wasser, Chemie-WC; **Sicherheit:** beleuchtet; **Preise:** 1 €/Std., gebührenpflichtig 8–20 Uhr; **Geöffnet:** frei zugänglich; **Kontakt:** 59100 Prato, Viale Galilei.

❷ Stellplatz Stadio, Pistóia

43.94398°N 10.91594°E
Offizieller Stellplatz auf einem Parkplatz beim Stadion in ausreichender und lauter Lage. Parkverbot Dienstag von 14 bis 20 Uhr. Ins Zentrum fahren Busse der Linien 1 und M in kurzen Abständen von der Haltestelle gegenüber des Platzes ab. **Lage/Anfahrt:** Mit Schild „Stadio" ausgeschildert; **Platzanzahl:** 30; **Ver-/**

Entsorgung: Trinkwasser, Abwasser, Chemie-WC; **Untergrund:** Asphalt; **Sicherheit:** beleuchtet; **Preise:** kostenlos; **Geöffnet:** frei zugänglich; **Kontakt:** 51100 Pistóia, Via Marino Marini (beim Stadion).

❸ Camping Barco Reale, San Baronto

43.84196°N 10.91039°E
Platz mit guter Ausstattung in schöner, ruhiger Lage. **Lage/Anfahrt:** Ab der SP9 ausgeschildert, steile Zufahrt; **Untergrund:** Wiese; **Ver-/Entsorgung:** Strom, Trinkwasser, Abwasser, Chemie-WC; **Sicherheit:** umzäunt, beleuchtet, bewacht; **Preise:** 12–32 €/Fahrz., 7,10–13 €/Pers., inkl. Strom, Hund, Taxe 0,75 €; **Geöffnet:** 1. April bis 30. September; **Kontakt:** 51030 San Baronto, Via Nardini 11, Tel. +39 057388332, www.barcoreale.it. Wem es hier zu laut ist, der fährt zur Übernachtung auf den kostenlosen Parkplatz des Zoos außerhalb der Stadt (GPS: 43.92944°N 10.86801°E).

❹ Stellplatz Sportplatz, Vinci

43.78085°N 10.92819°E
Offizieller Stellplatz auf einem Parkplatz für Wohnmobile, ca. 400 m von Ortszentrum entfernt an den

Sportplätzen. Der Platz wird auch von Lkws und Pkws genutzt. Im Sommer trifft sich hier die Dorfjugend. **Lage/Anfahrt:** Von der SP13 kommend den Ort auf der Einbahnstraße zur Hälfte umrunden, dann ausgeschildert; **Platzanzahl:** 10; **Untergrund:** Asphalt; **Ver-/Entsorgung:** Trinkwasser, Abwasser, Chemie-WC, ein Schlauchanschluss ist nicht möglich, Wasserhahn muss bei der Wasserentnahme dauernd gedrückt werden; **Sicherheit:** beleuchtet; **Preise:** kostenlos; **Geöffnet:** frei zugänglich; **Kontakt:** 50059 Vinci, Via Girolamo Calvi.

❺ Agriturismo Poggetto, Larciano
43.83447°N 10.88089°E

Sehr empfehlenswerter Platz in sehr schöner und ruhiger Lage mit weitem Panorama, Fr–So sehr gutes Restaurant am Platz (liefert auch ins Womo). Ausgesprochen freundliche Aufnahme, Dusche, WC, WLAN. **Lage/Anfahrt:** Bei Montecatini nach Monsummano abbiegen und dort weiter Richtung Fucécchio. In Castelmartini Richtung Larciano abbiegen, dann der Beschilderung folgen, letzter Kilometer schmale Zufahrt; **Untergrund:** Schotter; **Ver-/Entsorgung:** Strom, Trinkwasser, Abwasser, Chemie-WC; **Sicherheit:** umzäunt, beleuchtet, bewacht; **Preise:** 15 €/Fahrz., alles inkl.; **Geöffnet:** ganzjährig; **Kontakt:** 51036 Larciano, Via Stradella 1489, Tel. +39 3386150744, www.agripoggetto.com

❻ Camping Belsito, Montecatini Alto
43.90503°N 10.78828°E

Schöner, ruhiger Platz mit guter Ausstattung auf dem Berg bei Montecatini Alto; zwei Schwimmbäder mit Massagedüsen, private Bäder zum Mieten. WLAN gegen Gebühr. **Lage/Anfahrt:** Vor Montecatini Alto links abbiegen, ausgeschildert; **Untergrund:** Wiese; **Ver-/Entsorgung:** Strom, Trinkwasser, Abwasser, Chemie-

WC; **Sicherheit:** bewacht; **Preise:** 13–20 €/Fahrz., 7–11 €/Pers., inkl. Strom, Hund, Taxe 0,35 €; **Geöffnet:** 1. April bis 30. September; **Kontakt:** Camping Belsito, 51016 Montecatini Terme, Via delle Vigne, Tel. +39 057267373, www.campingbelsito.it.

❼ Camper Parc, Collodi
43.89793°N 10.65332°E

Stellplatz in ausreichender und relativ lauter Lage an der Ausfallstraße von Collodi. **Lage/Anfahrt:** Auf der Einfahrtsstraße am Pinocchio-Park-Eingang und dem Parkplatz vorbei, dann links in den abgegrenzten Bereich; **Platzanzahl:** 10; **Untergrund:** Pflaster; **Ver-/Entsorgung:** Trinkwasser, Abwasser, Chemie-WC; **Sicherheit:** beleuchtet; **Preise:** kostenlos für Besucher der Attraktionen, Wasser und Strom 5 €/24 Std.; **Geöffnet:** ganzjährig; **Kontakt:** 55012 Collodi, Via Benvenuto Pasquinelli

❽ Stellplatz Viale Luporini, Lucca
43.84002°N 10.48828°E

Offizielle Stellplätze in befriedigender und relativ ruhiger Lage in einem Wohngebiet, mit Einfahrtsschranke, an einer Ausfallstraße, ca. 300 m vom Stadttor S. Anna entfernt, Bar und Take-away-Pizza in der Nähe. Achtung! Die Tagespauschale wird immer fällig, auch wenn man nur wenige Stunden parkt. **Lage/Anfahrt:** Bis zum Mauerwall der Altstadt fahren, hier links immer der Mauer entlang, dann ausgeschildert; **Platzanzahl:** 50; **Untergrund:** Asphalt; **Ver-/Entsorgung:** Trinkwasser, Abwasser, Chemie-WC; **Sicherheit:** beleuchtet; **Preise:** an Wochentagen 10 €/Fahrz., am Wochenende 14 €/Fahrz., 3 €/Std. zur Ver- und Entsorgung; **Max. Stand:** 2 Nächte; **Geöffnet:** ganzjährig; **Kontakt:** 55100 Lucca, Viale Gaetano Luporini S. Anna.

❾ Il Parcheggio del Borgo, Lucca
43.85082°N 10.50483°E

Privater Platz hinter einem Parkhaus in ausreichender, relativ ruhiger Lage, Busverbindung (Ticketverkauf am Platz) oder 10 Min. Fußweg ins Zentrum, sehr freundli-

◹ Stellplatz für Wohnmobile in Sichtweite von Vinci

che Besitzer, gut bewacht. Dusche, WC, WLAN. **Lage/Anfahrt:** Wenn man auf der Route auf die Stadtmauer trifft, dieser nach rechts folgen. Im Kreisverkehr nach 1,3 km die erste Straße rechts, die nächste rechts (Via delle Tagliate di San Marco) und gleich wieder rechts. Achtung: Zufahrt zum Platz durch das Parkhaus!; **Platzanzahl:** 10; **Untergrund:** Asphalt; **Ver-/Entsorgung:** Strom, Trinkwasser, Abwasser, Chemie-WC; **Sicherheit:** umzäunt, beleuchtet , bewacht; **Preise:** 20 €/Fahrz. alles inkl.; **Geöffnet:** ganzjährig; **Kontakt:** 55100 Lucca, Via Augusto Passaglia 318, Tel. +39 0583330882 oder +39 3319385603, www.ilparcheggiodelborgo.it.

⑩ Stellplatz SS12, Bagni di Lucca
44.00459°N 10.56269°E
Offizieller Stellplatz in relativ ruhiger (SS12 in Hörweite) und guter Lage mit kostenlosen Stromanschlüssen, nach Bagni 2 km, Bar in der Nähe. Von hier starten Raftingtouren! **Lage/Anfahrt:** Von Lucca die SS12 Richtung Abetone und Bagni di Lucca nehmen; **Platzanzahl:** 10; **Untergrund:** Schotter; **Ver-/Entsorgung:** Strom, Trinkwasser, Abwasser, Chemie-WC; **Sicherheit:** beleuchtet; **Preise:** kostenlos; **Geöffnet:** frei zugänglich; **Kontakt:** 55023 Chifenti, Strada dell'Abetone e del Brennero.

◹ *Auf dem Agriturismo Poggetto* ❺ *findet man neben einer ruhigen Übernachtung auch ein gutes Restaurant*

⑪ Stellplatz Campo sportivo, Bagni di Lucca
44.00954°N 10.57006°E
Offizieller Stellplatz auf einem großen Parkplatzgelände zwischen dem Fluss und dem Stadion, in guter und relativ ruhiger Lage (Straße und Stadion in Hörweite), 1,5 km von Bagni di Lucca entfernt am Rand des Ortsteils Fornoli. **Lage/Anfahrt:** Von Lucca aus nicht (!) die erste Abzweigung nach Bagni di Lucca nehmen, sondern links auf die SS445 in Richtung Aulla abbiegen und nach der Brücke im Ortsteil Fornoli rechts fahren. Nach 1,5 km von der Allee rechts in den Parkplatz einbiegen, keine Kennzeichnung. Bei der Ausfahrt ist die Straße wegen der Alleebäume schlecht einzusehen; **Platzanzahl:** 10; **Untergrund:** Schotter, Schotterrasen; **Ver-/Entsorgung:** Trinkwasser, Abwasser; **Preise:** kostenlos; **Geöffnet:** frei zugänglich; **Kontakt:** 55022 Bagni di Lucca, Via Lima.

⑫ Stellplatz Area de sosta San Cristofero, Barga
44.07226°N 10.48143°E
Offizieller Stellplatz mit Wasser- und Stromanschluss an jedem Platz, 200 m von der Stadtmauer entfernt. **Lage/Anfahrt:** Von Fornaci di Barga links an der Stadtmauer und dem großen Pkw-Parkplatz entlang, dann sofort scharf links ab Richtung Ospedale in die Via dei Frati, nach 100 m rechts zum Platz, beschildert; **Platzanzahl:** 20; **Ver-/Entsorgung:** Strom, Trinkwasser, Abwasser, Chemie-WC; **Sicherheit:** beleuchtet; **Preise:** 10 €/Fahrz.; **Geöffnet:** frei zugängl.; **Kontakt:** 55051 Barga, Via Hayange.

⑬ Stellplatz Area comunale, Gallicano

44.05825°N 10.44529°E

Markierte Plätze bei den Sportplätzen in relativ schöner und recht ruhiger Lage (SP 20 in Hörweite). **Lage/Anfahrt:** Bei der Anfahrt von Barga zunächst auf der SP20 ein Stück zurück Richtung Lucca. Dann rechts Richtung „impianti sportivi" abbiegen, ab hier ausgeschildert; **Platzanzahl:** 4; **Untergrund:** Rasengitter; **Sicherheit:** beleuchtet; **Preise:** kostenlos (auch Strom); **Geöffnet:** frei zugänglich; **Kontakt:** 55027 Gallicano, Via dei Cipressi.

⑭ Stellplatz Campo sportivo, Castelnuovo di Garfagnana

44.11430°N 10.40313°E

Ein offizieller Stellplatz beim Sportplatz, ca. 600 m vom „centro storico" entfernt. Ein Einkaufsmarkt befindet sich in der Nähe. Das Gelände wird auch für Jahrmärkte und Zirkusveranstaltungen genutzt, deshalb ist es nicht immer frei. **Lage/Anfahrt:** Die Zufahrt durch den Ort über die Piazza Umberto und die Via Garibaldi (so führt das Navigationsgerät) ist recht schmal. Breitere Wohnmobile sollten deshalb besser am Orteingang auf die SP72 in Richtung Castiglione wechseln. Am Ortsrand von Castelnuovo nach links in die Via E. Fermi (im Industriegebiet) abbiegen, nach 500 m links die Bahngleise und den Fluss überqueren und dann wieder links zum Stellplatz vor dem „Campo sportivi" fahren; **Platzanzahl:** 50; **Untergrund:** Pflaster; **Ver-/Entsorgung:** Trinkwasser, Abwasser, Chemie-WC; **Sicherheit:** beleuchtet; **Preise:** kostenlos; **Geöffnet:** frei zugänglich; **Kontakt:** 55032 Castelnuovo di Garfagnana, Via Valmaira (Campo Sportivi).

⑮ Camping La Piella, Castelnuovo di Garfagnana

44.12008°N 10.42062°E

Schöner, terrassierter Platz in sehr schöner, ausgesprochen ruhiger Lage mitten im Wald, befriedigende Sanitärausstattung. Für Fahrzeuge bis 7 m Länge. Ca. 1 km langer, schöner Fußweg nach Castelnuovo. **Lage/Anfahrt:** Auf die SP72 Richtung Castiglione fahren und in Pieve Fosciana der guten Beschilderung folgen. Das letzte Stück führt ca. 1 km auf unbefestigtem, holprigem und schmalem Weg durch den Wald; **Platzanzahl:** 100; **Untergrund:** Schotterrasen, Wiese; **Ver-/Entsorgung:** Strom, Trinkwasser, Abwasser, Chemie-WC; **Sicherheit:** umzäunt, beleuchtet, bewacht; **Preise:** 10 €/Fahrz., 7,50 €/Pers, Strom 3 €, Hunde 4 €; **Geöffnet:** ganzjährig; **Kontakt:** 55032 Castelnuovo di Garfagnana, Loc. La Piella, Tel. +39 058362916, www.lapiellacampingagriturismo.it.

⑯ Stellplatz Area attrezzata, San Romano

44.17298°N 10.34208°E

Offizieller Platz am Ortsrand bei den Sportplätzen in schöner Aussichtslage. **Lage/Anfahrt:** Von der SR445 hinter Pertognano bei km 38 V nach San Romano (SP16) abbiegen, am Ortsanfang links, ausgeschildert; **Platzanzahl:** 10; **Untergrund:** Schotterrasen; **Ver-/**

⌃ *Der Campingplatz La Piella liegt einsam mitten im Wald*

Entsorgung: Strom (soll 2019 installiert werden), Trinkwasser, Abwasser, Chemie-WC; **Preise:** kostenlos; **Geöffnet:** frei zugänglich; **Kontakt:** 55038 San Romano in Garfagnana, Viale Eugenio Mattei.

⑰ Camping Argegna, Giuncugnano
44.20662°N 10.23543°E

In schöner, ruhiger Lage auf einer Hochebene im Wald. Zwei Restaurants in der Nähe. **Lage/Anfahrt:** Von der SR445 zwischen km 48 II und III nach Giuncugnano, ca. 3 km bis zum Platz, ausgeschildert; **Platzanzahl:** 60; **Untergrund:** Schotterrasen **Ver-/Entsorgung:** Strom, Trinkwasser, Abwasser, Chemie-WC; **Sicherheit:** umzäunt, beleuchtet, bewacht; **Preise:** 8–10 €/ Fahrz., 5–7 €/Pers., Strom 3 €, Taxe 1 €/Pers.; **Geöffnet:** Mitte Apr.–Mitte Okt.; **Kontakt:** 55030 Giuncugnano, Loc. Argegna, Tel. +39 0583611182, www.campingargegna.it.

⑱ Stellplatz Tennisplatz, Fivizzano
44.23885°N 10.12793°E

Offizieller Stellplatz am Ortsrand bei den Tennisplätzen. **Lage/Anfahrt:** Von der SP16 geradeaus Richtung Zentrum und dann gleich rechts durch Pkw-Parkplatz bis zu den Tennisplätzen, ausgeschildert; **Platzanzahl:** 9; **Untergrund:** Schotterrasen; **Ver-/Entsorgung:** Trinkwasser im Park; **Preise:** kostenlos; **Geöffnet:** frei zugänglich.

⑲ Agriturismo Al Vecchio Tino, Mezzano Monte de Bianchi
44.17376°N 10.12601°E

Platz in wunderschöner Panoramalage bei einem Restaurant mit gutem Preis-Leistungs-Verhältnis, WLAN, WC nur, wenn Restaurant offen ist, Schwimmbad (Saison), sehr freundliche Besitzer. Keine Einkaufsmöglichkeit! **Lage/Anfahrt:** Die Anfahrt ist herausfordernd schmal und steil, Vorsicht bei Gegenverkehr! Nur Campingbusse oder geübte Fahrer eines bis zu 7 m langen Fahrzeuges sollten diese Strecke in 400 m Höhe wagen. Bei der Anfahrt nach Equi Terme in Monzone auf

der SP58 bis Mezzano Monte de Bianchi fahren, dort links in die Via Plave Margine, ausgeschildert; **Platzanzahl:** 6; **Untergrund:** Schotter; **Ver-/Entsorgung:** Strom, Trinkwasser, Abwasser, Chemie-WC; **Sicherheit:** beleuchtet, bewacht; **Preise:** 8–10 €/ Fahrz., alles inkl., Pool 5 €; **Geöffnet:** ganzjährig; **Kontakt:** 54013 Mezzana Monte de Bianchi, Loc. Germalla 1, Tel. +39 058597733, alvecchiotino.com.

⑳ Stellplatz Parkplatz Therme, Equi Terme
44.16982°N 10.15488°E

Großer offizieller Parkplatz für Wohnmobile oberhalb der Badeanlagen von Equi Terme, steile Auffahrt, direkt neben den Bahngleisen (wenig Bahnverkehr). **Lage/Anfahrt:** In Fivizzano auf die SS63 in Richtung Aulla, nach 5 km links auf die SR445 abbiegen und in Gragnola auf die SP10 in Richtung Equi Terme; **Platzanzahl:** 100; **Untergrund:** Schotter; **Ver-/Entsorgung:** Trinkwasser, Abwasser, Chemie-WC; **Sicherheit:** beleuchtet; **Preise:** 10 € Hauptsaison, sonst kostenlos; **Geöffnet:** frei zugänglich; **Kontakt:** 54014 Equi Terme, Via della Stazione.

▷ *Gut vorgesorgt für Besucher mit Womos: der Stellplatz in Equi Terme*

ENDLOSE BADESTRÄNDE, EINSAME BERGDÖRFER UND DER SCHIEFE TURM

Entlang der Apuanischen Riviera gehen die Badeorte nahtlos ineinander über und alles ist auf den Sommertourismus ausgelegt. Viaréggio fällt hier mit seinen schönen, in den verschiedensten Stilen erbauten Gebäuden an der Uferpromenade aus dem Rahmen. Durch die Berge der Versilia und auf schmalen Straßen erreicht man das von einem furchtbaren Massaker der deutschen Waffen-SS heimgesuchte Sant Anna di Stazzema. Giacomo Puccinis Jugendstilvilla mit seiner letzten Ruhestätte befindet sich am Ufer des lieblichen Lago di Massaciuccoli. Höhepunkt dieser Route ist aber sicherlich Pisa. Baptisterium, Dom und Schiefer Turm – ein Muss für alle Toskanareisenden. Man sollte sich bei seinem Besuch in Pisa jedoch nicht nur auf diese Sehenswürdigkeiten beschränken. Die lebhafte Stadt hat noch viel mehr zu bieten! Wer Livorno nur als Ausgangspunkt für eine Reise auf einer der vielen Fähren sieht, tut der lebhaften Hafenstadt unrecht. Kleine, mit Booten befahrbare Kanäle geben ihr den treffenden Beinamen „Neu-Venedig".

▷ *Piazza dei Miracoli in Pisa mit Baptisterium, Dom und Schiefem Turm*

ROUTE 2

APUANISCHE RIVIERA, VERSILIA UND PISA

STRECKENVERLAUF

Strecke:

Carrara – Abstecher nach Seravezza und Stazzema (hin und zurück 35 km) – Abstecher nach S. Anna di Stazzema (hin und zurück 19 km) – Viaréggio (32 km) –Torre di Lago Puccini (7 km) – Pisa (17 km) – Livorno (25 km) – Abstecher zum Santuario Montenero (hin und zurück 12 km) – Rosignano Maríttimo (28 km)

Streckenlänge:
ohne Abstecher ca. 109 km
mit Abstecher ca. 175 km

Die Küstenregion von Marina di Carrara bis kurz vor Pisa bezeichnet sich als **Versilia.** Für sie typisch sind weitläufige, feine Sandstrände und ausgedehnte Pinienwälder. Im Osten der Versilia liegen die Ausläufer der Apuanischen Alpen. Sie bieten eine malerische Hintergrundkulisse für die Badeorte am Tyrrhenischen Meer.

Leider ist der gesamte Küstenabschnitt nicht gerade ein Eldorado für Wohnmobilisten. Überall sieht man Parkverbote, sämtliche strandnahen Parkplätze sind mit Schranken in 2 m Höhe gegen das „Eindringen" der rollenden Wohnzimmer abgeschottet. Es gibt Dutzende von Campingplätzen, die aber alle nicht direkt am Meer liegen und nur von April bis Mitte bzw. Ende September geöffnet haben. Einige empfehlenswerte Stell- bzw. Campingplätze werden aber im Laufe der Route vorgestellt.

Von Carrara geht es in 7 km nach Marina di Carrara. Schnurgerade zieht sich ab hier der breite *lungomare* (Strandstraße) die Küste entlang. Die Strandbäder sind sehr gepflegt, alles wirkt großzügig. Links des *lungomare* reihen sich Hotels und Appartementhäuser bis zurück an die Autobahn und in der ca. einen Kilometer langen Via F. T. Baracchini, die vom *lungomare* nach links landeinwärts führt, findet man hintereinander aufgereiht mehrere Campingplätze, die letzten liegen jedoch in deutlicher Nähe zur Autobahn.

Immer der Strandstraße folgend ist man nach wenigen Kilometern bereits in **Marina di Massa.** Auch hier herrscht wieder überall Parkverbot für Wohnmobile. Nach weiteren 6 km ist **Forte dei Marmi** erreicht.

☑ *Ausgedehnte, feine Sandstrände bei Marina di Carrara*

ABSTECHER NACH SERAVEZZA UND STAZZEMA

(hin und zurück 35 km)

In Forte dei Marmi biegt man landeinwärts in Richtung **Seravezza** ab, einem Bergdorf mit 5000 Einwohnern am Fuße der Apuanischen Alpen. Seravezza ist nach Carrara das wichtigste Zentrum des Marmorabbaus. Seinen Namen hat der Ort übrigens von den Gebirgsbächen Sera und Vezza, die hier zusammenfließen. Der hübsche Ort liegt malerisch zu beiden Seiten der Vezza, in seinem Zentrum findet man einen im Vergleich zu Dorfgröße nahezu überproportionierten mittelalterlichen Dom. Der mächtige, dreischiffige Sakralbau wirkt im Inneren etwas gedrungen.

Diese Fahrt hinauf nach Stazzema sollten nur routinierte Fahrer wagen. Die Straße ist schmal. Fahrzeuge länger als 6 m und breiter als 2 m können diesen Abstecher nur langsam und mit Vorsicht fahren.

An etlichen Marmor verarbeitenden Betrieben vorbei, schraubt sich die SP9 an den westlichen Ausläufern der Apuanischen Alpen nach oben. In Ponte Stazzemese zweigt rechts die SP42 nach **Stazzema** ab. Nach 7 km kurvenreicher Bergfahrt fährt man am Ortseingang von Stazzema vor dem Friedhof links auf den einzigen Parkplatz des Dorfes

Die Geschichte der Toskana

*Die ersten Funde in der Toskana stammen aus der jüngeren **Bronzezeit** (1400 v. Chr.). Ein gutes Bild der Etruskerzeit (um 550 v. Chr.) kann man sich durch die vielen gut erhaltenen Grabbeigaben machen, die durch den ausgeprägten Totenkult der **Etrusker** bedingt sind. Grabhügel aus dieser Zeit sind in Populonia, Vetulonia und Chiusi und eine freigelegte Stadt in Roselle zu besichtigen. Die **Römer** hinterließen ihre Spuren in Form von Amphitheatern in Fiesole, Volterra und Arezzo. Sie bauten Straßen, Festungen und Brücken und erschlossen so die Toskana. Leider zog es die Einwohner, die sich nun auch Römer nennen durften, immer mehr nach Rom. Die Folge waren brachliegende Felder und Weinberge. Blühende römische Städte wie Pisae, Florentina und Luca verfielen zusehends.*
*493 zogen die **Ostgoten** unter Theoderich gen Süden, um das durch den Untergang des Weströmischen Reiches entstandene Machtvakuum zu füllen. 568 folgten die **Langobarden,** die die Toskana annektierten. 570 wurde Lucca Hauptstadt des langobardischen Herzogtums Toskana. 774 eroberte **Karl der Große** das Langobardenreich und unterstellte die Toskana dem deutschen Kaiser.*

*Im 12. Jahrhundert entstanden die sogenannten **Stadtrepubliken.** Die Städte wuchsen rasant und ihr Einfluss stieg. Vom 12. bis zum 14. Jahrhundert tobten zwischen den einzelnen Städten heftige Kämpfe.*
*Im 15. Jh. wurde Florenz von den **Medici** zum wichtigsten Kulturzentrum Europas gemacht. Die **Renaissance** erreichte unter Cosimo und seinem Enkel Lorenzo il Magnifico ihren Höhepunkt. 1530 übergab Karl V. die Toskana als Herzogtum an die Medici. Cosimo wurde Großherzog der Toskana.*
*Im 17. Jh. begann der Niedergang der Medici. Mit dem Tod von Gian Gastone (1737) fiel die Toskana an **Herzog Franz von Lothringen,** den Gemahl von Kaiserin Maria Theresia von Österreich. Nach heftigen Volksaufständen verließen die Österreicher die Toskana und das Volk wählte den Anschluss an das Königreich **Sardinien-Piemont.***
*1865 wurde Florenz die **Hauptstadt** des neuen Königreiches Italien, diesen Status verlor es allerdings bereits 1871.*
*Im **Zweiten Weltkrieg** litt besonders die Bevölkerung im Norden unter der deutschen Besatzung. Tausende Menschen wurden von den Soldaten der Wehrmacht und der SS ermordet.*

0560 Abb.: 88

(GPS: 43.99173°N 10.30610°E). Das malerische, von Kastanienwäldern eingerahmte Bergdorf lädt zu einem kleinen Bummel ein. Hinter dem Dorf ragt der mächtige Gipfel des 1370 m hohen Monte Procinto in den Himmel.

Für die Rückfahrt nimmt man denselben Weg zurück bis zur SS1 und hält sich hier links in Richtung Pietrasanta.

Wer den Abstecher nach Seravezza und Stazzema nicht gemacht hat, fährt von Forte dei Marmi zuerst auf die SP9, bis man auf die SS1, die Via Aurelia, trifft. Ihr folgt man nach rechts und erreicht ebenfalls Pietrasanta.

Pietrasanta ist wie Seravezza eine Stadt des Marmors. Dies allerdings nicht wegen der Marmorgewinnung, sondern wegen seiner Verarbeitung. Über 100 Betriebe beliefern Auftraggeber in aller Welt mit dem edlen Stein. Daneben hat sich Pietrasanta zu einer Künstlerkolonie entwickelt. Bildhauer und Steinmetze aus aller Welt treffen sich hier, um sich in den zahlreichen Ateliers an den Marmorblöcken zu versuchen.

In der rechtwinkligen Altstadt sind vor allem der **Dom** und die Kirche **Sant'Agostino** sehenswert. In den Sommermonaten werden an der **Piazza Duomo** Werke verschiedener Bildhauer ausgestellt.

Den Hang hinauf ziehen sich die Mauern der **Rocca di Sala,** die schützend über der Altstadt thront. Von ihr hat man einen herrlichen Ausblick auf die versilianische Riviera.

Parken

Parkplätze findet man an der Via Aurelia Nord beim Busbahnhof und hinter dem Bahnhof *(statione)*. GPS: 43.95533°N 10.22964°E

ABSTECHER NACH
S. ANNA DI STAZZEMA
(hin und zurück 19 km)

Man verlässt Pietrasanta auf der SS439 nach Südost in Richtung Lucca und Camaiore und biegt nach 2,5 km links Richtung S. Anna di Stazzema ab. Die 9,5 km auf steiler und schmaler Straße sollten nur geübte Lenker oder Fahrzeuge bis 6 m Länge und 2,10 m Breite befahren. Denn bei Gegenverkehr ist das Vorbeifahren hier manchmal Zentimeterarbeit.

In **S. Anna di Stazzema** hat sich ein sehr dunkles Kapitel der deutschen Geschichte abgespielt. Am 12. August 1944 wurden hier und in den umliegenden Ortschaften 560 Menschen von der Waffen-SS und deutschen Soldaten brutal ermordet. Vor der Kirche von St. Anna fielen 130 Männer, Frauen und Kinder, das jüngste Mädchen war gerade 20 Tage alt, diesem Wahn zum Opfer. Ihre Leichen wurden auf einem großen Scheiterhaufen verbrannt. Anlass zu dieser abscheulichen Tat war der Kampf der Partisanen, die mit einem Plakat die Bevölkerung zum Widerstand aufgefordert hatten. Erschüttert steht man in der Kirche, in der mit Namen, Altersangaben und Bildern an die unter 16-Jährigen erinnert wird, die hier ihr Leben verloren.

Um ein Zeichen der Versöhnung zu setzen, gründeten die Musiker Maren und Horst Westermann die Initiative „Eine Orgel für Sant'Anna di Stazzema". Sie wurde 2007 feierlich eingeweiht.

◿ *Das kleine Seravezza am Fuße des Monte Altissimo*

Im Dorf kann man das interessante, von einem Überlebenden gegründete Museum besuchen, in dem – leider nur in italienischer Sprache – die Geschichte des Widerstands und des Ortes S. Anna thematisiert wird. Gegenüber der Kirche beginnt ein Weg, der in 10 Min. hinauf zur Gedenkstätte für die Opfer des Massakers führt, einem Turm mitten in der schönen Landschaft, der ein Zeichen der Mahnung sein soll. Unterwegs werden in Form eines Kreuzwegs die Leiden Jesu und der Bevölkerung von S. Anna dargestellt.

Jeden Sommer kommen Jugendliche aus Deutschland zu einem Friedenscamp hierher. Sie leisten neben Versöhnungsarbeit auch tatkräftige Hilfe, indem sie die Geländer reparieren, Wege säubern und Wiesen und Sträucher pflegen.

Sehenswertes

Museo storico della Resistenza S. Anna di Stazzema, S. Anna di Stazzema, Viale Coletti 22, Tel. +39 054877205, www.santannadistazzema.org, Öffnungszeiten: Di/Mi 9 – 14 Uhr, Do – Sa 9 – 17.30 Uhr, So 14.30 – 18 Uhr

Parkplatz S. Anna di Stazzema

GPS: 43.97465°N 10.27320°E

Wieder unten auf der SS439 fährt man 2 km in Richtung Südosten und biegt dann rechts nach Lido di Camaiore ab. Hier gibt es einen privaten, gut eingerichteten Stellplatz **㉑** in der Nähe des *lungomare*. Auf der SS1 erreicht man schließlich in wenigen Minuten das Zentrum von Viaréggio.

Stellplatz

㉑ Parking Camper Kennedy, Lido di Camaiore

▷ *Denkmal für die Opfer des Massakers von S. Anna di Stazzema*

VIARÉGGIO
(32 km – km 32)

Früher war das Gebiet um Viaréggio Sumpfland. Bereits die Römer versuchten, es durch Kanäle trockenzulegen, doch erst im 18. Jh. gelang dies im großen Stil und führte zu beträchtlichem Landgewinn. 1828 eröffnete in Viaréggio die erste Badeanstalt – streng getrennt nach Männlein und Weiblein. 1902 wurde die prachtvolle Strandpromenade fertiggestellt, die schönen Holzbauten mit kunstvollen Fassaden fielen im Oktober 1927 jedoch einem fürchterlichen Brand zum Opfer.

Daraufhin holte man die Architekten Chini und Belluomini nach Viaréggio, um die Promenade wieder aufzubauen. Einige Bauten muten orientalisch an, andere sind ganz im Stil der 1920er-Jahre. Besonders interessant sind das **Grand Café Margherita,** das **Bagno Balena** (eine ehemalige öffentliche Badeanstalt) und das **Emporio Duilio** (früher eine Filiale eines Florentiner Kaufhauses). Im Stadtzentrum fallen die vielen Grünanlagen mit hohen Pinien auf. Zum Glück wurde hier nicht alles zugebaut und die Schatten spendenden Bäume blieben erhalten.

Einen Blick sollte man auch auf den Friedhof von Viaréggio werfen. Kunstvolle Grabmäler mit Statuen aus schneeweißem Marmor errichteten hier die Hinterbliebenen für ihre Verstorbenen. Außergewöhnlich ist auch, dass der Friedhof mitten in der Stadt liegt, nämlich an der Via Aurelia SS1/Ecke Via Marco Polo.

Information

APT Versilia, 55049 Viaréggio, Viale Carducci 10, Tel.
+39 0584962233, www.versiliainfo.com, Öffnungszeiten: April–Sept. Mo–Sa 9–13 u. 15–19, So (nur Mai–
Sept.) 9–14, Okt.–März nachmittags nur bis 17.30 Uhr

Parken

GPS: 43.88279°N 10.24969°E, kostenlos. Anfahrt:
von der SS1 (kurz hinter einem Penny-Markt) links in
die Via Bertini und dann links in die Via Bixio.

Camping-/Stellplätze

㉒ Stellplatz Piscina, Viaréggio)
㉓ Camping Paradiso, Viaréggio

Zwischen Viaréggio und Marina di Torre di Lago erstreckt sich ein Naturschutzgebiet von
480 ha. Hier leben noch Füchse, Wiesel und
viele verschiedene Schmetterlingsarten. Auf
schönen Wegen kann man durch das Gebiet
spazieren. Unbedingt versuchen sollte man
den *miele de spiaggia* oder den *miele e pino-
li* mit Pinienkernen, Honig-Spezialitäten aus
dem Naturschutzgebiet.
   Von Viarregio nimmt man für die Weiterfahrt die parallel zur Autobahn verlaufende
Via Aurelia Sud nach Torre di Lago Puccini.

◿ *Die stilvolle Strandpromenade von Viaréggio*

▷ *Das Baptisterium von Pisa ist die größte
christliche Taufkirche der Welt*

TORRE DI LAGO PUCCINI
(7 km – km 39)

Giacomo Puccini ist Ehrenbürger des Städtchens Torre di Lago, weshalb es seit seinem
Tod offiziell Torre di Lago Puccini heißt. Der
berühmte Komponist verbrachte hier in seiner herrlichen Villa am Lago di Massaciuccoli
seine zweite Lebenshälfte. Seine bekanntesten Werke sind „La Bohème", „Madame
Butterfly", „Tosca" und „Turandot". Nachdem
Puccini 1924 in Brüssel verstorben war, fand
er –mit Sondergenehmigung – in einem
Raum der Jugendstilvilla seine letzte Ruhestätte. Die Villa kann im Rahmen einer Führung besichtigt werden.
   Der flache Lago di Massaciuccoli misst an
seiner tiefsten Stelle nur 4 m. Leider ist die
Wasserqualität nicht besonders gut und an
heißen Sommertagen bilden sich in manchen
Jahren Schaumteppiche. Die Lage allerdings
ist sehr schön, in der Wasseroberfläche spiegeln sich die Apuanischen Alpen. Ein Schiffs-
betrieb bietet einstündige Rundfahrten mit
einem Ausflugsdampfer an.

Sehenswertes

Villa Puccini, 55049 Torre del Lago Puccini, Viale
Giacomo Puccini 266, www.giacomopuccini.it, Öffnungszeiten: Dez.–März 10–12.40 und 15–17.20 Uhr,
Apr.–Okt. 10–12.40 und 15–18.20 Uhr, Nov. Sa/So
10–12.40 und 14–17.20 Uhr, ganzjährig Montagvor-
mittag geschl., Eintritt: 7/3 €

㉔ Campeggio Bosco Verde, Torre del Lago Pucchini

Von Torre di Lago Puccini fährt man auf der SS1 weiter bis nach Pisa. Bitte hier die Anfahrtsbeschreibung zum Wohnmobilstellplatz in der Via di Pratale beachten (s. S. 89)!

PISA
(17 km – km 56)

Wer Pisa hört, denkt an den Torre pendente, den „Schiefen Turm", doch die Stadt hat mehr zu bieten als nur ihr berühmtestes Wahrzeichen: Pisa ist eine junge, lebendige Stadt mit vielen Studenten.

Beginnen sollte man den Rundgang durch Pisa auf jeden Fall auf der **Piazza dei Miracoli.** Vom Stellplatz in der Via di Pratale (s. S. 89) fährt man bequem mit dem Bus bis ins Zentrum und muss sich dann zuerst durch die Menschenmassen und die vielen Verkaufsstände kämpfen. Besonders viele Afrikaner bieten hier Massenware an, auch den Schiefen Turm gibt es in allen Größen. Viele fliegende Händler – bei Polizeikontrollen eher „fliehende Händler" – öffnen dem Touristen ihre tragbaren Auslagen und bieten „echte" Rolex-Uhren an. Vorsicht! In Italien bestraft die Guardia di Finanza (die Finanzpolizei) auch den Käufer von gefälschten Markenwaren.

Die Piazza dei Miracoli (Platz der Wunder) betritt man durch das Stadttor, die Porta S. Maria. Inmitten grüner Wiesen stehen hier das Baptisterium, der Dom und der Schiefe Turm.

Das **Battistero di Pisa** ist die größte Taufkirche der christlichen Welt. 1153 begann Diotisalvi den Bau im romanischen Stil, Nicola Pisano und später sein Sohn Giovanni bauten in der gotischen Phase die Säulenloggia und in der dritten Bauphase wurde im 14. Jh. die Kuppel aufgesetzt. Das Innere der Kirche wird vom achteckigen Taufbecken beherrscht. Das große Becken war für die Er-

wachsenentaufe, das kleine für die Kindertaufe bestimmt. 1260 fertigte Giovanni Pisano hier die erste freistehende Marmorkanzel – eines der bedeutendsten Kunstwerke der Romanik.

Der **Duomo Santa Maria Assunta** wurde bereits 1063 begonnen und nach 50-jähriger Bauzeit 1118 eingeweiht. Vollendet wurde er im 12. Jh. durch Rainaldo, der die Hauptapsis anfügte und die Westfassade ergänzte, die aus drei Portalen besteht. Darüber reihen sich vier übereinanderliegende Galerien mit 56 schlanken Marmorsäulen. Hoch oben am Giebel stehen die Madonna und zwei Engelsfiguren von Pisano. Besonders die Säulen, die das Mittelportal flankieren, sind sehr fein ausgearbeitet. Am Mittelportal werden Szenen aus dem Leben Marias, an den Seitenportalen aus dem Leben Jesu dargestellt.

057ro Abb.: gg

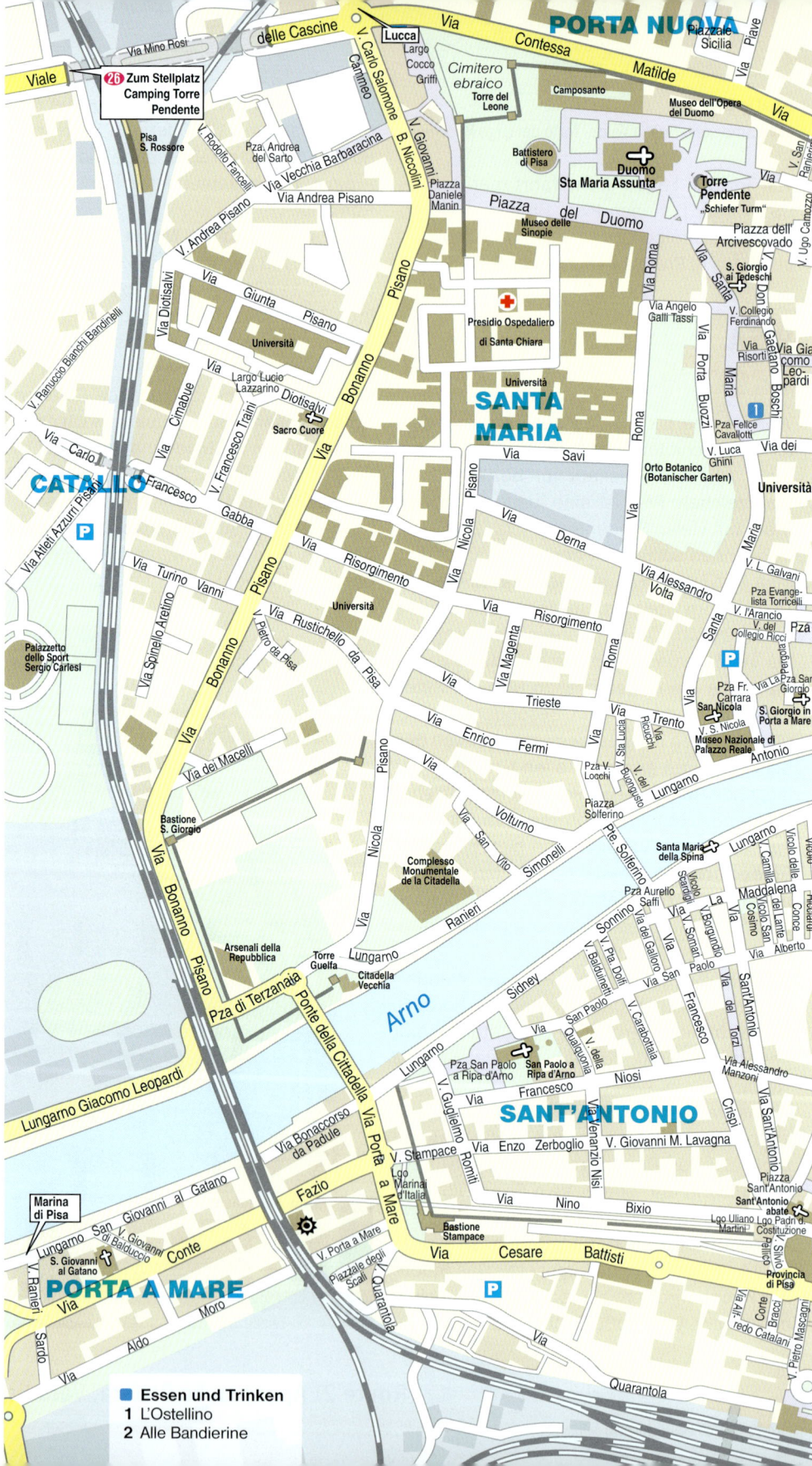

Essen und Trinken
1 L'Ostellino
2 Alle Bandierine

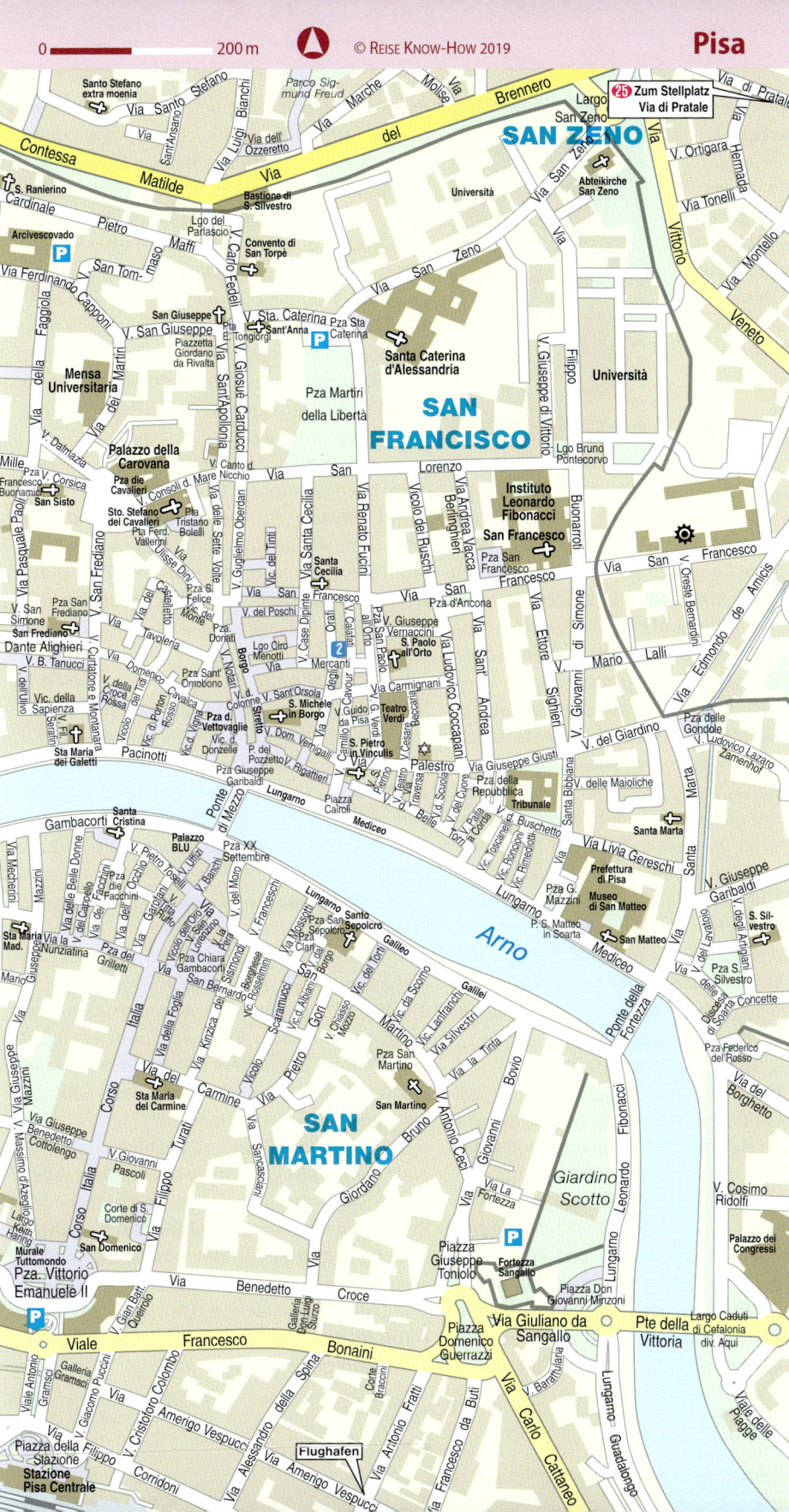

25 Zum Stellplatz
Via di Pratale

SAN ZENO

Santo Stefano extra moenia
Via Santo Stefano
Via Luigi Bianchi
Parco Sigmund Freud
Via Marche
Via Molise
Via del Brennero
Largo San Zeno
Via San Zeno
V. di Pratale

Contessa
Matilde
Via
Via dell'Ozzeretto

Università
Abteikirche San Zeno

V. Ortigara
Hermada
Via Tonelli

S. Ranierino
Cardinale
Bastione di S. Silvestro
Via San Zeno
Vittorio
Via Montello
Veneto

Archivescovado
Pietro
Maffi
Lgo del Parlascio
Convento di San Torpè
Via Carlo Fedeli

Via Ferdinando Capponi
San Tom-
maso
Faggiola
San Giuseppe
V. San Giuseppe
Pta E. Tongiorgi
V. Sta. Caterina
Sant'Anna
Pza Sta Caterina
Santa Caterina d'Alessandria
V. Giuseppe di Vittorio
Filippo
Università

Mensa Universitaria
V. dei Martiri
V. Giosuè Carducci
Piazzetta Giordano da Rivalta
V. Sant'Apollonia
Pza Martiri della Libertà
SAN FRANCISCO

Palazzo della Carovana
V. Canto d. Nicchio
Via San Lorenzo
Instituto Leonardo Fibonacci
Buonarroti

Mille
Pza V. Corsica
Francesco Buonamici
San Sisto
Pza dei Cavalieri
Consoli d. mare
Via delle Sette Volte
Via Renato Fucini
Vicolo del Ruschi
Via Andrea Vacca Berlinghieri
San Francesco
Pza San Francesco
Via San Francesco

Sto. Stefano dei Cavalieri
Pta Tristano Bolelli
Pta Ferd. Vallerini
Via Santa Cecilia
Santa Cecilia
Via San Francesco
San Francesco
Pza d'Ancona

V. Pasquale Paoli
V. San Frediano
Uisse Dini
Pza S. Felice
V. Tavoleria
Pza San Frediano
V. del Monte
Castelletto
V. del Tinti
V. San Francesco
Pza d'Ancona
V. Giuseppe Vernaccini
S. Paolo all'Orto
V. Ludovico Coccapani
V. Sant'Andrea
V. Giovanni
Mario
Lalli
V. Oreste Bernardini
V. Edmondo de Amicis

V. San Simone
San Frediano
Dante Alighieri
V. B. Tanucci
V. Domenico Cavalca
Pza Donati
Lgo Ciro Menotti
V. Case Dipinte
Orali
V. Calatafimi all'Orto
Via San Paolo
Via Carmignani
Via Ettore Signori
V. del Giardino
Pza delle Gondole
Ludovico Lazaro Zamenhof

Vic. della Sapienza
V. della Croce Rossa
Borgo
V. Colonne
V. G. Doriati
Lgo Ciro
V. Sant'Orsola
S. Michele in Borgo
V. Guido da Pisa
Teatro Verdi
V. Cesare Baccelli
Via Giuseppe Giusti
Santa Bibbiana
Santa Marta
Marta

Sta Maria dei Galetti
Pacinotti
Pza Sant'Ombobono
V. Notari
Pza d. Vettovaglie
Vic. d. Donzelle
P. del Pozzetto
V. Dom. Vernagalli
V. Rigattieri
S. Pietro in Vinculis
Via Palestro
Pza della Repubblica
Tribunale
V. delle Maioliche

Gambacorti
Santa Cristina
Ponte di Mezzo
Lungarno
Piazza Cairoli
Mediceo
Pza Garibaldi
V. S. Pietro
V. Maestro
V. S. Cuore
Traversa
Belle
V. Sdruccio
V. Palla a Corte
V. Toscanelli
V. Buschetto
Santa Marta

Palazzo BLU
Pza XX Settembre
V. Ulira
V. Pietro Toselli
V. Bianchi
V. del Moro
Lungarno
Lungarno
Prefettura di Pisa
Museo di San Matteo
San Matteo
V. Giuseppe Garibaldi
S. Silvestro
Pza S. Silvestro

Mazzini
Santa Cristina
V. delle Belle Donne
V. del Cappello
V. dell'Oro
V. Ceclio
V. Francesco
V. Mossetti
V. Lorenzini
Pza San Sepolcro
Santo Sepolcro
Galileo
Arno
Pza G. Mazzini
P. S. Matteo in Soarta
V. degli Anguillara
Medìceo
V. delle Belle
Disciesa di Sonta Concette
Pza Federico del Rosso

Sta Maria la Mad.
Via la Nunziatina
Pza del Grilletti
Pza Chiara Gambacorti
V. Borghese
V. Rosselmini
Pza San Sepolcro
Pza Clari
San Borgo
Galilei
Martino
V. da Scorno
V. Lanfranchi
V. Silvestri
V. la Tinta
Bovio
Ponte della Fortezza
Via del Borghetto

Mario
V. Giuseppe
Italia
Corso
V. della Foglia
V. San Bernardo
Pietro
V. Xinzica
Gori
V. Scaramucci
V. d. Chiasso Mozzo
V. d. Albiani
Pza San Martino
San Martino
V. Antonio Ceci
Giovanni
Bruno
Fibonacci
Via del Borghetto

Sta Maria del Carmine
V. del Carmine
V. Giovanni Pascoli
Giordano
SAN MARTINO
Via la Fortezza
Giardino Scotto
Leonardo
Lungarno
V. Cosimo Ridolfi
Palazzo dei Congressi

Corte di S. Domenico
Largo Keith Haring
San Domenico
V. Gian Batt. Querini
Piazza Giuseppe Toniolo
Fortezza Sangallo
Piazza Don Giovanni Minzoni

Murale Tuttomondo
Pza. Vittorio Emanuele II
Galleria Don Luigi Sturzo
Benedetto
Croce
Piazza Domenico Guerrazzi
Via Giuliano da Sangallo
Pte della Vittoria
Largo Caduti di Cefalonia
div. Aqui

Viale Francesco Bonaini
Spina
Corte Bracconi
V. Barattularia
Lungarno Guadalongo
Viale delle Piagge

Viale Antonio Gramsci
Galleria Gramsci
Via V. Giacomo Puccini
Via V. Cristoforo Colombo
Via Alessandro della
Via Amerigo Vespucci
Via Antonio Fratti
V. Francesco da Buti
Via Carlo Cattaneo

Piazza della Stazione
Stazione Pisa Centrale
Filippo
Corridoni
Via Amerigo Vespucci
Flughafen

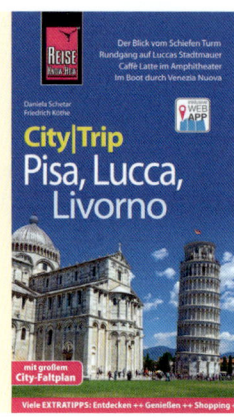

Die Kanzel im Inneren des Doms stammt von Giovanni Pisano und ist eines der großartigsten Werke der Bildhauerkunst. Ausdrucksstarke Reliefs zeigen Szenen aus dem Leben Christi, Marias und Johannes des Täufers. Gut proportionierte Figurengruppen und unterschiedlich gearbeitete Säulen tragen das Meisterwerk. Beim großen Brand 1595 war es stark beschädigt worden, sodass es entfernt werden musste. 1926 restaurierte man das einmalige Kunstwerk und baute es an gleicher Stelle wieder auf. Die Bronze-Kandelaber sollen der Legende nach Galileo Galilei durch ihr Nachschwingen nach dem Befüllen zur Erforschung der Pendelgesetze angeregt haben. Wahrheit oder Legende – wer weiß es schon?

Der Dom von Pisa galt lange Zeit als das monumentalste Bauwerk der christlichen Welt und beinahe alle Kathedralen in der Toskana nahmen ihn als Vorbild.

Zurück auf dem Domplatz befindet sich unmittelbar hinter der Chorapsis der frei stehende Kampanile, der **Torre pendente.** Der Baubeginn des als **„Schiefer Turm von Pisa"** bekannten Glockenturmes datiert auf das Jahr 1173. Dem Werk des Architekten Bonanno Pisano war jedoch kein Glück beschieden, es neigte sich bereits kurze Zeit später, sodass man sich genötigt sah, den Bau stillzulegen. 1272 wagte der Baumeister Giovanni di Simone den Weiterbau und korrigierte die Schieflage, indem er die höheren Stockwerke

jeweils wieder ins Lot setzte. Trotzdem wurde der Turm immer schiefer, die Abweichung vom oberen Mittelpunkt nach unten betrug im 20. Jahrhundert 4,55 m. Seit 1990 läuft eine Rettungsaktion. Man legte dem Turm zeitweilig Stahlringe um, an denen zwei gespannte Stahlseile zogen, und befestigte Bleigewichte. Heute ist er wieder „nur" so schief wie vor 130 Jahren und man geht davon aus, dass dies die nächsten 300 Jahre so bleibt. Seit 2001 dürfen jeweils 30 Personen für 40 Minuten auf den Turm steigen (Reservierung unter www.uffizi.com).

An der Piazza dei Miracoli gleich neben dem Torre pendente, ist noch das Dommuseum **(Museo dell'Opera del Duomo)** sehenswert. Ausgestellt sind Skulpturen und Monumente, die einstmals den Domplatz zierten. Außerdem zeigt das Museum den Domschatz, Messgewänder und eine Gemäldesammlung.

Im **Museo delle Sinopie,** ebenfalls am Platz der Wunder, kann man die Entstehung von Fresken begutachten. Sinopien sind die erdfarbigen Skizzen, die auf die Wand aufgezeichnet wurden, um anschließend die Farben aufzumalen. Der Name stammt von der türkischen Stadt Sinope, die für ihre Erdfarben berühmt war.

Der **Camposanto** ist ein monumentaler Friedhofsbau an der Nordseite des Domplatzes. Das rechteckige Gebäude wurde 1278 begonnen und erst im 15. Jahrhundert vollendet. Hier sollten hohe Würdenträger eine Begräbnisstätte in Erde aus dem Heiligen Land finden. Besonders sehenswert sind die Freskenzyklen „Triumph des Todes", „Jüngstes Gericht" und „Die Hölle".

Die Piazza dei Cavalieri westlich des Domplatzes hat ein ganz anderes Gesicht. Hier lag im Mittelalter das politische Zentrum der Stadt. **Die Chiesa S. Stéfano dei Cavalieri** war die Ordenskirche der Ritter des St.-Stephan-Ordens, der von Großherzog Cosimo I. 1561 gegründet wurde. Der reich bemalte **Palazzo dei Cavalieri** ist das Stammhaus dieses Ordens.

An der Nordseite der Piazza steht der **Palazzo dell'Orologio,** der Uhrenpalast. Seine abgewinkelte Straßenfront folgt der Form der Piazza dei Cavalieri.

Über die Via Dini kommt man zum eigentlichen Herzen Pisas, der Altstadt. An der **Borgo Stretto** gibt es unter den Laubengängen elegante Geschäfte und Cafés. Westlich davon, im mittelalterlich geprägten Viertel um die Piazza delle Vettovaglie, treffen sich die Studenten, um sich einen der preiswerten Snacks einzuverleiben. Die Borgo Stretto mündet in die Piazza Garibaldi, von der aus man auf der Marmorbrücke **(Ponte di Mezzo)** aus dem 12. Jh. den Arno überquert. Auf der anderen Seite steht die Loggia di Banchi, in deren Bogenhalle früher der Wollmarkt stattfand.

Geradeaus zieht sich der Corso Italia bis zur Piazza V. Emanuele II. Eine Flaniermeile für die Jugend und die Junggebliebenen mit In-Kneipen in den links und rechts abgehenden Gassen.

Wer am Arno entlangspazieren möchte, folgt dem Lungarno Galilei nach links und hat immer wieder malerische Ausblicke auf die Altstadt von Pisa. Zwischen der Ponte Fortezza und der Ponte d. Vittoria liegt in der ehemaligen Festungsbastion die Parkanlage **Giardino Scotto.** Hier im Grünen kann man eine kleine Ruhepause einlegen.

Über die Ponte d. Vittoria und dann rechts gehend, kommt man auf die schöne Viale Piagge. In der dort ansässigen Bar gibt es eine Erfrischung und anschließend spaziert man unter schattigen Alleebäumen oder am Arnoufer entlang weiter.

Für den Rückweg wählt man den Lungarno B. Buozzi und geht bis zum **Museo di S. Matteo.** Im ehemaligen Kloster S. Matteo sind sakrale Werke, u. a. von Pisano, ausgestellt.

Im Straßengewirr um die Piazza S. Paolo all Orto gibt es viele Lokale, in denen der Besichtigungstag bei einem guten Essen und einem gemütlichen Glas Wein ausklingen kann.

Information

I.A.T., 56124 Pisa, Piazza del Duomo 7 bei der Biglietteria, Tel. +39 050550100, www.turismo.pisa.it, Öffnungszeiten: März–Okt. 9.30–17.30 Uhr, Nov.–Febr. 9–17 Uhr

Sehenswertes

Nur in der zentralen Verkaufsstelle *(Biglietteria)* hinter dem Torre pendente gibt es Eintrittskarten zu kaufen. **Kombikarten:** für zwei Sehenswürdigkeiten 7 €, für drei 8 € und für vier 9 €.

▷ *Wer kennt ihn nicht, den „Schiefen Turm"*
von Pisa

Battistero di Pisa, 56100 Pisa, Piazza dei Miracoli, Öffnungszeiten: Dez./Jan. 10–17 Uhr, Nov./Febr. 9.40–17.40 Uhr, März 9–18 Uhr, Apr.–Sept. 8–20 Uhr, Okt. 9–19 Uhr, Eintritt 5 €

Duomo Santa Maria Assunta, 56100 Pisa, Piazza dei Miracoli, Öffnungszeiten: Nov.–Febr. 10–12.45 und 14–17 Uhr, März 10–18 Uhr, Apr.–Sept. 10–20 Uhr, Okt. 10–19 Uhr, Eintritt: frei

Torre pendente, 56100 Pisa, Piazza dei Miracoli, Öffnungszeiten: Nov.–Febr. 10–17 Uhr, März 9–18 Uhr, April–Mitte Juni/Sept. 8.30–20 Uhr, Mitte Juni–Aug. 8.30–22 Uhr, Okt. 9–19 Uhr, Eintritt 18 €

Museo dell'Opera del Duomo, 56100 Pisa, Piazza dei Miracoli, Öffnungszeiten: siehe Battistero, Eintritt 5 €

Museo delle Sinopie, 56100 Pisa, Piazza dei Miracoli, Öffnungszeiten: siehe Battistero, Eintritt 5 €

Camposanto, 56100 Pisa, Piazza dei Miracoli, Öffnungszeiten: siehe Battistero, Eintritt 5 €

Museo di S. Matteo, 56100 Pisa, Lungarno B. Buozzi, Piazza S. Matteo, Öffnungszeiten: Di–Sa 8.30–19 Uhr, So 9–13.30 Uhr, Eintritt 5/2,50 €

Giardino Scotto, 56100 Pisa, Lungarno Leonardo Fibonacci, Öffnungszeiten: 8–20 Uhr

Essen

L'Ostellino, 56126 Pisa, Piazza Felice Cavallotti 1. Super leckere Panini (Brötchen), genau das Richtige für zwischendurch, preisgünstig.

Alle Bandierine, 56100 Pisa, Via Mercanti 4, Tel. +39 050500000. Sympathisches Lokal mit regionalen Gerichten, tolle hausgemachte Pasta und Pizza.

Parken

Stellplatz in der Via di Pratale **25** (s. S. 89).

Camping-/Stellplätze

25 Via di Pratale, Pisa

26 Camping Torre Pendente, Pisa

Routenalternative

Ab Pisa gibt es die Möglichkeit, direkt nach Vicopisano zu fahren und bei Route 3 (s. S. 94) einzusteigen.

Von Pisa geht es zuerst 2 km zurück bis zur SS1 in Richtung Livorno. Dann der Beschilderung „Marina di Pisa" auf die SS224 folgen.

Der Badeort **Marina di Pisa** mit seiner Seepromenade entlang des 2018 neu gestalteten Jachthafens ist das ganze Jahr als Flaniermeile äußerst beliebt.

Parken

Lungomare, Marina di Pisa (GPS: 43.65823°N 10.28093°E), 12 €/24 Std., geöffnet: Mai–Sept., übrige Zeit ev. Fr–So

Camping-/Stellplätze

27 Agriturismo Lago Le Tamerici, Coltano

28 Arnomündung, Marina di Pisa

29 Camping Mare e Sole, Tirrenia

◫ *Das Ufer des Arno wird nicht so häufig von Touristen besucht*

LIVORNO

(25 km – km 81)

Einen Parkplatz für Wohnmobile in Livorno zu finden ist sehr schwierig. An der Viale Italia gibt es einen großen, gebührenpflichtigen Parkplatz, auf dem auch Wohnmobile bis 6,50 m Länge tagsüber parken können – allerdings ist er im Juli und August sehr voll. In dieser Zeit bleibt nur die Möglichkeit, weiter stadtauswärts am Straßenrand oder auf den Stellplätzen **30** oder **31** zu parken. Von beiden besteht eine Busverbindung in die Stadt.

Livorno – das bedeutet pralles Leben, Hafenatmosphäre, mondäne Straßenzüge und ein klein wenig Venedig. Die drittgrößte Stadt der Toskana mit dem **wichtigsten Hafen** der Region ist unbedingt einen Besuch wert. Zwar sucht man vergebens nach so bedeutenden Baudenkmälern wie in der Nachbarstadt Pisa, dafür fühlt man hier das turbulente Leben einer Hafenstadt. Von hier fahren Fähren, die nach Sizilien und Sardinien ablegen, nach Korsika und nach Barcelona und auch so manches Kreuzfahrtschiff geht im Hafen von Livorno vor Anker.

Livorno hat im Zweiten Weltkrieg stark gelitten, konnte aber mit der fünfeckigen, mit schiffbaren Gräben umgebenen Stadtmauer und der aus roten Steinen erbauten Fortezza Vecchia einige sehenswerte historische Zeugen erhalten. Die **Fortezza Vecchia** aus dem 16. Jh. ist die älteste Festung der Stadt. Ihre Besichtigung ist kostenlos. Äußerlich zeigt sie bedenkliche Risse im Mauerwerk, im Inneren dagegen ist sie beinahe vollständig restauriert.

Geht man hier ein Stück weiter in Richtung Porto Mediceo, kommt man an den Ankerplätzen der Fischkutter vorbei. Hier kann man direkt vom *pescatore* (Fischer) fangfrische Fische kaufen. Es ist ein malerisches Bild, wie sich die Kutter vor dem Hintergrund der Fortezza Vecchia auf dem seichten Wasser der Kanäle sanft auf- und abwärts bewegen.

⊡ *In Livorno gibt es neben vielen Fähren auch eine große Fischfangflotte*

Livorno

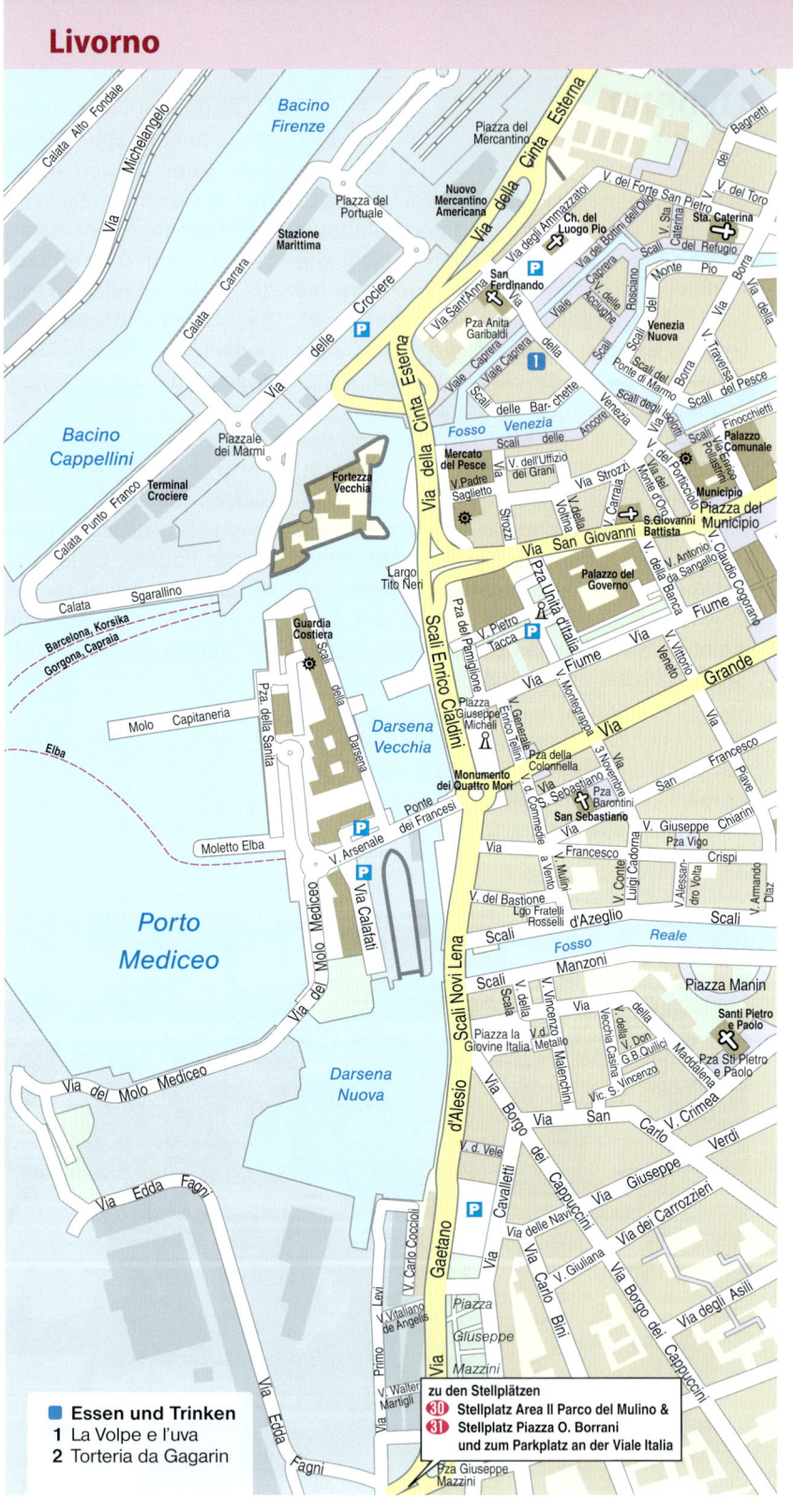

Essen und Trinken

1 La Volpe e l'uva
2 Torteria da Gagarin

zu den Stellplätzen
30 Stellplatz Area Il Parco del Mulino &
31 Stellplatz Piazza O. Borrani
und zum Parkplatz an der Viale Italia

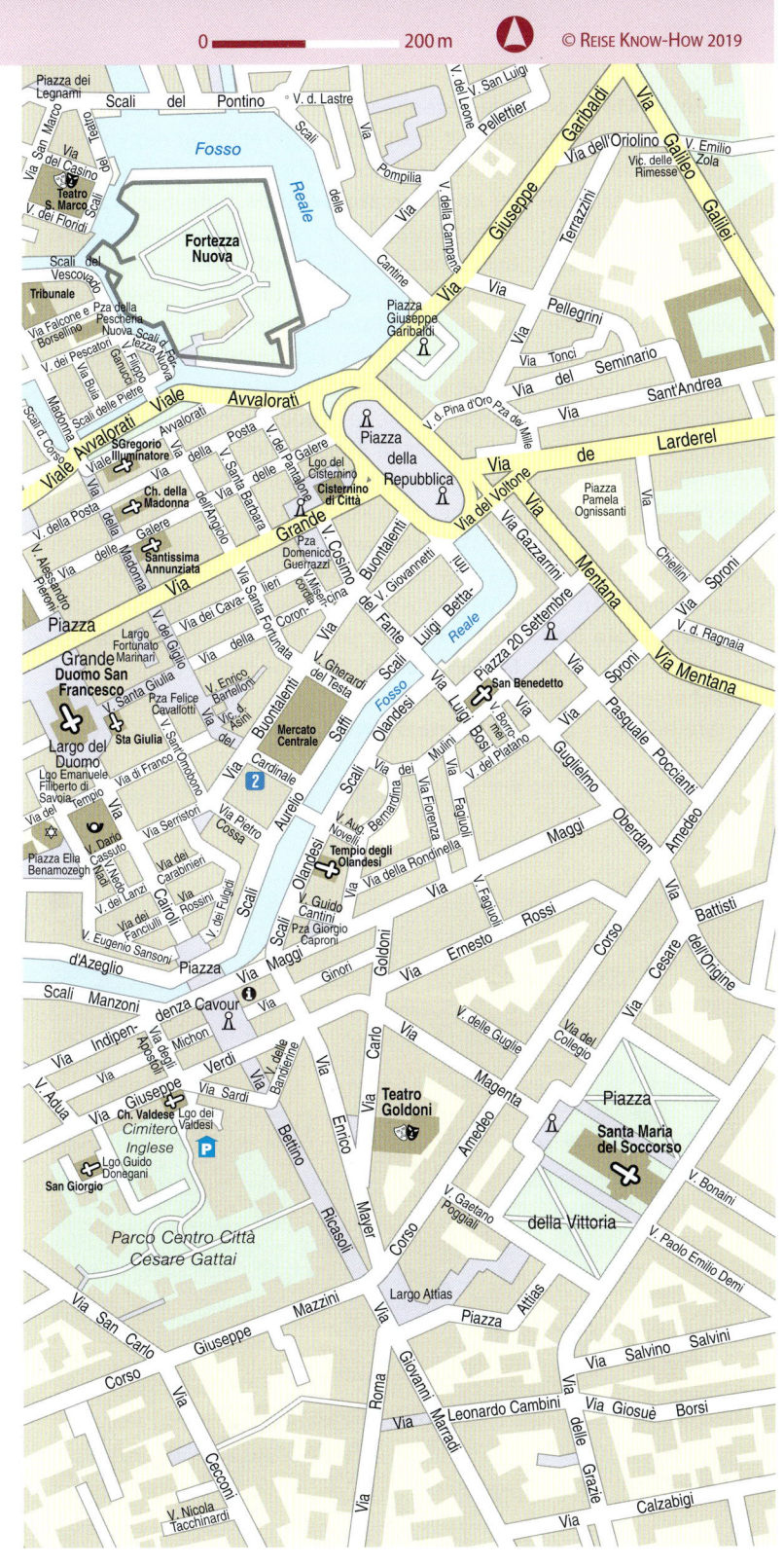

Bei der Abzweigung zum **Porto Mediceo** nimmt man links die Via Grande und scheint urplötzlich in eine andere Welt geraten zu sein. Gerade hat man noch Seeluft geschnuppert und den Fischern beim Flicken ihrer Netze zugeschaut und schon findet man sich in einer großstädtischen Flaniermeile mit schier endlosen Arkadengängen wieder. Ein Modegeschäft reiht sich an das andere, hin und wieder unterbrochen von einem hübschen Straßencafé. Doch Vorsicht beim Überqueren der Straße! Aus allen Richtungen schießen zahllose, wild durcheinander fahrende Roller hervor, die anscheinend die Vorfahrt gepachtet haben!

Folgt man der Via Grande, so stößt man zwangsläufig auf die **Piazza Grande.** An ihrer rechten Seite steht die **Cattedrale San Francesco** aus dem Jahr 1596. Der recht schmucklose Bau wirkt bescheiden im Vergleich zu den hohen Geschäftshäusern, die ihm gegenüberstehen. Hinter der Kathedrale wendet man sich nach rechts in die Via San Francesco und erreicht zwei Straßenzüge weiter den **Mercato Centrale,** eine große ockerfarbene Markthalle. Der klassizistische Bau aus dem Jahre 1894 wartet mit zahlreichen Fisch-, Obst-, Gemüse- und Delikatessenständen auf. Ein Besuch lohnt sich! Kommt man zufällig an einem Donnerstag nach Livorno, findet rund um die Markthalle ein fast undurchdringlicher Wochenmarkt statt. Aus vollen Kehlen preisen die Händler ihre Ware an. Vollbepackte Hausfrauen drängen sich zwischen den Marktständen und eine Vielfalt von Düften umwehen die Nase. Man fühlt sich fast wie auf einem orientalischen Basar.

Wieder zurück an der Piazza Grande, führt die Via Grande nach rechts bis zur **Piazza della Repubblica.** An ihrer linken Schmalseite erkennt man bereits die Ziegelsteinmauern der **Fortezza Nuova.** Die Festung aus dem

16. Jh. ist von einem Wassergraben umgeben, dem Fosso Reale. Über die Scala Fortezza Nuova gelangt man in das Innere der Festung, heute die größte Grünanlage der Stadt (geöffnet 8–19.30 Uhr). Von hier führen Kanäle bis zum Hafen. Dieses Viertel nennt sich selbst **Venezia Nuovo** („Neu-Venedig").

Wie in Venedig wurden entlang der Kanäle in der ersten Hälfte des 17. Jh. Häuser auf Pfählen errichtet. Viele Boote tuckern gemütlich durch das anheimelnde Viertel mit seinen in warmen Gelb- und Rottönen gestrichenen Fassaden. Nur einen Unterschied gibt es zu Venedig: die Gondeln fehlen.

Aus Livorno heraus fährt man immer an der Küstenstraße, der Viale Italia, entlang. Eine Augenweide sind dabei die herrlichen Jugendstilvillen mit ihren verspielten Türmchen an der Seepromenade. Hier hatten früher Kapitänsfamilien der nahen Marineakademie ihren Sommersitz.

⬒ *Am Hafen von Livorno treffen mittelalterliche Befestigungsanlagen und moderner Fährbetrieb aufeinander*

◁ *Venedig ohne Gondeln: das Viertel Venezia Nuovo in Livorno*

Information

Informazione Turistica, 57123 Livorno, Via Pieroni 18/20, Tel. +39 0586257386388, www.provincia. livorno.it, Öffnungszeiten: 9–16 Uhr

Sehenswertes

Fortezza Vecchia, 57100 Livorno, Via della Cinta Esterna, Tel. +39 32927535760, Öffnungszeiten: 9.30–19 Uhr

Essen

La Volpe e l'uva, 57100 Livorno, Viale Caprera 11, Tel. +39 0586885033, im Sommer nur abends geöffnet. Hervorragende Livoneser Küche zu erträglichen Preisen, Terrasse zum Kanal.

Torteria da Gagarin, 57123 Livorno, Via del Cardinale 24, Tel. +39 0586884086. Unscheinbare Snackbar bei der Markthalle mit leckeren Sandwiches (z.B. Kichererbsen, Erbsenpüree).

Parken

Viale Italia, GPS: 43.53603°N 10.30092°E, 1. und 2. Stunde je 1,50 €, jede weitere Stunde 1 €, Öffnungszeiten: Okt.–März Sa/So 10–18, April–Juni/Sept. 10–19, Juli/Aug. 10–21 Uhr. Mit viel Glück finden Campingbusse ganz in der Nähe bei GPS: 43.54101°N 10.30076°E einen kostenlosen Parkplatz.

Stellplätze

30 Stellplatz Area Il Parco del Mulino, Livorno
31 Stellplatz Piazza O. Borrani, Livorno

ABSTECHER ZUM SANTUARIO DI MONTENERO

(hin und zurück 12 km)

Kurz vor Antignano sollte man auf den Abstecher zum Santuario di Montenero schon wegen der traumhaften Aussicht nicht verzichten. Es gibt zwei Möglichkeiten, das Ziel zu erreichen. Entweder fährt man bis zum Ortseingang von Montenero (Anfahrt siehe Stellplatz ㉜) und nimmt von der Piazza della Carroze die *funiculare* (Standseilbahn) hinauf zum Heiligtum (Fahrten zwischen 7.20 und 20.05 Uhr, 1,20 €) oder man folgt ab der SS1 der Beschilderung „P Santuario" bis zum großen Parkplatz (GPS: 43.49121°N 10.34574°E). Von hier sind es noch ca. 400 m Fußweg bis zur Klosteranlage.

Stellplatz

㉜ Parkplatz, Montenero

Oben angekommen bietet sich dem Besucher erstens eine schöne Aussicht auf Livorno und die Küste – an klaren Tagen bis nach Korsika – und zweitens die Möglichkeit, den wichtigsten Wallfahrtsort der Toskana zu besuchen. Die bedeutende Klosteranlage stammt zu weiten Teilen aus dem 18. Jh. und wurde später durch einige Anbauten erweitert. Die Kirche ist der Schutzpatronin der Toskana, der Madonna delle Grazie, geweiht. Das Innere besteht aus üppigstem Barock, ein krasser Gegensatz zu ihrem unscheinbaren Äußeren.

Die Route führt an der aussichtsreichen Küstenstraße (SS1) entlang. Hinter **Antignano** wird die Küste spektakulär: rote Felsen, grün bewaldete Hänge, azurblaues Meer und eine malerische Burg prägen die Kulisse. Entlang der Straße sind einige Parkbuchten angelegt, sodass man in der Nebensaison Gelegenheit hat zu parken, die herrliche Aussicht zu genießen oder zum Baden hinabzusteigen.

Kurz hinter **Quercianella** verlässt man die stark befahrene SS1 und fährt auf der Via Aurelia bis kurz vor Castiglioncello, hier gibt es einen privaten Stellplatz.

Castiglioncello ist in der Nebensaison ein beschaulicher Ort, in der Hauptsaison droht hier oft der Verkehrskollaps. Im Zentrum steht das wuchtige Castello Pasquini, umgeben von einem herrlichen Park, in dem im Sommer viele Veranstaltungen stattfinden. Castiglioncello war in den 1950er- und 1960er-Jahren ein mondäner Badeort. Bis heute hat es sich etwas von dem Flair der vergangenen Jahre bewahrt.

Parken

Via Brenta, Castiglioncello, GPS: 43.40685°N 10.41815°E, kostenlos

Stellplatz

㉝ Fortullino, Castiglioncello

Übergangslos folgt der nächste Ort: **Rosignano Solvay** lebt von der Chemie und seinem strahlend weißen Strand. Doch so karibisch das Aussehen ist – für die Ausbleichung soll das quecksilberverseuchte Abwasser aus der Sodaherstellung verantwortlich sein! Ob man hier badet? Das soll jeder selbst entscheiden!

Badeplätze am Spiagge Bianche

GPS: 43.38394°N 10.43255°E, in der Saison gebührenpflichtig
GPS: 43.36064°N 10.44335°E, kostenlos, Parken entlang einer Sackgasse für Womos nur vom 16.9. bis 31.5 erlaubt. Anfahrt: Am Ortsschild Vada sofort rechts in die Via del Porto fahren.
GPS: 43.37076°N 10.44963°E, gebührenpflichtig 7.30–19.30 Uhr, nachts geschlossen, Hundeverbot am Strand

Stellplätze

㉞ Stellplatz Via Aurelia, Rosignano Solvay
㉟ Parcheggio Comunale, Rosignano Marittimo

Das beliebte **Vada** ist ein kleiner, reizender Ferienort mit schattiger *pineta* (Pinienwald) und herrlich feinsandigen Stränden, die sanft

ins Meer abfallen – ideal für Familien mit Kindern. Auf der bezaubernden Piazza Garibaldi treffen sich abends Urlauber und Einheimische zum *Cena* (Abendessen), zum Eisschlecken oder einem gemütlichen Spaziergang. Der mächtige Renaissance-Wachturm nahe der Piazza diente einst der Verteidigung der Küste.

Essen

Ristorante Brasseria La Barcaccina,
57016 Vada, Via Lungomare 17,
www.ristorantelabarcaccina.com,
Tel +39 0586788215. Vielseitige Fischplatte,
für Fischliebhaber ein Muss!
Ristorante Pizzeria La Ventola, 57016 Vada,
Via Cavalleggeri 171, Tel. +39 0586770170.
Die Pizzen sind sehr schmackhaft, die Bedienung ist
überaus freundlich, aber etwas unstrukturiert.

Parken

GPS: 43.35216°N 10.45213°E, gebührenpflichtig
(14 €/24 Std.), auf einem ehemaligem Fußballplatz,
Strand 50 m

Camping-/Stellplätze

36 Camping Tripesce, Vada
37 Parkplatz, Mazzanta

Von Rosignano Solvay führt die Route landeinwärts nach Rosigano Maríttimo.

ROSIGNANO MARÍTTIMO
(28 km – km 109)

Das hübsche, von seiner mächtigen Zitadelle dominierte Bergdorf klebt sozusagen am Berg. Von hier hat man einen schönen Blick auf die Etruskische Küste.

Das Kastell stammt aus dem 13. und 14. Jahrhundert und beherbergt heute ein archäologisches Museum, das seinen Besuchern etwas Besonderes zu bieten hat: ein nachgebautes, begehbares römisches Haus und etruskische, römische und mittelalterliche Funde aus der Umgebung.

Sehenswertes

Museo archeologico, 57012 Rosignano Maríttimo,
Via del Castello 24, Öffnungszeiten: Sept.–Juni Di–Sa
9–13 Uhr, So 10–13 Uhr, Juli/August Di–So 10–13
und 17–20 Uhr, Eintritt: 5/3 €

Routenalternative

Ab hier kann man auch weiter die Küste entlang bis Cecina fahren und der Route 3 (s. S. 94) folgen.

⬒ *Der schöne Ausblick auf Livorno vom Santuario di Montenero*

STELLPLÄTZE ENTLANG DER ROUTE 2

㉑ Parking Camper Kennedy, Lido di Camaiore
43.90800°N 10.21872°E

Privater Stellplatz in guter und relativ ruhiger Lage (in der Saison mit Disco), WLAN. Der Strand ist ca. 300 m entfernt. **Lage/Anfahrt:** In Lido di Camaiore vom *lungomare* in Richtung Autobahn und Lucca links in die Viale F. Kennedy abbiegen, ausgeschildert; **Platzanzahl:** 23; **Untergrund:** Pflaster, Wiese; **Ver-/Entsorgung:** Strom, Trinkwasser, Abwasser, Chemie-WC; **Sicherheit:** beleuchtet; **Preise:** 20 € bzw. 23 € (Juli/August), alles inklusive; **Geöffnet:** ganzjährig; **Kontakt:** 55043 Lido di Camaiore, Viale F. Kennedy Ecke Via Dante Alighieri, www.sostacamperversilia.it.

㉒ Stellplatz Piscina, Viaréggio
43.85695°N 10.24749°E

Stellmöglichkeit beim Schwimmbad in abgeschiedener und relativ ruhiger Lage (Parkplatz für Schwimmbadbesucher), 1,2 km ins Zentrum. **Lage/Anfahrt:** Zunächst Richtung Torre del Lago Pucchini, dann weiter den Hinweisschildern „impianti sportivi" folgen; **Platzanzahl:** 30; **Untergrund:** Pflaster; **Sicherheit:** beleuchtet; **Preise:** kostenlos; **Geöffnet:** frei zugänglich; **Kontakt:** 55049 Viaréggio, Via L. Salvatori.

㉓ Camping Paradiso, Viaréggio
43.84818°N 10.26032°E

Schattiger Platz in einem Pinienwäldchen *(pineta)* mit guten Sanitäranlagen, WLAN, großem Schwimmbad,

Restaurant, Laden. Zum Strand sind es ca. 1 km Fußmarsch. **Lage/Anfahrt:** Auf der SS1 durch den Ort, braune Campingplatzbeschilderung; **Platzanzahl:** 300; **Untergrund:** Sand; fest; **Ver-/Entsorgung:** Strom, Trinkwasser, Abwasser, Chemie-WC; **Sicherheit:** umzäunt, beleuchtet, bewacht; **Preise:** 7,50–16 €/Fahrz., 4,50–10,50 €/Pers., 3–9,50 €/Pers. 60+, Hund 0–5 €, inkl. Strom und WLAN; **Geöffnet:** April bis September; **Kontakt:** 55049 Viaréggio, Via dei Tigli CP 463, Tel. +39 0584392005, www.campingparadisoviareggio.com.

㉔ Campeggio Bosco Verde, Torre del Lago Pucchini
43.82241°N 10.27361°E

Schön mitten in der *pineta* gelegener Platz mit guter Ausstattung, WLAN, Schwimmbad, Bar und Restaurant. Zum schönen breiten Strand sind es ca. 800 m. **Lage/Anfahrt:** Im Ort von der SS1 in Richtung Marina di Torre del Lago abbiegen (Durchfahrtshöhe 3,30 m); **Untergrund:** Wiese, Sand; **Ver-/Entsorgung:** Strom, Trinkwasser, Abwasser, Chemie-WC; **Sicherheit:** umzäunt, beleuchtet, bewacht; **Preise:** 14–25 €/Fahrz., 4,50–9,50 €/Pers., Hund 4–8,50 €, WLAN inkl.; **Geöffnet:** April bis Sept.; **Kontakt:** 55048 Torre del Lago, Viale Kennedy interno, Tel. +39 0584359343, www.campeggioboscoverde.it.

㉕ Stellplatz Via di Pratale, Pisa
43.72120°N 10.42071°E

Offizieller Stellplatz nur für Wohnmobile. Relativ ruhige Lage. Videoüberwacht, Rezeption 12–16 Uhr geschlossen. Ins Zentrum ca. 2 km. Bushaltestelle am Platz. **Lage/Anfahrt:** Auf der SS1 an der ersten Zufahrt Richtung Pisa, dann sehr gut ausgeschildert; **Platzanzahl:** 115; **Untergrund:** Asphalt; **Ver-/Entsorgung:** Strom, Trinkwasser, Abwasser, Chemie-WC; **Sicherheit:** beleuchtet, bewacht; **Preise:** 12 €/Fahrz. für 24 Std., 6 €/6 Std., Strom 3 €/24 Std.; **Geöffnet:** ganzjährig; **Kontakt:** 5600 Pisa, Via di Pratale.

◁ *Auf dem Stellplatz in Pisa* ㉕ *übernachtet man stadtnah und relativ ruhig*

㉖ Camping Torre Pendente, Pisa
43.72406°N 10.38316°E

Gute Sanitärausstattung, WLAN, Schwimmbad, Restaurant, Minimarkt, ca. 1 km von der Piazza dei Miracoli entfernt, Bus ins Zentrum; **Lage/Anfahrt:** Anfahrt ab der SS1 ausgeschildert; **Platzanzahl:** 50; **Untergrund:** Schotterrasen; **Ver-/Entsorgung:** Strom, Trinkwasser, Abwasser, Chemie-WC; **Sicherheit:** umzäunt, beleuchtet, bewacht; **Preise:** 13–15 €/Fahrz. bis 7m Länge, darüber 15–20 €, 7,50–11 €/Pers., privates Badezimmer 5–7 €, Hund 0–1,50 €; **Geöffnet:** April bis Anfang Nov.; **Kontakt:** Viale delle Cascine 86, Tel. +39 050561704, www.campingtorrependente.it.

㉗ Agriturismo Lago Le Tamerici, Coltano
43.63706°N 10.36735°E

Gepflegter Platz in sehr schöner, meist ruhiger Lage (Flugzeuge je nach Wetterlage hörbar). Großzügige Stellflächen z. T. direkt am See. Haustiere herzlich willkommen! Kanus kostenlos, Pferde gegen Gebühr. Dusche, WC, Pool in der Saison. Spazierwege am See entlang. Bus nach Pisa oder Livorno in 2 km (GPS: 43.64471°N 10.37226°E), in der Saison Shuttleverkehr zum Bus. **Lage/Anfahrt:** Auf der SS1 Richtung Livorno in Richtung Coltano (SP58) abfahren. Nach 2 km rechts, dann ausgeschildert, z. T. etwas holprige Anfahrt.; **Platzanzahl:** 44; **Untergrund:** Schotterrasen; **Ver-/Entsorgung:** Strom, Trinkwasser, Abwasser, Chemie-WC; **Sicherheit:** umzäunt, beleuchtet; **Preise:** 17–20 €/Fahrz.; alles inkl.; **Geöffnet:** ganzjährig; **Kontakt:** 56121 Coltano, Via delle Sofina 6, Tel. +39 050989007 oder +39 3473773296, www.lagoletamerici.it.

㉘ Stellplatz Arnomündung, Marina di Pisa
43.67892°N 10.27913°E

Stellplatz in guter, relativ ruhiger Lage mit einfacher kalter Dusche und Waschbecken, ohne Schatten, schwaches Stromnetz, 800 m bis zum kleinen Sandstrand. Stündliche Busverbindung nach Pisa und Livorno. **Lage/Anfahrt:** Von Pisa in Richtung Marina di Pisa, ausgeschildert; **Platzanzahl:** 100; **Untergrund:** Schotter; **Ver-/Entsorgung:** Strom, Trinkwasser, Abwasser, Chemie-WC; **Sicherheit:** beleuchtet; **Preise:** 12 €/Fahrz., Strom 2 €; **Geöffnet:** ganzjährig; **Kontakt:** 56013 Marina di Pisa , Lungarno G. D'Annunzio.

㉙ Camping Mare e Sole, Tirrenia
43.58708°N 10.29968°E

Platz mit guter, teilweise etwas ungepflegter Sanitärausstattung, relativ ruhig (Hafen, Flugzeuge), direkt am
Meer, nur kleine Hunde. Teilweise Geruchsbelästigung
vom Hafen. **Lage/Anfahrt:** Kurz vor Livorno auf der
rechten Seite der SS224 (Hafen schon in Sichtweite);
Platzanzahl: 100; **Untergrund:** Wiese, Sand; **Ver-/
Entsorgung:** Strom, Trinkwasser, Abwasser, Chemie-
WC; **Sicherheit:** umzäunt, beleuchtet, bewacht; **Prei-
se:** 9–15 €/Fahrz., 7–8,50 €/Pers., Strom inkl. Taxe,
Hund 2 €; **Geöffnet:** Mitte April bis September; **Kon-
takt:** Camping Mare e Sole, Tirrenia, Loc. Calambrone,
Tel. +39 05032757, www.campingmareesole.it.

㉚ Stellplatz Area Il Parco del Mulino, Livorno
43.51398°N 10.32506°E

Offizieller Stellplatz am Rande eines Wohngebiets, von
Plastikzäunen umgeben, nur für Wohnmobile bis 7 m
Länge, schmale Plätze, WLAN. Straße und Eisenbahn
in Hörweite. Strand 800 m, Busverbindung ins Zentrum. **Lage/Anfahrt:** Von der SS1 zwischen Ardenza
und Antignana kurz bevor die Straße unter der Eisenbahn durchführt im Kreisverkehr nach rechts abbiegen, ausgeschildert; **Platzanzahl:** 27; **Untergrund:**
Rasengitter; **Ver-/Entsorgung:** Strom, Trinkwasser,
Abwasser, Chemie-WC; **Sicherheit:** beleuchtet; **Preise:** 15 €/Fahrz. für 24 Std.; **Geöffnet:** ganzjährig;
Kontakt: 57128 Livorno, Via Voltolino Fontani, Tel.
+39 3345969241, www.parcodelmulino.it.

㉛ Stellplatz Piazza O. Borrani, Livorno
43.50460°N 10.32084°E

Am Lungomare di Antignano offizielle Plätze auf einem
großen Parkplatz, nur für Fahrzeuge bis 7 m Länge,
nachts relativ ruhig. Busverbindung ins Zentrum. Zum
Meer über die Straße. Mittwochvormittag Markt. **Lage/
Anfahrt:** Vom Zentrum Livornos fährt man auf der Viale
Italia 6 km die Küste entlang. Der Platz liegt in Fahrt-
richtung links; **Platzanzahl:** 10; **Untergrund:** Asphalt;
Sicherheit: beleuchtet; **Preise:** kostenlos; **Geöffnet:**
frei zugänglich; **Kontakt:** 57100 Livorno, Viale di
Antignano/Piazza O. Borrani.

㉜ Stellplatz Parkplatz, Montenero
43.49885°N 10.34254°E

Freie Stellmöglichkeit auf einem großen Parkplatz
am Ortsrand ohne Ver- und Entsorgungsmöglichkeit.
Lage/Anfahrt: Aus Richtung Ardenza bzw. Livorno
am Ortsanfang rechts; **Platzanzahl:** 5; **Untergrund:**
Rasengitter; **Sicherheit:** beleuchtet; **Preise:** kostenlos;
Geöffnet: frei zugänglich; **Kontakt:** 57128 Livorno, Via
di Montenero.

㉝ Stellplatz Fortullino, Castiglioncello
43.43019°N 10.39623°E

Sehr schön angelegter Privatplatz mit Sicht aufs Meer
(zum Meer 5 Min., kein Sandstrand). Zwischen Eisenbahn und SS1, daher etwas laut. Sehr einfache Frei-
luftdusche, kein WC. **Lage/Anfahrt:** Von der Via Aurelia mit gelben Schildern ausgeschildert, sehr holprige

Zufahrt; **Platzanzahl:** 100; **Untergrund:** Schotterrasen; **Ver-/Entsorgung:** Strom, Abwasser, Chemie-WC; **Sicherheit:** umzäunt, beleuchtet, bewacht; **Preise:** 20 €/Fahrz., Juli–August 23 € inklusive Strom, Dusche (einfach) 0,50 €, Betreiber verspricht 10 % Rabatt bei Vorlage dieses Buches; **Geöffnet:** 1. April bis 30. September; **Kontakt:** 57012 Castiglioncello, Loc. Fortullino, Tel. +39 3349062993.

㉞ Stellplatz Via Aurelia, Rosignano Solvay

43.39867°N 10.42826°E

Offizieller Platz in befriedigender und relativ ruhiger Lage (Straße). **Lage/Anfahrt:** Gleich nach dem Ortsschild rechts abbiegen; **Platzanzahl:** 15; **Untergrund:** Schotter; **Ver-/Entsorgung:** Trinkwasser, Abwasser, Chemie-WC; **Preise:** 12 €/Fahrz., Oktober–Ostern kostenlos; **Geöffnet:** ganzjährig; **Kontakt:** 57016 Rosignano Solvay, Via Aurelia.

㉟ Parcheggio Comunale, Rosignano Marittimo

43.39569°N 10.42887°E

Offizielle Stellplätze in befriedigender und lauter Lage (Straßenlärm). Nicht für Fahrzeuge über 7 m Länge. Mo–Fr 8–10 Uhr Parkverbot. **Lage/Anfahrt:** direkt am zweiten Kreisverkehr aus Richtung Livorno rechts ab und links zum Platz; **Platzanzahl:** 10; **Untergrund:** Rasengitter; **Sicherheit:** beleuchtet; **Preise:** kostenlos; **Geöffnet:** ganzjährig; **Kontakt:** 57016 Rosignano Solvay, Via C. sur Marne.

㊱ Camping Tripesce, Vada

43.34332°N 10.45848°E

Schön gestalteter Platz mit guter Ausstattung in schöner und ruhiger Lage, direkt am Strand, WLAN, Restaurant, Laden, Ende Mai bis Ende August keine Hunde. **Lage/Anfahrt:** An der Küstenstraße in Vada, ausgeschildert; **Untergrund:** Wiese, Sand; **Ver-/Entsorgung:** Strom, Trinkwasser, Abwasser, Chemie-WC; **Sicherheit:** umzäunt, beleuchtet, bewacht; **Preise:** 11-22 €/Fahrz., 5-9 €/Pers., Strom inkl., Taxe 1 €/Pers.; **Geöffnet:** Ostern–Mitte Oktober; **Kontakt:** 57018 Vada, Via Cavallegeri 88, Tel. +39 0586788167, www.campingtripesce.it.

㊲ Stellplatz Parkplatz, Mazzanta

43.32845°N 10.46025°E

Offizielle Stellplätze auf separatem Parkplatz in schöner, relativ ruhiger Lage. In der Saison stark frequentiert. Ca. 300 m vom Strand entfernt. **Lage/Anfahrt:** Von Vada 4 km nach Mazzanta am Ortsendsbeginn rechts fahren, ab hier ist der Stellplatz ausgeschildert; **Platzanzahl:** 70; **Untergrund:** Schotter; **Ver-/Entsorgung:** Trinkwasser, Abwasser, Chemie-WC; **Preise:** 10 €; **Geöffnet:** ganzjährig, im Winter ohne Ver- und Entsorgung; **Kontakt:** Mazzanta, Via dei Cavallegeri.

◸ *Der Stellplatz* ㉞ *in Rosignano Solvay*

MITTELALTER PUR
UND DIE WEITEN STRÄNDE
DER ETRUSKISCHEN RIVIERA

Mit den eher unbekannten malerischen Dörfern Vicopisano, San Miniato und Certaldo beginnt die Reise zu ganz bezaubernden baulichen Kleinoden. San Gimignano mit seinen hohen Geschlechtertürmen und der intakten mittelalterlichen Altstadt ist dagegen über die Grenzen der Toskana hinaus bekannt. Busladungen von Touristen aus der ganzen Welt bevölkern vom Frühjahr bis in den Herbst hinein die Gassen und Plätze der Stadt. Trotzdem sollte niemand einen Besuch versäumen, denn besonders im späten Herbst oder im Winter, wenn die mächtigen Türme aus dem Nebel in den Himmel ragen, hat der Ort seinen ganz besonderen Reiz. Mittelalter und Renaissance in zwei getrennten Stadtteilen gibt es im wenig besuchten Colle di Val d'Elsa zu bewundern. Volterra dagegen ist eine rein mittelalterliche Stadt, eingebettet in eine ungewöhnliche, wellige Hügellandschaft. Die Etruskische Riviera ist mit einigen guten Stellplätzen auf Wohnmobiltouristen eingestellt. Am Ende der Route bezeugen die Ausgrabungen von Populónia eindrucksvoll die Bedeutung der Stadt im etruskischen Zwölfstädtebund.

▷ *Die Traumkulisse von San Gimignano mit den Geschlechtertürmen*

ROUTE 3

SAN GIMIGNANO, VOLTERRA UND DIE KÜSTE

STRECKENVERLAUF

Strecke:
Rosignano Maríttimo – Vicopisano (46 km) –
San Miniato (29 km) – Certaldo (25 km) – San
Gimignano (12 km) – Colle di Val d'Elsa (15 km)
– Volterra (29 km) – Abstecher nach Montecatini
Val di Cécina (hin und zurück 24 km) – Bólgheri
(61 km) – Castagno Carducci (12 km) – Populónia
(28 km) – Piombino (14 km)

Streckenlänge:
ohne Abstecher ca. 271 km
mit Abstecher ca. 295 km

Auf der SR206 oder auf der kostenpflichtigen A12 geht es von Rosignano Maríttimo in Richtung Pisa. Bei Vicarello fährt man auf die autobahnähnliche Schnellstraße Fi-Pi-Li in Richtung Florenz. Diese ungewöhnliche Bezeichnung trägt die Straße, weil sie die Städte Florenz (Firenze), Pisa und Livorno miteinander verbindet. Nach ca. 10 km fährt man bei Pontedera ab und über Fornacette nach Vicopisano.

VICOPISANO
(46 km – km 46)

Vicopisano, obwohl so nahe bei Pisa und Livorno gelegen, wird nicht häufig von ausländischen Touristen besucht, doch gerade Wohnmobilfahrer sollten unbedingt das kleine befestigte Dorf aufsuchen: Zwei schöne Stellplätze und eine Entsorgungsstation sind Grund genug.

   Schön ist es, durch die Gassen bis hinauf zur Burg aus dem 15. Jh. zu bummeln. Früher war sie eine komplexe Verteidigungsanlage mit Wehrtürmen und Verbindungsgängen. Heute gehört sie einer Schweizer Industriellenfamilie und ist liebevoll renoviert. Von oben hat man eine schöne Aussicht auf die Monti Pisani.

Information
Ufficio Tursimo, Vicopisano, Via Lante 50, Tel. +39 050796117, www.vicopisanoturismo.it, Öffnungszeiten: Mo–Fr 9–13 und 15.30–19 Uhr, Sa 9–13 Uhr

Sehenswertes
Rocca del Brunellschi, Tel. +39 050796117, Öffnungszeiten: April–Nov. Sa 15.30–19 Uhr, So 10–12.30 Uhr und 15.30–19 Uhr, Dez.–März jedes zweite Wochenende nur mit Führung zu besichtigen. Eintritt: Rocca 5/3 €, Palazzo Pretorio 3/2 €, beides zusammen 7/5 €, reduzierte Preise auch für 65+

Versorgung
Quellwasserzapfstelle: GPS: 43.69855°N 10.58753°E, kostenlos, gibt es noch in vielen Orten in der Toskana

Stellplätze
38 Centro storico, Vicopisano
39 Schule, Vicopisano

Weiter geht die Reise über Pontedera auf die schon bekannte Fi-Pi-Li. Nach 15 km in Richtung Florenz verlässt man die Schnellstraße an der Ausfahrt „San Miniato".

SAN MINIATO
(29 km – km 75)

San Miniato liegt auf einem Hügel unweit der Mündung des Flusses Elsa in den Arno. Aufgrund seiner exponierten Lage war es bereits im Altertum besiedelt. Fundstücke aus der Gegend belegen, dass der Ort zuerst von den Etruskern und später von den Römern bewohnt war. Bemerkenswerte Funde sind im archäologischen Museum von Florenz ausgestellt.

   Seine Glanzzeit hatte San Miniato allerdings im Mittelalter. Bereits im 8. Jh. erbauten die Langobarden an dieser Stelle eine Kirche, die dem Märtyrer Miniatus geweiht wurde. Daher kommt auch der heutige Name San Miniato. Unter Otto I. von Sachsen wurde die Stadt Zentrum der kaiserlichen Verwaltung.

Friedrich II. ließ die imposante Burg erbauen, von der heute noch der Turm, der Torre Federico II, erhalten ist. Ihre strategisch günstige Position diente der Kontrolle der wichtigen Straßen durch das Arno- und Elsatal nach Florenz/Pisa und über die Via Francigena. Im Zuge des Investiturstreits erhielt San Miniato den Status einer freien Stadt, bevor sie im 14. Jh. unter die Herrschaft von Florenz kam. 1622 wurde die Stadt Bischofssitz. Zeuge dieser Geschichte ist der **Palazzo dei Vicari dell'Imperatore** (Palast der kaiserlichen Vikare) mit seiner charakteristischen Fassade. Eine Tafel übersetzt die Sinnsprüche auch ins Deutsche. Der **Dom** aus dem 13. Jh. hat einen ehemals als Wachtturm erbauten wuchtigen Glockenturm, den Torre di Matilde (nach Mathilde von Österreich benannt). Nach der schlichten roten Backsteinfassade überrascht sein Inneres mit üppigem Gold- und Marmorschmuck. Im ehemaligen Kaiserpalast befindet sich heute das Hotel Miramar. Der **Torre Federico II** thront auf dem höchsten Punkt der Stadt. Das Panorama von dort ist grandios.

Jeden ersten Sonntag im Monat findet ein Antiquitätenmarkt, jeden zweiten Sonntag ein Handwerkermarkt statt.

Information
Ufficio Tursimo, 56028 San Miniato, Piazza del Popolo 1, Tel. +39 057142745, www.comune.san-miniato. pi.it, Öffnungszeiten: Di–So 9–17 Uhr, Mo 9–13 Uhr

Parken
Große Fahrzeuge (über 7 m Länge) parken auf dem Stellplatz **41**, kürzere Womos fahren erst in Scala die vierte Auffahrt die Via Sanminiatese (weißes Schild mit Zentrumzeichen) hinauf zum Parkplatz (GPS: 43.68133°N 10.85080°E), werktags von 8–20 Uhr gebührenpflichtig. Aufzug ins Zentrum.

Ver- und Entsorgung
Industriegebiet in S. Miniato Basso, GPS: 43.69427°N 10.83579°E, kostenlos

Stellplätze
40 Area Il Salice, S. Miniato Basso
41 Via delle Casine, S. Miniato Alto

In S. Miniato Basso folgt man der SS67 bis **Ponte a Elsa** und fährt dort weiter auf der

◻ *San Miniato liegt zu Füßen einer ehemaligen Kaiserburg*

mit viel Schwerverkehr belasteten SR429 in Richtung Poggibonsi. Auf ihr erreicht man durch typisch toskanische Landschaft das nächste Ziel: das einzigartige Certaldo.

Eine landschaftlich schönere alternative Route führt über Empoli und dann durch das Tal des Orme. Zwei Gründe sprechen für diesen Umweg von 13 km: Zum einen die aussichtsreiche Fahrstrecke mit weitem Blick über die Weinberge des Chianti. Und zum anderen der Stellplatz **42** in herrlicher Aussichtslage, die man sich allerdings auf einer 900 m langen, steilen Straße „erfahren" muss. Für diesen Vorschlag durchfährt man Empoli Richtung Montespertoli, nimmt dann zunächst die SP51 und dann die SP4 (Certaldo). Bei Castelfiorentino erreicht man ebenfalls die SS429 und kommt so auch nach Certaldo. Hier sollte man nicht die erste Einfahrt nehmen, sondern auf der Umgehungsstraße einen weiten Bogen um die Stadt machen. So erreicht man den Stellplatz **43**, ohne durch die Innenstadt fahren zu müssen.

Stellplatz

42 Azienda Agricola Montaioncino, Empoli

CERTALDO
(25 km – km 100)

Ein Kleinod ganz besonderer Art ist das Städtchen Certaldo. Und zwar der Stadtteil Certaldo Alto an den Hängen des Val d'Elsa. Auf dem ausgeschilderten Wohnmobilstellplatz an der Piazza di Macelli ist das Fahrzeug gut aufgehoben. Von hier geht man dem Seilbahnpiktogramm folgend ca. 10 Min. bis zur Station der *funicolare*. Sportlich Ambitionierte nehmen bereits vorher die rechts abzweigende Costa Vecchia, auf der man zu Fuß nach oben steigt.

Certaldo Alto ist ein in sich geschlossener Ort, der einem Freilichtmuseum gleicht. Die Häuser und sogar der Straßenbelag sind gänzlich aus rotbraunem Backstein. In der Via Boccaccio steht das Wohnhaus des berühmten „Dekameron"-Dichters Giovanni Boccaccio. Das „Dekameron" oder „il Decamerone" ist eines der bedeutendsten literarischen Werke des Humanismus. Basierend auf der Zahl 10 *(deka)* wird in 100 Novellen das Schicksal von 7 Frauen und 3 Männern während der Pest in Florenz im Jahr 1348

erzählt. Das Ideal der großen, reinen Liebe hat darin einen zentralen Stellenwert. Die **Casa Boccaccio** kann nach umfangreichen Restaurierungsarbeiten seit 2007 besichtigt werden. Es ist bis heute nicht geklärt, ob Boccaccio 1313 in Florenz oder in Certaldo geboren wurde. Gesichert ist allerdings, dass er hier am 21. Dezember 1375 verstarb. Am Ende der Via Boccaccio steht der mächtige **Palazzo Pretorio** aus dem 12. Jahrhundert. Abgeschieden vom hektischen Treiben und vom Lärm des Verkehrs scheint hier oben die Zeit stillzustehen. Genießen Sie es!

Information

Ufficio Tursimo, 50052 Certaldo, in der Casa Boccaccio, Tel. +39 0571656721, www.comune.certaldo.fi.it, Öffnungszeiten: siehe Casa Boccaccio

Sehenswertes

Casa Boccaccio und Palazzo Pretorio, 50052 Certaldo Alto, Via Boccaccio 20, Öffnungszeiten: Apr.–Okt. 9.30–13.30 u. 14.30–19 Uhr, Nov.–März Mi–Mo 9.30–13.30 u. 14.30–16.30 Uhr. Eintritt: 4 € für Casa Boccaccio u. Palazzo Pretorio, 6 € zzgl. Museo Sacra
Funicolare, 50052 Certaldo, Piazza Boccaccio, Fahrzeiten: 15. Apr.–15. Okt. 7.30–1 Uhr alle 15 Min., übrige Zeit nur bis 19.30 Uhr, Fahrpreise: hin 1,30/0,70 €, hin und zurück 1,50/1 €, 65+ reduzierter Preis

Essen

Bar Boccaccio, 50052 Certaldo Alto, Via Boccaccio 11, Tel. +39 0571664885, Mo geschlossen. Den Cappuccino bekommt man auf Wunsch auch kunstvoll verziert, dabei sitzt man wunderschön an der Via Boccaccio bei einem Brunnen.
Taverna L' Antica Fonte, 50052 Certaldo Alto, Via Valdracca 25, Tel. +39 0571652225. Herrliches Ambiente und sehr gute Speisen – im Garten mit schöner Aussicht oder im stilvollen Restaurant – auch vegetarisch.

Einkaufen

Bar Pasticceria Dolci Follie, 50052 Certaldo, Piazza Boccaccio 2, Tel. +39 0571668188. Hier gibt es die besten Nusskekse *(Cantuccini)* von Italien, z. B. Walnuss und Schoko-Cantuccini.

Stellplatz

43 Piazza Macelli, Certaldo Bassa

In Certaldo verlässt man das Tal der Elsa und fährt auf der SP1 durch idyllische Landschaft hinauf nach San Gimignano.

◁ *Eine toskanische Landschaft wie aus dem Bilderbuch*

◸ *Certaldo: bekannt durch seine reizvolle Backsteinarchitektur und seinen berühmten Sohn Boccaccio*

SAN GIMIGNANO
(12 km – km 112)

San Gimignano hat sein Aussehen seit dem Mittelalter kaum verändert. Die UNESCO erhob die 7500-Einwohner-Stadt zum Weltkulturerbe und mit dem damit einhergehenden Geldfluss wurde sie vollständig restauriert. Heute ist die autofreie Altstadt ein Hauptanziehungspunkt in der Toskana.

Seinen Weltruf erlangte San Gimignano durch die zahlreichen Geschlechtertürme, die hier wie Wolkenkratzer in den Himmel ragen. Von den einst über 70 Türmen stehen heute noch 13. Die Türme waren im Mittelalter Symbol von Geld und Macht. Je höher der Turm, desto größer das Ansehen seines Besitzers. Sie waren jedoch nicht nur Statussymbol, sondern auch wehrhafter Rückzugsort bei Überfällen. In San Gimignano kam es im 13. Jh. häufig zu Scharmützeln zwischen den kaiserlichen Ghibellinen und den papstreuen Guelfen.

Wirklich jedes einzelne Haus und jede Gasse des gesamten Orts sind sehenswert, Highlights herauszugreifen fällt schwer. Mittelpunkt der Stadt ist die **Piazza Cisterna,** benannt nach dem im 13. Jh. hier erbauten Brunnen.

Der **Palazzo del Comunale,** auch Palazzo del Popolo genannt, besitzt den höchsten Turm der Stadt, der laut Gesetz nicht überragt werden durfte. Sehenswert sind der Ratssaal (Dante-Saal) mit dem berühmten Freskenzyklus (1290), das Altarbild von Pinturicchio (1511) und das Podesta-Zimmer. Den 50 m hohen **Torre Grossa** kann der Besucher des Palazzo del Comunale erklimmen und das weite Panorama über den Ort und die Landschaft genießen.

☑ *Der schöne Innenhof des Palazzo del Comunale*

1056 begonnen, wurde die **Basilica di Santa Maria Assunta** zwischen 1239 und Ende des 17. Jh. laufend erweitert und verschönert. Atemberaubend sind die Fresken mit Motiven aus dem Neuen und Alten Testament, die das Innere vollständig bedecken. Bemerkenswert ist auch des Holzkruzifix aus dem 13. Jh. in der Kapelle im Querhaus.

Ein lauschiges Plätzchen ist der **Parco della Rocca** westlich vom Dom. Die Idylle wird perfekt, wenn in der Saison hier Musiker ihre Instrumente erklingen lassen.

Wer mag, kann noch einen Blick in die Abgründe menschlichen Ideenreichtums werfen und die Ausstellung zur Entwicklung von Folter- und Hinrichtungsinstrumenten im **Museo della Tortura e di Criminologia Medioevale** ansehen.

Etwas abseits der gängigen Touristenroute ist die gekennzeichnete **Passeggiare del Mura** (Spaziergang an der Stadtmauer entlang). Hierher verirren sich die wenigsten Besucher und man hat einen schönen Ausblick auf das Umland und die Stadt.

Information

Pro Loco, 53037 San Gimignano, Piazza del Duomo 1, Tel. +39 0577940008, www.sangimignano.com, Öffnungszeiten: März–Okt. 10–13 Uhr und 15–19 Uhr, Nov.–Febr. 10–13 Uhr und 14–18 Uhr

Sehenswertes

Palazzo del Comunale mit Torre Grossa und Musei Civici, 53037 San Gimignano, Piazza del Duomo, Öffnungszeiten: April–Sept. 10–19.30 Uhr, Okt.–März 11–17.30 Uhr, Eintritt: 9/7 €
Basilica di Santa Maria Assunta, 53037 San Gimignano, Piazza del Duomo, Öffnungszeiten: 1.–15. Jan./Febr./März/1.–15. Nov./Dez. Mo–Sa 10–16.30 Uhr, So 12.30–16.30 Uhr, Apr.–Okt. Mo–Fr

Tourismus in der Toskana

Die Toskana und der Tourismus sind untrennbar miteinander verbunden. Jährlich gibt es hier knapp 38 Mio. Übernachtungen, davon 17,9 Mio. von ausländischen Touristen. Für die Bewohner der Toskana stellen Touristen zwar die Haupteinnahmequelle dar, an manchen Tagen sind sie aber auch eine enorme Belastung, wenn sie die Städte förmlich überschwemmen. Die Preise von Grundstücken und Häusern sind in den letzten Jahrzehnten regelrecht explodiert, nachdem immer mehr ausländische Besucher „ein Haus in der Toskana" als Urlaubsdomizil gekauft haben. Besonders die sogenannte „Toskanafraktion", linksliberale deutsche Intellektuelle wie Otto Schily, Joschka Fischer, Claudia Roth und Oskar Lafontaine, haben in den 1980er-Jahren mit zum Bekanntheitsgrad der Toskana beigetragen.
In den 1990er-Jahren quoll der Büchermarkt über von Büchern wie „Das Paradies heißt Bramasole" von Frances Mayes oder „Ein Haus in der Toskana" von Wolfgang Schmidbauer. In ihnen wurde der meist schwierige, aber immer erfolgreiche Weg einer Ansiedlung in der Toskana beschrieben.

Die Sehnsucht der Nordeuropäer nach der traumhaften Landschaft und dem warmen Klima stieg und mit ihr die Zahl der Häuser, die in ausländische Hände kamen. Heute werden sogar Ruinen noch zu horrenden Preisen an den Mann beziehungsweise die Frau gebracht und so ist es verständlich, dass die Einwohner der Toskana eine ambivalente Einstellung bezüglich der Touristen haben.
Auf der einen Seite bedeuten Touristen Einnahmen und Wohlstand, auf der anderen Seite bringt die hohe Zahl von Touristen auch so manche Reglementierung mit sich, die auch die einheimische Bevölkerung trifft. So wurden etliche, touristisch attraktive Orte für den Individualverkehr gesperrt und in Städten wie Montepulciano oder San Gimignano teure Parkplätze an der Peripherie angelegt. Nur Anwohner dürfen noch, streng kontrolliert, vor ihre Häuser fahren.
In den touristischen Hochburgen leidet oft die Privatsphäre unter den Augen neugieriger Touristen und so mancher fühlt sich als Austellungsobjekt in einem Museumsdorf.

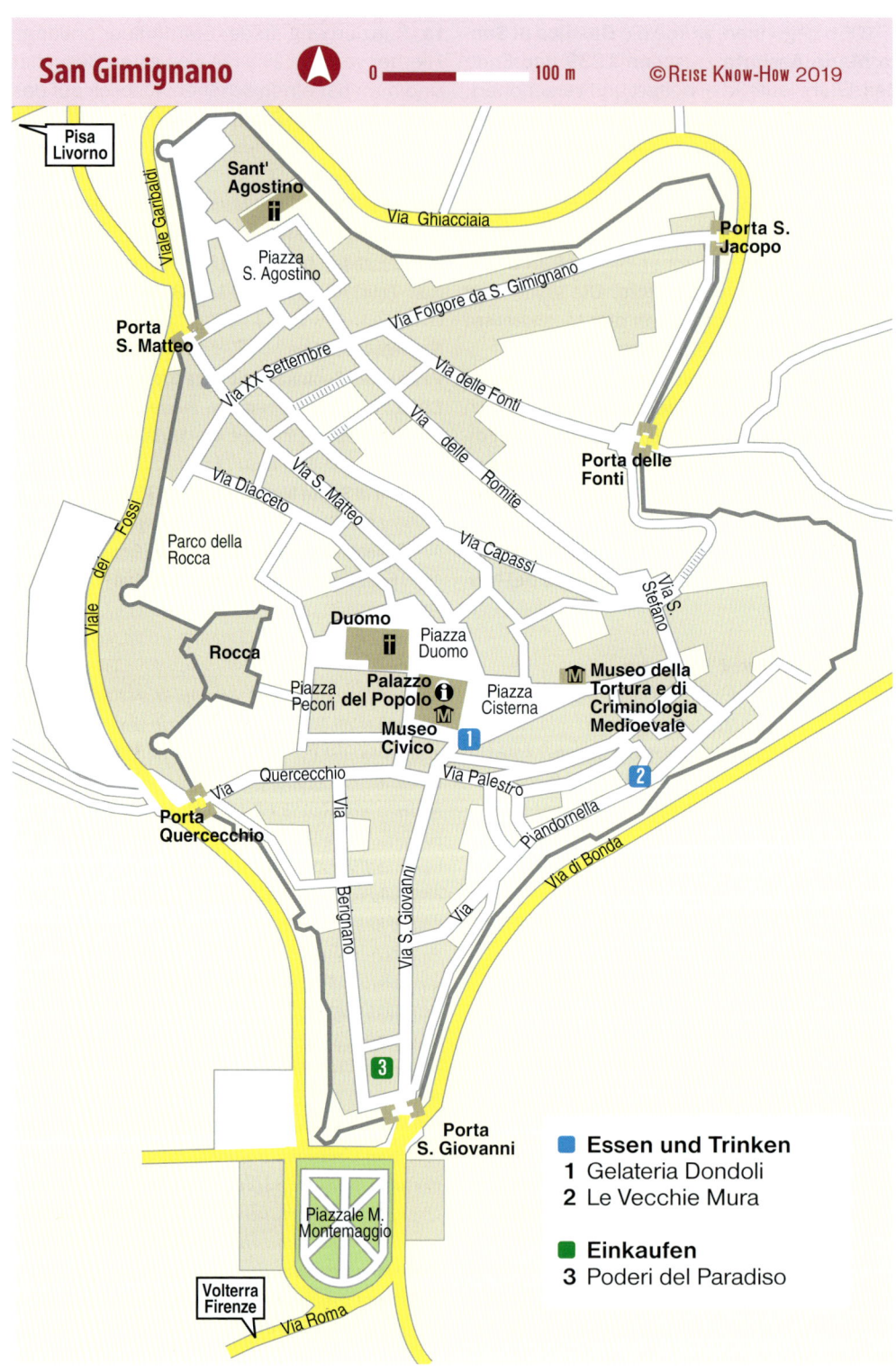

San Gimignano

0 ▬▬▬▬ 100 m

© Reise Know-How 2019

Pisa
Livorno

Sant'
Agostino ⅱ

Via Ghiacciaia

Porta S.
Jacopo

Piazza
S. Agostino

Viale Garibaldi

Via Folgore da S. Gimignano

Porta
S. Matteo

Via XX Settembre

Via delle Fonti

Via delle Romite

Porta delle
Fonti

Via Diacceto

Via S. Matteo

Viale dei Fossi

Parco della
Rocca

Via Capassi

Via S. Stefano

Duomo ⅱ

Piazza
Duomo

Rocca

Piazza
Pecori

Palazzo
del Popolo ⓘ Ⓜ

Piazza
Cisterna

Ⓜ Museo della
Tortura e di
Criminologia
Medioevale

Museo
Civico

1

2

Quercecchio

Via Palestro

Via

Porta
Quercecchio

Piandornella

Via di Bonda

Berignano

Via S. Giovanni

Via

3

Porta
S. Giovanni

■ Essen und Trinken
1 Gelateria Dondoli
2 Le Vecchie Mura

■ Einkaufen
3 Poderi del Paradiso

Piazzale M.
Montemaggio

Volterra
Firenze

Via Roma

10–19, Sa 10–16.30, So 12.30–16.30 Uhr, Eintritt: 4/2 € inkl. Audioguide, Kombi mit Museo d'Arte Sacra 6/3 €
Museo della Tortura, 53037 San Gimignano, Via San Giovanni 123, www.torturemuseum.it, Öffnungszeiten: 10–19 Uhr, Nov.–März nur Sa/So, Eintritt: 10/7 €

Essen
Gelateria Dondoli, 53037 San Gimignano, Piazza della Cisterna 4, www.gelateriadondoli.com, Tel. +39 0577942244. Seniore Sergio Dondoli ist mehrfacher Weltmeister der Eiskonditoren. Lange Menschenschlangen bilden sich täglich vor seinem Laden, alle wollen seine exquisiten Eiskreationen versuchen.
Le Vecchie Mura, 53037 San Gimignano, Via Piandornella 15, Tel. +39 0577940270, www.vecchiemura.it, Öffnungszeiten: Mi–Mo 18–22 Uhr. In einem wunderschönen Gewölbe oder auf der Terrasse mit Fernsicht gibt es gutes Essen. Gutes Preis-Leistungs-Verhältnis. Unbedingt reservieren.

Einkaufen
Poderi del Paradiso, 53037 San Gimignano, Via San Giovanni 115 und Loc. Strada 21/A, Tel. +39 0577941500, www.poderidelparadiso.it. Hier kann man die Weine des Weingutes probieren und kaufen (auch den vorzüglichen Vernaccia, einen Weißwein, für den das Weingut berühmt ist).

Parken
für Fahrzeuge bis 6 m Länge in der Via Gobetti, GPS: 43.46164°N 11.03394°E, kostenlos, 1,2 km ins Zentrum. Am 2. bzw. 4. Dienstag im Monat 8–10 Uhr Parkverbot.

Ver- und Entsorgung
beim Campingplatz ㊺, GPS: 43.45325°N 11.05517°E

Camping-/Stellplätze
㊹ Santa Lucia, San Gimignano
㊺ Camping Boschetto di Piemma, San Gimignano

Bis zum nächsten Ort der Route, Colle di Val d'Elsa, sind es 15 km. Man fährt über die SP1 und SP36 bis zur Einmündung in die SS68. Ihr folgt man bis nach Colle di Val d'Elsa.

COLLE DI VAL D'ELSA
(15 km – km 127)

Colle di Val d'Elsa führt eine Art Aschenputteldasein. Die meisten Touristen lassen es links liegen und fahren nach San Gimignano – eigentlich schade, denn das Städtchen hat einiges zu bieten.

Die Altstadt oben auf dem Berg teilt sich in den mittelalterlichen und den Renaissanceteil. Über die Porta Nuova betritt der Besucher die Borgo, das **Renaissanceviertel.** Die durch Woll-, Seiden- und Papierherstellung zu Reichtum gekommenen Bürger bauten hier viele schöne Paläste. Über die Campana-Brücke – sie entstand an Stelle der ehemaligen Zugbrücke – kommt man in den **mittelalterlichen Teil** der Stadt.

Auf der Via del Castello spaziert man zum **Museo archeologico.** Auf drei Stockwerken werden hier Funde aus verschiedenen etruskischen Nekropolen und einige Fresken gezeigt. Überall in den Gassen stehen Kristallwaren und Trinkgläser aus heimischer Produktion zum Verkauf. Die Herstellung von Glas und später von Kristall wurde im Laufe der Zeit zum Markenzeichen der Industrie dieser Stadt. Bereits im 19. Jh. bezeichnete man Colle als das „Böhmen Italiens", während es heute die „Stadt des Kristalls" genannt wird. 95 % der italienischen und 15 % der Weltproduktion an Kristall werden in Colle di Val d'Elsa hergestellt. Vom ältesten Teil der Stadt, dem **Castello,** kommt man mit einem Aufzug in die Unterstadt und findet dort das überaus interessante **Museo del Cristallo** (Kristallmuseum).

Information
Pro Loco, 53034 Colle di Val d'Elsa, Castello 33 B, Tel. +39 0577922791, Öffnungszeiten: Nov.– 7. Jan. 11–16 Uhr, Apr.–Okt. 10–18 Uhr, 8. Jan.–März geschl.

Sehenswertes
Museo archeologico, 53034 Colle di Val d'Elsa, Via dell Castello 42, Tel. +39 0577922954, Öffnungszeiten: Bis voraussichtlich Mitte 2019 geschlossen.

Route 3: San Gimignano, Volterra und die Küste
Routenkarte Seite XVI
Colle di Val d'Elsa   **101**

Abb.: gg · 069to

Mai–Sept. Di–Fr 10.30–12.30 Uhr und 16.30–19
Uhr, Sa/So 10.30–12.30 und 15–19.30 Uhr, Okt.–
April. Di–Fr 15.30–17.30, Sa/So 10.30–12.30 und
15–18.30 Uhr, Eintritt: 4/2,50 €
Museo del Cristallo, 53034 Colle di Val d'Elsa, Via dei
Fossi 8, Tel. +39 0577924135, Öffnungszeiten: Mai–
Sept. Di–So 10–18 Uhr, Okt.–Apr. Di–So 10–17 Uhr,
Eintritt: 4/2,50 €, 65+ 2,50 €

Einkaufen
Über die gesamte Stadt verteilt findet man Handwerks-
betriebe und Läden, die Kristallwaren anbieten.

Parken
La Fornacina, GPS: 43.42033°N 11.11246°E, bis 3,5
t sehr abschüssig.
Porta Vecchia, GPS: 43.42304°N 11.11492°E, große
Fahrzeuge, im hinteren Bereich kann man in der Ne-
bensaison auch mal übernachten.

Stellplatz
🔢 Azienda Agraria Casale, Colle di Val d'Elsa

⌂ *In der Hügellandschaft bei Volterra*

Zu Gast bei Deutsch sprechenden Freun-
den ist man auf dem ruhig gelegenen Stellplatz 🔢, nach Tagen der Ruhe und Entspan-
nung dort rollt das Womo durch eine fotogene
Hügellandschaft auf der SR68 nach Volterra.

Routenalternative
Von Colle di Val d'Elsa auf der SP5 11 km nach Monteriggioni (s. S. 218), dort Anschluss an Route 8.

VOLTERRA
(29 km – km 156)

Schon die Etrusker schätzten die zentrale
Lage und die **Kupfervorkommen** von Volterra. Aus dieser Zeit, als die Stadt noch Vela-
thri hieß, stammen die Porta all'Arco und
die Porta Diana. Und auch die **Alabasterver-
arbeitung** war schon bei den Etruskern ein
Haupterwerbszweig. Heute noch wird der
weiche Stein für Vasen, Schmuck und Intarsienarbeiten verwendet. In vielen Läden und
Werkstätten wird von Kitsch bis Kunst alles
aus Alabaster angeboten.

07/to Abb.: gg

Vom Stellplatz den Treppenweg hinauf beginnt der Rundgang beim **Palazzo Vitti,** einem luxuriös ausgestalteten Adelspalast der Familie Vitti, die durch die Alabastermanufaktur zu ihrem großen Vermögen kam. Ursprünglich im 16. Jh. gebaut, kaufte Giuseppe Vitti den Palast Mitte des 19. Jh. und stattete ihn mit eindrucksvollen Alabasterarbeiten aus. Die schönsten Stücke sind zwei Alabasterkandelaber, die für Kaiser Maximilian von Mexiko gefertigt wurden. Zur Auslieferung kam es allerdings nicht mehr, da der Kaiser 1867 hingerichtet wurde und so zieren sie heute den Palazzo Vitti. Der sehenswerte Palast befindet sich noch immer in Familienbesitz.

Weiter auf der Via dei Sarti spaziert man zum **Ecomuseo dell'Alabastro,** dem Alabastermuseum. Hier kann man viel über die Gewinnung und die Verarbeitung des wertvollen Steines lernen und auch kostbare Stücke aus alter und neuer Zeit bewundern. Die

⌃ *Umgeben von einem schönen Park:*
die Fortezza von Volterra

angeschlossene Pinacoteca zeigt u. a. das eindrucksvolle Bild „Die Kreuzabnahme" von Fiorentino (16. Jh.).

Über die Via Buomtarenti erreicht man einen der besterhaltenen mittelalterlichen Plätze Europas mit dem ältesten Rathaus der Toskana, dem **Palazzo dei Priori.** Die eher schmucklose Fassade des eckigen Baus wird durch drei Reihen schöner Doppelbogenfenster und die Wappen der Florentiner Stadthalter etwas aufgelockert. Der Ratssaal mit Fresken aus dem 14. Jh. kann besichtigt werden. Hier versammelte sich der aus Obermeister der Zünfte zusammengesetzte Rat der Stadt.

Neben dem Palazzo dei Priori, durch ein Tor in der eher unscheinbaren schwarz-grau gestreiften Wand, kommt man in die **Basilica di Santa Maria Assunta,** den Dom der Stadt. Sehenswert sind hier die Marmorkanzel aus dem 13. Jh., deren Säulen auf vier Tiergestalten ruhen, sowie die Kassettendecke des Gotteshauses.

Gegenüber dem Dom, an der Piazza San Giovanni, steht das achteckige Baptisterium mit einem schön gearbeiteten Marmortauf-

becken aus dem 18. Jh. Die Figur in der Mitte des Beckens stellt Johannes den Täufer dar.

Am Ende der Piazza dei Priori biegt man links auf die Via G. Matteotti ab und folgt dieser für 200 m. Hier geht rechts die Via di Sotto ab, die nach weiteren 200 m in die Piazza XX Settembre mündet. Diese geradeaus überquerend, erreicht man die Via Don Minzoni, wo das etruskische Museum zu finden ist.

Im **Museo Etrusco Guarnacci** kann der Besucher eine außergewöhnlich reiche Sammlung etruskischer Graburnen betrachten. Die berühmte „Urne des Ehepaares" (Urna degli Sposi) zeigt, zu welcher Detailgenauigkeit die etruskischen Künstler fähig waren. Eine nicht minder berühmte, 60 cm hohe, bronzene Votivstatue trägt den romantischen Namen „Abendschatten".

Wie wäre es nach dem Besuch des Museums mit einer Rast in grüner Umgebung? Der **Parco E. Fiumi** liegt im Schatten der mächti-gen Fortezza Medicea, heute ein Gefängnis. Auf der grünen Rasenfläche befand sich einst die Akropolis (die Reste sind zu besichtigen) und darunter gibt es heute noch eine riesige Zisterne aus der Antike. Genau gegenüber des Parco Fiumi, am nördlichen Stadtrand, lohnt sich ein Blick von der Stadtmauer auf die Reste des **Teatro Romano,** eines römischen Amphitheaters aus der Zeit von Kaiser Augustus.

Etwa 1 km außerhalb der Stadt, in Richtung Campingplatz **48**, findet man die sogenannte **Balze.** Spektakuläre, durch Erosion entstandene Steilabbrüche und Faltenwürfe. Zum Parkplatz Balze fährt man am Campingplatz vorbei und kurz steil bergauf. Den besten Blick hat man vom Aussichtspunkt hinter der etruskischen Stadtmauer.

▷ *Die Reste des römischen Amphitheaters in Volterra*

Information

Ufficio Tursimo, 56048 Volterra, Piazza dei Priori 19, Tel. +39 058887257, www.volterratur.it, Öffnungszeiten: 9.30–13 Uhr und 14–18 Uhr

Sehenswertes

Palazzo Vitti, 56048 Volterra, Via dei Sarti 41, Öffnungszeiten: Apr.–1. Nov. Mo–Sa 10–17.30 Uhr, So 10–13 und 14.30–18.30 Uhr, Eintritt: 5 €
Basilica di Santa Maria Assunta, 56048 Volterra, Piazza San Giovanni, Öffnungszeiten: Sa–Do 8–12.30 Uhr und 15–18 Uhr, Fr 8–12.30 Uhr und 16–18 Uhr. Die **Volterra Card** kostet 16/13/24 €, 65+ 13 € und beinhaltet den Eintritt in alle im Folgenden aufgeführten Museen:
Palazzo dei Priori, 56048 Volterra, Piazza dei Priori, Öffnungszeiten: Mitte März–1. Nov. 10.30–17.30 Uhr, 2. Nov.–Mitte März 10–16.30 Uhr, Eintritt: 6/4 €, 65+ reduzierter Preis
Museo Etrusco Guarnacci, 56048 Volterra, Via Don Minzoni, Öffnungszeiten: Mitte März–1. Nov. tägl. 9–19 Uhr, 2. Nov.–Mitte März 10–16.30 Uhr, Eintritt: 5 €

Alabaster

Alabaster sieht ähnlich aus wie Marmor, ist aber viel weicher und lässt sich einfacher verarbeiten. Die Farbgebung reicht von beinahe reinem Weiß bis zu rötlichen, braunen und grauen Farbtönen. Die eiförmigen Rohblöcke von 1–3 m Durchmesser werden unter Tage in einem Umkreis von 30 km um Volterra abgebaut. Auch heute arbeiten noch mehr als 500 Menschen in der Förderung des wertvollen Steins.
Die zarte, beinahe durchsichtige Struktur bietet vielerlei Gestaltungsmöglichkeiten, allerdings ist der Stein nicht witterungsfest und deshalb nur in Innenräumen zu gebrauchen. So werden Lampenschirme, Dekorationsgegenstände und Vasen hergestellt. Einzelstücke haben natürlich ihren Preis, wesentlich günstiger sind Imitationen aus Kunstharz.

Teatro Romano, 56048 Volterra, Viale F. Ferrucci, Öffnungszeiten: siehe Palazzo dei Priori, Eintritt: 5/3 €, 60+ reduzierter Preis (Akropolis inkludiert)
Akropolis im Parco Fiumi, Öffnungszeiten: siehe Palazzo dei Priori
Ecomuseo dell'Alabastro und Pinacoteca, 56048 Volterra, Piazza Minucci, Via dei Sarti, Tel. +39 058887580, Öffnungszeiten: Mitte März–1. Nov. 9–19 Uhr, 2. Nov.–Mitte März 10–16.30 Uhr, Eintritt: 8 €

Essen

Del Duca, 56048 Volterra, Via di Castello 2, Tel. +39 058881510, www.enoteca-delduca-ristorante.it. Wein, Pasta und Brot aus eigener Produktion, tolles Ambiente, gehobenes Preisniveau.

Einkaufen

Alab'Arte, 56048 Volterra, Via Don Minzoni 18, gegenüber dem Museo Etrusco Guarnacci, Tel. +39 3407187189, www.alabarte.com. Große Auswahl an Alabasterarbeiten. In der Werkstatt in der Via Orti S. Agostino 28 kann man bei der Herstellung der Kunstwerke zusehen.

Camping-/Stellplätze

47 P3 Fonti di Docciola, Volterra
48 Camping Le Balze, Volterra

Nach so viel Stadtbesichtigung wendet man sich nun wieder der toskanischen Natur zu. Die Route führt von Volterra auf der SR68 in Richtung Cécina. Bis Saline di Volterra fasziniert die baumlose Hügellandschaft, auf der malerisch alleinstehende Bauernhäuser verstreut liegen.

ABSTECHER NACH MONTE-CATINI VAL DI CÉCINA
(hin und zurück 24 km)

Ab Saline ist der interessante Abstecher nach Montecatini Val di Cécina zu empfehlen. Der authentische Ort hat neben seiner schönen Lage und dem **Museo delle Miniere** auch noch einen Stellplatz für Wohnmobile **49** zu bieten. Die Kupfermine von Caporciano, die

073to Abb.: gg

sich einen Kilometer von Montecatini entfernt befindet, ist etruskischen Ursprungs und war bis 1907 in Betrieb. Im 19. Jh. galt sie als die größte Kupfermine Europas. Die Stollen erstrecken sich auf 35 km Länge. Sie können im Rahmen einer Führung teilweise erkundet werden.

Sehenswertes

Museo delle Miniere, 56040 Montecatini V. d. C., Piazza Unione e Lavoro, Tel. +39 058831026, www. museodelleminieremontecatini.it, geöffnet: 25. Apr.– 31. Mai/Sept. Do–So 10–13 und 15–19 Uhr (geführte Touren um 10/11.30/15/16.30/18 Uhr), Juni–Aug. Do–So 10–13 und 16–20 Uhr (geführte Touren 10/11.30/16/17.30/19 Uhr), Eintritt: 7/5 €

Die zwei sehr angenehmen Stellplätze 50 51 in Pomarance lohnen die 11 km lange Fahrt abseits der Route. Weiter auf der SR68 ändert sich das Bild und bewaldete Hügel bestimmen die Landschaft bis kurz vor Cécina. Der Stadtteil Marina di Cécina ist eine typisch italienische Feriensiedlung mit schönem Sandstrand. Entlang der ganzen **Küste** gibt es sehr viele Campingplätze, einige davon direkt am Meer, die jedoch meist nur von Juni bis Mitte September geöffnet haben.

Eine kleine Stichstraße bringt einen von der Küstenstraße nach **Marina di Bibbona.** Der Ort selbst ist eine Feriensiedlung, die im Sommer aus allen Nähten platzt und in der Nebensaison verlassen wirkt. Der Strand von Marina di Bibbona jedoch ist erwähnenswert: Er ist breit, feinsandig und hat herrliche Dünen. Auf dem Parkplatz (GPS: 43.23318°N 10.53430°E) kann man tagsüber (gebührenpflichtig Juni–Mitte Sept. 8–20 Uhr) sein Womo abstellen und den Traumstand genießen.

Einen weiteren Parkplatz in Strandnähe gibt es in der Via dei Platini (GPS: 43.24268°N 10.53027°E), gebührenpflichtig von 8 bis 20 Uhr. Hier kann man auch übernachten.

Camping-/Stellplätze

49 Stellplatz La Miniera, Montecatini Val di Cecina
50 Stellplatz Agricampeggio Il Colono, Pomarance
51 Stellplatz Area Attrezzata, Pomarance
52 Stellplatz Aquaparc, Marina di Cécina
53 New Camping Le Tamerici, Marina di Cécina
54 Stellplatz Gioia Selvaggia e Fabio, Cecina
55 Camping il Gineprino, Marina di Bibbona

◁ *Der breite Dünenstrand von Marina di Bibbona*

⌃ *Winterruhe im Museo delle Miniere*

BÓLGHERI
(61 km – km 217)

Eine Fahrt nach Bólgheri lohnt sich schon allein wegen der Anfahrt. Eine über 4 km lange Zypressenallee, die wohl schönste der Toskana, führt zum Ort.

Bólgheri selbst ist stark auf den Tourismus eingestellt. In beinahe jedem Haus gibt es etwas zu essen oder eine Weindegustation. Dies kommt nicht von ungefähr: Der Sassicaia, ein Rotwein, zählt zu den besten Weinen des Landes, hat allerdings auch seinen Preis! Der Wein besteht aus 85 % Cabernet Sauvignon und 15 % Cabernet Franc und wird im Barrique ausgebaut. Die geschützte Bezeichnung Sassicaia, was so viel bedeutet wie „steiniger Boden", gilt seit 1994.

An der Piazza in der Ortsmitte sitzt milde lächelnd Nonna Lucia, die geliebte Großmutter des Dichters Carducci. Er hat in dem Gedicht „Ode an die Zypressen" das kleine Dorf Bólgheri über die Grenzen der Toskana hinaus bekannt gemacht.

Von Bólgheri führt die Weinstraße *(strada del vino)* direkt nach Castagneto Carducci.

Essen

Il Granaio, 57020 Bólgheri, Via del Poggio 2, Tel. +39 0565762013, www.ristoranteilgranaio.it. Toskanische Küche, schöne Terrasse, man sollte Pasta mit Steinpilzsauce oder *Bistecca alla fiorentina* probieren.

Einkaufen

Gabriele Fantozzi, Strada Lauretta 12. Einzigartige dreidimensionale Töpferbilder.

Parken

GPS: 43.23336°N 10.61272°E an der Zufahrtsstraße, gebührenpflichtig von 8 bis 24 Uhr, erste Stunde 0,60 €, dann 1 €/Std., hier in der Nebensaison auch Übernachtung möglich

CASTAGNETO CARDUCCI
(12 km – km 229)

Von der Küste aus fährt man 6 km auf der SP329 nach Castagneto Carducci. Hier auf 190 m Höhe verbrachte der berühmte Dichter **Giosué Carducci** – er erhielt 1906 den Literaturnobelpreis – seine Jugend, weshalb der Ort Castagneto Marittima 1907 in Castagneto Carducci umbenannt wurde.

Das Dorf wird vom **Kastell** der Familie della Gherardesca gekrönt. Es ist heute noch bewohnt und deshalb nicht zugänglich. Über die Piazza del Popolo kommt man zum **Belvedere** mit schöner Aussicht auf die Küste. Lohnenswert ist ein Besuch der Likörfabrik Emilio Borsi.

⌐ *Die vielleicht schönste Zypressenallee der Toskana führt nach Bólgheri*

Essen

Il Vecchio Frantoio, 57022 Castagneto Carducci, Via Antonio Gramsci 8, Tel. +39 0565763731. Freundlicher Service, gute toskanische Küche, tolle Aussicht.

Einkaufen

Emilio Borsi Fabbrica di Liquori, 57022 Castagneto Carducci, Via Garibaldi 5a, www.borsiliquori.it, Öffnungszeiten: Nov.–März 9.30–13 und 15.30–19.30 Uhr, Montagnachmittag geschl., Apr.–Okt. 9.30–13 und 15.30–20 Uhr

Parken

Viale G. Pascoli, GPS: 43.16088°N 10.61247°E, im hinteren Teil des Parkplatzes kann man auch sehr gut übernachten

Camping-/Stellplätze

🔂 Il Seggio, Marina di Castagneto
🔂 Camperesort, Donoratico

Weiter an der Küste entlang, ist man rasch in **San Vincenzo.** Der beliebte Badeort punktet mit seinem schönen Naturstrand Parco di Rimigliano.

Stellplätze

🔂 Area Sosta Camper Impianti Sportivi, San Vincenzo
🔂 Stellplatz Agriturismo Le Rondini, San Bartolo

Von San Vincenzo wählt man die Küstenstraße (SP23) und nicht die autobahnähnliche Schnellstraße nach Piombino. Nach 8 km erreicht man den überaus reizvollen **Golf von Baratti.** Ein großer, feinsandiger, von Wiesen mit Schirmpinien eingerahmter Strand lässt das Urlauberherz höher schlagen, doch die Zufahrt für Womos über 2 m Breite zum Parkplatz Richtung Populónia ist beschränkt. Alternativen sind:

❭ Man parkt auf unten genanntem Badeplatz und geht die wenigen Meter zum Strand.
❭ Stellplatz 🔂 bietet einen Shuttlebus an oder man nimmt ab hier das Fahrrad.
❭ Vom Stellplatz 🔂 in Piombino kann man eine 10 km lange, einzigartig schöne Wanderung zum Golf von Baratti unternehmen.

Parken

Badeplatz, GPS: 43.01952°N 10.52311°E, von Juni bis Sept. 8–20 Uhr gebührenpflichtig, über die Via Aurelia zum Strand

Die einmaligen Liköre der Signora Anna Maria Costa

In der traditionsreichen Likörfabrik von Emilio Borsi erzeugt dessen Enkelin Anna Maria Costa auch heute noch nach überlieferten Rezepten Liköre, Pralinen und Likörkuchen. Die Likörherstellung ist hier noch reine Handarbeit. Es gibt zwei Sorten: das Elixir di China Calisaja und den Gran Liquore del Pastore. Das Elixier wird mit Chinin aus Ecuador zubereitet, dient der besseren Verdauung und hilft bei Magenbeschwerden. Früher, als das Gebiet um Castagneto noch mit Malaria verseucht war, wurde es sogar als Medizin gereicht. Sein Geschmack ist angenehm herb.
Der Gran Liquore wird aus Milch, Zucker, Vanille und Zitronen kreiert. Er schmeckt pur, auf Eis und auch in den wunderbaren Kuchen, die

Anna Maria selbst herstellt. Die ganz reizende Besitzerin legt Wert auf reine Naturprodukte und schonende Verarbeitung. Sie zeigt Besuchern gern ihre kleine Likörfabrik und lässt sie ihre fantastischen Produkte kosten. Einen Besuch sollte man sich nicht entgehen lassen.

POPULÓNIA
(28 km – km 257)

Die Straße hinauf nach Populónia Alta ist für Fahrzeuge mit über 2 m Breite das ganze Jahr über gesperrt. Die Zufahrt zum Parkplatz (GPS: 42.99108 ° N 10.51147 ° E, gebührenpflichtig Ende März–Oktober) unten am Meer ist für Fahrzeuge über 2 m Breite von Oktober bis Ostern täglich und von Ostern bis Ende Mai Montag bis Freitag zwischen 10 und 16.30 Uhr möglich. Es gibt allerdings nur begrenzt Parkplätze.

Vom Parkplatz Caldanelle und Stellplatz **60** verkehren Zubringerbusse, ansonsten bleibt nur, die Steigung nach Alta mit Muskelkraft zu überwinden.

Die etruskische Siedlung Pupluna – benannt nach Fufluns, dem Weingott der Etrusker – wurde 1908 unter einer hohen Schicht Metallschlacke entdeckt. Sie war eine der bedeutenden Städte des etruskischen Zwölfstädtebundes und die einzige, die am Meer lag. Erze von der Insel Elba wurden hier in mit Holzkohle betriebenen Brennöfen geschmolzen.

Der **Parco archeologico di Baratti e Populónia** gliedert sich in drei Teile. Die Nekropole, mit zum Teil enormen Hügelgräbern liegt gegenüber vom Strand. Die Handwerks-

stätten und die Akropolis sind vom ca. 3 km entfernten Populónia Alta aus zu besichtigen. Das riesige Areal umfasst ca. 80 ha.

Populónia Alta liegt auf einem 180 m hohen Hügel. Schon von Weitem sieht man die restaurierten Mauern einer im 14. Jh. errichteten Burg. Vom **Torre di Populónia,** hoch über dem Golf von Baratti, findet man fantastische Motive. Der winzige Ort selbst besteht aus nur einer Straße. In jedem Haus ist ein Souvenirladen untergebracht. Eine bunte Vielfalt an Kleidern, Modeschmuck und exotischen Dingen wartet auf Abnehmer.

Sehenswertes
Parco archeologico di Baratti e Populónia, 57020 Populónia, Tel. +39 0565226445, Öffnungszeiten: Okt.–Febr. Sa/So 10–17 Uhr, März–Mai Di–So 10–18 Uhr, Juni/Sept. Di–So 10–19 Uhr, Juli/Aug. tägl. 9.30–19.30 Uhr, Eintritt: Acropoli di Populónia 11/8 €, zwei Sektoren 16/12/40 €, drei Sektoren 18/14/46 €, 65+ immer reduzierter Preis
Torre di Populónia, April–Sept. 10–17 Uhr, 3 €

Parken
Parkplatz Caldanelle Populónia, GPS: 43.00202°N 10.52836°E, geöffnet Ende März–Okt., Gebühren zwischen 8–20 Uhr: Mo–Fr 1,75 €/Std. oder 16,60 €/ 10 Std, Sa/So 2,50 €/Std. oder 21,20 €/10 Std.

Stellplatz
60 Agricampeggio Rosa dei Venti, Grattalocchio

⌐ *Der traumhaft schöne Golf von Baratti*

Wanderung nach Populónia

Eine der schönsten Wanderungen entlang der Küste durch Macchia mit herrlichem Panorama, Picknickbänke und Infotafeln entlang der Strecke. Abstiege zu einsamen Badebuchten. Länge: 10 km; Höhendifferenz: 122 m; Markierung: bis Populónia rot-weiß 302, Rückweg rot-weiß 300; Start: Aussichtspunkt beim Stellplatz 61. *Alternativ nur bis Fosso Canne (5 km) und auf demselben Weg zurückwandern.*

PIOMBINO
(14 km – km 271)

Wer Piombino ansteuert, ist vermutlich auf dem Weg nach Elba. Hat man die langen Industrieanlagen hinter sich gelassen, stößt man ganz im Süden der hügeligen Halbinsel auf die Altstadt Piombinos. Sie liegt malerisch auf einem zum Meer hin abfallenden Plateau. Der Bummel durch das *centro sto-*

◿ *Das Festungsdorf von Populónia Alta*

rico beginnt am imposanten ehemaligen Stadttor, dem **Torrione e Rivellino,** und führt über den Corso V. Emanuele direkt zum markanten **Palazzo del comune.** Hier ist die Touristeninformation untergebracht. Nach links kommt man zum wehrhaften **Castello,** das von seinen Mauern einen traumhaften Ausblick bietet. Anschließend spaziert man die Küstenlinie entlang bis zum Türmchen am **Aussichtspunkt,** von dem die Insel Elba schon zum Greifen nah zu sein scheint. Von hier sieht man links, über dem Fischereihafen, das **Museo archeologico del territorio di Populónia,** ein Muss für alle, die sich für Archäologie interessieren. Im Museum werden zahlreiche Funde aus den etruskischen Ausgrabungsstätten Populónias gezeigt.

Information
Touristinfo, 57025 Piombino, Via Ferruccio, Tel. +39 0565225639, www.turismopiombino.it, geöffnet: Ostern 10–13 und 17–20 Uhr, Mai Mi–Fr 10–13 Uhr, Sa/So 10–13 und 17.30–20.30 Uhr, Juni Di–So 10–13 Uhr, Mi–So 17.30–20.30 Uhr, Juli/Aug. Mo/Di 9.30–13 und 17–20.30 Uhr, Mi–So 9.30–15.30 und 17–22.30 Uhr, Sept. Mi–Fr 10–13 Uhr, Sa/So 10–13 und 17–21 Uhr, Okt.–Nov. Sa/So 9.30–12.30 und 15–18 Uhr

Sehenswertes
Museo archeologico del territorio di Populónia, 57025 Piombino, Piazza di Cittadella, Tel. +39 0565221646, Öffnungszeiten: Okt.–März Sa/So

10–18 Uhr, Apr./Mai Di–Fr 10–14 Uhr, Sa/So 10–18 Uhr, Juni–Sept. Di–So 10–18 Uhr, Juli/Aug. Fr nur 16–24 Uhr, Eintritt: 6/4/14 €, 65+ 4 €

Castello inkl. Museo Ceramiche medievali 57025 Piombino, Via del Castello, Tel. +39 0565226445, Öffnungszeiten: März–Juni Sa/So 10–18 Uhr, Juli–Sept. Mi–Mo 10–18 Uhr, Okt. Sa/So 10–18 Uhr, Nov./Dez. Sa/So 10–17 Uhr, Eintritt: 6/4/14 €

Essen

Enoteca di Via Mozza, 57025 Piombino, Via Mozza 6, Tel. +39 0565225322. Ein rustikales Lokal mit raffinierten, sehr fantasievollen Menüs im mittleren Preissegment.

Badeplätze bei Riotorto

Carbonifera, GPS: 42.95145°N 10.68395°E
Mortelliccio 1, GPS: 42.95315°N 10.66661°E
Anfahrt wie Stellplätze **63** und **62**, beide gebührenpflichtig 23. März–Sept. 8–20 Uhr

Stellplätze

61 Stellplatz Falcone, Piombino
62 Stellplatz Camperoasi, Riotorto
63 Agriturismo Isolotto, Riotorto

Routenalternative

Von Riotorto immer an der Küste entlang nach Castiglione della Pescaia (Route 5, s. S. 147) fahren.

STELLPLÄTZE ENTLANG DER ROUTE 3

38 Stellplatz Centro storico, Vicopisano
43.70090°N 10.58397°E

Offizielle Stellplätze für Wohnmobile im hinteren Teil eines Parkplatzes am Dorfrand, kleiner Park angrenzend. Wenn hier voll ist, auf der anderen Seite im hinteren Teil des langgezogenen Parkplatzes parken. **Lage/Anfahrt:** Von der Fi-Pi-Li-Ausfahrt „Pontedera" über Fornacette nach Vicopisano, über die Piazza und dann geradeaus über eine Brücke fahren, hier befinden sich links Stellplätze. **Platzanzahl:** 10; **Untergrund:** Schotter; **Preise:** kostenlos; **Geöffnet:** frei zugänglich; **Kontakt:** 56010 Vicopisano, SP38.

39 Stellplatz Schule, Vicopisano
43.69014°N 10.58291°E

Offizielle Stellplätze auf einem separaten Parkplatz bei der Schule und den Sportplätzen (bei Spielen auch mal zugeparkt), ca. 1 km bis zum Ort. **Lage/Anfahrt:** Von der SS67 auf die Zufahrtsstraße (Allee) nach Vicopisano, nach ca. 300 m links; **Platzanzahl:** 10; **Untergrund:** Asphalt; **Ver-/Entsorgung:** Abwasser, Trinkwasser, Chemie-WC; **Sicherheit:** beleuchtet; **Preise:** kostenlos; **Geöffnet:** frei zugänglich; **Kontakt:** 56010 Vicopisano, Viale A. Diaz.

40 Stellplatz Area Il Salice, S. Miniato Basso
43.68327°N 10.82335°E

Privater Platz in schöner, ruhiger Lage. (Nicht verwechseln mit dem direkt benachbarten Abstellplatz für Wohnmobile, der von den Einheimischen genutzt wird!) WC. **Lage/Anfahrt:** Gleiche Anfahrt wie Platz **41**. Vorsicht! Nicht die Straße hinauf nach S. Minato nehmen, sondern sofort danach links in die Via Pier delle Vigne abbiegen und geradeaus 700 m zum Platz; **Platzanzahl:** 15; **Untergrund:** Schotter; **Ver-/Entsorgung:** Strom, Trinkwasser, Abwasser, Chemie-WC; **Sicherheit:** beleuchtet; **Preise:** 15 €/Fahrz., alles inkl.; **Geöffnet:** Mai–Sept.; **Kontakt:** 56028 San Miniato Bassa, Via Pier delle Vigne 28A, Tel. +39 3391156185.

080to Abb.: 38

41 Stellplatz Via delle Casine, S. Miniato Alto

43.67905°N 10.83830°E

Freie Stellplätze auf einem geschotterten Platzteil eines Parkplatzes (etwas steile Zufahrt). Schöne Aussicht auf den Ort und ca. 1 km bis ins Zentrum. **Lage/Anfahrt:** Von der Fi-Pi-Li geradeaus durch den Kreisverkehr, dann die nächste Straße rechts (SS67). Gleich hinter dem Ortschild von Catena links den Berg hinauf nach S. Miniato Alto. Der Stellplatz ist links der Straße; **Platzanzahl:** 2; **Untergrund:** Schotter; **Sicherheit:** beleuchtet; **Preise:** kostenlos; **Geöffnet:** frei zugänglich; **Kontakt:** 56027 S. Miniato, Via delle Casine.

42 Azienda Agricola Montaioncino, Empoli

43.69108°N 10.97613°E

Parzellierte Plätze in traumhafter, sehr ruhiger Aussichtslage bei einem Weingut mit Wein- und Ölverkostung (10 €). Gute Sanitärausstattung. Herzliche Betreiber. **Lage/Anfahrt:** Durch Empoli Richtung Montespertoli und dann auf die SP51 fahren. Von dieser bei GPS: 43.68765°N 10.96762°E links abfahren. Nun kommen 900 m feste Schotterstraße, teilweise schmal und steil, aber mit normalem Womo zu bewältigen (der Platz lohnt den Weg), ausgeschildert; **Platzanzahl:** 6; **Untergrund:** Schotterrasen; **Ver-/Entsorgung:** Strom, Trinkwasser, Abwasser, Chemie-WC; **Sicherheit:** beleuchtet; **Preise:** 15 €/Fahrz., alles inkl.; **Geöffnet:** ganzjährig; **Kontakt:** 50053 Empoli, Via Montaioncino 1, Tel. +39 0571929334, www.montaioncino.it.

43 Stellplatz Piazza Macelli, Certaldo Bassa

43.54625°N 11.04571°E

Offizielle Stellplätze auf einem Parkplatz, laut durch an- und abfahrende Pkws, ca. 300 m zur Seilbahn. **Lage/Anfahrt:** von der Umgehungsstraße Richtung Zentrum fahren, vor der Brücke rechts, ausgeschildert; **Platzanzahl:** 10; **Untergrund:** Schotter; **Ver-/Entsorgung:** Trinkwasser, Abwasser, Chemie-WC; **Sicherheit:** beleuchtet; **Preise:** kostenlos; **Geöffnet:** frei zugänglich; **Kontakt:** 50052 Certaldo, Piazza Macelli.

◁ *Etwas außerhalb des Städtchens: der Stellplatz von San Miniato*

44 Stellplatz Santa Lucia, San Gimignano

43.45185°N 11.05596°E

Offizieller Stellplatz ca. 2 km vom Ort an den Tennisplätzen, Bustransfer alle 30 Min., So. stündlich (hin und zurück 1 €). Wer nur zur Besichtigung bleiben will, kommt billiger weg als auf dem anderen Stellplatz. **Lage/Anfahrt:** Im Kreisverkehr in Richtung Campingplatz, ausgeschildert; **Platzanzahl:** 50; **Untergrund:** Schotter; **Sicherheit:** beleuchtet; **Preise:** 1 €/Std., 15 €/24 Std. Zahlung nur mit Kreditkarte; **Geöffnet:** ganzjährig; **Kontakt:** 53037 San Gimignano, Loc. S. Lucia.

45 Camping Boschetto di Piemma, San Gimignano

43.45340°N 11.05423°E

Platz mit befriedigenden Sanitäranlagen, WLAN (Gebühr), Schwimmbad, Restaurant, Mini-Markt und separatem Platzteil für Wohnmobile mit eigener Ausfahrt. Ca. 2 km vom Ort entfernt, Bustransfer. **Lage/Anfahrt:** Am Kreisverkehr Richtung S. Lucia, von allen Zufahrtsstraßen ausgeschildert. **Untergrund:** Schotterrasen; **Ver-/Entsorgung:** Strom, Trinkwasser, Abwasser, Chemie-WC; **Sicherheit:** umzäunt, beleuchtet, bewacht; **Preise:** 11–14 €/Fahrz., 9–11 €/Pers., Taxe 0,50 €; **Geöffnet:** Apr.–1. Nov.; **Kontakt:** 53037 San Gimignano, Loc. Santa Lucia 38c, Tel. +39 0577940352, www.boschettodipiemma.it.

46 Stellplatz Azienda Agraria Casale, Colle di Val d'Elsa

43.34463°N 11.11531°E

Naturbelassener Stellplatz in sehr schöner und sehr ruhiger Lage auf einem Weingut. Einfache warme Dusche und WC, kostenloser WLAN-Point am Haus. Giovanni, der gastfreundliche Besitzer, spricht gut deutsch, bietet Degustationen mit Weinverkauf an. Seine selbstgemachte Feigenmarmelade und die hervorragenden Weine sind ein Genuss. Hier fühlt man sich so wohl, dass man nicht mehr gehen will. **Lage/Anfahrt:** Durch Colle di Val d'Elsa in Richtung Grosseto fahren. Weiter auf der SS541 und 6,5 km nach Ortsende links abbiegen (Beschilderung „Collalto"), nach 1 km sehr enge Durchfahrt durch Collalto (2,50 m), das Weingut ist nach einem weiteren Kilometer erreicht (Schotterstraße); **Untergrund:** Wiese; fest; **Ver-/Entsorgung:** Strom,

Trinkwasser, Abwasser, Chemie-WC; **Sicherheit:** umzäunt, beleuchtet, bewacht; **Preise:** 15 € inkl. Personen
und Strom, zzgl. Taxe 1 €/Pers., Wasser 3 €; **Geöffnet:**
ganzjährig; **Kontakt:** Giovanni Borella, 53034 Colle di
Val d'Elsa, Loc. Collalto, Tel. +39 335 5872158,
www.casalewines.com.

47 Stellplatz P3 Fonti di Docciola, Volterra
43.40331°N 10.86403°E
Offizielle Stellplätze in guter und nachts ruhiger Lage auf
einem leicht geneigten, zentrumsnahen Parkplatz an der
Porta Docciola. Gut besucht! **Lage/Anfahrt:** Von der
SR68 vor der Altstadt nach einer Esso-Tankstelle rechts,
ausgeschildert; **Platzanzahl:** 40; **Untergrund:** Schotter;
Ver-/Entsorgung: Strom (20 Anschlüsse), Trinkwasser, Abwasser, Chemie-WC; **Sicherheit:** beleuchtet;
Preise: 12 €/8–20 Uhr, Strom 1 €/12 Std.; **Geöffnet:**
frei zugänglich; **Kontakt:** 56048 Volterra, Viale G.
d'Annunziata.

□ *Schneefall im Februar auf dem Stellplatz* 49
in Montecatini Val di Cecina

48 Camping Le Balze, Volterra
43.41221°N 10.85092°E
Ruhiger, schöner Platz mit befriedigenden Sanitär-
anlagen, WLAN, Schwimmbad, Bar, ca. 1 km vom
Ort entfernt. Oberhalb der Steilabfälle mit schöner
Aussicht. **Lage/Anfahrt:** ausgeschildert; **Platzanzahl:**
60; **Untergrund:** Wiese; fest; **Ver-/Entsorgung:** Strom,
Trinkwasser, Abwasser, Chemie-WC; **Sicherheit:** um-
zäunt, beleuchtet, bewacht; **Preise:** 11–13 €/Fahrz.,
9,50–11 €/Pers., alles inkl.; **Geöffnet:** Ostern–Mitte
Okt.; **Kontakt:** 56048 Volterra, Via di Mandringa 15,
Tel. +39 058887880, www.campinglebalze.com.

49 Stellplatz La Miniera, Montecatini Val di Cecina
43.39005°N 10.73825°E
Offizielle Stellplätze auf einem separaten Platz beim
Museo in sehr schöner, sehr ruhiger Lage. Ins Zentrum
1,3 km, dort Läden, Bäcker und Restaurants. **Lage/
Anfahrt:** Von der SS68 bei Saline di Volterra auf die
SR439 Richtung Pisa abbiegen. Nach 6 km auf die
SP32 nach Montecatini fahren, durch den Ort den
Hinweisschildern zum Museo folgen; **Platzanzahl:** 5;
Untergrund: Schotterrasen; **Ver-/Entsorgung:** Strom,
Trinkwasser, Abwasser, Chemie-WC; **Preise:** 6 €/Fahrz.
(beim Museum bezahlen); **Geöffnet:** frei zugänglich;
Kontakt: 56040 Montecatini Val di Cecina, Via della
Colonne.

50 Stellplatz Agricampeggio Il Colono Pomarance

43.30339°N 10.84766°E

Privater Stellplatz im Olivenhain in herrlicher Aussichtslage, ruhig. Gepflegte Dusche und WC, Waschmaschine, Gefrierschrank, Pool, WLAN. Wein- und Olivenölverkauf, Pferde zum Ausreiten. **Lage/Anfahrt:** In Saline di Volterra auf die SR439 Richtung Pomarance fahren. Bei km 112 nach rechts (SP47) Richtung Libbiano fahren, nach 500 m befindet sich der Platz auf der linken Seite. Wenn geschlossen ist, dann unter u. g. Telefonnummer anrufen; **Platzanzahl:** 5; **Untergrund:** Schotterrasen; **Ver-/Entsorgung:** Strom, Trinkwasser, Abwasser, Chemie-WC; **Sicherheit:** umzäunt, beleuchtet; **Preise:** 20 €/Fahrz. alles inkl.; **Geöffnet:** ganzjährig; **Kontakt:** 56045 Pomarance, Strada prov. 47 km 5, Tel. +39 3282167048, www.agricampeggioilcolono.it.

51 Stellplatz Area Attrezzata, Pomarance

43.29953°N 10.86948°E

Offizielle Stellplätze am Ortsrand, teilweise Aussichtslage, ruhig, gepflegte Dusche, WC. Einkaufsmöglichkeiten und Restaurant in 200 m Entfernung; **Lage/Anfahrt:** wie Platz 50, nur nicht auf die SP47 abbiegen, sondern weiter bis zum Ort, dort rechts ausgeschildert; **Platzanzahl:** 18; **Untergrund:** Pflaster; **Ver-/Entsorgung:** Strom, Trinkwasser, Abwasser, Chemie-WC; **Sicherheit:** umzäunt, beleuchtet; **Preise:** 10 €/Fahrz. alles inkl.; **Geöffnet:** ganzjährig; **Kontakt:** 56045 Pomarance, Strada Regionale Sarzanese Valdera, Tel. +39 058865022, www.areasostapomarance.it.

52 Stellplatz Aquaparc, Marina di Cécina

43.30147°N 10.50086°E

Offizielle Stellplätze auf dem abgegrenzten Teil eines Wasserrutschenparks in befriedigender Lage, tagsüber in der Hauptsaison Lärm durch Animation im Park. **Lage/Anfahrt:** In Marina di Cécina ausgeschildert; **Platzanzahl:** 50; **Untergrund:** Asphalt; **Ver-/Entsorgung:** Trinkwasser, Abwasser, Chemie-WC; **Sicherheit:** umzäunt, beleuchtet; **Preise:** 8 €/Fahrz.; **Geöffnet:** 1. März bis 15. November; **Kontakt:** 57023 Cécina, Via Robert Baden-Powel.

53 New Camping Le Tamerici, Marina di Cécina

43.29192°N 10.51058°E

Separater Stellplatz bei Campingplatz, veraltete, aber gepflegte Sanitärausstattung, in schöner, relativ ruhiger Lage (Tontaubenschießen, am Wochenende Disco in Hörweite). WLAN, Schwimmbad, Restaurant. **Lage/Anfahrt:** In Marina di Cécina, an der Abzweigung zum Stellplatz Via Tevere vorbei geradeaus, im Kreisverkehr links, ausgeschildert; **Platzanzahl:** 36; **Untergrund:** Wiese; **Ver-/Entsorgung:** Strom, Trinkwasser, Abwasser, Chemie-WC; **Sicherheit:** umzäunt, beleuchtet, bewacht; **Preise:** 10–23 €/Fahrz., 5,90–13 €/Pers., nur kleine Hunde 4–7 €, extra Platz für Camperstop 28–49 € inkl. 4 Pers., Taxe 0,50 €/Pers.; **Geöffnet:** Mai–Sept.; **Kontakt:** 57023 Cécina, Viale Mar Tirreno, Tel. +39 0586 620629, www.letamerici.it.

54 Stellplatz Gioia Selvaggia e Fabio, Cecina

43.28782°N 10.55523°E

Private, parzellierte Stellplätze in schöner, ruhiger Lage, von Feldern umgeben. Einfache Dusche, WC. Freundliche Besitzer. In der Saison Shuttle zum Strand; **Lage/Anfahrt:** Cecina auf der SP14 Richtung Bibbona verlassen und bei km 4 III links in die Zufahrt zum Platz einbiegen; **Platzanzahl:** 18; **Untergrund:** Schotterrasen; **Ver-/Entsorgung:** Strom, Trinkwasser, Abwasser, Chemie-WC; **Sicherheit:** beleuchtet; **Preise:** 12–15 €/Fahrz. (Aug. 18 €), alles inkl.; **Geöffnet:** ganzjährig; **Kontakt:** 57023 Cecina, Via del Paratino 53, Tel. +39 3280887291, www.agricampercecina.it.

55 Camping il Gineprino, Marina di Bibbona

43.23650°N 10.53531°E

Platz in der Pineta direkt am schönen Sandstrand, gute Sanitärausstattung, WLAN, Waschmaschine, Schwimmbad, Restaurant, Markt. **Lage/Anfahrt:** Im Ort die zweite Straße links, ausgeschildert; **Platzanzahl:** 150; **Untergrund:** Wiese; **Ver-/Entsorgung:** Strom, Trinkwasser, Abwasser, Chemie-WC; **Sicherheit:** umzäunt, beleuchtet, bewacht; **Preise:** 11–15 €/Fahrz., 7,50–10,50 €/Pers., Hund 3–5 €; **Geöffnet:** Ende Apr.–Mitte Sept.; **Kontakt:** 57020 Marina di Bibbona, Via dei Platani sn, Tel. +39 0586600550, www.ilgineprino.it.

56 Stellplatz Il Seggio, Marina di Castagneto

43.19344°N 10.54134°E

Offizieller, separater Platz für Wohnmobile in schöner und ruhiger Lage, 300 m bis zum Strand. **Lage/Anfahrt:** erste Straße rechts und zweite links (Via Legonamo) 1,6 km zum Platz; **Platzanzahl:** 30; **Untergrund:** Schotter; **Ver-/Entsorgung:** Trinkwasser, Chemie-WC; **Preise:** 10 €/Fahrz./24 Std., 6 €/12 Std., Okt.–Ostern ist der Automat meist außer Betrieb; **Geöffnet:** frei zugänglich; Weitere Stellplätze und Wasser gibt es bei der Abfahrt an der Via Po (GPS: 43.18457°N 10.54829°E), hier Okt.–Mai kostenlos.

57 Camperesort, Donoratico

43.15606°N 10.56037°E

Privater Platz in guter und relativ ruhiger Lage (Straße, Zug und Autobahn), gute Sanitäranlagen, Schwimmbad, Bar, Waschmaschine. **Lage/Anfahrt:** Von der Via Aurelia bei km 226 l rechts abbiegen, ausgeschildert; **Platzanzahl:** 50; **Untergrund:** Wiese; **Ver-/Entsorgung:** Strom, Trinkwasser, Abwasser, Chemie-WC; **Sicherheit:** umzäunt, beleuchtet, bewacht; **Preise:** 15. Juni–15. Sept. 15 €/Fahrz., 10 €/Pers., 16. Sep.–14. Juni 15 €/Fahrz., 5 €/Pers., Dusche 1 €, Taxe 0,50 €/Pers.; **Geöffnet:** ganzjährig; **Kontakt:** 57024 Donoratico, Via Aurelia 373 B, Tel. +39 0565 777569, www.camperesort.it.

58 Area Sosta Camper Impianti Sportivi, San Vincenzo

43.08789°N 10.54128°E

Platz in befriedigender und relativ ruhiger Lage (Eisenbahn am Platzrand), zentrumsnah, 150 m zum Strand. **Lage/Anfahrt:** Auf der Via Aurelia Sud durch den Ort, im letzten Kreisverkehr rechts, ausgeschildert; **Platzanzahl:** 50; **Untergrund:** Schotter; **Ver-/Entsorgung:** Trinkwasser, Abwasser, Chemie-WC; **Sicherheit:** beleuchtet; **Preise:** 12 €/Fahrz. (Okt.–April kostenlos); **Geöffnet:** frei zugänglich; **Kontakt:** 57027 San Vincenzo, Via Biserno.

59 Stellplatz Agriturismo Le Rondini, San Bartolo

43.09205°N 10.57242°E

Platz in traumhafter Aussichtslage unter Kiefern, Restaurant (tägl. wechselndes regionales Menü), WC, Dusche, WLAN, Waschmaschine, Pool (Saison), nach San Vincenzo 3,5 km. Sehr freundliche Besitzer. **Lage/Anfahrt:** Kurz hinter San Vincenzo von der Via Aurelia Sud links Richtung San Bartolo. Etwas steile, asphaltierte Straße hinauf zum Platz; **Platzanzahl:** 8; **Untergrund:** Pflaster, Schotter; **Ver-/Entsorgung:** Strom, Trinkwasser, Abwasser, Chemie-WC; **Preise:** Juni–Sept. 10 €/Fahrz.,10–15 €/Pers., Sept.–Mai Pauschale 15 € inkl. 2 Pers., immer alles inkl., Taxe 0,50 €/Pers., Hund 3–5 €; **Geöffnet:** ganzjährig; **Kontakt:** 57027 San Vincenzo, Strada San Bartolo 35, Tel. +39 3285663141, www.lerondinidisanbartolo.com.

60 Agricampeggio Rosa dei Venti, Grattalocchio

42.99844°N 10.52924°E

Privater Platz in schöner und ruhiger Lage, Sanitär befriedigend, Wein- und Ölverkauf, an der Zufahrt

◁ *Il Seggio ist bei deutschen Urlaubern ein sehr beliebter Platz und liegt in Strandnähe*

▷ *Vom Stellplatz Agriturismo Le Rondini* 59 *ist die Aussicht traumhaft*

25010 Abb.: gg

nach Populónia, Shuttlebus gebührenpflichtig; **Lage/ Anfahrt:** Von der Via Aurelia Sud bei km 11 (kurz hinter der Abzweigung nach Populónia) rechts, ausgeschildert; **Platzanzahl:** 15; **Untergrund:** Schotter; **Ver-/Entsorgung:** Strom, Trinkwasser, Abwasser, Chemie-WC; **Sicherheit:** beleuchtet, umzäunt; **Preise:** Nov.–März 15 €/Fahrz., Apr.–Mai/Okt. 20 €, Juni/Juli/ Sept. 25 €, Aug. 30 €, Dusche 1 €, Taxe 1 €; **Geöffnet:** ganzjährig; **Kontakt:** 57025 Piombino, Loc. Grattalocchio, Tel. +39 3393468439.

61 Stellplatz Falcone, Piombino
42.93413°N 10.50495°E
Zwei offizielle Stellplätze direkt nebeneinander (der zweite Stellplatz liegt bei GPS: 42.93503°N 10.50300°E) in guter und relativ ruhiger Lage. Schöner Aussichtspunkt mit Startmöglichkeit für eine Wanderung, Fußweg zum Meer, Bus 3R ins Zentrum. **Lage/ Anfahrt:** Auf der SS398 nach Piombino hinein fahren. Rechts in Via G. Matteoti Richtung Salivoli abbiegen, immer geradeaus bis zum Meer, hier rechts halten. Bei Parkplatzschild „P 800 m" links fahren, diesem den Berg hoch bis zum Platz folgen. **Platzanzahl:** 30; **Untergrund:** fest; **Ver-/Entsorgung:** Wasser am Aussichtspunkt, oben am Ende des Platzes (keine Zufahrt mit Womo); **Sicherheit:** beleuchtet; **Preise:** kostenlos; **Geöffnet:** frei zugänglich; **Kontakt:** Via Salivoli, 57025 Marina di Salivoli.

62 Stellplatz Camperoasi, Riotorto
42.95421°N 10.66674°E
Privater Platz in schöner und ruhiger Lage, parzelliert mit eigenem Wasser- und Abwasseranschluss, WC, Dusche, WLAN, 200 m zum Strand. Restaurant und Laden in der Nähe. **Lage/Anfahrt:** Von der SP40 Richtung Follonica, bei km I rechts abbiegen, ausgeschildert; **Platzanzahl:** 90; **Untergrund:** Rasengitter, Wiese; **Ver-/Entsorgung:** Strom, Trinkwasser, Abwasser, Chemie-WC; **Sicherheit:** umzäunt, beleuchtet, bewacht; **Preise:** 30–40 €/Fahrz., inkl. Strom, WLAN; **Geöffnet:** April–September; **Kontakt:** 57020 Riotorto, Loc. Mortelliccio, Tel. +39 0565 20187, www.camperoasi.com.

63 Agriturismo Isolotto, Riotorto
42.95694°N 10.67364°E
Parzellierte Plätze mit eigenem Wasser- und Abwasseranschluss in schöner, relativ ruhiger Lage (Zugverkehr), gepflegte Dusche, WC. Gut besucht, zum Strand 500 m. **Lage/Anfahrt:** Von der SP40 bei km I rechts abbiegen, ausgeschildert; **Platzanzahl:** 23; **Untergrund:** Schotter; **Ver-/Entsorgung:** Strom, Trinkwasser, Abwasser, Chemie-WC; **Sicherheit:** umzäunt, beleuchtet, bewacht; **Preise:** 20 €/Fahrz., Juli/Aug. 25 €, alles inkl.; **Geöffnet:** März–Dez.; **Kontakt:** 57020 Riotorto, Loc. Mortelliccio 7, Tel. +39 0565252118, www.agriturismoisolotto.it.

EINE RUNDREISE UM
NAPOLEONS EHEMALIGES EXIL

Zehn Kilometer vom Festland entfernt liegt Elba, eine Insel des toskanischen Archipels. Die Seereise von Piombino nach Portoferraio zur drittgrößten Insel des Landes dauert gerade mal 60 Minuten. Genießer kommen auf der Insel Elba in jeder Hinsicht voll auf ihre Kosten. In den herrlichen, in der Nebensaison einsamen Badebuchten lässt es sich wunderbar faulenzen und das kristallklare, angenehm warme Meerwasser genießen. Die Küche der Insel ist reich an den verschiedensten Fischkreationen und mit einem Elba Rosso oder Elba Bianco im Glas kann man den Abend stilvoll ausklingen lassen. Beim kulturellen Genuss steht natürlich Napoleon I. im Vordergrund. Obwohl er nur elf Monate auf Elba war, hinterließ er bleibende Spuren auf der Insel. Schöne Besichtigungen und Wanderungen mit grandioser Aussicht garantieren die kleinen Bergdörfer abseits der Küste. Um alles in Ruhe auf sich wirken zu lassen, sollte man sich mindestens drei bis vier Tage Zeit nehmen und einmal rund um das felsige Eiland fahren. Wer nicht gerade im Juli und August kommt, wird die Insel lieben lernen.

▷ *Portoferraio hat eine schöne Altstadt mit Treppengassen und mittelalterlichen Festungsanlagen*

ROUTE 4

ISOLA D'ELBA

STRECKENVERLAUF

Strecke: Westliche Elbarundfahrt: Portoferraio, Villa San Martino, Prócchio, Marciana Marina, Poggio, Marciana, Marina di Campo (59 km) – Östliche Elbarundfahrt: Marina di Campo, Capoliveri, Porto Azzurro, Rio Marina, Cavo, Villa Romana delle Grotte/Portoferraio (70 km)

Streckenlänge: ca. 129 km

Wird der Name Elba genannt, fällt jedem natürlich sofort **Napoleon I.** ein, der hier von 1814 bis 1815 im Exil lebte. Die 27 km lange und max. 18 km breite Insel hat jedoch noch mehr an Historischem zu bieten als „nur" Frankreichs selbst gekrönten Kaiser.

Fundstücke und Gräber aus der Kupferzeit belegen, dass Elba bereits im 3. Jahrtausend vor Christus besiedelt war. Ab dem 7. Jahrhundert vor Christus ließen sich die **Etrusker** auf der Insel nieder und bauten hier **Eisenerz** ab, das sie von Portoferraio – dessen Name nichts anders bedeutet als „Eisenhafen" – hinüber ans Festland brachten, wo sie es in Populónia verhütteten. Den Etruskern folgten vornehme **römische Patrizier,** die sich an den schönsten Plätzen der Insel ihre Villen bauten.

Im Mittelalter stritten sich Pisa, Genua und Lucca um die Vorherrschaft auf Elba. Später plünderten Türken die Insel und Spanier, Franzosen und Engländer besetzten sie. Heute ist es nicht mehr das Erz, von dem die Inselbewohner leben, sondern hauptsächlich der Tourismus.

Elba ist eine bezaubernde Insel mit einer fast 150 km langen Küstenlinie. Steile **felsige Abschnitte** wechseln sich mit lieblichen **Badebuchten** ab.

Lange Sandstrände wie in Marina di Campo oder bei Lacone verführen zu einem Bad im kristallklaren Wasser des toskanischen Archipels. Obwohl die knapp 30.000 Einwohner zählende Insel jährlich von über 2 Millionen Touristen besucht wird, findet man auf Elba keine Hotelburgen. Meist liegen die zwei- oder dreigeschossigen **Hotels** und **Pensionen** versteckt in den dichten Wäldern, die sich von der Küste die Hänge hinaufziehen. Überhaupt ist die Insel **sehr waldreich:** Alte Kastanienwälder bedecken die Berge, deren höchste Erhebung, der Monte Capanna, immerhin 1019 m hoch ist. An den Küsten dominieren dichte Pinienwälder, die in der Hitze des Sommers manchem Campingplatz den wohltuenden Schatten spenden.

◸ *Einsame Bucht auf der Insel Elba*

Reisemobilisten finden eine gute Infrastruktur auf den vielen Campingplätzen. Diese liegen meist in wunderschöner Lage direkt am Meer, haben Restaurants und Einkaufsmöglichkeiten, sodass man dort ungestörte Badetage verbringen kann. Freie kostenlose Stellplätze, die sich für eine Übernachtung eignen, sind inzwischen auf Elba rar geworden. Nur in der Nebensaison, wenn alle Campingplätze geschlossen sind, wird dort von den Behörden eine einmalige Übernachtung erlaubt. Einen offiziellen städtischen Platz bietet nur noch Porto Azzurro **17** an, alle anderen Stellplätze sind gebührenpflichtig und in privater Hand. Die Stellplatzpreise explodieren im Juli und August regelrecht, in den übrigen Monaten entsprechen sie dem normalen Preisgefüge. Außerhalb der Hochsaison genießt man ruhige Urlaubstage in traumhafter Landschaft, idyllischen Badebuchten und malerischen Dörfern.

Doch der Urlaubsgenuss hört beim Landschaftsbild noch lange nicht auf. Elbas Küchen und Keller tragen das Ihre dazu bei, den Gast zu verwöhnen. Als **Spezialität** steht *cacciucco,* ein reichhaltiger Fischeintopf mit Tomatensoße, an erster Stelle. Leckere Fischsuppen nennen sich *sburrita* und *aqua pazza. Gurguglione* ist ein schmackhafter Gemüseeintopf, der gerne in inseltypischen Restaurants serviert wird. Als Nachspeise empfiehlt sich die *schiaccia briaca,* ein rötlicher, mit Dessertwein getränkter Kuchen. Natürlich findet man auch überall die bekannte italienische Küche und viel frischen Fisch.

Hervorragende Speisebegleiter sind die Weine Elbas. Der **Elba Bianco** ist ein trockener Weißwein aus der Procanicotraube. Der **Elba Rosso,** ein kräftiger trockener Roter, passt gut zu gegrillten Steaks. Den Nachtisch versüßt ein **Aleatico,** ein schwerer süßer Dessertwein. Rund 30 Weingüter gibt es auf Elba. Beim Weinkauf sollt man darauf achten, dass die Etiketten das DOC-Siegel tragen. Viele Weine werden auch nach Elba eingeführt und hier abgefüllt. Diese Flaschen tragen den Hinweis „imbottigliato all'Elba". Ihr Inhalt hat mit der Insel allerdings nichts zu tun.

Von Piombino verkehren **vier Fährlinien nach Elba:** Moby Lines, Toremar, Corsica Ferries (nur Mai–Sept.) und Blu Navy. Die Fährschiffe benötigen für die Überfahrt nach Portoferraio ca. eine Stunde Fahrzeit. Um die preiswerteste Überfahrt zu finden, geht man auf das Preisvergleichsportal www.infoelba. net/ankommen-sich-fortbewegen/wie-man-ankommt/faehren/buchung. Man gibt die Tage der Hin- und Rückfahrt, Personenzahl und Größe des Wohnmobils ein und erhält eine Liste der unterschiedlichen Fährlinien und ihrer Preise. Die Preise variieren stark nach Jahres- und Tageszeit. Auch während der Hauptsaison werden günstige Tarife am frühen Morgen oder späten Abend angeboten.

In der Hauptsaison von Mitte Juni bis Ende August empfiehlt sich auf jeden Fall eine rechtzeitige Online-Buchung, will man nicht Gefahr laufen, lange Wartezeiten im Hafen hinnehmen zu müssen. Außerhalb der Hauptreisezeit kann man sich das Fährticket an den jeweiligen Schaltern in den Abfahrtshäfen kaufen. Die Campingplätze bieten bei Vorreservierungen günstige Fährverbindungen an.

0840 Abb.: 88

▷ *Die Überfahrt nach Elba dauert nur eine Stunde*

> www.mobylines.de/routen/faehre-elba.html

> www.blunavytraghetti.com/de

> www.toremar.it

> www.corsica-ferries.de/uberfahrt/fahre-elba

> Ebenfalls von Piombino starten im Sommer die Fähren nach Cavo (30 Min. Überfahrt) und nach Rio Marina (45 Min. Überfahrt).

Fährlinien

Moby Lines (Buchungszentrale von Moby und Toremar), Wilhelmstr. 36–38, 65183 Wiesbaden, www.mobylines.de, Tel. 0611 14020
Blu Navy, blunavytraghetti.com/de/insel-elba, Tel. +39 0565269710
Corsica Ferries, www.corsica-ferries.de/uberfahrt/fahre-elba, Tel. 0180 5000483 (0,14 €/Min. im Festnetz)

WESTLICHE ELBARUNDFAHRT

Strecke: Portoferraio – Villa San Martino (5 km) – Marciana Marina (16 km) – Poggio (5 km) – Marciana (3 km) – Marina di Campo (30 km)

Streckenlänge: 59 km

PORTOFERRAIO

Die meisten Besucher Elbas kommen mit der Fähre in Portoferraio an und befinden sich damit gleich in einer der schönsten Städte der Insel. Ihre Altstadt ist bunt und lebhaft, um das alte Hafenbecken reihen sich die in warmen Farben gestrichenen Häuser und bewacht wird das Städtchen von zwei wehrhaften Festungsanlagen. Durch das alte Stadttor betritt man vom Hafen her das Zentrum und die geschäftige **Piazza Cavour.** Über einen breiten Treppenweg steigt man hinauf zur Forte Stella. Sie wurde im 16. Jh. unter Cosimo de'Medici erbaut, der Portoferraio unter dem Namen Cosmopolis völlig neu erschaffen wollte. Die Festungsanlagen **Forte Stella**

und **Forte Falcone** (Fortezze Medicee), für die der Militärarchitekt Camerini verantwortlich zeichnet, können besichtigt werden. Bei beiden ist die wunderbare Aussicht den Eintritt wert. Zwischen den beiden Festungen in der Oberstadt steht die **Villa dei Mulini,** in der Napoleon I. während seines zehnmonatigen Aufenthaltes auf Elba residierte. Zu sehen sind einige persönliche Gegenstände und das Schlafzimmer Napoleons. Sehr schön ist die Terrasse über der steil abfallenden Küste.

Unten am alten Hafen werden im **Museo della Linguella** die etruskischen und römischen Funde übersichtlich und gut erläutert präsentiert. Ebenso wird dem Handel mit Eisenerz und Wein Raum eingeräumt. Das Museo ist an der östlichen Kaimauer im ehemaligen Salzspeicher angesiedelt. Wie wäre es nach so viel Besichtigung jetzt mit einer Verschnaufpause in der **Gelateria Lollypop?**

Information

Ufficio Informazioni, 57037 Portoferraio, Calata Italia 44 (gegenüber der Moby-Line-Anlegestelle), Tel. +39 0565914671, www.aptelba.it, Öffnungszeiten: Apr.–Sept. Mo–Sa 9–19 Uhr, So 10–13 und 15–18 Uhr, Okt.–März Mo–Do 9–17 Uhr

Sehenswertes

Forte Stella, 57037 Portoferraio, Via delle Stella 1, Öffnungszeiten: Mitte März–Okt. 10–13.30 und 15–18 Uhr, 15. Juni–15. Sept. 10–20 Uhr, Eintritt: 2/1,50 €
Forte Falcone, 57037 Portoferraio, Via Guerrazzi, Öffnungszeiten: siehe Forte Stella, Eintritt: 2/1,50 €
Villa dei Mulini, 57037 Portoferraio, Piazzale Napoleone 1, Tel. +39 0565915846, Öffnungszeiten: Mo–Sa 8.30–18 Uhr, So 8.30–13 Uhr, Eintritt: 5 €, Kombiticket mit Villa di San Martino (s. S. 123) 8 €
Museo della Linguella, 57037 Portoferraio, Calata Matteotti, Tel. +39 0565944024, Öffnungszeiten: Apr.–4. Nov. 10–12.30 und 14.30–18.40 Uhr, Eintritt: 7/5 €

▷ *Sandige Buchten und Steilküste wechseln sich ab*

Essen

Gelateria Lollypop, 57037 Portoferraio, Piazza Carducci. Hochwertiges Eis mit vielseitiger Sortenauswahl.
Osteria Libertaria, 57037 Portoferraio, Calata Matteotti 12, Tel. +39 0565914978. Einfaches, gemütliches Lokal an der Hafenpromenade mit schöner Aussicht.
Ristorante da Gianni, 57037 Portoferraio, Via Giosuè Carducci 96, Tel. +39 0565930976. Sehr gute Fischgerichte, aber auch Vegetarier kommen mit hausgemachten Nudeln auf ihre Kosten. Freundlicher Service.

Parken

Am Busparkplatz bei der Anlegestelle der Toremar-Fähre kann man von 9 bis 24 Uhr gebührenpflichtig sein Wohnmobil parken (GPS: 42.81388°N 10.32578°E).

In Portoferraio beginnt die westliche Elbarundfahrt. Dazu fährt man auf der SP24 5 km in Richtung Prócchio bis zur Abzweigung nach San Martino. Hierher zog sich Napoleon zurück, wenn es ihm in seinem Domizil in Portoferraio zu heiß wurde.

VILLA SAN MARTINO
(5 km – km 5)

Wenn man vom Parkplatz auf die Villa di San Martino, **Napoleons Landsitz,** zugeht, steht man zunächst vor der Galerie Demidoff, die ein Cousin des Kaisers im 19. Jh. im dorischen Stil erbauen ließ. Das Gebäude mit seinem pompösen Vorbau war also zu Napoleons Zeit noch gar nicht vorhanden. Im Innern steht die Originalstatue der Galatea von Antonio Canova. Der Bildhauer soll sie nach dem Vorbild von Napoleons Schwester Paolina Borghese geschaffen haben.

Dahinter versteckt sich der schlichte Bau der Landvilla des ehemaligen Kaisers von Frankreich. Das Innere ist etwas dürftig: Von kaiserlichem Luxus ist nichts mehr vorhanden, die Erben haben das ganze Mobiliar verkauft. Beeindruckend ist der Ägyptische Saal im ersten Stock mit dem achteckigen Becken mit Papyruspflanzen und den Wandgemäl-

den im Trompe-l'Œil-Stil. An der Decke des Sala delle Colombe fliegt ein Taubenpärchen mit einem Band im Schnabel – ein Symbol für die Treue der Ehefrau Marie Louise von Österreich zu Napoleon. Gemalt wurden diese Fresken von Pietro Ravelli.

Sehenswertes

La Villa di San Martino, Öffnungszeiten: Apr.–Okt. Mo–Sa 8.30–19 Uhr, So 8.30–13 Uhr, Nov.–März Mo–Sa 8.30–15 Uhr, So 8.30–13 Uhr, Eintritt: 5 €, Parkplatz 9–19 Uhr 5 €, Kombiticket mit Villa dei Mulini (s. S. 122) 8 €

Campingplätze

64 Camping La Sorgente, Portoferraio
65 Camping Enfola, Portoferraio
66 Camping Scaglieri, Portoferraio

Nach der Besichtigung der Villa San Martino fährt man das kurze Stück auf die SP24 zurück und folgt ihr 9 km bis Prócchio.

Prócchio hat zwar einen sehr schönen Sandstrand, schließt aber mit Verbotsschildern Wohnmobilfahrer aus. Der dortige Stellplatz befindet sich in schöner Lage 50 m vom Meer entfernt.

Stellplatz

67 Area Camper La Perla, Prócchio

085to Abb.: gg

Napoleon auf Elba und die Herrschaft der hundert Tage

*Nach seiner Niederlage beim **Russlandfeldzug** unterschrieb Napoleon am 12. April 1814 seine Absetzungsurkunde. Ihm wurde die Insel **Elba** als Wohnsitz zugewiesen und einzig der Kaisertitel belassen.*

Am 4. Mai 1814 landete er mit dem Segler „Undaunted" unter dem Jubel der Einheimischen im Hafen von Portoferraio. Frankreichs selbst ernannter Kaiser war nun der Herrscher über eine Insel mit 10.000 Einwohnern und einer Armee von gerade mal 1000 Mann. Seine Residenz war die Villa dei Mulini in Portoferraio, in deren Garten den Besuchern heute die Steinbank gezeigt wird, auf der der Kaiser angeblich stundenlang gesessen und über sein trauriges Schicksal gebrütet hat. Da es ihm in der Stadt im Sommer zu heiß wurde, ließ er sich im Tal von San Martino ein Bauernhaus in eine Landvilla umbauen. Er begann weitreichende Reformen in der Verwaltung der Insel und setzte sich für eine Verbesserung der Verkehrswege ein.

Obwohl Elba eigens für ihn zum Fürstentum erhoben wurde, haderte er jedoch weiter mit seinem Schicksal. Durch seine Spione wusste er bereits, dass in Frankreich in der Bevölkerung eine weitverbreitete Unzufriedenheit mit der Regentschaft Ludwigs XVIII. herrschte. Darin sah Napoleon eine Chance zur Rückkehr. Ende Februar 1815 verließ er Elba mit 1000 Mann in Richtung Frankreich. Dort liefen die französischen Soldaten scharenweise zu ihm über. Sein Weg nach Paris wurde zu einem wahren Triumphzug. Am 19. März 1815 floh König Ludwig XVIII. aus der französischen Hauptstadt. Nachdem er die Macht wieder an sich gerissen hatte, gelang es Napoleon rasch, eine gut ausgerüstete Armee aus 125.000 erfahrenen Soldaten aufzustellen.

*Am 18. Juni 1815 griff er nahe dem belgischen Ort **Waterloo** die alliierte Armee von Wellington an. Wellington gelang es mit seinen britischen, niederländischen und deutschen Truppen, seine günstige Stellung gegen alle französischen Angriffe zu halten. Aus dieser Lage ist sein Ausspruch überliefert: „Ich wünschte, es wäre Nacht und die Preußen kämen." Tatsächlich kamen die preußischen Truppen unter Marschall Blücher Wellington zu Hilfe und Napoleon wurde geschlagen.*

*„Die Herrschaft der hundert Tage", wie die Zeit zwischen Napoleons Flucht von Elba und seinem Rücktritt am 22. Juni 1815 genannt wird, fand damit ein jähes Ende und Ludwig XVIII. bestieg erneut den französischen Thron. Napoleon wurde auf Beschluss der Alliierten nach **St. Helena** im Südatlantik verbannt, wo er am 5. Mai 1821 verstarb.*

Verirren kann man sich ab Prócchio kaum, man bleibt während der gesamten Rundtour auf der SP25, die gegen den Uhrzeigersinn an der Küste entlang und ins Innere der Insel führt. Der Westen ist der ruhigere, vom Tourimus noch nicht so „heimgesuchte" Teil Elbas. Hier findet man noch authentische Orte, besonders die Bergdörfer Poggio und Marciana, aber auch an Chiessi sind die großen Touristenströme noch vorbeigezogen. Die Straße an der Küste entlang und auch in die Berge ist sehr gut zu befahren. Nur an wenigen Stellen muss man bei Gegenverkehr langsam fahren.

MARCIANA MARINA
(16 km – km 21)

Schon von der SP25 sieht man **Marciana Marina** wunderschön in einer Bucht liegen. Haltebuchten bieten die Gelegenheit, ein Foto von oben zu machen. Das **Hafenstädtchen** ist ein viel besuchter, bei italienischen Gästen sehr beliebter Badeort. Trotzdem wirkt die Piazza V. Emanuele mit der Chiesa Santa Chiara sehr authentisch. Malerisch ist besonders der Ortsteil Cotone. Das alte Fischerviertel liegt, seinem Namen entsprechend, auf einer Felsformation (lateinisch: *cos, cotis*) über dem Meer.

Die lange Hafenpromenade, die gesäumt ist von hundertjährigen Tamarisken, führt zum **Torre Pisana,** einem ehemaligen Wachturm aus dem 12. Jh. Am danebenliegenden Strand mit großen Kieselsteinen wird auch auf Deutsch darauf hingewiesen, dass keine Steine mitgenommen werden dürfen!

Bootsfahrten

Nautilus, Tel. +39 0565976022, www.aquavision.it/ nautilus.html. Das Boot, das Fenster unter der Wasseroberfläche hat, sodass man die Unterwasserwelt trocken betrachten kann, startet vom Hafen von Marciana Marina. Abfahrt: Ende Apr.–Mitte Juni und Mitte–Ende Sept. 15.30 Uhr, Mitte Juni–Mitte Sept. 10.30 und 15.30 Uhr, Fahrpreis: 20/10 €.

Essen

Salegrosso, 57033 Marciana Marina, Piazza della Vittoria 14, Tel. +39 0565996862. Da isst das Auge mit: liebevoll dekorierte, schmackhafte Gerichte.
Rendez-vous da Marcello, 57033 Marciana Marina, Piazza della Vittoria 1, Tel. +39 056599251. Direkt am Meer mit schöner Aussicht, hervorragende Fischgerichte.

◹ *Marciana Marina – ein beliebter Ferienort*

POGGIO
(5 km – km 26)

Kurvig und mit schöner Sicht schraubt sich die SP25 hinauf zum kleinen Bergdörfchen **Poggio** in 350 m Höhe. Die Aussicht von der Piazza Castagneto ist einmalig: Kastanienwälder bedecken die Hänge und unten leuchtet das tiefblaue bis türkisfarbene Meer. Das hier an der Piazza ansässige Ristorante Publius ist ein toller Tipp für Genießer des guten Essens und der herrlichen Aussicht.

An der höchsten Stelle des Ortes steht die **Dorfkirche** aus dem 13. Jh. Von den Gläubigen ausgetretene Stufen führen steil hinauf zum Portal des schlichten Gotteshauses. Von hier hat man schon einen schönen Blick auf das nächste Ziel: Marciana.

Literaturtipp
„InselTrip Elba" von Markus Bingel, REISE KNOW-HOW Verlag. Die „Insel Napoleons" mit diesem praktischen Reiseführer in all ihren Facetten entdecken: ob Bergwerks-Tour, kulinarischer Streifzug durch die elbanische Küche oder idyllische Wanderung.

Essen

Publius, 57030 Poggio, Piazza del Castagneto 11, Tel. +39 056599208, Mai–Sept. montags nur abends, Okt.–Apr. montags geschlossen. Ein vorzügliches Lokal der gehobenen Preisklasse. Spezialität: Gnocchi aus Kastanienmehl und Wildschwein. Die Sicht auf die Küste ist wunderschön.

MARCIANA
(3 km – km 29)

Marciana liegt am Fuße des höchsten Bergs von Elba, dem Monte Capanne (1019 m). Schlendert man durch die Gassen, gibt es viel zu entdecken: eine Bar mit fantastischer Aussicht, ein Restaurant mit ausgezeichneter Küche und eine ideenreiche Marmeladenköchin.

An interessanten Bauwerken gibt es die **Cappella di San Liborio** und die **Fortezza.** Wann die Cappella erbaut wurde, darüber streiten sich die Experten. Die einem meinen zwischen dem 11. und dem 12. Jh., die anderen im 17. Jh. Egal! Mit ihrem Steinaltar ist sie auf jeden Fall nett anzusehen. Wer hinauf bis zur Fortezza steigt, wird wieder mit einem herrlichen Blick auf die Küste belohnt.

Wanderung auf den Monte Capanne

Die Wanderung zum Monte Capanne beginnt an der Piazza V. Emanuele in Marciana, ausgeschildert ist der Weg mit der rot-weißen Markierung Nummer 1. Über die Via Agabito verlässt man, immer der Markierung folgend, den Ort und trifft nach ca. einer Stunde auf den Weg Nummer 2, der von Poggio kommt. Der Weg ist gut ausgeschildert und nach insgesamt zwei bis zweieinhalb Stunden Gehzeit steht man auf dem Gipfel des höchsten Bergs von Elba. Nur das letzte Stück ist steil und erfordert etwas Trittsicherheit. Wer es bequemer haben möchte, nimmt die Seilbahn (Apr.–Anf. Nov. täglich 10–13 Uhr und 14.20–17 Uhr, Juli/Aug. bis 18 Uhr, Berg- und Talfahrt 18/7 €).

Essen

Bar la Porta, 57030 Marciana, Piazza Umberto I., Tel. +39 0565901275. Getränke, Kuchen und kleine Gerichte bei toller Aussicht.
Osteria del Noce, 57030 Marciana, Via della Madonna 14, Tel. +39 0565901284, www.osteriadelnoce.com. Hochgelobte Osteria. Wunderschöne Aussicht von der Terrasse.

Einkaufen

Il Capepe, 57030 Marciana, Via del Pretorio 2, Tel. +39 3491447305, www.ilcapepe.com, Öffnungszeiten: März–Dez. Mo–Sa 9.30–13 Uhr und 14.30–18.30 Uhr. Bei Doriana Mangini gibt es die beste Marmelade Italiens. Sie kreiert so wohlschmeckende Sorten wie Kürbis-Muskat, Kirsche-Zimt und Feigen-Zitrone. Alles handgemacht und aus heimischem Obst hergestellt. Auch Online-Versand.

Wieder auf der Küstenstraße, fährt man immer an der Steilküste entlang und kann den wunderschönen Ausblick auf kleine versteckte Buchten genießen.

Die Orte Zanca, Patresi und Colle d'Orano sind für Wohnmobile zu eng, bieten aber auch keine Sehenswürdigkeiten. Wer Badeplätze sucht, tut sich schwer, denn zu den kleinen Buchten kommt man nur zu Fuß und Parkplätze sind für Wohnmobile absolute Mangelware. Lediglich auf den an der Straße angelegten Aussichtspunkten mit Tischen und Bänken kann man halten und den Blick genießen.

Picknickplatz

Großer Picknickplatz ca. 500 m hinter Chiessi mit schöner Aussicht, Tischen und Bänken. GPS: 42.75334°N 10.11564°E

Romantisch schmiegen sich in **Chiessi** die kleinen, weißen Häuser an eine Bucht der Costa del Sole. Leider findet man mit dem Wohnmobil so gut wie keine Parkplätze, so muss der Bummel durch die engen Gassen meist entfallen.

Weiter auf der Straße mit ihrer schönen Aussicht, kommt man über Pomonte und Fe-

Wanderung zur Madonna del Monte

*Vom Ort Marciana den Hinweisschildern zur Osteria del Noce folgen. Ab dort ist der Weg zur Madonna del Monte ausgeschildert. Zuerst geht es auf holprigem Weg bis zur Straße. Diese überquert man und wandert 1,1 km im Wald auf dem Kreuzweg zur Madonna del Monte (auf 627 m Höhe) unterhalb des Gipfels des Monte Giove (einem Gipfel des Monte Capanne). Oben gibt es **Picknickplätze** und man hat einen sehr schönen umfassenden Blick, an schönen Tagen bis nach Korsika. Diese Aussicht soll auch schon Napoleon sehr genossen haben und er schrieb an seine Gemahlin wie wunderschön es hier sei.*

*Das **Santuario della Madonna del Monte** ist das älteste und bedeutendste Kloster Elbas. Im Inneren ist „Mariä Himmelfahrt", ein auf einen Granitblock gemaltes Bild, zu bestaunen. Zurück geht man auf demselben Weg. Die einfache Wanderung dauert ca. 50 Min., die Höhendifferenz beträgt 150 m.*

tovaia nach **Cavoli** mit seiner schönen Bucht mit feinem Sandstrand. Für Wohnmobilfahrer ist sie nur zu erreichen, wenn man auf den unten genannten Parkplatz fährt, denn die Zufahrt nach Cavoli ist für Wohnmobile gesperrt.

Parken
GPS: 42.73778°N 10.18415°E, gebührenpflichtig

MARINA DI CAMPO
(30 km – km 59)

Zu Campo nell'Elba, wie die Gesamtgemeinde heißt, gehört auch das hübsche **Marina di Campo.** Es liegt an einer wunderschönen, sichelförmigen Bucht mit einem herrlichen, etwa 1,5 km langen Sandstrand. Auch den größten Fischereihafen der Insel findet man hier. Ein Großteil des Zentrums ist Fußgängerzone. Hier spazieren die Menschen bei

der traditionellen *passeggiata,* einem abendlichen Spaziergang zwischen Strandbesuch und Abendessen *(cena).* Sehen und gesehen werden lautet das Motto.

Bootsfahrten
Motorboot Magic Princess, 57034 Marina di Campo, Molo di Marina di Campo, Tel. +39 3287821455 (Silverio), verschiedene Touren (z. B. Südostküste, Dauer: 3 Std., Abfahrt 10 Uhr, 25/12,50 € inkl. Mittagessen).

Essen
Da Piero, 57034 Marina di Campo, Viale degli Etruschi, Tel. +39 391 4322831. Frischer Fisch vom Grill in herrlicher Lage.

Camping-/Stellplätze
68 Camping del Mare, Marina di Campo
69 Camping La Foce, Marina di Campo
70 Camping Ville degli Ulivi, Marina di Campo
71 L'Area Sosta Camper Isola d'Elba, Marina di Campo

Rückfahrt nach Portoferraio

Wer keine Lust auf die östliche Elbarundfahrt hat oder wieder zurück auf die Fähre muss, fährt von Marina di Campo auf der SP25 durch das Inselinnere 5 km nach Prócchio und von dort auf der schon bekannten Strecke (SP24) nach Portoferraio (10 km).

ÖSTLICHE ELBARUNDFAHRT

Strecke:
Marina di Campo – Capoliveri (22 km) – Porto Azzurro (6 km) – Rio Marina (12 km) – Cavo (8 km) – Villa Romana delle Grotte/Portoferraio (22 km)

Streckenlänge:
70 km

Anfahrt nach Marina di Campo

Wer von der Fähre in Portoferraio aus nur die östliche Elbarundfahrt fahren möchte, begibt sich über die SP24 nach Prócchio und dann auf der SP25 nach Marina di Campo.

Von Marina di Campo/La Foce windet sich die SP30 in vielen Kurven zuerst hinauf und danach hinunter nach **Lacona**. Die wunderschöne Bucht von Lacona mit ihrem kristall-

klaren Wasser lockt viele Naturliebhaber an. Stellmöglichkeiten an der Bucht gibt es nur auf den vielen Campingplätzen, die meisten haben direkten Zugang zum Strand.

Camping-/Stellplätze
- ⑫ Camping Laconella, Lacona
- ⑬ Camping Valle Santa Maria, Lacona
- ⑭ Agritursmo Orti di Mare, Lacona

CAPOLIVERI
(22 km – km 22)

Capoliveri wird viel besucht, hat aber trotzdem nichts von seinem ursprünglichen Charme verloren. Die Piazza Matteotti ist der Treffpunkt von Alt und Jung: Die Buben spielen hier Fußball und die ältere Signora geht in Spitzen gehüllt und mit Schmuck behangen spazieren. Auf der Piazza kann man in einer der Bars gut sitzen und dem lebhaften Treiben zuschauen.

▱ *Die lange Sandbucht von Marina di Campo*

▷ *Lacona: Felsen, kristallklares Wasser und traumhafte Buchten*

Essen

La Taverna dei Poeti, 57031 Capoliveri, Via Roma 14, Tel. +39 0565968306. Ansprechendes Ambiente, exquisite Gerichte, freundliche Bedienung.

Camping-/Stellplätze

75 Camping Europa, Lido di Capoliveri
76 Area Sosta Ferrato, Straccoligno

PORTO AZZURRO
(6 km – km 28)

Wenn man auf **Porto Azzurro** zufährt, ist man begeistert von seiner schönen Lage, der Fortezza und dem pittoresken Hafen. Die alles überragende Festung Longone stammt aus dem Jahre 1603 und dient heute als Strafvollzugsanstalt. An ihr entlang führt ein Weg mit sehr schöner Aussicht in 30 Min. immer an der Küste entlang bis zur Barbarossabucht mit feinem Kiesstrand.

Essen

Gelateria Zero Gradi, 57036 Porto Azzurro, Piazza G. Matteotti 9. Viele außergewöhnliche Eissorten.
Bar El Curandero, 57036 Porto Azzurro, Via Ricasoli 24, Tel. +39 056595588. Eine riesige Auswahl an Cocktails und Aperitifs, serviert mit kleinen Happen.
Osteria la Bottegaia, 57036 Porto Azzurro, Viale Europa 5/7, Tel. +39 056595607, www.labottegaia. com. Gemütliches Ambiente, nur frisch zubereitete Fisch- und Fleischgerichte.

Bootsfahrten

Motobarca Azzurra II, 57036 Porto Azzurro, Zona Porto, Tel. +39 3477384154, von Juni bis September, Abfahrt 9.45 Uhr und 15.40 Uhr, Dauer: 3 Stunden, Preis: 15 €, Aug. 20 €

Camping-/Stellplätze

77 P4, Porto Azzurro
78 Camping Da Mario, Porto Azzurro
79 Camping Arrighi, Porto Azzurro

Sehenswertes

Museo dei Minerali Elbani, 57038 Rio Marina, Via Magenta 26, Tel. +39 0565962088, Öffnungszeiten: Apr.–Juni und Sept.–Okt. 9.30–12.30 und 15.30–18.30, Juli/Aug. 9.30–12.30 und 16.30–19.30 Uhr, Eintritt: 2,50 €.

Essen

Jolly Bar, 57038 Rio Marina, Lungomare Marconi 4. Gutes Eis, leckere Apertifs.

Pizzeria & Spaghetteria il Mare, 57038 Rio Marina, Via del Pozzo 16, Tel. +39 0565962117. Regionale Hausmannskost, ansprechend und freundlich serviert.

Einkaufen

Panificio Muti & Lupi, 57038 Rio Marina, Via Palestro 14. Die Kekse mit kandierten Orangenstückchen sind ein Gedicht.

Stellplatz

80 Erzverladestation, Rio Marina

CAVO
(8 km – km 48)

Auf der SP26 geht es landeinwärts nach **Rio nell'Elba.** Die Wurzeln dieses Bergdorfes gehen bis in die Bronzezeit zurück und es ist somit eine der ältesten Siedlungen auf Elba. Bereits die Etrusker bauten hier in 180 m Höhe Eisenerz ab.

RIO MARINA
(12 km – km 40)

Nach 3 km ist man wieder an der Küste in **Rio Marina.** In dem 2000-Einwohner-Städtchen gab es eine Eisenmine und die dazugehörige Schiffsverladestation. Wer sich für das Thema interessiert, dem sei das Museo dei Minerali Elbani mit einer Ausstellungsfläche von 600 m² empfohlen. Neben einer schönen Mineraliensammlung gibt es auch Nachbildungen verschiedener Bergbaubereiche in Originalgröße mit alten Maschinen zu bestaunen. Auch kulinarisch hat Rio Marina zwei Highlights vorzuweisen: die Pizzeria & Spaghetteria il Mare und die Bäckerei Muti & Lupi.

Von Cavo aus ist das Festland mit Piombino zum Greifen nah. Entlang der gesamten Bucht mit kristallklarem Wasser zieht sich ein feiner, sanft abfallender Kiesstrand von den Einheimischen San Bennato genannt.

Stellplatz

81 Attrezzato per Camper, Cavo

Zur Weiterfahrt gibt es zwei Möglichkeiten, beide sind gleich lang: **Wohnmobile bis 2 m Breite** können von Cavo aus direkt über die SP33 nach Rio nell'Elba fahren. Kurz vor dem Ort lohnt sich ein Abstecher zur **Eremo di Santa Caterina.** Dafür von der SP33 Richtung Nisporto abbiegen. Nach 900 m findet man den Parkplatz bei GPS 42.82450° N

⌃ *Porto Azzurro – hier herrscht perfekte Urlaubsidylle*

▷ *Erzhaltiges Gestein bei Rio Marina*

10.40439°E. Von hier sind es noch 400 m Fußweg zur Eremo di Santa Caterina (Einsiedelei) in idyllischer Aussichtslage. 1624 erbaut, war die Einsiedelei bis 1855 bewohnt. Der deutsche Schriftsteller und Fotograf Hans Georg Berger entdeckte 1977 das verlassene Kloster, führte umfangreiche Restaurierungen durch und lebte einige Jahre hier. So entstand ein botanischer Garten mit der typischen Flora des toskanischen Archipels.

Hinter Rio nell'Elba gibt es eine direkte Straße nach Portoferraio (SP32), diese ist ebenfalls für Fahrzeuge über 2 m Breite gesperrt. Sie führt unterhalb des **Castello Volterraio** (13. Jh.) vorbei. Wer will, kann in einer dreiviertelstündigen Tour zu den Resten der Burg in 394 m Höhe hinaufsteigen, das grandiose Panorama lohnt die Anstrengung (Parkplatz an der Straße nach Magazzini, GPS: 42.80276°N 10.38695°E).

Breite und lange Fahrzeuge fahren auf derselben Strecke wie bei der Hinfahrt (SP26) zurück bis nach Porto Azzurro, von dort geht es weiter Richtung Portoferraio. An der Villa Romana delle Grotte treffen beide Routenvarianten zusammen.

Campingplatz
82 Camping Sole e Mare, Rio Nell'elba

VILLA ROMANA DELLE GROTTE/PORTOFERRAIO

(22 km – km 70)

Die **Villa Romana delle Grotte** war die Sommervilla einer reichen römischen Familie aus dem 1. Jh. v. Chr. Leider wirkt das Gelände inzwischen ungepflegt und die Erklärungsschilder sind teilweise Vandalen zum Opfer gefallen. Der Blick auf Portoferraio ist von hier atemberaubend und schon deshalb ist die Villa einen Besuch wert (März–Anf. Juni Fr.–So. 10–12.30 und 17–20 Uhr, Anf. Juni–Aug. tägl. 10–12.30 und 17–20 Uhr, Sept.–Anf. Nov. Fr.–So. 10–12.30 und 14.30–18.40 Uhr, Eintritt: 4/3€, GPS: 42.79989°N 10.33170°E).

Von hier fährt man schließlich nochmal 5 km bis zum **Hafen von Portoferraio.** Hier endet die östliche Rundtour und somit auch der Besuch dieser traumhaften Insel.

092to Abb: gg

64 Camping La Sorgente, Portoferraio

42.82222°N 10.28079°E

Gepflegter Platz mit befriedigender Sanitärausstattung in wunderschöner Lage oberhalb zweier traumhafter Buchten. **Lage/Anfahrt:** Von Portoferraio in Richtung Capo Enfola, kurz vor der Abzweigung nach Viticcio, ausgeschildert, 200 m etwas holprige Zufahrt; **Untergrund:** Schotter; **Ver-/Entsorgung:** Strom, Trinkwasser, Abwasser, Chemie-WC; **Sicherheit:** umzäunt, beleuchtet, bewacht; **Preise:** 12–21 €/Fahrz., 9–16,50 €/Pers., Strom 3,50 €, vor der Schranke pauschal 25 €, max. 3 Tage; **Geöffnet:** Ostern–Oktober; **Kontakt:** 57037 Portoferraio, Capo Enfola, Tel. +39 0565917139, www.campinglasorgente.it.

65 Camping Enfola, Portoferraio

42.82430°N 10.27042°E

Platz in sehr schöner, ruhiger Aussichtslage am Meer, gute Sanitärausstattung, WLAN, Bar, Restaurant, Minimarkt, E-Bike-Verleih, Tauchschule. 800 m zum Bus nach Portoferraio. Nur Fahrzeuge bis 8 m Länge. **Lage/Anfahrt:** wie Platz 64, dann weiter ausgeschildert; **Platzanzahl:** 50; **Untergrund:** Schotterrasen; **Ver-/Entsorgung:** Strom, Trinkwasser, Abwasser, Chemie-WC; **Sicherheit:** umzäunt, beleuchtet, bewacht; **Preise:** bis 5,5 m Länge 12–23 €/Fahrz., bis 8 m 13–25 €/Fahrz., 8–15,50 €/Pers., Strom 2,50–3 €, Hund 3–5 €; **Geöffnet:** Ende April–Anfang Oktober; **Kontakt:** 57037 Portoferraio, Località Enfola, 91, www.campingenfola.com.

66 Camping Scaglieri, Portoferraio

42.80370°N 10.27123°E

Terrassierter Platz mit schöner Aussicht, direkt am Meer, eigener Wasser- und Abwasseranschluss, Sanitärausstattung befriedigend. **Lage/Anfahrt:** Man fährt auf der SP24 in Richtung Prócchio bis zur Abzweigung nach Scaglieri (rechts), ab hier ausgeschildert; **Platzanzahl:** 100; **Untergrund:** Schotterrasen; **Ver-/Entsorgung:** Strom, Trinkwasser, Abwasser, Chemie-WC; **Sicherheit:** umzäunt, beleuchtet, bewacht; **Preise:** 19–36 €/Fahrz., 7,50–15,50 €/Pers., Hund 5–7 €;

Geöffnet: Mitte April–Mitte Okt.; **Kontakt:** 57037 Portoferraio, Loc. Biodola, Tel. +39 0565969940, www.campingscaglieri.it.

⑥⑦ Area Camper La Perla, Prócchio
42.78972°N 10.24805°E

Stellplätze mit eigenem Strand (50 m), Dusche, WC, Restaurant und Supermarkt 200 m, Fahrradverleih. **Lage/Anfahrt:** Am Ortsanfang nach rechts in die Via Campo all'Aia abbiegen, ausgeschildert; **Platzanzahl:** 20; **Untergrund:** Schotter; **Ver-/Entsorgung:** Strom, Trinkwasser, Abwasser; **Preise:** 10–18 €/Fahrz., 5–14 €/Pers., Strom 2,50–3,50 €; **Geöffnet:** ganzjährig; **Kontakt:** Loc. Campo All'Aia, Procchio, Tel. +39 3391725879, www.elbaincamper.it.

⑥⑧ Camping del Mare, Marina di Campo
42.75070°N 10.24473°E

Platz in schöner und ruhiger Lage mit befriedigender Sanitärausstattung direkt an der Sandbucht. Waschmaschine, WLAN, Bar. **Lage/Anfahrt:** An Marina di Campo vorbei in Richtung Portoferraio fahren, am Ortsende von Marina di Campo ausgeschildert; **Platz-** anzahl: 50; **Untergrund:** Schotter; **Ver-/Entsorgung:** Strom, Trinkwasser, Abwasser, Chemie-WC; **Sicherheit:** umzäunt, beleuchtet, bewacht; **Preise:** 8–16 €/Fahrz., 6,50–14 €/Pers., Strom 2–3 €, Hund 2–5 €; **Geöffnet:** Mitte Apr.–Mitte Okt.; **Kontakt:** 57034 Marina di Campo, Loc. Foce, Tel. +39 0565976237, www.campingdelmare.it.

⑥⑨ Camping La Foce, Marina di Campo
42.74959°N 10.24550°E

Platz mit befriedigender Ausstattung an einer schönen Sandbucht. Zum Strand über die Zufahrtsstraße. Für Fahrzeuge bis 7 m. Gute Sanitärausstattung, WLAN, Minimarkt, Waschmaschine. Zentrum 800 m. **Lage/Anfahrt:** An Marina di Campo vorbei in Richtung Portoferraio fahren, am Ortsende von Marina di Campo ausgeschildert; **Platzanzahl:** 50; **Untergrund:** Schotter; **Ver-/Entsorgung:** Strom, Trinkwasser, Abwasser, Chemie-WC; **Sicherheit:** umzäunt, beleuchtet, be-

☑ *Vom Campingplatz Ville degli Ulivi ⑦⓪ sind es nur wenige Schritte bis zum Strand*

wacht; **Preise:** 8,50–18 €/Fahrz., 7–15 €/Pers., Strom 2–3,50 €, Hund 0–5 €; **Geöffnet:** Mai–Anfang Nov.; **Kontakt:** 57034 Marina di Campo, Loc. Foce, Tel. +39 0565976456, www.campinglafoce.com.

⑦⓪ Camping Ville degli Ulivi, Marina di Campo
42.75179°N 10.24522°E

Schöner, großzügiger Platz mit guter Sanitäraustattung, Schwimmbad und WLAN gegen Gebühr, Restaurant, Laden, am Anfang einer Stichstraße zur Sandbucht, zum Meer sind es 150 m. **Lage/Anfahrt:** An Marina di Campo vorbei in Richtung Portoferraio, im Kreisverkehr nach Marina di Campo in Richtung Lacona und Campingplatz, ausgeschildert; **Platzanzahl:** 280; **Untergrund:** Schotter; **Ver-/Entsorgung:** Strom, Trinkwasser, Abwasser, Chemie-WC; **Sicherheit:** umzäunt, beleuchtet, bewacht; **Preise:** 9–20 €/Fahrz., 7–17 €/Pers., Strom 2,50–3,50 €, Hund 0–6 €; **Geöffnet:** Mitte April bis Mitte Oktober; **Kontakt:** 57034 Marina di Campo, Via della Foce 89, Tel. +39 0565976098, www.villedegliulivi.it.

⑦① L'Area Sosta Camper Isola d'Elba, Marina di Campo
42.75267°N 10.24057°E

Plätze auf einem gemischten Parkplatz, in der Saison sehr eng und unruhig, kein Schatten, 200 m zum Meer. Campingverhalten nicht erlaubt. **Lage/Anfahrt:** Von der SP30 Richtung Lacona in die Via degli Etruschi einbiegen; **Platzanzahl:** 30; **Untergrund:** Schotter; **Ver-/Entsorgung:** Strom, Trinkwasser, Abwasser, Chemie-WC; **Sicherheit:** beleuchtet; **Preise:** 12–25 €/Fahrz., Strom 3 €; **Geöffnet:** Apri.–Anfang Nov.; **Kontakt:** 57034 Campo nell'Elba, Viale degli Etruschi 625, Tel. +39 3471363157, areasostacamperisoladelba.com.

⑦② Camping Laconella, Lacona
42.75888°N 10.29717°E

Platz in Traumlage auf einer Halbinsel zwischen den Stränden von Lacona und Laconella, gute Sanitärausstattung, Waschmaschine, Restaurant, Laden. **Lage/Anfahrt:** Von der SP30 ab Ortsanfang ausgeschildert; **Untergrund:** Schotterrasen; **Ver-/Entsorgung:** Strom, Trinkwasser, Abwasser, Chemie-WC; **Sicherheit:** umzäunt, beleuchtet; **Preise:** 15–27,50 €/Fahrz., 7,50–14 €/Pers., Strom 2,50 €, Hund 3–5 €; **Geöff-**

net: Mitte März bis Ende Oktober; **Kontakt:** 57031 Lacona, Capoliveri, Tel. +39 0565964143, www.campinglaconella.it.

⑦③ Camping Valle Santa Maria, Lacona
42.76099°N 10.30211°E

Platz mit guter Ausstattung, direkt an der Bucht von Lacona, sehr bemühte Platzleitung. Waschmaschine, WLAN, Laden. **Lage/Anfahrt:** Von der SP30 in Richtung Marina di Campo aus am Ortsanfang, ausgeschildert; **Platzanzahl:** 100; **Untergrund:** Schotterrasen; **Ver-/Entsorgung:** Strom, Trinkwasser, Abwasser, Chemie-WC; **Sicherheit:** umzäunt, beleuchtet, bewacht; **Preise:** 16–29 €/Fahrz., 7–14 €/Pers., Strom 2 €, Hund 6 €; **Geöffnet:** Ostern–Okt.; **Kontakt:** 57031 Lacona, Via del Mare 91, Tel. +39 0565964188, www.vsmaria.it.

⑦④ Stellplatz Agritursmo Orti di Mare, Lacona
42.76493°N 10.30923°E

Campinglatz mit separatem Bereich ohne Kinder bei einem Bio-Hof mit Café und Hofladen, gute Dusche, WC, Waschmaschine WLAN. Sehr freundliche Betreiber. Extra Wohnmobilplätze ohne Sanitär. **Lage/Anfahrt:** Von der SP30 aus in Richtung Marino di Campo am Ort Lacona vorbeifahren und am nächsten Kreisverkehr in Richtung Portoferraio halten, im zweiten Kreisverkehr die zweite Straße rechts nehmen, ab hier ist der Stellplatz ausgeschildert; **Platzanzahl:** 40; **Untergrund:** Schotterrasen; **Ver-/Entsorgung:** Strom, Trinkwasser, Abwasser, Chemie-WC; **Sicherheit:** umzäunt, beleuchtet, bewacht; **Preise:** Campingplatz 12,50–21 €/Fahrz., 5–15,50 €/Pers., Strom 3 €, Hund 3,50–5 €, Extra Stellplatz: 7–15 €/Fahrz., 5–15,50 €/Pers., Strom 3 €, Hund 2 €; **Geöffnet:** ganzjährig; **Kontakt:** 57031 Lacona, Capoliveri, Via dei Vigneti 522, Tel. +39 0565964436, www.ortidimare.it.

⑦⑤ Camping Europa, Lido di Capoliveri
42.76237°N 10.35824°E

Platz in schöner, ruhiger Lage am Strand. Gute Sanitärausstattung, Waschmaschine/Trockner, WLAN, Pool, Restaurant, schmale Zufahrt. **Lage/Anfahrt:** Von der SP26 bei km 9 zum Platz abbiegen, ausgeschildert; **Platzanzahl:** 150; **Untergrund:** Schotter, Schotterrasen; **Ver-/Entsorgung:** Strom, Trinkwasser, Abwasser, Chemie-WC; **Sicherheit:** umzäunt, beleuchtet, bewacht; **Preise:** 5–22 €/Fahrz., 9–16 €/Pers., Strom 3 €, 4,50–5 €/Hund; **Geöffnet:** Mitte April bis Oktober; **Kontakt:** 57031 Lido di Capoliveri, Tel. +39 0565940121, www.elbacampingeuropa.it.

76 Area Sosta Ferrato, Straccoligno
42.74493°N 10.40880°E

Terrassenartig, schön angelegter Platz im Pinienwald mit Meerblick, Dusche, WC, WLAN inkl., Bar. **Lage/Anfahrt:** in Capoliveri Richtung Straccoligno fahren, dann ausgeschildert, schmale Zufahrt; **Platzanzahl:** 25; **Untergrund:** Schotterrasen; **Ver-/Entsorgung:** Strom, Trinkwasser, Abwasser; **Sicherheit:** beleuchtet. **Preise:** 15–33 €/Fahrz., Strom 3 €; **Geöffnet:** Apr.–Okt.; **Kontakt:** 57031 Capoliveri, Loc. Ferrato, Tel. +39 3403221831.

77 Stellplatz P4, Porto Azzurro
42.77107°N 10.39991°E

Offizieller Stellplatz für Wohnmobile auf einem reservierten Parkplatz direkt neben der SP26. **Lage/Anfahrt:** Hinter Porto Azzurro in Richtung Rio Marina; **Platzanzahl:** 10; **Ver-/Entsorgung:** Trinkwasser, Abwasser, Chemie-WC; **Sicherheit:** beleuchtet; **Preise:** 16 €/Fahrz. inkl. Ver- und Entsorgung; **Geöffnet:** frei zugänglich; **Kontakt:** 57036 Porto Azzurro, Loc. Bocchetto P4.

78 Camping Da Mario, Porto Azzurro
42.77065°N 10.40670°E

Kleiner Platz mit guter Sanitärausstattung am Feinkiesstrand, Waschmaschine, Restaurant, Laden, schöner Weg die Küste entlang nach Porto Azzurro (30 Min.), Hunde nur nach Absprache. **Lage/Anfahrt:** In östlicher Richtung nach Porto Azzurro, ausgeschildert; **Platzanzahl:** 30; **Untergrund:** Schotter; **Ver-/Entsorgung:** Strom, Trinkwasser, Abwasser, Chemie-WC; **Sicherheit:** umzäunt, beleuchtet, bewacht; **Preise:** 10–20 €/Fahrz., 6–16 €/Pers., Strom inkl.; **Geöffnet:** Ostern–Ende Okt.; **Kontakt:** 57036 Porto Azzurro, Loc. Barbarossa, Tel. +39 0565958032, www.damario.it.

79 Camping Arrighi, Porto Azzurro
42.77059°N 10.40753°E

Gepflegter Platz mit zwei Teilen, einer direkt an der Barbarossabucht. Gute Sanitärausstattung, Waschmaschine, Restaurant, Laden. **Lage/Anfahrt:** siehe

Camping da Mario; **Platzanzahl:** 80; **Untergrund:** Schotter; **Ver-/Entsorgung:** Strom, Trinkwasser, Abwasser, Chemie-WC; **Sicherheit:** umzäunt, beleuchtet, bewacht; **Preise:** 12–25,50 €/Fahrz., 7,50–17,50 €/Pers. inkl. Strom und Hund; **Geöffnet:** Ostern–Mitte Nov.; **Kontakt:** 57036 Porto Azzurro, Loc. Barbarossa, Tel. +39 056595568, www.campingarrighi.it.

80 Stellplatz Erzverladestation, Rio Marina
42.81967°N 10.42906°E

Freie Stellmöglichkeit in der Nebensaison auf dem großen Parkplatz bei der ehemaligen Erzverladestation, ca. 300 m bis ins Zentrum, schöner Blick aufs Meer. **Lage/Anfahrt:** Hinter Rio Marina an der SP26 in Richtung Cavo; **Untergrund:** Schotter; **Preise:** kostenlos; **Geöffnet:** frei zugänglich.

81 Attrezzato per Camper, Cavo
42.85452°N 10.42287°E

Terrassierte Plätze in schöner, ruhiger Lage mit einfache Dusche, WC. Freundlicher Besitzer, ca. 400 m bis zum Strand. **Lage/Anfahrt:** Von der SP26 aus Richung Rio Marina kommend vor dem Ort links, am Friedhof vorbei und dann rechts, ausgeschildert; **Platzanzahl:** 50; **Untergrund:** Schotterrasen; **Ver-/Entsorgung:** Strom, Trinkwasser, Abwasser, Chemie-WC; **Sicherheit:** umzäunt, beleuchtet; **Preise:** 15–30 €/Fahrz., Strom 3 €, Dusche 1 €; **Geöffnet:** Mai–Sept.; **Kontakt:** Fulvi Acinelli, Tel. +39 0565949724, Mobil +39 3334708729, www.areacampercavo.it.

82 Camping Sole e Mare, Rio Nell'elba
42.82579°N 10.38060°E

Parzellierte Plätze in schöner, ruhiger Lage am Meer, befriedigende Sanitärausstattung, WLAN, Waschmaschine, Restaurant, Laden. Mindestaufenthalt in der Hauptsaison eine Woche! **Lage/Anfahrt:** An der Kreuzung SP32 und SP28 ausgeschildert, 11,5 km zum Platz; **Platzanzahl:** 73; **Untergrund:** Schotterrasen; **Ver-/Entsorgung:** Strom, Trinkwasser, Abwasser, Chemie-WC; **Sicherheit:** umzäunt, beleuchtet, bewacht; **Preise:** bis 6 m Länge 4–25 €/Fahrz., über 6 m 5–27 €, 10–16 €/Pers., Strom 4 €, Hund 2–5 €; **Geöffnet:** Apr.–Sept.; **Kontakt:** 57038 Rio Nell'elba, Loc. Nisporto, Tel. +39 05651930550, www.soleemare.it/de.

AUF DEN SPUREN DER ETRUSKER
DURCH DIE MAREMMA

Die Etrusker machten sich den Erz-
reichtum in den Colline Metallifere zu-
nutze und so entstanden große Städte
mit starken Befestigungsmauern. Von
der ehemals mächtigen Stadt Roselle
sind noch beeindruckende Ruinenfel-
der und der 3000 m lange Mauerring
zu sehen. In Vetulónia findet man
charakteristische Steinkreisgräber
von teils monumentaler Größe. Bei
Stollenführungen in San Silvestro und
Massa Maríttima erfährt man mehr
über den Bergbau von der Etrusker-
bis zur Neuzeit. 1975 wurde ein großer
Teil der herrlichen Maremmaküste
zum Naturpark erklärt. Auch hier hat
das rätselhafte Volk der Etrusker bereits gewirkt und begonnen, die sumpfige Landschaft trockenzulegen. Heute kann man auf markierten Wegen
die unberührte Natur durchwandern.
Nicht etruskisch, sondern aus dem
13. Jahrhundert ist die einsam gelegene Zisterzienserabtei San Galgano.
Der stimmungsvollen Atmosphäre
dort kann sich niemand entziehen.
Mittelalterliche Idylle erlebt man in
Suvereto und Campiglia Marittima,
touristisches Strandleben gibt es in
Castiglione della Pescaia.

▷ *In 215 m Höhe auf dem höchsten Punkt*
von Campíglia Maríttima steht die
Burgruine Rocca di Campiglia

ROUTE 5

DIE SÜDLICHE TOSKANA

STRECKENVERLAUF

Strecke:

Piombino – Abstecher zum Parco Archeominerario di San Silvestro (hin und zurück 3 km) – Massa Maríttima (48 km) – Abstecher nach Montieri (hin und zurück 13 km) – San Galgano (33 km) – Abstecher nach Vetulónia (hin und zurück 25 km) – Castiglione della Pescaia (67 km) – Grosseto (23 km) – Abstecher nach Roselle (hin und zurück 24 km) – Alberese/Parco Regionale della Maremma (15 km) – Porto Ércole/Monte Argentario (46 km)

Streckenlänge:
ohne Abstecher ca. 232 km
mit Abstecher ca. 297 km

Von **Piombino** führt die Route auf der SR398 nach **Venturina,** das wegen seiner außergewöhnlich schönen **Terme Etrusche Calidario** (Öffnungszeiten: März/Apr./Okt.–Dez. 9.30–20.30 Uhr, Mai/Juni/Sept. 9.30–21.30 Uhr, Juli/Aug. 9–24 Uhr, Eintritt: Mo–Fr 20/10 €, Sa/So 22/11 €) und dem guten Stellplatz **83** in unmittelbarer Nähe bei Wohnmobilreisenden beliebt ist.

Stellplatz
83 Terme Calidario, Venturia

Über die SP20 fährt man hinauf in das malerisch an einem Hügel gelegene Städtchen **Campíglia Maríttima.** Durch die wuchtige Porta a Mare geht es steil hinein, ins scheinbar im Mittelalter stehen gebliebene Dorf zur reizenden Piazza della Repubblica und dem Palazzo Pretorio. Den höchsten Punkt des Dorfes krönen die Reste der Rocca di Campiglia. Über die gelungene Verbindung von historischem Gemäuer und Stahltreppen spaziert man mitten hinein in die Burg. Das Panorama von dort oben ist grandios.

Stellplatz
84 Centro storico, Campíglia Maríttima

Tipp
Blu Camp Campingplatz, 57021 Campiglia Marittima, Via Tuttiventi 18, www.blucamp.it, GPS: 43.05684°N 10.60799°E, in sehr schöner, ruhiger Lage, Schwimmbad, Laden, 500 m ins Zentrum, geöffnet Mitte Mai–Anfang Sept.

◨ *Abendstimmung an der Küste der Maremma*

ABSTECHER ZUM PARCO ARCHEOMINERARIO DI SAN SILVESTRO

(hin und zurück 3 km)

Von Campíglia Maríttima geht es auf der SP20 in Richtung San Vincenzo. 1100 m nach dem Ortsendeschild von Campíglia Maríttima zweigt rechts die Zufahrt zum Parkplatz des Parco Archeominerario ab (GPS: 43.07339°N 10.61434°E).

Besonders wenn Kinder an Bord sind, sollte man einen halben Tag für diesen Abstecher in den **Museumspark** San Silvestro einplanen. Ein alter Grubenzug fährt durch einen Bergwerksstollen und das Bergbaumuseum zeigt die Geschichte des örtlichen Bergbaus von der Etruskerzeit bis zu seinem Ende im Jahr 1976. Maschinen, Loren, Fördertürme, alles darf angefasst werden.

Auf einem Hügel des weitläufigen Museumsparks liegt rund um die Rocca San Silvestro ein im 10. und 11. Jh. entstandenes Dorf von Bergleuten und Metallgießern. Ein Rundgang erzählt vom täglichen Leben im Mittelalter.

Sehenswertes

Parco Archeominerario di San Silvestro, Tel. +39 0565226445, www.parchivaldicornia.it. Öffnungszeiten: März–Mitte Mai/Mitte Okt.–Anf. Nov. Sa/So 10–17 Uhr, Juni Di–So 10–19 Uhr, Juli/Aug. tägl. 9.30–19.30 Uhr, Sept.–Mitte Okt. Di–So 10–18 Uhr, Preise von 9/7€ bis 18/14/46€ je nachdem, wie viele Attraktionen besucht werden.

Zurück in Campíglia Maríttima führt die Route über Cafággio zum nächsten mittelalterlichen Dorf, nach **Suvereto.** Das mittelalterliche Dörfchen mit engen Gassen und Treppenwegen ist sehr authentisch und voller Leben. Die impo-

santesten Gebäude sind der Palazzo Comunale, die alles überragende Rocca Aldobrandesca und das ehemalige Franziskanerkloster.

Der Ursprung der **Rocca San Silvestro** geht auf das 10. Jh. zurück. Nach kürzlich vollendeter Renovierung kann man die Ruine kostenlos besichtigen und das weite Panorama bis nach Elba auf sich wirken lassen. Ebenfalls frisch restauriert ist das ehemalige **Convento di San Francesco** (13.–16 Jh.) mit seinem stimmungsvollen Kreuzgang.

Wem der Sinn nach einer Wanderung steht, findet in der Via Marconi beim Stadttor eine Karte mit Routenvorschlägen.

◸ *Mit dem Grubenzug in den Berg*

▷ *Abendlicher Bummel durch die Gassen von Suvereto*

Einkaufen

Frantoio Giovanni, 57028 Suvereto, Loc. S. Lorenzo (SP22), Tel. +39 0565845135, www.giovaniolio.it. In der Ölmühle kann man direkt vom Erzeuger sehr gutes Ölivenöl kaufen.

Wanderung zur Chiesa di Santa Croce

*Von der SR439 biegt man bei km 146 VII zum Parkplatz ab (GPS: 43.12665°N 10.92251°E). Von hier geht die mit weiß-rotem Strich ausgeschilderte Wanderung in 45 Min. zur **Chiesa di Santa Croce** aus dem 13. Jh. Das kleine romanische Kirchlein liegt wunderschön umgeben von Kastanienwäldern. In der Ruhe und Abgeschiedenheit kann man die Zeit vergessen. Zurück geht es auf demselben Weg. Die Dauer der leichten Wanderung beträgt ca. 1:15 Std. Wem es nicht zu einsam ist, der kann auf dem Parkplatz auch sehr gut übernachten.*

Essen

Ristorante dal Cacini, 57028 Suvereto, Via del Crocifisso 3, Tel. +39 0565828313. In diesem stilvollen Restaurant oder auf dessen Terrasse wird von Mittwoch bis Montag ein wechselndes und wirklich ausgezeichnetes Fisch-Menü serviert. Es werden nur frische Zutaten verwendet. Preise von 30 bis 55 €.

Parken

GPS: 43.07802°N 10.67694°E, kostenlos, nur Fahrzeuge bis 6 m Länge

Stellplätze

85 Centro storico, Suvereto
86 Campo sportivi, Monterotondo

Auf der SR398 geht die Fahrt durch das **Val di Cornia.** Hier gedeiht ein guter Wein und viele Weingüter laden zur Verkostung ein. Im Herbst blühen entlang der Straße zahllose wilde lila-rosa Alpenveilchen. Kurz vor Monte-

Die Maremma

Die Maremma ist der flache, von den Hügeln der Monti dell'Uccelina unterbrochene Küstenstreifen, der sich zwischen dem Golf von Follonica und der Lagune von Orbetello hinzieht. Eingeschlossen sind die Flussläufe der Bruna und des Ombrone.

Ihren Namen leitet die Maremma vom Begriff „marisma" ab, was so viel wie „sumpfige Küste" bedeutet. Bereits die Etrusker, die in Vetulónia, in Roselle und Populónia siedelten, konnten mit einem ausgeklügelten Kanalsystem Teile der Maremma entwässern. Auch die Römer unternahmen immer wieder Versuche, diesen malariaverseuchten Küstenabschnitt trockenzulegen, doch erst im 18. und 19. Jh. wurde unter den habsburg-lothringischen Großherzögen der Toskana ein flächendeckendes Entwässerungsprogramm realisiert. Über 5000 Arbeiter zogen Anfang des 19. Jh. Kanäle und legten Pinienwälder an, dennoch konnte keine endgültige Trockenlegung der Sümpfe erzielt werden. Dies

gelang erst in den 1930er-Jahren, seitdem gibt es auch keine Malaria mehr in der Maremma. Heutzutage ist die Gegend ein Agrargebiet und vor allem der Weinbau expandiert. Ein von der Provinzregierung in Grosseto gelenkter, sanfter Tourismus verhinderte große Hotelanlagen. Im Vordergrund stehen Agriturismo (Urlaub auf dem Bauernhof) und Camping. Auf den Besucher warten hier vielfältige landschaftliche und kulturelle Reize. Die Küstenregion mit sandigen Dünen, Pinienwäldern und salzigen Sümpfen geht in Richtung Osten in eine bewaldete Hügellandschaft über. Zahlreiche befestigte Dörfer „laden ins Mittelalter ein" und man findet hier die bedeutendsten Funde aus etruskischer Zeit. Massa Maríttima und Grosseto sind die beiden wichtigsten Zentren, beide lohnen einen Besuch. Am Küstenabschnitt zwischen der Mündung des Ombrone und dem Badeort Talamone wurde 1975 der Parco Naturale della Maremma (Naturpark Maremma) eingerichtet.

rotondo ändert sich das Bild: Silberne Röhren winden sich durch die Landschaft und stoßen immer wieder weißen Dampf aus. Die ENEL (Italiens größter Stromversorger) betreibt in dieser Gegend eine Geothermieanlage.

2 km hinter **Monterotondo** biegt man auf die SR439 in Richtung Massa Maríttima ab. Die Fahrt geht durch üppige **Kastanienwälder,** bei km 146 VII kann man eine kleine Wanderung zur Chiesa die Santa Croce unternehmen.

MASSA MARÍTTIMA

(48 km – km 48)

„Ein großes, fantastisches Schiff, bereit den Anker zu lichten und aufs weite Meer zu fahren", mit diesen Worten beschreibt der italienische Dichter Pietro Citali den **Dom San Cerbone** an der **Piazza Garibaldi.** Ob er tatsächlich einem Schiff ähnelt, sei der Fantasie eines jeden einzelnen überlassen, auf jeden Fall dominiert er aber die schräg abfallende Piazza Garibaldi, eine der interessantesten Plätze der Toskana.

Die Anordnung der Gebäude unterliegt keinerlei Symmetrie und gerade darin liegt der Reiz des Platzes. Eingerahmt wird er vom romanischen **Palazzo Pretorio** und dem schlanken, hoch aufragenden **Palazzo Comunale.** Etwas kleiner ist der **Palazzo del Podestà,** in dem das **Museo archeologico** untergebracht ist. Seine Hauptsehenswürdigkeit ist eine etruskische Grabstele aus der Bronzezeit.

Man kann schon einige Zeit auf der Piazza Garibaldi verweilen, die zahlreichen Bars und Trattorien lassen einem die Zeit nicht lang werden.

Unweit des Domes befindet sich im ehemaligen Getreidespeicher der Brunnen **Fonte dell'Abbondanza.** Vor einigen Jahren wurde hier ein Fresko aus dem 13. Jh. freigelegt, das den Baum der Fruchtbarkeit darstellt. Es war mit einer dicken Kalkschicht bedeckt, die sich

⌐ *Der Dom von Massa Maríttima soll einem vor Anker liegenden Schiff ähneln*

durch austretendes Brunnenwasser gebildet hatte. Nach der Entfernung der Kalkschicht verwitterte das Fresko schnell. Die daraufhin eingeleitete Restaurierung macht langsam Fortschritte, ein großer Teil erstrahlt in neuem Glanz.

Nachdem es in der unabhängigen und reichen Bergbaustadt Massa Maríttima aufgrund von Zuwanderung zu eng wurde, begann man im 13. Jh. die Stadt bergwärts zu erweitern. Die schachbrettartig angelegte Città Nuova erreicht man über steile Treppenwege. Sie wird von der Fortezza dei Senesi bewacht. Ein wuchtiger Brückenbogen, der Arco dei Senesi (1335–1337), verbindet die Burgmauer mit dem 74 m hohen Uhrenturm, dem **Torre del Candeliere** (12. Jh.). Der Turm kann über steile, enge Treppen bestiegen werden.

Auf jeden Fall lohnt sich ein Besuch des **Museo della Miniera** (Bergwerksmuseum) am Ortsrand auf dem Weg zum Stellplatz **87**. In einer ehemaligen Mine wird dem Besucher hier entlang eines 700 m langen Stollens die Geschichte des Bergbaus im Hügelland der Colline Metallifere nahegebracht. Das Ganze geschieht allerdings bei nur 12 °C. Man sollte also auch im Sommer an eine Jacke denken.

⌂ *Die ehemalige Mine in Massa Marittima ist im Rahmen einer Führung zu besichtigen*

Information

Ufficio di Massa Marittima, 58024 Massa Maríttima, Via Todini 3/5, www.turismomassamarittima.it, Tel. +39 0566906554, Öffnungszeiten: Nov.–März Fr–So 10–13 und 15–17 Uhr, Apr.–Okt. Di–Sa 10–13 und 15–17 Uhr, Juli/Aug. tägl. 10–13 und 15–19 Uhr

Sehenswertes

Duomo San Cerbone, 58024 Massa Maríttima, Piazza Garibaldi, Öffnungszeiten: Mo–Fr 8–12 und 15–17 Uhr, Sa/So 8.30–12.30 und 15–18 Uhr

Palazzo del Podestà/Museo archeologico, 58024 Massa Maríttima, Piazza Garibaldi, Öffnungszeiten: Apr.–Okt. Di–So 10–12.30 Uhr und 15.30–19 Uhr, Nov.–März Di–So 10–12.30 Uhr und 15–17 Uhr, Eintritt: 3/2 €

Torre del Candeliere, 58024 Massa Maríttima, Piazza Matteotti, Öffnungszeiten: s. Palazzo Podestà, 3/2 €

Museo della Miniera, 58024 Massa Maríttima, Via Corridoni, geführte Touren: Apr.–Okt. Di–So 10, 11, 12, 16, 17, 18 Uhr, Nov.–März Fr 15, 16 Uhr, Sa/So 10, 11, 12, 15, 16 Uhr, Eintritt: 5/3 €

Essen

Osteria Le Fate Briache, 58024 Massa Maríttima, Corso Armando Diaz 3, Tel. +39 0566901010. Kleines Lokal mit hausgemachten, frisch zubereiteten Speisen. Reservierung empfohlen.

Taverna del Vecchio Borgo, 58024 Massa Maríttima, Via N. Parenti 12, Tel. +39 0566903959. Wer ausgezeichnete toskanische Küche sucht, ist hier richtig. Herrliches Ambiente.

Stellplatz

87 Via Risorgimento, Massa Maríttima

Von Massa Maríttima fährt man zurück auf die SP439 und biegt nach 3 km auf die SP162/SS441 ab. Nach 7 km, kurz vor Prata, findet sich ein kleiner Picknickplatz. Nach weiteren 8 km auf der SP162, später SS441, kann man einen Abstecher nach Montieri machen.

Picknickplatz

Platz mit Bänken. Von der SP162 zwischen km 22 und km 21 vor der Brücke rechts. GPS: 43.08267°N 10.97441°E

ABSTECHER

NACH MONTIERI
(hin und zurück 13 km)

Von der SP162/SS441 biegt man bei Campiano links auf die SP5 nach Montieri ab. Auf 700 m Höhe, von endlosen Kastanien-, Eichen- und Buchenwäldern umgeben, liegt das idyllische Bergdorf Montieri. Der Name ist aus dem lateinischen *mons aeris* (Kupferberg) entstanden und weist auf den Bergbau bereits in antiker Zeit hin. Seit 1970 sind die letzten Minen stillgelegt, die Jugend ist abgewandert und geblieben sind die Alten, die sich gerne zum Diskutieren auf der Piazza treffen. Von hier aus kann man schöne Wanderungen in die Colline Metallifere, z. B. auf den Poggio di Montieri (1050 m), machen. Informationen hierzu gibt es in der Touristeninformation.

Information
Ufficio Tursimo, 58026 Montieri, Piazza A. Gramsci 5, Tel. +39 0566997024, www.turismomontieri.it, Öffnungszeiten: Apr.–Okt. Do/Fr 16–18 Uhr, Sa/So auch 10–12 Uhr

Essen
Il Baccanale, 58026 Montieri, Via della Chiesa 1, Tel. +39 0566997552, Di geschlossen. Sehr rustikales Ambiente, kleine Karte mit guten Gerichten, sehr leckere Pizza.

Stellplatz
88 Parkplatz, Montieri

Wieder zurück auf der SS441 ist bald das nächste Etappenziel erreicht.

SAN GALGANO
(33 km – km 81)

Nach einer Fahrt durch abgeschiedene Natur erhebt sich nun inmitten von Feldern die **Abtei San Galgano.** Noch besser als mit dem Wohnmobil nähert man sich dem Kloster auf einer Wanderung von Monticiano aus (s. S. 145).

☑ *Vollkommene Ruhe und Erhabenheit: San Galgano bei Nacht*

1011o Abb.: gg

Die Legende von San Galgano

Dem Soldaten Galgano soll der Erzengel Michael erschienen sein. Daraufhin schwor Galgano dem Soldatendasein ab und weihte sein Leben Gott. Sein Schwert schleuderte er der Sage nach in den Monte Siepi. Seitdem ragt nur noch der Griff, einem Kreuz gleich, aus dem Stein und es soll sich – wie das Schwert von König Artus – nicht mehr herausziehen lassen. Wer es trotzdem versucht, der ist dem Tod geweiht. Wahrscheinlich wurde deshalb eine Glaskuppel darüber errichtet.

Errichtet wurde die Abtei im 13. Jh. von **Zisterziensermönchen.** Der sehr arbeitsame Orden kam zu Reichtum, indem er die umliegenden Sümpfe trockenlegte und Walkereien errichtete, um Wollstoffe zu verarbeiten. So wurde die Abtei bald zu der blühendsten in der Toskana. Durch eine **Pestepedemie** im 14. Jh. starben viele Mönche und der wirtschaftliche Abstieg der Abtei war besiegelt. Der Abt Vitelli soll sogar aus Geldnot das Bleidach der Kirche verschachert und das Gemäuer somit dem Verfall preisgegeben haben. Bauern nutzten die Abtei als Steinbruch. 1961 wurden die fehlenden Mauern mit alten und neuen Steinen wiederaufgebaut, allerdings ohne das Dach zu ersetzen. Genauso präsentiert sich die Klosterkirche noch heute: Nur die Außenmauern ohne Dach und Fenster sind vorhanden, doch gerade dadurch hat die Abtei ihren besonderen Reiz.

> Öffnungszeiten des Klosterkomplexes: Apr./Mai 9 – 18 Uhr, Juni/Sept. 9 – 19 Uhr, Juli/Aug. 9 – 20 Uhr, Okt.–März 9 – 17.30 Uhr, Eintritt: 3,50/3 €, 65+ 3 €. Bis 23 Uhr wird die Ruine angestrahlt, ein ganz besonders stimmungsvolles Bild.

⌂ *San Galgano liegt ruhig und abgelegen, ist aber gut mit dem Wohnmobil erreichbar*

Wanderung von Monticiano nach San Galgano

Vom Wanderparkplatz Monticiano (GPS: 43.14106°N 11.17531°E, am Ortsrand Richtung Roccastrade ausgeschildert) geht man ein Stück die Straße zurück und dann rechts auf ein kleines Asphaltsträßchen (Hinweisschild „San Galgano"). Die Straße ist nun unbefestigt und kurz darauf, vor einem Lagerplatz, geht es links am Zaun entlang über eine Wiese. Kurz bevor die Wiese endet, biegt man rechts ab in Richtung eines Hauses. Kurz vor dem Haus geht es links auf dem breiten Weg in den Wald (ausgewiesen mit rot-weißen Schildern).

Bei einer Weggabelung wandert man links in Richtung Aussichtspunkt, den man nach ca. 10 Min. erreicht. Von hier kann man durch die Bäume schon die Abtei von San Galgano sehen. Immer weiter auf dem schmalen, etwas verwilderten Weg trifft man auf einen Wegweiser nach San Galgano. Diesem folgend geht es bergab und man erreicht bei einem Rastplatz einen breiten Weg, der hinauf nach San Galgano führt.

Nach der Besichtigung geht es auf demselben Weg zurück bis zum Rastplatz und dann auf dem breiten, im Sommer recht staubigen Sträßchen bis zu einem weiteren Rastplatz mit Tisch und Bank. Hier geht man links und an der nächsten Kreuzung rechts. Weiter geradeaus trifft man unterwegs immer wieder auf Hinweisschilder in Pfeilform, die aber in die entgegengesetzte Richtung weisen. Man kommt zu einem großen, sehr verlotterten Picknickplatz, den man links liegen lässt, und folgt dem breiten Weg in einem Rechtsbogen. An der nächsten Gabelung geht man wieder rechts und dann weiter, bis man auf die schon bekannten Schilder trifft. Jetzt links bergan und man ist bald wieder am Ausgangspunkt der Wanderung.

Es handelt sich um eine leichte Wanderung mit geringen Steigungen, Dauer ca. 2 Std.

Oberhalb der Kirche San Galgano steht die **Cappella di Monte Siepi** (geöffnet von 9 Uhr bis Sonnenuntergang). Sie wurde als imposanter Kuppelbau über dem Schwert des heiligen Galgano errichtet. Interessant sind einige Fresken von Lorenzetti in der Seitenkapelle. Sie zeigen Szenen aus dem Leben des Heiligen.

Stellplatz

🔴89 Parkplatz, San Galgano

Vom Parkplatz geht es rechts ab auf die SS441, der man 2,2 km bis zur SP73bis folgt. Kurz vor Monticiano eröffnet ein frei zugänglicher Skulpturenpark einen Einblick in das künstlerische Schaffen von Roberto Ciulli (1919–1997).

Monticiano hat seine Piazza Garibaldi mit vielen großen Holzskulpturen kunstvoll geschmückt. Wer Lust verspürt, ein wenig auf Schusters Rappen zu reisen, kann dies ab hier tun. Nur dem Wanderer erschließt sich die wunderschöne Lage von San Galgano in vollem Maße. Ruhesuchende machen sich von hier auf den 10 km langen Weg zum idyllischen Camping Agrituristico Le Fontanelle 🔴90 mitten im Wald.

Campingplatz

🔴90 Camping Agrituristico Le Fontanelle, Iesa

Von Monticiano erreicht man auf der SP-73bis/SP157 **Roccastrada.** Es liegt imposant auf einem Bergrücken in 480 m Höhe. Bereits in etruskischer Zeit wurde hier Kupfer und Silber abgebaut. Die erste urkundliche Erwähnung der Chiesa San Nicoló stammt aus dem Jahr 1275. Sie besitzt einen interessanten Taufstein und zwei Fresken von Giovanni Tolosani.

Stellplatz

🔴91 Agricamper Punto Natura, Roccastrada

Route 5: Die südliche Toskana

Weiter auf der SS73/SP157 fährt man zunächst durch Korkeichenwälder und entlang einer wunderschönen Pinienallee nach **Sticciano Scalo.** Hier kann man auf dem Parkplatz übernachten.

Stellplätze
🫑 Parkplatz, Sticciano Scalo
🅑 Agriturismo Podere Mulinaccio,
   Castel di Pietra Gavorrano

In Braccagni biegt man Richtung Castiglione della Pescaia ab.

ABSTECHER
NACH VETULÓNIA
(hin und zurück 25 km)

Wer den Abstecher nach Vetulónia macht, fährt zunächst für 4 km auf die SS1 in Richtung Livorno, dann bei der Ausfahrt Giuncarico abfahren und immer den Hinweisschildern „Vetulónia" folgen. Vorsicht auf der SP152: Da die Brücke der Bahn nur 2,60 m hoch ist, wurde rechts eine separate Spur für „Autocarri" tiefer gelegt und kann so mit dem Wohnmobil durchfahren werden. Die schmale Straße schraubt sich

◁ *Reste der ehemals bedeutenden etruskischen Stadt Vetulónia*

Die Etrusker

Namensgeber für die Toskana war das Volk der Etrusker, deren lateinischer Name Etrusci oder Tusci lautet. Von ihrem griechischen Namen, Tyrrhenoi, wurde auch die Bezeichnung für das Thyrrhenische Meer abgeleitet, das zwischen der Südwestküste Italiens, Sardinien und Sizilien liegt. Über die **Herkunft** *des Volkes gibt es verschiedene Theorien: Laut Herodot, einem antiken griechischen Völkerkundler, stammen die Etrusker aus Lydien in Kleinasien, einem Teil der heutigen Türkei. Daneben besteht die autochthone Theorie („autochthon" ist altgriechisch und bedeutet „einheimisch" oder „eingeboren"), derzufolge die Etrusker von der eiszeitlichen Urbevölkerung des Apennins abstammen. Auch eine Mischtheorie wird diskutiert.*
Zwischen dem 8. und dem 1. Jh. v. Chr. bevölkerten die Etrusker die heutigen Regionen Toskana, Umbrien und Latium und entwi-ckelten sich schon bald zu einem beherrschenden **Seefahrervolk,** *dessen Blütezeit im 6. Jh. v. Chr. war. Angeblich gründeten sie um 650 v. Chr.* **Rom,** *das bis 510 v. Chr. von etruskischen Königen regiert wurde. Politisch waren die Etrusker in mehrere* **Stadtstaaten** *gegliedert, ihr Einflussbereich weitete sich im Norden bis in die Poebene, im Süden bis nach Kampanien aus. Zentren etruskischer* **Kultur** *waren vor allem Vetulónia, Roselle, Populónia, Cortona, Arezzo, Perugia und Chiusi. Die* **Niederlage** *gegen Syrakus in der Seeschlacht von Kyme 476 v. Chr. läutete den Untergang Etruriens ein. Immer mehr etruskische Stadtstaaten wurden von den Römern unterworfen, im 1.Jh. v. Chr. war ganz Etrurien romanisiert. Die bedeutendsten Sammlungen etruskischer Kultur findet man im Museo Nazionale Etrusco di Villa Giulia in Rom und im archäologischen Museum in Florenz.*

kurvenreich in 344 m Höhe hinauf nach Vetulónia zum Parkplatz am Friedhof (GPS: 42.86132°N 10.96949°E), auf dem man in der Nebensaison auch mal übernachten kann.

Am Rande des malerisch auf einem Hügel liegenden Ortes wurden einige **etruskische Gräber** und **Wohnviertel** freigelegt. 1893 entdeckten Archäologen am Ortseingang Grundmauern von Atriumhäusern, oberhalb des Parkplatzes Reste der Stadtmauer und eine gepflasterte Straße. Mitten im Dorf gleich bei der **Chiesa di Santa Maria delle Grazie** stehen Reste der Mura dell'Arce (6–5. Jh. v. Chr.), auch „Zyklopenmauer" genannt. Die aus riesigen aufgeschichteten Steinquadern errichtete **Stadtmauer** ist sehr beeindruckend. Das **archäologische Museum** zeigt in sieben Räumen einmalige goldene Kostbarkeiten, die berühmte Auvele-Feluske-Stele und Grabbeigaben aus der Region.

› **Museo Archeologico Isidoro Falchi,** Öffnungszeiten: Okt.–Febr. Fr–So 10–16 Uhr, März–Mai Di–So 10–18 Uhr, Juni–Sept. Di–So (Juli/Aug. tägl.) 10–14 und 15–19 Uhr, Eintritt: 5/2,50 €; Außengelände an der Zufahrtsstraße gleiche Öffnungszeiten, kein Eintritt.

Auf der Weiterfahrt nach Castiglione della Pescaia kurvt man hinunter bis Scala a Santa. Dort nach rechts dem Hinweisschild auf die in der Landschaft versteckten **etruskischen Grä-**ber folgen. Leider gibt es für Womos bei GPS 42.86936°N 10.98254°E nur einen kleinen Parkplatz am Straßenrand.

Im Tomba di Belvedere sind Reste einer quadratischen Grabkammer zu sehen und das Tomba del Diavolino 2 ist ein großer Tumulus (Hügelgrab), auf dem ein Olivenhain wächst. Beide Gräber sind frei zugänglich.

CASTIGLIONE DELLA PESCAIA
(67 km – km 148)

Castiglione della Pescaia ist der bekannteste und schönste **Badeort** an der Maremmaküste. Hier findet der Toskanareisende große Sandstrände, einen malerischen Fischer- und Bootshafen und einen von der **Rocca Aragonese** gekrönten mittelalterlichen Stadtkern. Hinzu kommt, dass das Meer bei Castiglione eine hohe Wasserqualität hat.

Beiderseits der Mündung des Flusses Bruna erstrecken sich weitläufige **Sandstrände,** die sich im Nordwesten bis nach La Rocchette und im Süden bis hinunter nach Marina di Grosseto ausdehnen. In der Hauptferi-

☑ *Castiglione della Pescaia ist ein überaus beliebter Badeort in der Maremma*

256to Abb.: gg

enzeit von Juli bis Ende August verbringen Tausende Italiener hier ihren Urlaub, in der Vor- und Nachsaison ist es hier wesentlich ruhiger. Man sollte seinen Aufenthalt in Castiglione aber nicht nur auf das Strandleben beschränken. Die kleine pittoreske Altstadt bietet in ihren **autofreien Gassen** zahlreiche hübsche Trattorien und Bars. Von den Mauern der Rocca Aragonese streift der Blick über den Kanalhafen, in dem heute noch um die 50 Fischkutter jeden Tag ihre Fänge heimbringen.

Ursprünglich dehnte sich östlich des Ortes der Prile-See aus, an dessen Ufern sich in vorchristlicher Zeit die Etrusker niedergelassen hatten. Im Laufe der Jahrhunderte trocknete der See immer mehr aus. Zurück blieb ein **Sumpfgebiet**, in dem die Malaria wütete. Unter Großherzog Leopoldo wurden im 18. Jh. große Teile der Sümpfe entwässert und urbar gemacht. Gleich hinter der Brücke über die Bruna kommt man links auf einen Damm, der zu den Feuchtgebieten der Diaccia Botrona führt.

Hier steht die **Casa Rossa Ximenes** (benannt nach dem Ingenieur und Jesuit Leonardo Ximenes). Sie wurde von ihm zur Regulierung der Schleusensysteme und zur Aalpassage erbaut. Ein multimediales Museum mit drei 360-Grad-Kameras bringt dem Besucher die Flora und Fauna des sensiblen Ökosystems näher, ohne dass die Tiere gestört werden. Bootstouren und geführte Exkursionen starten von hier.

Information

I.A.T., 58043 Castiglione della Pescaia, Piazza Garibaldi 6, www.turismocastiglionedellapescaia.it, Tel. +39 0564933678, Öffnungszeiten: Juni–Sept. 9–21 Uhr, Okt.Mi–Mo 9.30–12.30 und 15–18 Uhr, Nov.–März Mi–So 10–16 Uhr, Apr./Mai Mi–Mo 9–13 und 15–19 Uhr

Sehenswertes

Museo multimediale della Casa Rossa Ximenes,
58043 Castiglione della Pescaia, Casa Rossa SS322, Ponte Giorgini, www.museidimaremma.it, Tel. +39

056420298, Öffnungszeiten: 15. Juni–16. Sept. Di–So 15.30–20.30 Uhr, Okt.–März Do–So 14.30–17 Uhr, April–14. Juni/17. Sept.–Ende Sept. Do–So 15–19 Uhr, Eintritt: Museum 3,50/2,50 €, inkl. Bootsfahrt 12/10 €

Ver- und Entsorgung

An der SP158 in Richtung Principina a Mare zum Preis von 8 € beim Camping Cieloverde. GPS: 42.71431°N 11.00918°E, wenn geschlossen Tel. +39 3311138484

Camping-/Stellplätze

Die Küste entlang (SP158) und in La Rocchette gibt es diverse Campingplätze, die aber meist nur kurze Öffnungszeiten haben.

94 Jachthafen, Castiglione della Pescaia

95 Camping Santapomata, Castiglione della Pescaia

Auf der Küstenstraße SP158 fährt man durch die schöne *pineta* bis nach **Marina di Grosseto.** Der weite Strand ist herrlich und die in den letzten Jahren herausgeputzte Strandpromenade ist mit dem großen Strandparkplatz in der Nebensaison eine gute Übernachtungsmöglichkeit für Wohnmobilreisende.

Stellplätze

96 Stellplatz La Canova, Marina di Grosseto

97 Area di Sosta L'Oasi, Marina di Grosseto

98 Oasi di Maremma, Marina di Grosseto

99 Parcheggio comunale, Marina di Grosseto

11 km sind es von Marina di Grosseto (SP158) nach Grosseto. In der Stadt herrscht immer viel Verkehr und so parkt man am besten auf einem der im nächsten Abschnitt genannten Parkplätze.

▷ *Im Palazzo degli Aldobrandeschi residiert heute die Provinzregierung*

GROSSETO

(23 km – km 171)

Um die schöne Seite von Grosseto zu erreichen, muss man sich erst durch den dichten
Verkehr kämpfen. Wenn man bei der alles
umschließenden Stadtmauer angekommen
ist, hat man die schöne, verkehrsberuhigte
Altstadt erreicht.

Die Stadtmauer wurde Ende des 16. Jh. im
Auftrag der Medici erbaut. *Piccola Lucca,* „das
kleine Lucca", wird Grosseto wegen der sehr
ähnlichen Befestigungsanlage beider Städte
genannt. Besonders imposant ist die **Fortezza Medicea** im Nordosten der Stadt. Das
Wappen der Familie Medici hängt über dem
Eingangsportal. Die Medici förderten den wirt-
schaftlichen Aufschwung von Grosseto und
ließen die umliegenden Sümpfe entwässern.

Am Hauptplatz, der **Piazza Dante,** erhebt
sich die **Kathedrale** aus dem 13. Jh., die
dem Schutzpatron **S. Lorenzo geweiht** ist. Im
Inneren ist das Altarbild (letzter Seitenaltar
links) aus dem 16. Jh. von Matteo di Giovanni erwähnenswert. Es zeigt die von Engeln
umgebene Muttergottes auf dem Thron. Das
Denkmal auf der Piazza erinnert an Leo-
pold II., der maßgeblich an der Trockenlegung
der Maremma beteiligt war.

Die Gegend um Grosseto verfügte über
große Salzvorkommen. Salz war im Mittelalter sehr wertvoll und wurde auch weißes
Gold genannt. Eines der großen Lagerhäuser
ist das gut erhaltene **Cassero del Sale** an der
Piazza Mercato.

Das **MAAM** (Museo Archeologico e d'Arte
della Maremme) spannt einen weiten Bogen
von der Prähistorie über die Etrusker- und Römerzeit bis zum Mittelalter und der Neuzeit.
Besondere Ausstellungstücke sind Grabste-
len, etruskische Urnen und das Wrack eines
afrikanischen Schiffes mit seiner Ölampho-
renladung.

Information

Info-Point, 58100 Grosseto, Cassero senese,
Tel. +39 0564488573, www.prolocogrosseto.it,
Öffnungszeiten: 10–13 Uhr und 15–18 Uhr

Route 5: Die südliche Toskana

Sehenswertes

Duomo S. Lorenzo, 58100 Grosseto, Piazza Dante Alighieri, Öffnungszeiten: 8–12.30 Uhr und 14.30–17.30 Uhr

Museo Archeologico e d'Arte della Maremma, 58100 Grosseto, Piazza Baccarini, Öffnungszeiten: Juni–Sept. Di–Fr 10–18 Uhr, Sa/So 10–13 und 17–20 Uhr, Okt.–März Di–Fr 9–14 Uhr, Sa/So 10–13 und 16–19 Uhr, Apr./Mai Di–Fr 9.30–16 Uhr, Sa/So 10–13 und 16–19 Uhr, Eintritt: 5 €, 65+ 2,50 €. Wer auch Roselle (s. u.) besucht, zahlt nur 2,50 €, über den QR-Code oder eine App kann man sich Infos herunterladen.

Parken

GPS: 42.75551°N 11.10094°E, kostenlos, 2 km ins Zentrum. Von Marina di Grosseto zunächst Richtung Zentrum, dann Richtung Flughafen fahren.

GPS: 42.77774°N 11.10988°E, kostenlos, bei der Questura und Feuerwehr, 1 km ins Zentrum

ABSTECHER ZU DEN AUS-GRABUNGEN VON ROSELLE
(hin und zurück 24 km)

Man verlässt Grosseto auf der SS223 (Via Senese) in Richtung Siena, durchfährt immer geradeaus den Ort Roselle und gelangt zum – gut mit „Area archeologico di Roselle" ausgeschilderten – **Ausgrabungsgelände.** Vorsicht: Auf der Anfahrt gibt es auf den letzten Kilometern zwei starke Bodenwellen.

Roselle – für die **Etrusker** die bedeutendste Stadt der Region – gehörte wie Vetulónia und Populónia zu den zwölf etruskischen Bundesstädten. 294 v. Chr. eroberten die Römer die Stadt und bauten sie weiter aus. Die Ausgrabungen von Roselle liegen idyllisch zwischen Olivenbäumen auf einer Hügelkuppe. Gepflasterte Straßen, Reste etruskischer Häuser und Werkstätten und eine ca. 3 km lange Stadtmauer kann man bei einer Wanderung durch das weitläufige Gelände besichtigen. Das Forum und auf der Anhöhe die Reste eines Amphitheaters geben einen Eindruck vom Leben in der Antike. Die zahlreichen historisch sehr wertvollen Fundstücke aus Roselle werden im archäologischen Museum in Grosseto gezeigt.

> **Ausgrabungsgelände,** Öffnungszeiten: Nov.–März 8.15–16.45 Uhr, Apr.–Okt. 10–19 Uhr, Eintritt: 4/2 €, 60+ 2 €, jeden 1. Sonntag im Monat kostenlos. Über den QR-Code oder eine App kann man sich Infos herunterladen.

Stellplatz

⑩⑩ Parkplatz, Roselle

ALBERESE/PARCO NATURA-LE DELLA MAREMMA
(15 km – km 186)

Der 70 km² große **Parco Naturale della Maremma** wird im Norden vom Flusslauf des Ombrone, im Süden von der Küste zwischen Fonteblanda und Talamone und im Osten von der SS1 begrenzt. Sumpfige Küstenabschnitte und die bewaldeten Hügel der Monti dell'Uccellina sind Heimat vieler Tierarten, selbst wild lebende Rinder und Pferde gibt es hier.

Das kleine Alberese ist mit seinem **Besucherzentrum** das Tor zum Naturpark. Von hier verkehren zwischen 9 und 12 stündlich und zusätzlich um 12.30 Uhr Busse in den Park. Auf mehreren bezeichneten, thematisch geordneten **Wanderwegen** lässt sich das Naturschutzgebiet zu Fuß erkunden. Länge, Schwierigkeitsgrad und Sehenswürdigkeiten der Wanderungen werden im Besucherzentrum auch auf Deutsch beschrieben. Eine leichte Wanderung von 5,6 km Länge (auch für Kinderwagen und Rollstühle machbar) führt zur Mündung des Flusses Ombrone. Man bezahlt dafür 6 €/Pers. Am Parkplatz in Alberese werden Fahrräder für eine Rundfahrt durch den Park vermietet.

▷ *Im Naturschutzgebiet der Maremma*

Unterwegs im Parco Naturale della Maremma

Ein Besuch des wunderschönen Naturparks Maremma wurde durch die Parkleitung mit einigen Reglementierungen versehen. So dürfen Wohnmobile nur noch bis zum Besucherzentrum fahren. Hunde sind im gesamten Park, nur mit Ausnahme des Ortes Albarese, verboten. Alle acht Wanderwege ab Besucherzentrum sind gebührenpflichtig. Zum Ausgangspunkt der 5,4–16,5 km langen Wanderungen wird man mit Bussen gebracht. Vom 15. Juni bis zum 15. September (bei starker Hitzeperiode auch länger) sind einige Wanderwege gesperrt und die anderen nur im Rahmen einer geführten Tour möglich. Wandern ohne Begleitung ist vom 16. September bis zum 14. Juni von 9 Uhr bis ein Stunde vor Sonnenuntergang auf allen Touren möglich. Der große Parkplatz wurde inzwischen bis auf einen kleinen Teil abgesperrt, sodass es kaum noch möglich ist, hier mit dem Wohnmobil zu übernachten. Angeblich soll der Platz erneuert werden, wann dies geschieht, konnte jedoch niemand sagen.

Sehenswertes

Besucherzentrum, 58010 Alberese, Via del Bersagliere 7/9, Tel. +39 0564393238, www.parco-maremma.it, Öffnungszeiten: Nov.–Febr. 8.30–14 Uhr, März–Mai/Okt. 8.30–17 Uhr, Juni–Sept. 8.30–18 Uhr. Eintritt: je nach Route 6–30 €/Pers. (siehe Kasten oben).

Essen

La Scafarda, 58010 Alberese, Via del Fante, Tel. +39 0564412587, im Okt.–Apr. nur abends. Sehr gute Pizzen aus dem Holzbackofen.
Il Mangiapane, 58010 Alberese, Via Cerretale 9, Tel. +39 0564407263, herzhafte, gute Gerichte der Maremma.

Parken

Parkplatz Alberese, GPS: 42.66974°N 11.10458°E

Die Küstenstraße SS1 umfährt den Parco Naturale di Maremma. Man verlässt sie bei der Ausfahrt „Talamone".

Talamone liegt malerisch auf einer Halbinsel an den südlichen Ausläufern der Monti dell'Uccellina und ist ein nettes Fischerdorf mit der weithin sichtbaren **Burg Aldobrandesca** (geöffnet Mai–Sept. 17.30–20.30 Uhr). Von dort oben hat man eine schöne Rundumsicht über wellenumtobte Felsen bis zur Halbinsel Monte Argentario. Als Talamone noch

248to Abb.: gg

Telamon hieß, stand hier ein großer Tempel. Gefunden wurde der **Giebelfries** des etruskischen Heiligtums mit plastischen Szenen aus dem Mythos „Sieben gegen Theben". Zu besichtigen ist er im **Museo Civico in Orbetello.**

In Talamone lebt Paolo Fanciulli, genannt „il Pescatore", ein inzwischen über die Ortsgrenzen hinaus bekannter Fischer. Er wirbt für einen sanften, nachhaltigen Tourismus in der Region, zeigt deren Probleme und die Schönheiten bei einer Bootsrundfahrt oder einem Angelausflug.

› Weitere Infos bekommt man unter www.paoloil pescatore.it oder Tel. +39 3357069603 (deutsch). Dort kann man sich auch anmelden.

Essen

Il Vicoletto, 58010 Talamone, Via Peretti 18, Tel. +39 0564887424. Für Fisch- und Meeresfrüchteliebhaber.

Versorgung

Wasserhahn an der Straße nach Talamone links, GPS: 42.56455°N 11.14516°E

Camping-/Stellplätze

101 Camping Village Talamone, Talamone
102 Wind Beach, Talamone

PORTO ÉRCOLE/
MONTE ARGENTARIO
(46 km – km 232)

Monte Argentario war einst eine Insel, im Laufe der Zeit wurde sie durch angeschwemmte Sandablagerungen zur Halbinsel. Drei sandige Landbrücken verbinden sie mit dem Festland. Zwei dienen als Straßenverbindungen, eine ist Naturschutzgebiet mit vielen seltenen Vogelarten wie Flamingos und Reihern. Die höchste Erhebung von Monte Argentario ist der Monte Telegrafo mit 635 m Höhe.

Stellplätze

103 Ai Delfini, Albinia
104 Lanini Parco Sosta, Orbetello

⌂ *Die Burg Aldobrandesca hoch über dem Fischerdorf Talamone*

▷ *Die Halbinsel Monte Argentario*

Die Fahrt über die wunderschöne Via Panoramica bis Cala Moresca ist nur für Fahrzeuge in Campingbusgröße bequem machbar. Die Straßen sind schmal und sehr kurvenreich. Bei GPS 42.44061°N 11.10364°E gibt es einen Parkplatz mit reizvollem Panoramablick, besonders bei Sonnenuntergang. Die Routenbeschreibung beschränkt sich aufgrund der oben genannten Straßenverhältnisse auf den Besuch von Porto S. Stéfano und Porto Ércole.

Von Talamone zweigt man in Albinia auf die nördlichste Landbrücke ab.

Wenn man die Halbinsel Monte Argentario erreicht hat, geht es rechts nach **Porto San Stéfano.** Vom Hafen gibt es Fährverbindungen zur **Isola del Giglio** (bekannt durch die Havarie der Costa Concordia) und zur **Isola di Giannutri,** beides Inseln des toskanischen Archipels.

Porto San Stéfano ist der Hauptort vom Monte Argentario und liegt an einer herrlichen Bucht mit Naturhafen. Hier haben sich einige „Reiche und Schöne" niedergelasssen, Sehen und Gesehenwerden ist das Motto. Über den an der schön gestalteten Uferpromenade flanierenden Menschen wacht die spanische Festung aus dem 16. Jh.

Parken
GPS: 42.44061°N 11.10364°E, mit Panoramablick

Porto Ércole an der Ostküste schirmt sich vollständig gegen Wohnmobile ab. So kann man das bunte Treiben unterhalb der zwei spanischen Burgen nur besuchen, wenn man auf einem der Stellplätze parkt und mit dem Bus anfährt.

Camping-/Stellplätze
⑩⑤ Parcheggio da Renzo, Porto Ércole
⑩⑥ Area Sosta Camper Le Miniere, Porto Ércole
⑩⑦ Camping Feniglia, Porto Ércole

Die südlichste der drei Landverbindungen ist das **Riserva Naturale Duna Feniglia.** Auf dieser schmalen Sanddüne kann man wunderbar spazieren gehen oder mit dem Rad fahren.

Abstecher zum Giardino dei Tarocchi
GPS: 42.42441°N 11.47000°E, hin und zurück 40 km

Die 2002 verstorbene Künstlerin Niki de Saint Phalle hat diesen Garten, in dem ihre prallen bunten und skurrilen Plastiken nach den Motiven von Tarot-Karten gezeigt werden, entworfen und auch selbst realisiert. Die einen sehen darin eine esoterische Seite, die den Dualismus der Geschlechter symbolisiert, die anderen eine schön anzusehende, bunt glitzernde Nana-Welt in herrlicher toskanischer Landschaft. Anfahrt über SS1 Richtung Roma, bei AA Pescia Fiorentina verlassen, dann ausgeschildert. Öffnungszeiten: Apr.–Mitte Okt. 14.30–19.30 Uhr, Eintritt: 12 €, 65+ 7 €, Nov.–März nur am 1. Sa im Monat 9–13 Uhr geöffnet, dann kostenlos

232ro Abb.: gg

STELLPLÄTZE ENTLANG DER ROUTE 5

83 Stellplatz Terme Caldario, Venturina
43.03650°N 10.59974°E
Offizielle Stellplätze auf einem großen Platz in schöner, ruhiger Lage, gut besucht! **Lage/Anfahrt:** Richtung Terme, ausgeschildert; **Platzanzahl:** 15; **Untergrund:** Rasengitter; **Ver-/Entsorgung:** Trinkwasser, Abwasser, Chemie-WC; **Sicherheit:** beleuchtet; **Preise:** kostenlos, Wasser 1 €; **Geöffnet:** frei zugänglich; **Kontakt:** 57021 Campiglia Marittima, Via di Caldana.

84 Stellplatz Centro storico, Campíglia Maríttima
43.05668°N 10.61466°E
Stellmöglichkeit auf einem großen Platz mit starkem Gefälle, ca. 300 m bis zur Altstadt. **Lage/Anfahrt:** Von der SS398 auf die SP20 in Richtung Campíglia Maríttima, dann vor dem Ort links, ausgeschildert; **Platzanzahl:** 5; **Untergrund:** Asphalt; **Ver-/Entsorgung:** Abwasser, Chemie-WC; **Sicherheit:** beleuchtet; **Preise:** kostenlos; **Geöffnet:** frei zugänglich.

☑ *Von Wohnmobil auf dem Stellplatz* 83 *direkt in die Terme Caldario in Venturina*

85 Stellplatz Centro storico, Suvereto
43.07572°N 10.67802°E
Offizielle Stellplätze auf einem separaten, abschüssigen Parkplatz zwischen Straße und Gärten, der leider auch von Pkws zugeparkt wird, 330 m zum Stadttor. **Lage/Anfahrt:** Aus Richtung SS398 vor dem Ort in Richtung „Campo sportivo" fahren, ausgeschildert; **Platzanzahl:** 8; **Untergrund:** Schotter, eingezäunt; **Ver-/Entsorgung:** Trinkwasser, Abwasser, Chemie-WC; **Sicherheit:** beleuchtet; **Preise:** kostenlos; **Geöffnet:** frei zugänglich; **Kontakt:** 57028 Suvereto, Via Forni.

86 Stellplatz Campo sportivi, Monterotondo
43.14835°N 10.86105°E
Offizielle Stellplätze in schöner und ruhiger Lage bei den Sportplätzen. Picknickbänke auf Aussichtsterrasse. **Lage/Anfahrt:** ausgeschildert; **Platzanzahl:** 6; **Untergrund:** Rasengitter; **Ver-/Entsorgung:** Strom, Trinkwasser, Abwasser, Chemie-WC; **Sicherheit:** beleuchtet; **Preise:** kostenlos, Wasser 0,50 €/5 Min., Strom 0,25 €/Std.; **Geöffnet:** frei zugänglich; **Kontakt:** 58025 Monterotondo, Via Pian del Giunta.

87 Stellplatz Via Risorgimento, Massa Maríttima

43.04554°N 10.89030°E

Offizielle Stellplätze auf einem großen Parkplatz, der auch von Linienbussen als Wendeplatz benutzt wird und auf dem sich viele abgestellte Wohnmobile befinden. Montags Markt, ca. 600 m zum *centro storico.* **Lage/Anfahrt:** Nicht dem Navi folgen, sondern der Beschilderung mit Womo-Piktogramm; **Platzanzahl:** 30; **Untergrund:** Asphalt; **Ver-/Entsorgung:** Trinkwasser, Abwasser; **Sicherheit:** beleuchtet; **Preise:** kostenlos; **Geöffnet:** frei zugänglich; ein Ausweichplatz, allerdings ohne Ver- und Entsorgung, befindet sich bei GPS: 43.04716°N 10.89954°E.

88 Stellplatz Parkplatz, Montieri

43.13227°N 11.01594°E

Freie Stellmöglichkeit auf einem großen Parkplatz am Ortsrand. **Lage/Anfahrt:** Durch den Ort hindurch am Ortsrand rechts auf den großen Parkplatz unterhalb der Straße; **Platzanzahl:** 4; **Untergrund:** Asphalt; **Ver-/Entsorgung:** Trinkwasser; **Sicherheit:** beleuchtet; **Preise:** kostenlos; **Geöffnet:** frei zugänglich; **Kontakt:** Montieri, Piazza 25 Aprile. Ausweichplatz für Campingbusse: Rifugio Prategliano 43.13331°N 11.01261°E, kostenlos.

89 Stellplatz Parkplatz, San Galgano

43.15303°N 11.15090°E

Offizielle Stellplätze auf einem gekennzeichneten Teil eines großen Parkplatzes in sehr schöner und nachts sehr ruhiger Lage. Bis zur Abtei San Galgano sind es ungefähr 250 m. **Lage/Anfahrt:** in San Galgano ausgeschildert; **Platzanzahl:** 10; **Untergrund:** Rasengitter; **Ver-/Entsorgung:** seit Jahren sind weder Strom noch Wasser funktionstüchtig, Entsorgung verschmutzt; **Sicherheit:** beleuchtet; **Preise:** kostenlos; **Geöffnet:** frei zugänglich; **Kontakt:** 53012 Chiusdino, Strada di Casette SP441.

90 Camping Agrituristico Le Fontanelle, Iesa

43.11927°N 11.23590°E

Idyllischer Platz in sehr schöner, ausgesprochen ruhiger Lage im Wald, Dusche, WC, Aufenthaltsraum. Sehr freundlicher Besitzer. Morgens und abends Busverbin-

⌂ *Der Stellplatz* **89** *von San Galgano liegt nur 250 m von der Abtei entfernt*

dung nach Siena. **Lage/Anfahrt:** Vor Monticiano nach links auf die SP32A Richtung Tocchi abbiegen. Auf die SP32B Richtung Iesa wechseln und 2 km zum Platz fahren, Vorsicht: schmale Tordurchfahrt; **Untergrund:** Schotterrasen; **Ver-/Entsorgung:** Strom, Trinkwasser, Abwasser, Chemie-WC; **Sicherheit:** umzäunt, beleuchtet, bewacht; **Preise:** 7 €/Fahrz., 6 €/Pers., alles inkl.; **Geöffnet:** ganzjährig; **Kontakt:** Iesa, Loc. Fontanelle 32, Tel. +39 0577758103, www.lefontanelle.biz.

91 Agricamper Punto Natura, Roccastrada

42.99028°N 11.14167°E

Privater Stellplatz auf einem Bauernhof unter holländischer Leitung. Sehr schöne und ruhige Lage, einfache Sanitäranlagen und ein Pool. Olivenöl und Feigenmarmelade zu kaufen. **Lage/Anfahrt:** Hinter Roccastrada nach Montemassi abbiegen, nach 3,6 km ausgeschildert; **Platzanzahl:** 5; **Untergrund:** Schotterrasen; **Ver-/Entsorgung:** Strom, Trinkwasser, Abwasser; **Preise:** 18 €/Fahrz., Strom 2 €; **Geöffnet:** Ostern–Okt.; **Kontakt:** Podere Campo della Madonna, 58036 Roccastrada, Tel. +39 0564563072, www.puntonatura.com.

92 Stellplatz Parkplatz, Sticciano Scalo

42.92855°N 11.11832°E

Freie Stellmöglichkeit auf einem großen Parkplatz am Ortsrand von Sticciano Scala. **Lage/Anfahrt:** Von der SP157 in der langen Pinienallee rechts; **Untergrund:** Asphalt; **Sicherheit:** beleuchtet; **Preise:** kostenlos; **Geöffnet:** frei zugänglich; **Kontakt:** Via Grossetana, 58036 Sticciano Scalo.

93 Agriturismo Podere Mulinaccio, Castel di Pietra Gavorrano

42.94900°N 11.01418°E

Privater Stellplatz auf einem Bauernhof in sehr schöner und ruhiger Lage. Dusche, WC, Waschmaschine, herzliche Besitzer. **Lage/Anfahrt:** Von der SP157 auf die SP20 zum Platz; **Platzanzahl:** 12; **Untergrund:** Wiese; **Ver-/Entsorgung:** Trinkwasser, Abwasser; **Preise:** 7–11 €/Fahrz., 5–8 €/Pers., Strom 2 €, zuzügl. Taxe; **Geöffnet:** ganzjährig; **Kontakt:** Loc. Castel di Pietra Gavorrano (Gr), Tel. +39 05641836782, www.poderemulinaccio.com.

94 Stellplatz Jachthafen, Castiglione della Pescaia

42.76856°N 10.89290°E

Offizieller Stellplatz in befriedigender (Kläranlage angrenzend mit Geruchs- und Geräuschbelästigung), relativ ruhige Lage, 1 km ins Zentrum. **Lage/Anfahrt:** Am Ortsanfang gleich hinter der Tankstelle nach links (P) und bis zum Wasser fahren, dann links zum Platz; **Platzanzahl:** 40; **Untergrund:** Schotter; **Preise:** Apr./Mai/Juni/Sept. 12 €, Juli/Aug. 15 €, sonst kostenlos, eine Ver- und Entsorgung inkl.; **Geöffnet:** frei zugänglich, Ver- und Entsorgung Okt.–März geschlossen; **Kontakt:** 58043 Castiglione d. Pescaia, Via Andromeda.

95 Camping Santapomata, Castiglione della Pescaia

42.77809°N 10.80958°E

Großer Platz mit guter Ausstattung direkt am Strand in sehr schöner ruhiger Lage, Restaurant, Minimarkt, WLAN. **Lage/Anfahrt:** Von der Küstenstraße nach La Rocchette abbiegen, ausgeschildert; **Platzanzahl:** 300; **Untergrund:** Wiese, Sand; **Ver-/Entsorgung:** Strom, Trinkwasser, Abwasser, Chemie-WC; **Sicherheit:** umzäunt, beleuchtet, bewacht; **Preise:** 8–17 €/Fahrz., 6–15 €/Pers., Hund 2–4 €, Taxe 0,50 €/Pers., Strom, Dusche, WLAN inkl.; **Geöffnet:** Ostern–Mitte Okt.; **Kontakt:** 58043 Castiglione della Pescaia, SP62 della Rocchette, Tel. +39 0564941037, www.campingsantapomata.it.

96 Stellplatz La Canova, Marina di Grosseto

42.73915°N 10.96061°E

Privater Parkplatz für Wohnmobile und Pkws in schöner, relativ ruhiger Lage, über die Straße und durch die Pineta zum Strand (500 m). **Lage/Anfahrt:** Von der SP158 bei km 31 IV in die Strada della Canova abbiegen, dann sofort links zum Platz; **Platzanzahl:** 30; **Untergrund:** Schotterrasen; **Ver-/Entsorgung:** Strom, Trinkwasser, Abwasser, Chemie-WC; **Preise:** 15 €, Strom 2 €, Chemie-WC 5 €; **Geöffnet:** Mai–Sept.; **Kontakt:** 58046 Marina di Grosseto, Strada della Canova.

▷ *Der gepflegte Stellplatz in Orbetello* 104 *ist ein Garant für eine erholsame Übernachtung*

⑨⑦ Stellplatz Area di Sosta L'Oasi, Marina di Grosseto

42.73481°N 10.97509°E

Privater Stellplatz auf einem schön angelegten Gelände, Dusche, WC, zum Strand 800 m durch die *pineta*. **Lage/Anfahrt:** Ab der SP158 ausgeschildert; **Untergrund:** Schotterrasen; **Ver-/Entsorgung:** Strom, Trinkwasser, Abwasser, Chemie-WC; **Sicherheit:** umzäunt, beleuchtet, bewacht; **Preise:** Apr.–Mai/Sept. 15 €, Juni 18 €, Juli/Aug. 21 €, Strom 2 €, Dusche 1 €; **Geöffnet:** Mai–September; **Kontakt:** 58046 Marina di Grosseto, SP80, Tel. +39 3391171105, www.areasostaoasi.it.

⑨⑧ Stellplatz Oasi di Maremma, Marina di Grosseto

42.72670°N 10.99149°E

Parzellierter Stellplatz in schöner, ruhiger Lage, Dusche, WC, Strand 1,5 km. Hilfsbereiter Besitzer. **Lage/Anfahrt:** Bei km 34 IV von der SP158 abbiegen, Achtung: sehr holprige Zufahrt; **Platzanzahl:** 40; **Untergrund:** Schotterrasen; **Ver-/Entsorgung:** Strom, Trinkwasser, Abwasser, Chemie-WC, Dusche, WC, Waschmaschine; **Sicherheit:** umzäunt, beleuchtet und bewacht; **Preise:** 18 €/Fahrz., Juli bis August 20 €/Fahrz., Strom 2 €, Dusche 1 €; **Geöffnet:** April–Sept.; **Kontakt:** 58046 Marina di Grosseto, SP158 Collacchie, Loc. Pingrossino, Tel. +39 3389508714, www.oasidimaremma.it.

⑨⑨ Parcheggio comunale, Marina di Grosseto

42.72443°N 10.97375°E

Offizielle Plätze am Straßenrand entlang des Strandparkplatzes. Zwischen Mitte Sept. und Anfang Juni kann man auf dem großen Parkplatz parken. **Lage/Anfahrt:** Von der Küstenstraße bei der ersten Ausfahrt Marina di Grosseto abfahren. Nach 1 km im Kreisverkehr nach rechts zum Platz; **Platzanzahl:** 5; **Untergrund:** Pflaster; **Preise:** gebührenpflichtig Apr.–Mai Sa/So, Juni–Sept. tägl., sonst kostenlos; **Geöffnet:** frei zugänglich; **Kontakt:** 58100 Marina di Grosseto, Via d'Elba.

⑩⓪ Stellplatz Parkplatz, Roselle

42.82734°N 11.16337°E

Freie Stellmöglichkeit auf dem Parkplatz des archäologischen Parks. **Lage/Anfahrt:** Von Grossetto auf die SS223 bis zur Abfahrt „Roselle", dann der Beschilderung „area archeologico Roselle" folgen; **Platzanzahl:** 2; **Untergrund:** Schotter; **Preise:** kostenlos; **Geöffnet:** frei zugänglich.

⑩① Camping Village Talamone, Talamone

42.56504°N 11.13959°E

Großer Platz mit guter Ausstattung, WLAN, Pizzeria, Schwimmbad, Mini-Markt, Animation in der Saison. Am Hang gelegen, mit schönem Blick auf die Bucht

233tio Abb.: gg

und Talamone. **Lage/Anfahrt:** Von der SS1 in Richtung Talamone, etwa 1 km vor dem Ort; **Platzanzahl:** 300; **Untergrund:** Wiese, Sand; **Ver-/Entsorgung:** Strom, Trinkwasser, Abwasser, Chemie-WC; **Sicherheit:** umzäunt, beleuchtet, bewacht; **Preise:** 7–14 €/Fahrz., 4–6 €/Pers., Strom inkl., Hochsaison Hund 3 €, Taxe 0,50 €/Pers.; **Geöffnet:** Ostern bis Mitte Sept.; **Kontakt:** 58015 Orbetello, Via Talamone km 13, Tel. +39 0564887026, www.talamonecampingvillage.com.

⑩② Stellplatz Wind Beach, Talamone
42.56329°N 11.15739°E
Ein traumhafter Privatplatz, direkt am Strand. Schöne Sicht auf Talamone. Nachts häufig laut durch Feiernde. Sehr schöner Fußweg direkt an der Bucht ca. 2,5 km nach Talamone. Sehr unzuverlässig geöffnet, mit Kitecenter. **Lage/Anfahrt:** Man verläßt die SS1 Richtung Talamone und Fonteblanda. Etwa 1,5 km nach der Abzweigung nach Fonteblanda biegt man nach einer

Brücke sofort nach links zum Stellplatz am Strand ab; **Platzanzahl:** 15; **Untergrund:** Schotter; **Preise:** 12–15 €/Fahrz.; **Geöffnet:** Ostern–Sept., Okt. Fr–So; **Kontakt:** 58015 Orbetello, SP Talamone, Tel. +39 3208781658.

⑩③ Stellplatz Ai Delfini, Albinia
42.50887°N 11.19641°E
Privater Platz direkt an der Bucht, wenig Schatten, Dusche, WC. Separater Hundebereich. Kleines Restaurant. **Lage/Anfahrt:** Von der SS1 kurz vor der Abzweigung nach Albinia rechts in die Via Saline Breschi; **Platzanzahl:** 100; **Untergrund:** Schotterrasen; **Ver-/Entsorgung:** Strom, Trinkwasser, Abwasser, Chemie-WC; **Sicherheit:** umzäunt, beleuchtet, bewacht; **Preise:** 1–1,20 €/Std., Aug. 1,50 €/Std. inkl. Strom und Ver- und Entsorgung, Dusche 1 €, Taxe 0,75 €; **Geöffnet:** April–Okt.; **Kontakt:** Andrea Mencattini, 58010 Albinia, Loc. Saline Breschi, Via Aurelia km 153, Tel. +39 0564870351, www.aidelfini.it.

104 Stellplatz Lanini Parco Sosta, Orbetello

42.43354°N 11.15957°E

Empfehlenswertester Platz in Orbetello. Sehr gepflegtes, großzügiges Gelände, mit Hecken parzellierte Stellflächen in schöner und ruhiger Lage. Sauberes Sanitärgebäude mit warmen Duschen, Waschmaschine, WLAN, Bar, Laden. Sehr freundliche und hilfsbereite Betreiber. **Lage/Anfahrt:** Von der SS440 am Ende des nördlichen Zufahrtsdamms (SP36) links fahren, ausgeschildert; **Platzanzahl:** 50; **Untergrund:** Schotterrasen; **Ver-/Entsorgung:** Strom, Trinkwasser, Abwasser, Chemie-WC; **Sicherheit:** umzäunt, beleuchtet, bewacht; **Preise:** 10 €/Fahrzeug, 8 €/Person, inklusive Strom und WLAN; **Geöffnet:** ganzjährig, im Dezember und Januar nur nach Voranmeldung; **Kontakt:** 58015 Orbetello, Loc. Santa Liberata 14, Tel. +39 0564820102, Mobil +39 360 709528, www.lanini.it.

105 Stellplatz Parcheggio da Renzo, Porto Ércole

42.41501°N 11.20765°E

Riesiger Parkplatz mit Plätzen für Womos, einfachste Dusche, WC, WLAN, kostenloser Fahrradverleih, 800 m zum Strand. Freundliches Personal. **Lage/Anfahrt:** Von der SS440 nach 5 km in Richtung Feniglia abiegen, dann sofort auf den Platz an der rechten Seite fahren; **Platzanzahl:** 100; **Ver-/Entsorgung:** Strom, Trinkwasser, Abwasser, Chemie-WC; **Preise:** 20–22 €/ Fahrz. inkl. Strom; **Geöffnet:** Ostern bis 30. September; **Kontakt:** 58019 Le Miniere, Strada Com. di Feniglia, Tel. +39 3357123173.

106 Stellplatz Area Sosta Camper Le Miniere, Porto Ércole

42.41752°N 11.20401°E

Privater Platz in schöner, aber lauter Lage an der Lagune, einfache Sanitärausstattung, WLAN, in der Saison Shuttleservice. Strand 800 m. **Lage/Anfahrt:** Direkt vor der Abzweigung nach Feniglia links; **Platzanzahl:** 40; **Untergrund:** Schotter; **Ver-/Entsorgung:** Strom, Trinkwasser, Abwasser, Chemie-WC; **Sicherheit:** beleuchtet; **Preise:** 20–25 €, Dusche 0,50 €; **Geöffnet:** Apr.–September; **Kontakt:** 58019 Monte Argentario, SP Porto Ercole, Tel. +39 3341556285, www.areasostacamperleminiere.com.

107 Camping Feniglia, Porto Ércole

42.40940°N 11.20836°E

Schattiger Platz in sehr schöner, ruhiger Lage am Meer, befriedigende Sanitärausstattung, Waschmaschine, WLAN, Restaurant, Laden, Radwege. **Lage/Anfahrt:** Wie Platz 105, daran vorbei, schmale Zufahrt; **Platzanzahl:** 140; **Untergrund:** Wiese; **Ver-/Entsorgung:** Strom, Trinkwasser, Abwasser, Chemie-WC; **Sicherheit:** beleuchtet; **Preise:** 8–18 €/Fahrz., 6–13 €/ Pers., inkl. Strom, Hund 1–3 €; **Geöffnet:** Apr.–Mitte Okt.; **Kontakt:** 58019 Porto Ercole, Loc. Feniglia, Tel. +39 0564831090, www.campingfeniglia.it.

◁ *Vom Stellplatz* 102 *hat man einen herrlichen Blick auf Talamone*

PITTORESKE STÄDTE, ETRUSKISCHE HOHLWEGE UND WARME QUELLEN

Das grüne Hügelland der Maremma liegt etwas abseits der üblichen Touristenrouten, doch hier kann man mittelalterliche Perlen wie Magliano, Montemerano, Scansano und Semproniano entdecken. Satúrnia mit seinen heilkräftigen Thermalquellen ist hingegen inzwischen weithin bekannt. Es ist schon ein außergewöhnliches Erlebnis, in den natürlichen Sinterterrassen im warmen Thermalwasser zu baden. Auf die Spuren der Etrusker trifft man in Sovana und Pitigliano: Die in den Tuffstein geschlagenen etruskischen Hohlwege sind ideal für einen schattigen Spaziergang an heißen Tagen. Spektakulär ist das Tomba Ildebranda bei Sovana, ein etruskisches Tempelgrab, und allein die Lage von Pitigliano auf einem Tuffsteinfelsen ist atemberaubend: Bis an den Abgrund gebaut drängeln sich die hohen Häuser der Stadt. Am Ende der Route steht ein Ausflug in die Region Latium zum Bolsena-See an. Auf schönen Stell- und Campingplätzen kann man hier einige Tage relaxen.

▷ *Wohltuendes Badeerlebnis in den Sinterbecken bei Satúrnia*

ROUTE 6

IM HÜGELLAND DER SÜDLICHEN MAREMMA

STRECKENVERLAUF

Strecke:
Porto Ércole/Monte Argentario – Magliano in Toscana (30 km) – Satúrnia (50 km) – Abstecher nach Semproniano (hin und zurück 12 km) – Sovana (24 km) – Pitigliano (8 km) – Sorano (10 km) – Bolsena-See (30 km)

Streckenlänge:
ohne Abstecher ca. 152 km
mit Abstecher ca. 164 km

Für die Rückfahrt von Porto Ércole auf das Festland nimmt man die mittlere Landverbindung und kommt nach **Orbetello.** Im Ort besteht leider Parkverbot für Wohnmobile. Ein Besuch des Ortes ist also nur per Fahrrad oder Motorroller von einem der umliegenden Stellplätze (s. Stellplätze in Porto Ércole, S. 152) aus möglich. Sehenswert ist der aus Bruchstücken zusammengesetzte Tempelfries aus Talamone im Museum Via Mura di Levante.

◹ Pitigliano – wie aus dem Fels gewachsen
(s. S. 167)

Die Weiterfahrt geht zuerst auf der SS1 in Richtung Grosseto. Nach 7,5 km fährt man auf die SS74 ab, wechselt nach 4 km auf die SS323 und folgt dieser 11 km bis nach Magliano in Toskana.

Routenalternative

Von Orbetello kann man über die SR74 auch direkt nach Satúrnia (s. S. 164) fahren (48 km).

MAGLIANO IN TOSCANA
(30 km – km 30)

Inmitten typisch toskanischer Landschaft liegt auf einem sanften Hügel das kleine Städtchen Magliano. Schon bei der Anfahrt sieht man die imposante **Stadtmauer,** die im 14. Jh. errichtet wurde, als Magliano unter der Herrschaft Sienas stand. Die Stadtbefestigung ist vollständig restauriert und auf ca. 200 m begehbar (Zugang „Cinta Muraria"). Die Aussicht von der Mauerkrone über das Gewirr von Dächern und die herrliche Landschaft bis zur Bucht von Talamone ist fantastisch.

Zwischen den beiden Stadttoren, der Porta S. Giovanni und der Porta S. Martino, verläuft die Hauptachse Maglianos, der **Corso**

Garibaldi. Hübsch renovierte Häuser, der Palazzo dei Priori, die Chiesa della Santissima Annunziata, kleine Alimentari und das ausgezeichnete Lokal von Sandra liegen links und rechts des Corsos. Ganz besondere Schätze gibt es in der Chiesa di San Martino zu sehen. Freskenreste, die teilweise schon um 1400 von Meistern der Seneser Schule unter Pietro Lorenzetti entstanden, schmücken die kleine Kirche. Gemütlich geht es zu in diesem idyllischen Dorf mit seinen freundlichen Bewohnern und wäre da noch ein Stellplatz mit Ver- und Entsorgung, würde man gerne einige Tage bleiben.

Essen

Da Sandra, 58051 Magliano in Toscana, Via Garibaldi 20, Tel. +39 0564592196, Mo geschlossen. Sehr gute Küche mit besonders leckeren *primi piatti* (s. S. 197).

Stellplatz

108 Parkplatz, Magliano in Toscana

Die SP160 führt durch das Hügelland der südlichen Maremma, entlang an Weinreben, Olivenbäumen, Zypressen und im Herbst an Hunderten von wilden Alpenveilchen. Ein kurzer Bummel durch das winzige, idyllisch auf einer Bergnase liegende Pereta lohnt sich auf jeden Fall. Schmale Gassen und Treppenwege steigen hinauf zum 29 m hohen Torre aus dem 13. Jh.

Picknickplatz

Schöner Platz mit herrlicher Aussicht zwischen Magliano und Pereta. SP160 bei km 89 l, GPS: 42.63960°N 11.31130°E

Weinliebhabern ist **Scansano** durch seinen Morellini bekannt, einen kräftigen rubinroten Wein, der oft gemeinsam mit dem berühmten Brunello genannt wird. Im *centro storico* gibt es die einladende Enoteca Scansanese, in der die edlen Tropfen zur Verkostung gereicht werden.

Uneinnehmbar! So wirkt das *centro storico,* das sich hoch oben an einen Felssporn schmiegt. Schmale verwinkelte Gassen und dunkle Treppenwege führen hinauf zum Panorama des Belvedere. Immer wieder mit herrlicher Aussicht umrundet die Via della Mura die Stadt.

☑ *Weites Panorama von der Stadtmauer in Magliano*

Oliven

Der Olivenbaum wurde von den Griechen eingeführt und ist heute im gesamten mediterranen Raum heimisch. Er wächst auf mageren Böden, verträgt aber keine Temperaturen, die längere Zeit unter 0° Celsius liegen. Wasser holt er sich durch meterlange Pfahlwurzeln aus tiefen Erdschichten. Bis zu 20 Jahre dauert es, bis ein Baum ausreichend Ertrag bringt. Geerntet werden die Oliven, indem man mit einer Art Rechen – heute gibt es ihn auch schon elektrisch – an den Ästen entlangfährt. Die Früchte fallen auf große, auf dem Boden ausgelegte Planen. Der größte Teil der Ernte wird zu Olivenöl verarbeitet. Bei der traditionellen Methode der Ölgewinnung werden die Früchte mitsamt ihren Kernen in Steinmühlen zu einem Brei verarbeitet. In einer rotierenden Mühle wird dieser zu einer feinen Paste gerieben, auf Matten gestrichen und in mehreren Lagen übereinander gelegt, bevor schließlich Schraubenpressen das köstliche Olivenöl herauspressen. Aus dieser ersten, kalten Pressung kommt ein goldfarbenes, hochwertiges Öl. Für die zweite Pressung wird die Paste erhitzt und noch einmal gepresst. Dieses minderwertigere Öl ist leicht grünlich. Der übrig gebliebene Trester wird als Futtermittel oder auch industriell (z. B. zur Seifenherstellung) verwendet.

Einkaufen

Enoteca Scansanese, 58054 Scansano, Via XX Settembre 15/17, www.enotecascansanese.com (Online-Bestellung). Riesige Weinauswahl mit Verkostung und weitere erlesene Produkte der Toskana. Öffnungszeiten: Apr.–Okt. 8.30–20.30 Uhr, Nov.–März 13–15 Uhr geschl.

Parken in Scansano

Für Fahrzeuge unter 2,5 t. In Fahrtrichtung Manciano hinter dem Ort (enge Ortsdurchfahrt), GPS: 42.68986°N 11.33364°E oder für größere Womos Richtung Grosseto GPS: 42.68728°N 11.32882°E Via Rossini.

Stellplatz

🔴109 Gli Olmi, Scansano

Die Ortsdurchfahrt Scansano ist für Fahrzeuge über 2,5 t gesperrt. Zur Weiterfahrt nimmt man deshalb die SP159 Richtung Grosseto, wechselt im Kreisverkehr auf die SP163 und nach 3,2 km auf die SP323 Richtung Satúrnia.

Einkaufen

Wein- und Ölgut Terenzi, 58054 Scansano, SP159 km 82 VIII, Tel. +39 0564599601, www.terenzi.eu, geöffnet: Nov.–Apr. Mo–Fr 9.30–17.30 Uhr, Sa/So 10–18 Uhr, Mai–Okt. tägl. 9.30–19.30 Uhr. Degustation der ausgezeichneten Rot- und Weißweine.

Über die Panoramastraße erreicht man zunächst **Montemerano.** Das reizende, aus rötlichem Naturstein erbaute Dorf hat leider inzwischen seinen einzigen Parkplatz (GPS: 42.61951°N 11.49262°E) für Fahrzeuge über 1,80 m Breite gesperrt. So können nur noch Campingbusbesitzer durch die Gassen hinauf zur malerischen Piazza del Castello bummeln.

SATÚRNIA
(50 km – km 80)

Ein Geheimtipp sind die **Thermalquellen** von Satúrnia schon lange nicht mehr. In der Saison und an den Wochenenden tummeln sich viele italienische Gäste im warmen Wasser und auch deutsche Urlauber haben inzwischen die Heilquellen für sich entdeckt. Die Vielzahl der Besucher vor allem mit Wohnmobilen hat zur Folge, dass inzwischen die Parkplätze am Badeplatz für Reisemobile gesperrt und mit Pollern blockiert sind. Es bleibt nur noch der Stellplatz 🔴110, um sein Womo zu parken.

Trotzdem ist es immer noch etwas ganz Besonderes, in den natürlichen Becken bei der alten Mühle im 37 °C warmen Wasser zu baden. Schon bei der Anfahrt von Monte-

merano hat man von einem Aussichtspunkt einen fantastischen Blick über den Badeplatz. Immer der Nase nach – denn Schwefelgeruch liegt in der Luft – kommt man zum natürlichen Freibad, in dem sich das warme Thermalwasser über terrassenförmige Sinterbecken herabstürzt. In den Becken lässt sich die wohltuende Wärme genießen. Der Badeplatz ist frei zugänglich und so ist der Badespaß sogar nachts im Mondschein möglich. Vom Stellplatz **110** sind es 1,5 km zu Fuß, mit dem Fahrrad oder dem Shuttlebus.

Wer es ganz hygienisch haben will, geht ins Thermalbad des 4-Sterne-Kurhotels Terme di Satúrnia (Öffnungszeiten: 9.30–19 Uhr, Nov.–März nur bis 17 Uhr, Eintritt: 26 €, online ab 23 €). Das Thermalwasser soll gegen Arthrose, Rheuma und Bronchitis helfen und so mancher schwört auf die Linderung, die ihm die Bäder gebracht haben.

Stellplatz
110 L'Alveare dei Pinzi, Satúrnia

Auf landschaftlich sehr schöner Route rollt das Reisemobil Richtung Sovana. Wer noch Lust auf eine weitere Zeitreise ins Mittelalter hat, der kann einen Abstecher nach Semproniano unternehmen! Auf der SP10 ist das hübsche Städtchen bald erreicht.

⌃ Jedem sein eigenes Badebecken

ABSTECHER NACH SEMPRONIANO
(hin und zurück 12 km)

In Seproniano scheint das Mittelalter noch lebendig zu sein. Das sehr gut erhaltene mittelalterliche Ortsbild mit kleinen verwinkelten Gassen wird durch keinerlei Bausünden gestört. Ausgetretene gepflasterte Treppenwege führen alle irgendwann zum höchsten Punkt, auf dem sich die **Rocca Aldobrandesca** aus dem 12. Jh. befindet. Viel ist von der Burg der adeligen Familie Aldobrandesca nicht mehr übrig, aber die Rundumsicht bis hin zum Monte Amiata ist einfach wunderschön. Ebenfalls hier oben steht die kleine romanische **Chiesa di Santa Croce** mit ihrem bemerkenswerten mittelalterlichen Holzkreuz.

Parken in Semproniano
GPS: 42.73008°N 11.54282°E

Zurück auf der eigentlichen Route befindet sich ca. einen Kilometer vor Sovana links der Straße das **Tomba Ildebranda.** Auf den Hinweisschildern an der Straße steht „Necropoli etrusca".

Benannt wurde das Grab nach Ildebranda oder Hildebrand, dem späteren Papst Gregor VII., der in Sovana 1021 geboren wurde. Er war es auch, der im Jahr 1076 Heinrich IV.

mit dem Bann belegte und den legendären Gang nach Canossa erzwang. Das tempelartige Grab stammt allerdings schon aus dem 3. Jh. v. Chr. Von den ehemals 12 vorhandenen Säulen ist nur noch eine vollständig erhalten. Eindrucksvoll ist auch der *cavone,* ein langer Hohlweg mit bis zu 15 m hohen Tuffsteinwänden.

Sehenswertes

Tomba Ildebranda, GPS: 42.65812°N 11.63546°E, Öffnungszeiten: März Sa/So 10–18 Uhr, Apr.–Sept. tägl. 10–19 Uhr, Okt. tägl. 10–18 Uhr, Nov. Sa/So 10–17 Uhr, Eintritt: 5 €, inkl. Museo Sovana, Fortezza Sorano 10 €, Audioguide 2 €

SOVANA
(24 km – km 104)

Sovana ist ein herausgeputztes kleines „Bilderbuchdorf" aus grünlich-braunem und rotem Tuffstein. Gerade mal 130 Menschen wohnen hier, aber viele – vor allem deutschsprachige – Touristen, machen hier gern Station.

⌂ *Ein lauschiges Plätzchen in Semproniano*

▷ *Das Tomba della Sirena*

Bereits im 4. Jh. n. Chr. wurde Sovana zum Bischofssitz, dadurch erlangte es während der **Christianisierung** in der südlichen Toskana große Bedeutung. Zudem wurde das Gebiet bevorzugtes Ziel von Einsiedlern, die wesentlich zur Verbreitung des Christentums beitrugen.

An der Piazza del Pretorio steht die Hauptsehenswürdigkeit des Ortes, die **Chiesa Santa Maria.** Sie wurde im 13. Jh. erbaut und besitzt einige bemerkenswerte Fresken aus dem 16. Jh. Über dem Hauptaltar erhebt sich ein in der gesamten Toskana einzigartiges, vorromanisches **Ziborium** aus dem 8. Jh. – eine Art Baldachin aus weißem Marmor. Es besteht aus vier Säulen mit Kapitellen im korinthischen Stil, die eine achteckige Pyramide tragen.

Die schlichte Fassade des **Palazzo Pretorio** wird nur durch die Portalumrahmung aus Tuffstein und einige Wappenschilder aufgelockert. Am oberen Rand schließt der **Palazzetto dell'Archivio** (13. Jh.) mit seinem schlanken Glockenturm die Piazza ab.

Eingerahmt wird das schmucke Dorf auf der einen Seite von der Rocca Aldobrandeschi (nicht zugänglich) und auf der anderen Seite vom **Duomo Pietro e Paolo.** Besonders imposant ist sein Seitenportal mit schön gearbeiteten Ornamentverzierungen. An der Stelle, wo heute der Dom steht, befand sich vermutlich auch die etruskische Akropolis.

In Sovana sind es aber eigentlich nicht einzelne Bauwerke, die es hervorzuheben gilt, sondern die Stadt ist ein harmonisches Ganzes.

Sehenswertes

Chiesa Santa Maria, 58010 Sovana, Piazza del Pretorio, Öffnungszeiten: 9–19 Uhr
Duomo Pietro e Paolo, 58010 Sovana, Via del Duomo, Öffnungszeiten: April–Sept. 9–13 und 15–20 Uhr, Okt.–Dez./März tägl., Jan./Febr. nur Sa/So 10–13 und 15–17.30 Uhr. Eintritt wird nicht verlangt, es wird aber erwartet, dass man im Buchladen etwas kauft. Es gibt einiges auch in deutscher Sprache, unter anderem Kochbücher.

Kleine Wanderung zu den etruskischen Gräbern

*Vom Parkplatz beim Tomba Ildebranda nimmt man den schmalen Fußweg auf der rechten Straßenseite Richtung Sovana. Nach ca. 200 m wendet man sich nach rechts, überquert auf einer Brücke den Wasserlauf und erreicht ein Steinhaus mit Picknickplatz. Von hier steigt man in den Wald empor, immer der Beschilderung „Tomba della Sirena" folgend. An einigen älteren Grabkammern vorbei kommt man zur großen **Nekropole.** Das **Tomba della Sirena** mit seinem großen Portal ist das eindrucksvollste Grab. Die Vorderseite zieren geheimnisvolle Inschriften und eine Figur, die an eine Sirene,*

ein Fabelwesen aus der griechischen Mythologie, erinnern soll. Das Grab stammt aus dem 3. Jh. v. Chr. und wurde 1843 vom Engländer S. J. Ainsley entdeckt.

Nach der Besichtigung der Nekropole geht man auf demselben Weg zurück und an der nächsten Gabelung des Wanderweges weiter geradeaus in Richtung Via Cava di San Sebastiano. Dabei handelt es sich um eine etruskische Straße zwischen bis zu 30 m hohen Felswänden. Da man diese nicht durchwandern kann, geht es bis zum Picknickplatz und zur Straße zurück und hier nach links an der Straße entlang zum Parkplatz. Für diese leichte Wanderung braucht man etwa 45 Min.

114to Abb.; gg

Essen

Vino al Vino Enoteca di Sovana, 58010 Sovana, Via del Duomo 10, Tel. +39 0564617108. In einem Weinladen werden köstliche Wurst- und Käsespezialitäten im kleinen Bistro oder an Tischen auf der Straße angeboten.

Stellplatz

🔴 Parkplatz, Sovana

Nur wenige Kilometer sind es von Sovana über die SP22 und die SP46 nach Pitigliano.

PITIGLIANO
(8 km – km 112)

Wer Pitigliano sieht, hat das Gefühl, die Stadt wächst gleichsam aus dem großen Tuffsteinplateau heraus. Dicht gedrängt stehen die hohen Häuser direkt am Abgrund. Die umfassendste Sicht hat man von der Straße nach Manciano (SS74) bei der Chiesa Madonna dell Grazie (GPS: 42.63088°N 11.66235°E). Am besten kommt man bei Abendlicht hier-

Wanderungen über die Via Cave d. S. Giuseppe (1) und die Via Cava Madonna delle Grazie (2)

In der Umgebung von Pitigliano gibt es viele sogenannte „Vie Cave", Wegsysteme, die die Etrusker in den Tuffstein gegraben haben. Diese Etruskerstraßen sind zum Teil mit ausgeklügelten Entwässerungssystemen versehen. Beide Wanderungen beginnen am Ende der Altstadt beim Abstieg über die Stufen der Porta di Sovana. Bei Tour 1 geht man beim Felsenkeller der Cantina S. Giuseppe auf der schmalen Cave di Poggio Cani nach rechts bis zur Straße. 200 m nach rechts und man ist beim kleinen Parkplatz (GPS: 42.63417°N 11.65883°E, hier können Womos bis 6 m auch parken) Nun folgt man der Ausschilderung „Via Cave di S. Giuseppe" durch den engen, von Tuffsteinwänden gesäumten Hohlweg. Man passiert eine etruskische Nekropole, bald folgen die nächsten imposanten Hohlwege. Immer den Schildern „Fontana dell'Olmo" nach, erreicht man den Steinbrunnen, ein ruhiges friedliches Plätzchen. Zurück geht es auf gleichem Weg.

Für Wanderung 2 nimmt man beim Felsenkeller den linken Weg, überquert die Straße und steigt nach dem Fluss auf der steilen Cava di Madonna della Grazie bis hinauf zur Chiesa mit grandiosem Panorama. Auch hier geht man auf demselben Weg zurück. Anstatt durch den Ort kann man zurück zum Stellplatz auch auf der Strada panoramica (s. S. 169) gehen.

Beide Touren dauern je 1 Std., gute Schuhe anziehen, besonders bei Route 2 besteht große Rutschgefahr.

her, dann erstrahlt die Stadt in ihrer ganzen Schönheit.

Der Palast der Adelsfamilie Orsini **(Palazzo Orsini)** an der Piazza della Repubblica ist das imposanteste Gebäude im *centro storico.* Innen befinden sich gleich zwei Museen, eines mit sakralen Kunstgegenständen wie der Madonna mit Kind von Jacopo della Quercia und eines mit etruskischen und bronzezeitlichen Fundstücken aus der Region.

Über die links von der Piazza della Repubblica abgehende Via Zuccarelli kommt man ins ehemalige **jüdische Getto.** Die Geschichte Pitiglianos ist stärker als die aller anderen Orte der Maremma vom Judentum geprägt, da Juden im 16. Jh. hier Zuflucht vor Verfolgung und Vertreibung fanden. Die Stadt wurde sogar *Piccola Gerusalemme* (das kleine Jerusalem) genannt. Im **Jüdischen Museum** *(Museo Ebraico)* wird die Lebensweise der jüdischen Bevölkerung anschaulich dargestellt. Gezeigt werden eine Bäckerei für koschere Backwaren, ein Schlachthaus, eine Färberei, ein Weinkeller und das rituelle Bad. Die Synagoge kann ebenfalls besichtigt werden, für Männer ist es allerdings Pflicht, eine Kippa (traditionelle jüdische Kopfbedeckung) zu tragen. Sie liegen am Eingang aus. Nach dem Museumsbesuch sollte man in die **Panificio del Ghetto** gehen. Hier gibt es *pane azzimo,* ungesäuertes Brot, und *lo sfratto,* ein stabförmiges Gebäck mit Nüssen und Honig.

Beim Bummel durch die engen, teilweise sogar im Sommer recht dunklen Gassen wird

man ab und zu auf bröckelnde Fassaden stoßen. Inzwischen beginnt die Stadt, vom großen Kuchen des Tourismus zu profitieren und die Restaurierung macht gute Fortschritte. Einige Läden mit exquisten Marmeladen und *sugos* (Pastasoßen) wurden in den letzten Jahren eröffnet. Antike Möbel suchen neue Besitzer und Weinliebhaber sollten den Bianco di Pitigliano, einen feinen, herben Weißwein, oder vielleicht den koscheren Piccola Gerusalemme versuchen. Gelagert werden die Weine vielfach in den Tuffsteinkellern unterhalb der Stadt. Hier, wo früher Menschen lebten, reifen heute edle Tropfen heran.

Für den Rückweg zum Stellplatz ⑫ nimmt man die **„strada panoramica"**, sie ist am Ende der Stadt durch die Porta Sovana zu erreichen. Auf ihr spaziert man unterhalb der aufragenden Häuser mit weitem Panoramablick, bis man die Steinbögen der Piazza Garibaldi sieht. Über viele Stufen geht es wieder hinauf zur Stadt.

Außerhalb der Stadt befindet sich das **Museo Archeologico all'Aperto „Alberto Manzi".** Das weitläufige Freiluftmuseum ist in die Stadt der Lebenden und der Toten zweigeteilt. In der einen sieht man Rekonstruktionen von zwei Häusern aus der Bronze- und der Etruskerzeit. Im anderen Teil die etruskische Nekropole. Faszinierend ist der Spaziergang durch die **Via Cava del Grandone,** ein von den Etruskern in den Tuffstein geschlagener Hohlweg. Unterwegs bietet sich immer wieder ein herrliches Panorama auf die Stadt.

Information

I.A.T., 58017 Pitigliano Piazza Garibaldi 12, Tel. +39 0564617111, www.comune.pitigliano.gr.it, Öffnungszeiten: Apr.–Okt. Di–Sa 10–12.30 und 15.30–18 Uhr, So 10–12.30 Uhr, Anf.–Mitte Nov. Mi–So 10–13 Uhr, Dez./März Di–Sa 10–12 und 15–17 Uhr, So 10–12 Uhr

Sehenswertes

Palazzo Orsini, 58017 Pitigliano, Piazza della Repubblica, Tel. +39 0564616074, Öffnungszeiten: Di–So Okt.–März 10–13 und 15–17 Uhr, Apr.–Sept. 10–13 und 15–18 Uhr, Aug. tägl. 10–20 Uhr, Eintritt: 4,50/3 €

◹ *Die Stadtansicht von Pitigliano wirkt beinahe gespenstisch*

Museo Civico Archeologico della civiltá etrusca, Palazzo Orsini, Öffnungszeiten: Nov.–März Sa/So 10–16 Uhr, Apr. Sa/So 10–18 Uhr, Mai Fr 14–18 Uhr, Sa/So 10–18 Uhr, Juni Fr–So 10–18 Uhr, Juli/Aug. Di–So 10–19 Uhr, Sept. Di–So 10–18 Uhr, Okt. Fr–So 10–17 Uhr, Eintritt: 3/2 €, Kombiticket mit Alberto Manzi Museo 6/3 €

Museo Ebraico, 58017 Pitigliano, Via Zuccarelli, Öffnungszeiten: Nov.–März 10–12.30 und 14–15.30 Uhr, Apr.–Okt. 10–13 und 14.30–18 Uhr, Sa geschlossen, Eintritt: 5/4 €

Museo Archeologico all'Aperto „Alberto Manzi", 58017 Pitigliano, man fährt von Pitigliano auf der SS74 bis zur Kreuzung mit der SP25 und der SR127, der Park liegt an der SR127 in Richtung Pantano bzw. S. Quirico, GPS: 42.62890°N 11.66990°E, Tel. +39 3381372828, Öffnungszeiten: März/April Sa/So 10–18 Uhr, Mai Fr 14–18 Uhr, Sa/So 10–18 Uhr, Juni Fr–So 10–18 Uhr, Juli/August Do–So 10–19 Uhr, September Fr–So 10–18 Uhr, Oktober Sa/So 9–17 Uhr, Eintritt: 4/2 €

Essen

La Corte del Ceccottino, 58017 Pitigliano, Via Vignoli 64, Tel. +39 0564615423. Sehr aufmerksames Personal serviert vorzügliche Gerichte.

Delizie di Ale e Helga, 58017 Pitigliano, Via Roma 122, Tel. +39 0564615576. Kleines Bistro von Helga & Ale, einfach und lecker.

La Chiave del Paradiso, 58017 Pitigliano, Via Vignoli 209, Tel. +39 0564614141. Eines der preiswertesten Lokale der Stadt, was sich aber nicht auf die Qualität auswirkt.

Einkaufen

Delizie di Ale e Helga, 58017 Pitigliano, Via Roma 130, Tel. +39 0564615576. Eine große Auswahl an Marmeladen, Weingelees und Pastasoßen. Alessandro und Helga arbeiten mit vielen kreativen Ideen bei der Herstellung ihrer außergewöhnlichen Köstlichkeiten. In Nr. 122 kleines Bistro von Helga & Ale.

Narcisi & Bussi, 58017 Pitigliano, Via Santa Chiara 70, Teil. +39 0564614425, Öffnungszeiten: 8.30–13 Uhr und 15–20 Uhr. Große Weinhandlung der Cantina di Pitigliano in einem Tuffsteinkeller. Zu kaufen gibt es außerdem Käse, Schinken und Salami aus der Region.

Parken

Parkplätze in Pitigliano sind absolute Mangelware, deshalb muss man auf dem beschriebenen Stellplatz an der Piazza P. Nenni ⑫ parken.

Stellplätze

⑫ Stellplatz Piazza P. Nenni, Pitigliano
⑬ Stellplatz Agri-Parc Oasi il Pantano, Pitigliano
⑭ Stellplatz Agriturismo il Grillo Parlante, Pitigliano

Von Pitigliano fährt man zunächst auf der Straße SP46 Richtung Sovana und biegt dann nach Sorano (SP22) ab. Die Anfahrt durch die in den Tuffstein geschlagene SP22 ist beeindruckend. Alternativ kann man auch die SP4 wählen. Sie führt direkt zum Parkplatz bei der Fortezza, ohne den Ort zu durchqueren.

SORANO
(10 km – km 122)

Auf einem Tuffsteinfelsen in 379 m Höhe schwebt Sorano, die letzte der drei Tuffsteinstädte in der südlichen Toskana. Unübersehbar sind die wehrhaften Befestigungen der **Fortezza Orsini** und des **Masso Leopoldino.** Einem gestrandeten Schiff gleich, liegt der Masso Leopoldino, ein riesiger Tuffsteinblock, mitten in der Altstadt. Wer über die Piazza del Poggio hinaufsteigt, dem bietet sich ein herrliches Panorama, das ins Tal des Lente und auf die als uneinnehmbar geltende Orsiniburg reicht. Wenn man vom Parkplatz bei der Fortezza auf die imposante Bastion zugeht, glaubt man das sofort.

Information

Ufficio Tursimo, 58010 Sorano, Piazza Busatti 8, Tel. +39 0564633099, Öffnungszeiten: Apr.–Sept. Do–Di 10–13 Uhr und 14–17 Uhr

Sehenswertes

Masso Leopoldino, Öffnungszeiten: 10–19 Uhr, Nov.–März 10–16 Uhr, Eintritt: frei

Fortezza Orsini, Öffnungszeiten: März Sa/So 10–13 und 15–19 Uhr, Apr.–Sept. Di–So 10–13 und 15–19

Uhr, Okt. Di–So 10–12 und 16–18 Uhr, Nov. Sa/So
10–13 und 14–17 Uhr, Eintritt: 5/3,50 €

Mountainbiketour

Start: Parkplatz Fortezza, Länge: 28,8 km, Höhenmeter
insgesamt: 1034

Parken

Parkplatz bei der Fortezza Orsini (GPS: 42.68145°N
11.71568°E). Von Pitigliano über die SP4 anfahren
und am Ortsrand dem Straßenschild „S. Quirico"
folgen.

Stellplatz

⑮ Parkplatz, Sorano

Nun wird man der Toskana für einen kurzen
„Seitensprung" nach Latium an den Bolsena-
See untreu. Von Sorano über San Quirico und
Gradoli ist der See schnell erreicht. Er hat einen Durchmesser von ungefähr 14 km und
ist bis zu 140 m tief. Beim Bolsena-See handelt es sich um eine wassergefüllte Caldera,
einen Vulkankessel, der bei einer enormen
vulkanischen Explosion, die vor Millionen
Jahren stattgefunden hat, entstanden ist.

Wer zu den Stellplätzen **⑰** oder **⑱** fahren will, hat zwei Möglichkeiten: zum einen
von der SS74 in der Höhe von Latera auf die
SS312 nach Valentano und dort auf der SP8
Richtung Capodimonte fahren, zum anderen
auf der SS74 bzw. SP145 weiter durch Gradoli, bis rechts die Uferstraße nach Capodimonte abzweigt. Diese Straße führt 12,2 km
direkt am See entlang, ist aber schmal und
auf 2,2 km Länge unbefestigt und teilweise
holprig. Sie mündet kurz vor Capodimonte in
die SP8.

Bade-/Picknickplatz

GPS: 42.64411°N 11.89402°E, direkt am See, gebührenpflichtig, von SS489 ausgeschildert mit „Lago"

Stellplätze

⑯ Parcheggio Camper San Magno, Gradoli
⑰ Area sosta camper Paieto, Capodimonte
⑱ Agriturismo S. Antonio, Capodimonte

BOLSENA
(30 km – km 152)

Der Ursprung des an den Ausläufern der Monti Volsini gelegenen Ortes Bolsena reicht bis
zu den Etruskern zurück. Seit der Römerzeit
liegt es an der wichtigen Handelsstraße Via
Cassia. Pilger auf der Via Francigena machten
hier bei der Reise nach Rom Station. Unter
Hadrian IV. erhielt die Stadt Mitte des 12. Jh.
ihre Befestigungsanlagen. Heute noch thront
die Burg **Rocca Monaldeschi** mit vier Recht-
ecktürmen in exponierter Lage über der Altstadt. Durch zwei Renaissancetore von 1548
bzw. 1550 gelangt man ins Centro storico.

An der Piazza Santa Cristina steht die **Basilica S. Cristina,** ein dreischiffiges Gotteshaus, das seine Renaissancefassade unter
Papst Leo X. (1493–1497) erhielt. Die Basilika wurde über dem Grab der Märtyrerin
Cristina und einem frühchristlichen Friedhof
errichtet. In der Capella del Corpo Cristi aus
dem 16. Jh. steht der Altar del Miracolo aus
dem 8. Jh., an dem sich das Blutwunder von
Bolsena ereignet haben soll (s. S. 172). Geschmückt ist die Kapelle mit sehenswerten
Fresken aus dem 9.–13. Jh. Die Katakomben,
die den Christen von Bolsena zwischen dem
Ende des 3. und dem 5. Jh. als Friedhof dienten, kann man besichtigen. Hier fand auch
die Heilige Cristina ihre letzte Ruhestätte.

Bolsena ist ein, besonders auch bei Deutschen, beliebter Ferienort, in dem man es
sich so richtig gut gehen lassen kann. Gemütliche Cafés und Fußgängerzonen mit kleinen Geschäften sowie die schön angelegte
Uferpromenade mit schattigen Platanen und
unzähligen Hortensienbüschen sind gute
Voraussetzungen, um hier einige schöne Urlaubstage zu erleben.

Information

Ufficio Tursimo, 01023 Bolsena, Piazza Matteotti,
Tel. +39 0761799923, www.visitbolsena.it, Öffnungszeiten: Apr.–Sept. tägl. 9.30–12.30 Uhr und 16.30–
19.30 Uhr, Okt.–Dez. Mo–Sa 9–12 und 15–
18 Uhr, So 9–12 Uhr, Jan.–März nur Sa/So

1170 Abb. gg

Sehenswertes

Basilica Santa Cristina, 01023 Bolsena, Via Mazzini 1, geöffnet: Apr.–Sept. tägl. 7–12.30 und 15.30–19.30 Uhr, Okt.–März Mo–Sa 7–12.30 und 15–17.30 Uhr, So 7.30–12.30 und 15–17.45 Uhr; Katakomben 10–12 und 16–18 Uhr, Okt.–März 10–12 und 15.30–17 Uhr, Eintritt: Kirche kostenlos, Katakomben 4/2 € (inkl. deutscher Erklärung)

Essen

Enoteca Aenos, 01023 Bolsena, Piazza della Rocca 12, Tel. +39 3478620586, aenos.altervista.org. Alessandro und Anna Christine empfangen ihre Gäste in einem stilvoll renovierten mittelalterlichen Weinkeller zur Weinverkostung. Eine ausgezeichnete Art, den Tag ausklingen zu lassen.

L'Osteria del Contadino, 01023 Bolsena, Piazza San Rocco 4, Tel. +39 0761798304. Angenehmer Service, bringt ausgezeichnete Speisen auf den Tisch – und das zu moderaten Preisen.

Trattoria da Picchietto, 01023 Bolsena, Via Porta Fiorentina 15, Tel. +39 0761799158. Unbedingt die Tagliolini al limone probieren.

Einkaufen

Frantoio Battaglini, 01023 Bolsena, Via Cassia km 111 VII, GPS: 42.63438°N 11.99562°E, Tel. +39 0761798847, www.frantoiobattaglini.it. Ausgezeichnete Öle aus eigener Produktion.

⌂ *Die Sonne versinkt hinter dem Bolsena-See*

Das Blutwunder von Bolsena

Um Bolsena rankt sich eine Legende aus der Kirchengeschichte: Christina, die Tochter heidnischer Eltern, wurde von einer Freundin zum Christentum bekehrt. Ihr Vater ließ sie daraufhin in einen Turm am Bolsena-See einsperren und wollte sie somit zwingen, dem christlichen Glauben abzuschwören. Sie aber blieb unbeirrt in ihrer Überzeugung, starb den Märtyrertod und wurde in den Katakomben in Bolsena beigesetzt.

Der von Glaubenszweifeln geplagte Prager Priester Petrus machte sich im Jahre 1263 auf die Reise nach Rom. Dort an der Quelle des christlichen Glaubens hoffte er auf Hilfe und Erleuchtung. In Bolsena angekommen, bat er Gott bei einer Messe in der Kirche S. Cristina, die über dem Grab der Märtyrerin errichtet worden war, um ein Zeichen. Der Herr erhörte ihn und ließ bei der Wandlung Blut aus der Hostie auf das Korporale tropfen. Durch dieses Wunder von seinen Zweifeln befreit, eilte Petrus zu Papst Urban IV. nach Orvieto. Da zur selben Zeit die selige Juliana aus Lüttich nach einer Vision für den Leib Christi einen besonderen Festtag einforderte, kam Urban IV. das Blutwunder gerade zur rechten Zeit. Er verfügte am 11.8.1264, dass am zehnten Tag nach Pfingsten der Leib des Auferstandenen mit dem Fronleichnamsfest (Corpus Christi) gefeiert wird.

Pasta fresca da Cristina, 01023 Bolsena, Corso della Repubblica 12. Leckere, frische, hausgemachte Pasta.

Pescheria Boschi, 01023 Bolsena, Corso della Repubblica 66, geöffnet: Di/Do/Fr. 7.30–13 Uhr, Juli/Aug. auch Sa. Frischer Fisch, auch direkt aus dem Bolsena-See.

Parken

GPS: 42.63882°N 11.98551°E, gebührenpflichtig

Stellplätze

🔴**119** Guadetto, Bolsena

🔴**120** Agriturismo Le Calle, Bolsena

STELLPLÄTZE ENTLANG DER ROUTE 6

108 Stellplatz Parkplatz, Magliano in Toscana

42.59726°N 11.29270°E

Stellmöglichkeit auf dem unteren Teil eines Parkplatzes am Ortsrand. Gute, ruhige Lage. **Lage/Anfahrt:** An der Ortseinfahrt links in die Via della Madonna einbiegen, ausgeschildert mit „P", Vorsicht: Aufsitzgefahr!, Abfahrt zur zweiten Ebene ist steil; **Platzanzahl:** 3; **Untergrund:** Asphalt; **Ver-/Entsorgung:** Trinkwasser; **Sicherheit:** beleuchtet; **Preise:** kostenlos; **Geöffnet:** frei zugänglich; **Kontakt:** 58051 Magliana in Toscana, Via della Madonna.

109 Stellplatz Gli Olmi, Scansano

42.68926°N 11.32497°E

Privater Stellplatz bei einem Bauernhof in ruhiger und sehr schöner Lage, traumhafte Aussicht über die Bucht von Talamone, WC, Dusche, kleiner Pool (Saison), 1,2 km ins Zentrum. Olivenölverkauf! **Lage/Anfahrt:** Im Ort Richtung Grosseto, dann ausgeschildert; **Platzanzahl:** 6; **Untergrund:** Schotter; **Ver-/Entsorgung:** Strom, Trinkwasser, Abwasser, Chemie-WC; **Sicherheit:** umzäunt; **Preise:** 15 €/Fahrz. alles inkl.; **Geöffnet:** ganzjährig; **Kontakt:** 58054 Scansano, Loc. La Poderina 41, Tel. +39 0564 508009, 3389508549, www.agriturismolapoderina.it.

110 Stellplatz L'Alveare del Pinzi, Satúrnia

42.65597°N 11.50346°E

Private Plätze (teilweise uneben) in sehr schöner, ruhiger Lage, Dusche, WC, kostenloser Shuttle zur Therme (1 km). **Lage/Anfahrt:** In Richtung Ort (Satúrnia), ausgeschildert, ca. 1 km zur Therme und zum Badeplatz bei der alten Mühle; **Platzanzahl:** 100; **Untergrund:** Schotter; **Ver-/Entsorgung:** Strom, Trinkwasser, Abwasser, Dusche; **Sicherheit:** umzäunt, beleuchtet, bewacht; **Preise:** 14 €/Fahrz. für 24 Std., 0–4 Std. 8 €, Strom 2 €/24 Std.; **Geöffnet:** ganzjährig; **Kontakt:** 58050 Saturnia, Strada delle Peschiera, Tel. +39 3383069971.

111 Stellplatz Parkplatz, Sovana

42.65773°N 11.64317°E

Freie Stellmöglichkeit auf einem ruhigen Parkplatz direkt am Ortsrand, WC. **Lage/Anfahrt:** In Sovana dem Parkplatzschild folgen, am ersten Parkplatz vorbei, nach 100 m folgt ein zweiter Parkplatz; **Platzanzahl:** 10; **Untergrund:** Schotter; **Versorgung:** Trinkwasser am Ortseingang bei GPS: 42.65746°N 11.64858°E; **Preise:** gebührenpflichtig von 8–13 und 15–20 Uhr, 3,50 €/Tag; **Geöffnet:** frei zugänglich; **Kontakt:** 58010 Sorano, Via dell'Oratorio.

112 Stellplatz Piazza P. Nenni, Pitigliano

42.63731°N 11.67985°E

Offizielle Stellplätze auf einem gemischten Parkplatz, der an ein Wohn- und Industriegebiet grenzt. 1,1 km ins Zentrum. **Lage/Anfahrt:** Durch Pitigliano in Richtung Orvieto (scharfe Rechtskurve) fahren, hinter dem Krankenhaus *(ospedale)* rechts abbiegen (Via S. Anna), und dann sofort links und geradeaus zum Platz, ausgeschildert; **Platzanzahl:** 10; **Untergrund:** Asphalt; **Sicherheit:** beleuchtet; **Preise:** kostenlos; **Geöffnet:** frei zugänglich; **Kontakt:** 58017 Pitigliano, Piazza P. Nenni.

113 Stellplatz Agri-Parc Oasi il Pantano, Pitigliano

42.62747°N 11.70223°E

Privater Platz in schöner und relativ ruhiger Lage (Straße), mit Lavendel parzellierte Plätze, Naturschwimmbad, Angelseen, sehr viele Tiere, einfache Sanitärausstattung. **Lage/Anfahrt:** Von Pitigliano in Richtung Manciano, an der Kreuzung hinter der Kirche Madonna della Grazie in Richtung S. Quirico auf die SR127 abbiegen, nach 3,3 km Platz links; **Platzanzahl:** 5; **Untergrund:** Wiese; **Ver-/Entsorgung:** Strom, Trinkwasser; **Sicherheit:** umzäunt, beleuchtet, bewacht; **Preise:** 10 €/Pers.; **Geöffnet:** Ostern–Okt.; **Kontakt:** 58017 Pitigliano, Strada provinciale Pantano km 6, Tel. +39 3382145122, www.cooperativalacometa.it.

114 Stellplatz Agriturismo il Grillo Parlante, Pitigliano

42.63679°N 11.70777°E

Privater Platz in sehr schöner und sehr ruhiger Aussichtslage. Hübsch angelegt, Schwimmbad, Restaurant in der Hauptsaison, WC, Dusche; **Lage/Anfahrt:** Wie Platz 113, jedoch nach 4,6 km auf der SR 127 kurz hinter km 8 nach links abbiegen und 1,9 km zum Platz, letzte 200 m holprig; **Platzanzahl:** 4; **Untergrund:** Wiese; **Ver-/Entsorgung:** Strom, Trinkwasser; **Sicherheit:** beleuchtet; **Preise:** 10 €/Pers, mit Strom und Schwimmbad 13 €/Pers.; **Geöffnet:** Ostern–Okt.; **Kontakt:** 58017 Pitigliano, Via Pantano Alto 3009a, Tel. +39 3687266229, www.agriturismoilgrilloparlante.com.

⑪⑤ Stellplatz Parkplatz, Sorano
42.68097°N 11.71162°E
Freie Stellmöglichkeit auf einem öffentlichen Parkplatz, ca. 300 m vom Zentrum entfernt. **Lage/Anfahrt:** Von Sovana kommend vor dem Ort in einer Linkskurve der SP22 zum Parkplatz abbiegen; **Platzanzahl:** 4; **Untergrund:** Asphalt; **Sicherheit:** beleuchtet; **Preise:** kostenlos; **Geöffnet:** frei zugänglich.

⑪⑥ Parcheggio Camper San Magno, Gradoli
42.59988°N 11.86569°E
Private Stellplätze in ruhiger und schöner Lage, durch Straße vom See getrennt. Restaurant in der Nähe, sehr

☑ *Mit einem idyllischen Übernachtungsplätzchen verwöhnt der Agriturismo il Grillo* ⑪④

hilfsbereiter Besitzer. **Lage/Anfahrt:** Hinter Gradoli Richtung See abbiegen, ausgeschildert; **Platzanzahl:** 30; **Untergrund:** Wiese; **Ver-/Entsorgung:** Strom, Trinkwasser, Abwasser, Chemie-WC; **Sicherheit:** umzäunt, beleuchtet; **Preise:** 15 €/Fahrz., ab zweiter Nacht 10 €; **Geöffnet:** Mai–Sept.; **Kontakt:** 01010 Gradoli, SP114 bei km 6,137; Tel. +39 3490936431, www.bolsenacamper.com.

⑪⑦ Area sosta camper Paieto, Capodimonte
42.56135°N 11.88737°E
Offizielle Stellplätze in traumhafter Lage direkt am See, mit angrenzendem Sportplatz (bei Spielen sehr laut). Ins Zentrum 2 km. **Lage/Anfahrt:** Auf der SP8 1 km nach der Einmündung der Uferstraße links (Schild Area Sosta Temporanea) zum See fahren; **Platzanzahl:** 50; **Untergrund:** Wiese; **Ver-/Entsorgung:** Trinkwasser, Abwasser, Chemie-WC; **Sicherheit:** beleuchtet; **Preise:** 10 €/Fahrz., **Ver- und Entsorgung:** 3 €; **Geöffnet:** frei zugänglich; **Kontakt:** SP8, 01010 Capodimonte.

⑪⑧ Agriturismo S. Antonio, Capodimonte
42.55083°N 11.89541°E
Privater Platz in ruhiger Lage mit teilweise schöner Sicht auf den See. Einfache Dusche, WC, Strand

150 m, Zentrum 300 m. **Lage/Anfahrt:** Von der SP8 Richtung Capodimonte abbiegen. Von der Uferstraße noch vor dem Ort zwischen zwei Parkplätzen rechts in die Viale S. Antonio abbiegen, 100 m zum Platz; **Platzanzahl:** 12; **Untergrund:** Schotterrasen; **Ver-/Entsorgung:** Strom, Trinkwasser, Abwasser, Chemie-WC; **Sicherheit:** umzäunt, beleuchtet; **Preise:** 15 €/Fahrz. inkl. 2 Pers. u. Strom, Aug. 20 €; **Geöffnet:** Apr.–Okt.; **Kontakt:** 01010 Capodimonte, Viale S. Antonio, Tel. +39 3336322048 www.lecalle.eu.

⑲ Stellplatz Guadetto, Bolsena

42.63566°N 11.98683°E

Private Stellplätze in ruhiger und schöner Lage, WLAN nur im Empfangsbereich, sehr einfache, warme Duschen, Brötchenservice (Saison), ca. 800 m bis zum Zentrum, vom See durch den Zufahrtsweg

☐ *Ein kleines Paradies direkt am See ist der Stellplatz in Capodimonte*

getrennt. Im Sommer manchmal Lärmbelästigung durch rollerfahrende Jugendliche. **Lage/Anfahrt:** Am Ortsrand Richtung *lungolago* (Uferstraße) abbiegen, ausgeschildert; **Platzanzahl:** 50; **Untergrund:** Wiese; **Ver-/Entsorgung:** Strom, Trinkwasser, Abwasser, Chemie-WC; **Sicherheit:** umzäunt, beleuchtet; **Preise:** 16 €/Fahrz. alles inkl., Hund 1 €; **Geöffnet:** ganzjährig (wenn geschlossen, bitte anrufen); **Kontakt:** 01023 Bolsena, Via della Chiusa/Viale Cadorna, Tel. +39 0761798972 oder +39 3929813640.

⑳ Stellplatz Agriturismo Le Calle, Bolsena

42.63029°N 11.99717°E

Privater Platz bei einem Bauernhof, Verkauf von eigenen Produkten, 1,5 km von Bolsena entfernt, 200 m bis zum Strand. Dusche, WC. **Lage/Anfahrt:** Auf der SS2 durch Bolsena, dann ausgeschildert; **Platzanzahl:** 15; **Untergrund:** Wiese; **Ver-/Entsorgung:** Strom, Trinkwasser, Abwasser, Chemie-WC; **Sicherheit:** umzäunt, beleuchtet, bewacht; **Preise:** 15–19 €/Fahrz. inkl. 2 Pers. u. Strom, 3 €/Hund; **Geöffnet:** 1. Apr.–31. Okt.; **Kontakt:** 01023 Bolsena, Fornacella 11, Via Cassia km 111,200, Tel. +39 3287154633, www.lecalle.eu.

ÜBER DEN MONTE AMIATA ZU DEN WEINORTEN MONTALCINO UND MONTEPULCIANO

Das Gebiet um den erloschenen Vulkan Monte Amiata hat vor allem im Herbst seinen besonderen Reiz. Es gilt bunte Kastanien- und Buchenwälder zu Fuß auf einsamen Pfaden zu erkunden. Auf den vielen Herbstfesten werden nach alten Rezepten hergestellte, leckere Köstlichkeiten aus Kastanien und Steinpilzen angeboten und für Wohnmobilreisende ist eine gute Infrastruktur vorhanden. Für den Weinliebhaber gibt es in dieser Gegend zwei besonders edle Tropfen zu kosten. Der Brunello aus Montalcino und der Vino Nobile aus Montepulciano sind kräftige Rotweine mit weltbekannten Namen. Die Landschaft zwischen Montalcino und Pienza entspricht mit Zypressenalleen und malerischen Gehöften, einsam auf Hügeln liegend, genau dem gängigen Toskanaklischee. Vom charmanten Pienza, der Musterstadt der Renaissance, schweift der Blick über die fotogene Region. Peccorino und Wein direkt vom Hersteller locken den Gourmet nach Cetona. Erfrischende Abkühlung gibt es zum Schluss am Lago Trasimeno im toskanisch-umbrischen Grenzgebiet.

▷ *Die faszinierende Naturlandschaft des Monte Amiata ist ein ideales Wandergebiet*

013to Abb.: gg

ROUTE 7

VOM BOLSENA-SEE ZUM TRASIMENISCHEN SEE

235to Abb: gg

STRECKENVERLAUF

Strecke:
Bolsena-See – Radicofani (47 km) – Abbadia San Salvatore (18 km) – Monte Amiata (12 km) – Santa Fiora (14 km) – Montalcino (41 km) – S. Quirico d'Orcia (15 km) – Abstecher: Bagno Vignoni und Castiglione d'Orcia (hin und zurück 18 km) – Pienza (10 km) – Montepulciano (14 km) – Cetona (26 km) – Chiusi (10 km) – Castiglione del Lago (23 km)

Streckenlänge:
ohne Abstecher ca. 230 km
mit Abstecher ca. 248 km

In Bolsena wählt man die SS2 (Via Cassia), die über San Lorenzo Nuovo und Aquapendente in nordwestliche Richtung führt. Nach ca. 39 km zweigt rechts die SP24 zum ersten Etappenziel, Radicofani, ab.

Ver- und Entsorgung
GPS: 42.74216°N 11.86273°E, im Zentrum von Acquapendente links abbiegen, ausgeschildert

Stellplatz
🔴121 Agriturismo La Palombara, San Lorenzo Nuovo

⌂ *Santa Fiora – eines der vielen malerischen Städtchen in der Region des Monte Amiatas*

RADICOFANI
(47 km – km 47)

In der Borgo von Radicofani scheint die Zeit stillzustehen. Wären da nicht die knatternden, dreirädrigen Minilastwagen, man könnte sich direkt ins Mittelalter versetzt fühlen.

Auf der Hauptstraße kurz hinter dem Stadttor stößt man auf das kleinste Museum der Toskana **(La Piccolo Museo):** Ein einziger, wirklich winziger Kellerraum ist vollgestopft mit allerlei bäuerlichen Gerätschaften. Oben von der schönen Piazza di San Pietro mit den hohen Kastanienbäumen schweift der Blick weit über die sanften Hügel bis hin zum Monte Amiata, dem nächsten Ziel der Route.

Nicht nur die Landschaft zieht den Betrachter in ihren Bann, auch zwei herausragende Kunstschätze verstecken sich hinter schlichten Mauern. Die **Kirchen San Pietro** und **Sant'Agata** sind stolze Besitzer von insgesamt vier Terrakottaaltären von Andrea della Robbia. Etwas außerhalb, an der SS478, der alten Via Cassia, steht die ehemalige Zoll- und Poststation **Palazzo La Poste.** Leider ist das ehemals schöne Gebäude dem Verfall preisgegeben. An den beiden übereinanderliegenden Loggien bröckelt der Putz ab und aus dem Inneren dringt einem Modergeruch entgegen. Gegenüber dem Palazzo schmückt das Wappen der Medici einen Brunnen, an dem die Kutschenpferde getränkt wurden. Von hier bergan Richtung Dorf liegt links der

Ende des 19. Jh. naturnah angelegte kleine **Giardino romantico Bosco Isabella.** Ein verwunschener Garten mit Pyramide, Ruinen und vielen Zedernarten.

Information

Pro Loco, 53040 Radicofani, Via Renato Magi 31, Tel. +39 3315291556, https://radicofaniproloco. wordpress.com, Öffnungszeiten: Juni–Aug. 10.30–12.30 Uhr und 16–19 Uhr, sonst nur Sa/So

Essen

La Grotta, 53040 Radicofani, Piazza Sant'Agata 1, Tel. +39 057855866. Gute Küche zu zivilen Preisen.

Parken

Auf dem Stellplatz ⑫

Stellplatz

⑫ Parkplatz Gramsci, Radicofani

Weiter geht es auf SP478 zunächst am historischen Waschplatz vorbei, aussichtsreich durch eine besonders im Herbst einzigartige Landschaft. Das trockene, faltige Gelände gleicht beinahe schon einer Wüste. Nur ab und zu unterbrechen grüne Zypressen und Pinien das sandfarbene Einerlei. Bei der Einmündung in die SS2 folgt man dieser nur 300 m in Richtung Siena, um dann sofort links auf die SP61 nach Bagni San Filippo abzubiegen. Nicht die erste Zufahrt, sondern erst die zweite (ca. 1 km weiter) nach Bagni wählen. Im Ort herrscht Einbahnstraßenregelung. Man parkt am besten vor dem Ort gleich rechts am Straßenrand.

Picknickplatz

GPS: 42.91954°N 11.74501°E, tolle Aussicht, Trinkwasser

Bagni San Filippo ist ein kleiner Kurort, der schon zu Zeiten der Medici bekannt war. Heute badet man im großen Thermalschwimmbe-

cken oder versteckt im Wald in Naturbecken in der Nähe des **Fosso Bianco.** Zum weißen Wasserfall geht man kurz vor dem Ort nach rechts auf einen breiten Waldweg. Schon hier steigt einem der Geruch des schwefelhaltigen Thermalwassers in die Nase. Über eine Brücke kommt man auf die andere Seite des Baches, hier links dem Fußpfad nach und man steht vor der gewaltigen Sinterkaskade. Das kostenlose Bad in den Naturbecken ist bei den Italienern sehr beliebt. Zum Freischwimmbad kommt man entlang kleiner, Thermalwasser führender Kanäle durch den Ort.

▷ *Das beschauliche Radicofani*

Spaziergang zur Fortezza von Radicofani

Markant in 721 m Höhe auf einem Hügel steht der mächtige Wehrturm von Radicofani. Er ist Teil einer ehemaligen Papstburg. Hadrian IV. ließ sie errichten, um den Vormarsch Kaiser Friedrich I. Barbarossas aufzuhalten. Die Wehranlage wurde völlig renoviert und von oben ist der Ausblick einfach grandios.

Vom Zentrum Radicofanis führt kurz hinter der Chiesa San Pietro der schmale Waldweg **Le Scalette** *teilweise mit Treppen und durch Zedernwald zur Burg hinauf. Der Weg hinauf ist gebührenpflichtig (4 €). Im Anschluss an die* *Burgbesichtigung (10–20 Uhr) geht man auf demselben Weg zurück. Dauer: ca. 30 Min.*

Aktivitäten

Terme San Filippo, 53023 Bagni S. Filippo, Via S. Filippo 23, Tel. +39 0577872982, Öffnungszeiten: März–Oktober Mi–Mo 8.30–19 Uhr, Di 8.30–16.30 Uhr, Eintritt: Mo–Fr 12/8 €, Sa/So 14/11 €

Wieder auf der SP61 folgt man dem Straßenschild gleich rechts Richtung Vivo d'Orcia (8 km). Die Straße ist kurvig und holprig, man wird dafür mit einer grandiosen Aussicht entschädigt. Alternativ geht es auf der SP61 direkt nach Abbadia San Salvatore.

Vivo d'Orcia ist ein verschlafenes Bergdorf, umgeben von dichten Kastanienwäldern, in denen prächtige Steinpilze wachsen. Im Herbst erwacht das Dorf am 2. und 3. Wochenende im Oktober zum Leben. Eine **sagra del fungo e della castagna** (Pilz- und Kastanienfest) lockt viele Besucher an. Angeboten werden Antipasti mit Steinpilzen, Polenta und Pasta mit Pilzen, Pilzsuppe, geröstete und

Wanderung in den Kastanienwäldern des Eremo Vivo d'Orcia

Vom Parkplatz geht man in Richtung Ort, vorbei an der Bar Fonte Vecchia bis zur Kreuzung der Via della Posta und der Via Amiata. Hier folgt man der schmalen Via d'Eremo nach rechts bergab (Ausschilderung „Eremo"). Im Wald läuft man über eine hübsche Bogenbrücke und durch das Steintor auf die Kirche des ehemaligen Klosters zu. Kurz vor dem Kirchlein geht es links zwischen den Häuserzeilen auf der Borgo Pincipale hindurch. Dann immer der rot-weißen Markierung nach vorbei an hohen Linden und Säulenzypressen. An der nächsten Gabelung geht man nach rechts bergab. Über einige Bächlein, die über den Weg plätschern, wandert man immer auf dem Hauptweg durch den Wald bis *dieser auf eine geschotterte Straße trifft. Auf ihr geht es rechts entlang. Nach ca. 800 m kann man auf einen kleinen Hügel steigen, um dort die schöne Aussicht auf den Monte Amiata zu genießen (bis hierher 1 Std. Gehzeit). Kurz dahinter geht man an der Gabelung rechts auf ein Eisentor zu. (Vorsicht: Beide Schotterstraßen sind mit rot-weißen Strichen markiert.) Vor dem Tor rechts und durch den Wald mit Flaumeichen und vielen Brombeersträuchern wandert man bis zur mächtigen Mauer des ehemaligen Eremo. Schon nach wenigen Schritten schließt sich der Kreis der Wanderung bei dem Kirchlein des Klosters. Für die leichte Wanderung mit guter Markierung braucht man etwa 1:45 Std. Im Herbst sollte man genügend Zeit zum Brombeerpflücken einplanen.*

121to Abb.: gg

frittierte Pilze, Schweinswürste und Kastanien vom Rost. Dazu ein Rahmenprogramm mit Wanderungen und einem ländlichen Markt. Es ist ein Fest mit typisch italienischem Flair, das man einmal erlebt haben muss.

Essen

Taverna del Pian delle Mura, 53020 Vivo d'Orcia, Via delle Casine 12, Tel. +39 0577874009, Mo geschlossen. Sehr freundliche Besitzer, nettes Ambiente, kleine Terrasse, biologische Zutaten, gutes Preis-Leistungs-Verhältnis.

Stellplatz

123 Centro storico, Vivo d'Orcia

Von Vivo d'Orcia führt Route 7 auf der SP65 A mit schöner Aussicht bis zur Einmündung in die SP18. Auf ihr weiter nach Abbadia San Salvatore.

◺ *Die Krypta der Abbazia San Salvatore*

ABBADIA SAN SALVATORE

(18 km – km 65)

Vom Parkplatz Fosso Canali aus muss man sich zuerst immer geradeaus durch die unübersichtliche Neustadt kämpfen. An der Via Cavour liegt etwas versteckt und zwischen Häuserzeilen eingezwängt die **Abbazia San Salvatore,** die der Stadt ihren Namen gab. Sie war einst die wichtigste und angesehenste Abtei der Toskana, ihre Gründung geht auf das 9. Jh. zurück. Unter den Karolingerkönigen dehnte sich ihr weltlicher Machtbereich weit über den Monte Amiata hinaus aus. Anfang des 13. Jh. ging die Abtei von den Benediktinern auf die Zisterzienser über und verlor dabei ihren weltlichen Einfluss. Heute leben in ihr noch einige wenige Zisterziensermönche.

Faszinierend ist es, vom hellen Tageslicht in die wunderschön ausgeleuchtete Krypta der Kirche, die die Form eines griechischen Kreuzes hat, hinunterzusteigen. Die 36 Säulen beeindrucken mit ihrer Eleganz, ihren

Dekorationen und ihren unterschiedlichen Kapiteln.

Südlich der Abtei liegt die **Borgo medioevale,** die Altstadt von Abbadia San Salvatore. Drei beinahe parallel verlaufende, autofreie Gassen laden zu einem Spaziergang durch das Mittelalter ein.

Die Haupteinnahmequelle der Stadt war bis 1970 der Abbau von Zinnober. Im sogenannten Röstverfahren wird dem Zinnober Sauerstoff zugeführt und damit Quecksilber herausgetrennt. Im **Parco Museo Minerario** werden auch für Kinder anschaulich der Bergbau und der schwere Arbeitsalltag der Minenarbeiter dargestellt. Der Museumspark besteht aus drei Teilen: Multimedia-Museum, Galerie VII an Bord eines Zuges mit Original-Lokomotive und Dokumentationsmuseum Torre dell'Orologio.

Information

Pro Loco, 53021 Abbadia San Salvatore, Piazzale R. Rossaro (beim Museo Minerario), Öffnungszeiten: siehe Parco Museo Minerario, Tel. +39 0577778324

Sehenswertes

Abbazia San Salvatore, 53021 Abbadia San Salvatore, Via Cavour, Öffnungszeiten: 8–13 und 15–18 Uhr. Spende erbeten.

Parco Museo Minerario, 53021 Abbadia San Salvatore, Piazzale R. Rossaro, GPS: 42.88338°N 11.66493°E, Tel. +39 0577775221, Öffnungszeiten: 15. Juni–1. Nov. 9.30–12.30 und 15.30–18.30 Uhr, Startpunkt der geführten Touren, Eintritt: 10/8 €.

Essen

Ristorante Cesaretti, 53021 Abbadia San Salvatore, Via Trento 37, Mo geschlossen, Tel. +39 0577778198. Hierher kommen die Einheimischen. Sehr gute Küche zu angemessenen Preisen.

Einkaufen

Il Vecchio Mulino, Via Adua 69, geöffnet: 9–12.30 u. 16.45–19.30 Uhr. Günstige Öle und Weine vom Fass.

Parken

Fosso Canali (bei den Tennisplätzen), Anfahrt: im Ort immer Richtung Piscina fahren, GPS: 42.87862°N 11.67187°E. Auf diesem Parkplatz kann man eventuell auch übernachten.

Ver-/Entsorgung

400 m vom Parkplatz, GPS: 42.87912°N 11.66825°E, Trinkwasser, Abwasser, Chemie-WC

Von Abbadia San Salvatore erklimmt die SP81 A kurvenreich, aber gut zu befahren den Amiatagipfel (Vetta Amiata).

122to Abb.: gg

Wanderung oder Mountainbiketour in die Kastanienwälder von Santa Fiora

In den herrlichen Wäldern kann man im Herbst mit dem Kastaniensammeln nicht aufhören! Vom Stellplatz 126 links in den Wald und bei einem Haus rechts folgt man der grün-weißen Markierung. Bei der Weggabelung links hinauf auf eine Freifläche und dort den rechten Weg wählen. Immer geradeaus wandert man bergan. Oben geht es in einem leichten Rechtsbogen bis zum rot-weiß markierten Hauptwanderweg 1a.
Auf ihm hinunter nach Rocca und dort noch ca. 300 m der Straße entlang bis zum Stellplatz. Länge: 5 km.

MONTE AMIATA
(12 km – km 77)

Der Monte Amiata, ein seit Langem erloschener **Vulkan,** ist mit 1738 m Höhe die höchste Erhebung der Südtoskana. Mächtige Gesteinsmassen und Felsvorsprünge aus Lavagestein prägen das Landschaftsbild. Aufgrund seiner Zinnobervorkommen war der Monte Amiata bis vor wenigen Jahrzehnten von großer Bedeutung für die **Quecksilbergewinnung.**

In Bagni San Filippo (s. S. 179) und Bagno Vignoni (s. S. 191) gibt es Thermalquellen. Erdgasvorkommen in der Gegend von Santa Fiora werden zur Stromerzeugung genutzt.

Hauptsächlich ist der Monte Amiata jedoch von touristischem Interesse. Riesige Kastanienwälder ziehen sich bis zu einer Höhe von 800 bis 900 m, darüber erhebt sich dichter Buchenwald, der die Bergkuppe im Herbst in ein tiefes Rotbraun taucht. Mehrere Straßen führen hinauf zum Gipfel, dem Vetta Amiata. Am Parkplatz unterhalb des Gipfels findet man einige Hotels und Restaurants. Mehrere Liftanlagen und Skiverleiher lassen erkennen, dass der Berg auch für den Wintersport interessant ist. Vom Parkplatz kommt man in 15 Minuten hinauf zum Gipfel, der außer von Antennenanlagen von einem monumentalen, 1910 errichteten Eisenkreuz gekrönt ist. Wenige Minuten von diesem entfernt, trifft man auf die Madonna degli Scouts, die Madonna der Pfadfinder. Die Madonnenfigur schaut, verankert auf ihrem stählernen Sockel, in die Weite der Toskana.

Von Gipfelparkplatz geht es zurück zur nächsten Straßenkreuzung und dann immer in Richtung Santa Fiora. Die Straße ist schmal und teilweise holprig.

Wer es bequemer haben möchte, fährt in Richtung Arcidossa und von dort zurück nach Santa Fiora.

Parken
GPS: 42.89122°N 11.62740°E, Vetta Amiata. Hier kann man in der Nebensaison auch übernachten.

Punto panoramico Valle dell'Inferno
GPS: 42.88130°N 11.61473°E. Aussichtspunkt an der Straße vom Gipfel Richtung Santa Fiora.

SANTA FIORA
(14 km – km 91)

Santa Fiora liegt malerisch auf einem Trachytfelsen oberhalb der Quelle des Flusses Fiora. Die **Piazza Garibaldi** ist das schöne „Wohnzimmer" der Stadt. Hier, im ehemaligen **Palazzo del Conte,** residiert heute ganz profan

⌃ *Das imposante Amiata-Gipfelkreuz*

⌃ *Herbst in den Kastanienwäldern des Monte Amiata*

die Gemeindeverwaltung. An den Tischen der Bar sitzt man im Schatten des Uhrenturms mit dem doppelten Zinnenkranz, schlürft einen Cappuccino und genießt seinen Urlaub. Eigentlich ist dies schon Grund genug, um nach Santa Fiora zu kommen, doch in der **Pieve delle Santa Flora e Lucilla** wartet noch ein einmaliger Kunstgenuss: Unglaublich fein gearbeitete, detailgetreue, glasierte Terrakottareliefs von Andrea della Robbia sind hier zu finden. Im linken Kirchenschiff die „Taufe Jesu", daneben die wunderschöne „Madonna della Cintola". Drei Reliefs – „Das letzte Abendmahl", „Die Auferstehung", „Die Verkündigung" – bilden die Kanzel der Pfarrkirche. Charakterisch für Andrea della Robbias Werke sind die weißen Figuren vor blauem Hindergrund. Sie werden nach ihrem Erschaffer Robbianen genannt.

Ein netter Spaziergang führt durch drei Stadttore hinab zur **La Peschiera,** einem riesigen Fischbecken umgeben von einem Renaissancegarten, erbaut vom Grafen Sforza. Seit dem 15. Jh. wird hier das direkt daneben in der **Chiesa delle Nevi** entspringende Quellwasser der Fiora gestaut. In der Kirche mit schönen Freskenresten und einer Robbiane

⌃ *Eine typische Robbiane in der Kirche von Santa Fiora*

◁ *Esskastanien waren lange Zeit das „Brot der Armen"*

über dem Eingang ist der Fußboden teilweise durch Glas ersetzt worden und so kann man, vorausgesetzt man hat 1 € eingeworfen, die mit Scheinwerfern angestrahlte Quelle sehen. Bevor man über den Treppenweg wieder nach oben steigt, muss man unbedingt einen Zeitsprung ins 16. Jh. wagen und die idyllische Via Lunga bis zum ehemaligen jüdischen Getto entlangbummeln.

Information

Informazione, 58037 Santa Fiora, Piazza Garibaldi 39, Tel. +39 0564977142, Öffnungszeiten: Sept.–Juni Mo–Fr/So 10–12.30 Uhr, Sa 9.30–12 und 16–18 Uhr, Juli/Aug. tägl. 9.30–12 und 16–19 Uhr

Sehenswertes

Pieve delle Santa Flora e Lucilla, 58037 Santa Fiora, am Ende der Via Carolina, Öffnungszeiten: 8–18 Uhr
La Peschiera, Öffnungszeiten: Apr./Mai 9–20 Uhr, Juni/Sept. 9–22 Uhr, Juli/Aug. 9–24 Uhr, Okt.–März 9–16 Uhr, Eintritt: 1 €

Essen

Il Barilotto, 58037 Santa Fiora, Via Carolina 24, Tel. +39 0564977089. Hier kann man gemütlich und gut speisen. Man sollte unbedingt Tortellini mit Tartufo probieren!

Stellplatz

125 Centro storico, Santa Fiora

Man verlässt Santa Fiora in Richtung Arcidosso und biegt nach 4 km links auf die SP160 ab (ausgeschildert mit „Saturnia" und „Parco Faunisitico"). Nach 3,2 km (km 33 IV) zweigt rechts die Zufahrtsstraße zum Parco ab. Von hier geht es 2,9 km auf teilweise sehr holpriger, unbefestigter Straße zum Eingang des Naturparks.

Der **Parco Faunistico del Monte Amiata,** einer der wenigen seiner Art in Italien, liegt am Nordhang des Monte Labbro. In dem weitläufigen Terrain gibt es Hirsche, Rehe und Damwild. In Gehegen leben Gemsen und Wölfe, die man von einem Beobachtungsturm aus sehen kann. Markierte Spazier- und Wanderwege durchziehen das Gelände hinauf bis zur Einsiedelei von David Lazzaretti. In herrlicher Natur findet der Wanderer ruhige Abgeschiedenheit.

Aktivität

Parco Faunistico del Monte Amiata, Località Podere Dei Nobili, Arcidosso, Öffnungszeiten: Apr.–Sept. 7–19 Uhr, Okt.–März 8–17 Uhr, Eintritt: 3/2,20 €, keine Hunde

Esskastanien

Am Monte Amiata wachsen bis in Höhen von 800 m riesige Kastanienwälder. In früheren Zeiten waren Kastanien das Hauptnahrungsmittel der Bewohner der Region. Aus ihnen wurde Mehl gewonnen und zu Brot und Kuchen verarbeitet. Polenta, Püree („pichiona"), gekochte Kastanien mit Fenchel („castroni") und natürlich die Kastanien vom Grill („castagno arroste") waren auf dem bäuerlichen Speiseplan zu finden. Auch heute ist die Kastanienernte noch ein großes Ereignis. Ganze Familien rücken im Oktober bepackt mit Körben, Rechen und Besen an – neuerdings sogar mit Laubsaugern. Dann wird die Spreu vom Weizen bzw. in diesem Fall die

Kastanie von Blättern und Schale getrennt und in Säcke verpackt. Die Reste werden verbrannt. In gepflegten Kastanienwäldern wächst keinerlei Unterholz, sodass das Einsammeln relativ leicht fällt. Mittags trifft man sich dann bei den ehemaligen Trockenhäuschen und genießt die „pranzo" (Mittagessen).
In dieser Zeit finden in den meisten Orten rund um den Monte Amiata Kastanienfeste statt. Bei Musik und Wein gibt es allerlei Köstlichkeiten. Man sollte unbedingt die etwas eigenwillige Kreation von Kastanienfladenbrot mit Rosinen, Pinienkernen, Walnüssen und Rosmarin oder „castagnaccio", einen Kastanienkuchen, versuchen. Köstlich!

Bereits bei der Fahrt zum Park fällt die weiße Dampfwolke aus der Geothermieanlage auf (Parkmöglichkeit: GPS: 42.84391°N 11.55980°E). Ab hier informiert ein schön angelegter Infopfad über die Nutzung der Erdwärme aus dem vulkanischen Ursprung des Monte Amiata als umweltfreundliche Energiequelle.

Die Route führt nun zurück bis zur Einmündung in die SP160 und auf dieser 6 km bis nach **Arcidosso.**

Über die Via Cavour und durch das alte, mit dem Wappen der Medici geschmückte Stadttor kommt man auf die kleine Piazza Cavallotti mit dem **Castello Aldobrandesca.** Das ist auch schon alles, was in Arcidosso an alter Bausubstanz zu sehen ist.

Einen berühmten Sohn hat Arcidosso noch zu bieten: **David Lazzaretti,** den Propheten des Amiata. Geboren 1834 in Arcidosso, vereinigte er eine tiefe Frömmigkeit mit dem Streben nach sozialer Gerechtigkeit. Er gründete eine religiöse Gemeinschaft, die Brüderlichkeit, Gütergemeinschaft und einen einfachen Sozialismus predigte. Auf dem Gipfel des Monte Labbro errichteten er und seine Anhänger einen Turm, eine Kirche und eine Klause. Die Ruinen sind auch heute noch zu sehen und können bei einer Wanderung im Parco Faunistico del Monte Amiata besichtigt werden. Die Obrigkeit des Königreiches Italien beobachtete sein Tun mit wachsendem Argwohn. 1878 wurde er bei einem Protestmarsch von der Polizei erschossen. Noch heute gibt es in Arcidosso und Umgebung Anhänger seiner Bewegung. Im Rathaus, an der Piazza Indipendenza 30, wird in einem kleinen Museum sein Leben erzählt (geöffnet nur während der Bürostunden).

Parken

Bei den Sportanlagen von Arcidosso *(impianti sportivi)*. Man fährt vor dem Zentrum Arcidossos in Richtung Grosseto (Via Roma), nach 200 m rechts in die Via Firenze abbiegen, ausgeschildert. Der Parkplatz ist nur zur Not als Übernachtungsplatz geeignet, keine ansprechende Umgebung (GPS: 42.86953°N 11.53989°E).

124to Abb. gg

Stellplatz

126 Parco Faunistico, Arcidosso

An der Westflanke des Monte Amiata liegt **Castel del Piano.** Von Arcidosso erreicht man es in wenigen Minuten über die SP160. Das Zentrum bildet die Piazza della Madonna mit den zwei bedeutendsten Kirchen des Ortes, der Chiesa dell'Opera aus dem 17. Jh. und der Chiesa della Madonna delle Grazie aus dem 19. Jh. Durchs Altstadttor und vorbei an den vielen verwinkelten Sträßchen kommt man zur „Bellavista" auf der Stadtmauer. Wunderschön ist die Aussicht von dort tatsächlich.

Camping-/Stellplätze

127 Via Po, Castel del Piano
128 Camping Amiata, Castel del Piano

Weiter am Fuß des Monte Amiata entlang ist nach 6 km **Seggiano** erreicht. Beim „campo sportivo", auf der SP 107 Richtung Peschina, hat der Künstler Daniel Spoerri einen großen Park mit Installationen und Skulpturen erschaffen: **Il Giardino di Daniel Spoerri.** Der Schweizer Künstler platzierte seine Werke und die anderer Künstler inmitten von großflächigen Wiesen und grünen Wäldchen. Derzeit sind 87 Installationen von 42 Künstlern auf dem etwa 16 ha großen Gelände zu finden.

Sehenswertes

Il Giardino di Daniel Spoerri, GPS: 42.92242°N 11.56994°E, www.danielspoerri.org, Tel. +39 0564950 805, Öffnungszeiten: Ostern–Okt. Di–So 11–20 Uhr, Juli/Aug. auch Mo. Eintritt: 10/8 €

Über die SP160, die SP22 und die SP55 kommt man, unterwegs mit faszinierenden Ausblicken, nach ca. 13 km an die Kreuzung unterhalb von **Castelnuovo dell'Abate.** Hier

◁ *Zeichen der Ewigkeit – seit über tausend Jahren steht hier die Abbazia Sant'Antimo*

hält man sich halblinks und fährt zum Parkplatz für Wohnmobile. Von hier sind es noch 800 m bis zur **Abbazia di Sant'Antimo.** Sie liegt in einer idyllischen, typisch toskanischen Landschaft umgeben von Weinreben und knorrigen Olivenbäumen.

Parken

Wohnmobile dürfen nicht mehr bis zur **Abbazia** fahren, sondern müssen sofort nach der Abzweigung rechts auf dem kostenlosen Platz parken, Fußweg 800 m. GPS: 42.99598°N 11.52002°E. Hier kann man auch übernachten.

Im 9. Jahrhundert angeblich auf Veranlassung Karls des Großen von Benediktinermönchen gegründet, wurde sie im 11. Jahrhundert von den Zisterziensern übernommen. Sie erbauten das „vollkommene" Kirchengebäude aus cremefarbenem Travertin im romanischen Stil. Löwen bewachen den Eingang der dreischiffigen Basilika, zahlreiche romanische Skulpturen zieren die Türen und die Fassade und eine Zypresse wächst fotogen an der Seite des massigen Kampanile. Die Kirche gilt als eines der schönsten architektonischen Beispiele der italienischen Romanik. Das dreischiffige Innere in der typischen romanischen Basilikaform mit Empore wird im Wechsel von Säulen und Kreuzpfeilern gesäumt. Besondere Beachtung verdienen die Kapitelle: fast alle aus Alabaster, mit grazilen Darstellungen von Tierschädeln, Pflanzen, Schachbrett- und Flechtbandmustern. Das Glanzstück befindet sich über der zweiten Säule rechts: „Daniel in der Löwengrube".

Ende des 13. Jahrhunderts begann der Niedergang des Klosters, die Gebäude verfielen, allein die Kirche blieb bestehen. 1462 wurde der Konvent aufgehoben, seit 1979 lebt hier jedoch wieder eine kleine Gemeinschaft von Mönchen.

Wer es einrichten kann, sollte sonntags um 11 Uhr zum Gottesdienst kommen, wenn die Mönche ihre gregorianischen Gesänge anstimmen.

Route 7: Vom Bolsena-See zum Trasimenischen See

Routenkarte Seite XXIII · *Santa Fiora* · · · **187**

Die *farmacia monastica,* die **Klosterapotheke,** ist beim ehemaligen *sala capitulare* (Versammlungsort der Mönche) untergebracht. Nach alten Rezepten hergestellte Öle, Weine, Biere, Essenzen, Heilkräuter und vieles mehr hat sie in ihrem Sortiment.

Auf der beschriebenen Wanderung kann man die Schönheit der Abtei und ihre Lage in aller Ruhe genießen (s. oben).

MONTALCINO
(41 km – km 132)

Montalcino, die Heimat des weltberühmten Brunello-Weins, empfängt seine Besucher mit der wehrhaften **Fortezza di Montalcino.** Am südlichen Stadtrand steht das trutzige Festungswerk, das bis zum Jahr 1559 die letzte

☐ *Wein- und Olivenanbau rund um die Abbazia Sant'Antimo*

freie Stadt der Toskana verteidigte. Im Innenhof der vollständig restaurierten Anlage lädt eine Weinbar bei einem Gläschen Brunello und kleinen Gerichten zum Verweilen ein. Wer 4 € bezahlt, kann die Mauern der Burg besteigen und hat von oben eine schöne Sicht auf den Ort und die weite Ebene in Richtung Montepulciano.

Von der Fortezza geht es über die Via Ricasoli geradeaus in die aus hellem Stein gebaute Stadt. In den autofreien Straßen findet man in jedem zweiten Haus eine Weinhandlung. Hier wird der **Brunello** vermarktet, der nur in der Umgebung Montalcinos ausgebaut wird. Die Touristeninformation hält ein Verzeichnis von Brunello-Winzern bereit, das nicht weniger als 202 Adressen in und um Montalcino auflistet. Der Brunello ist ein kräftiger Rotwein, der aus der Sangiovese-Traube gekeltert wird. Strenge Auflagen garantieren, dass eine Flasche mit dem Etikett „Brunello" auch einen wirklich vorzüglichen Tropfen enthält. So sind die Anbaufläche und der Ertrag

pro Hektar streng limitiert. Bevor der Wein in den Handel kommt, muss er zwei Jahre in Eichenfässern reifen. Man erhält eine Flasche Brunello ab 15 € aufwärts. Für besonders herausragende alte Weine zahlen „Sammler" auch Preise von 1000 € und mehr. Günstiger kommt man beim Rosso di Montalcino weg, einem jungen Rotwein, dessen Preis dazu beiträgt, dass man nicht jedes einzelne Schlückchen zählt.

Montalcino präsentiert sich als in sich geschlossener, hübsch herausgeputzter Ort, in dem man sich gerne längere Zeit aufhält. Das **Museo Civico Diocesano d'Arte Sacra** im ehemaligen Kloster San Agostino exponiert eine reiche Sammlung sakraler Kunstwerke, archäologischer Fundstücke sowie Malerei und Holzskulpturen aus der Seneser Schule. Der hoch aufragende schmale **Palazzo Comunale** aus dem 13. Jh. an der Piazza Popolo ist Sitz der Stadtverwaltung und der Touristeninformation. Den Bau ziert vor allem sein schlanker, schön proportionierter Uhrenturm, dessen Glocke heute noch den Rhythmus der Stadt vorgibt.

Am zweiten Septemberwochenende findet die dreitägige **La Settimana del Miele** („Honigwoche") statt. Angeboten werden allerlei lokale Honigprodukte wie z.B. Honiggrappa. Die Sagra del Tordo, das Drosselfest, steigt am letzten Oktobersonntag. Mit einem Wettbewerb im Bogenschießen wird hier die Jagdsaison eröffnet.

Information

Pro Loco, 53024 Montalcino, Via Costa del Municipio 1, Tel. +39 0577849331, Öffnungszeiten: 10–19 Uhr, Nov.–März Di–So 10–13 und 14–17.40 Uhr

Sehenswertes

Fortezza di Montalcino, 53024 Montalcino Piazzale Fortezza, Öffnungszeiten: 9–20 Uhr, Winter 10–18 Uhr, Eintritt: 4 €

⌂ *Auf der Mauerkrone der Fortezza di Montalcino kann man entlangspazieren und das weite Panorama genießen*

Museo Civico Diocesano d'Arte Sacra, 53024 Montalcino, Via Ricasoli, Tel. +39 0577846014, Öffnungszeiten: Apr.–Okt. Di–So 10–13 und 14–17.50 Uhr, Sept.–März bis 17 Uhr, Eintritt: 4,50/3 €, inkl. Fortezza 6/4,50 €

Essen

Bar Circolo Arci, 53024 Montalcino, Via Ricasoli Palazzo Pieri. Man sitzt schön im Innenhof des Palazzo und genießt ein Glas Brunello.

Re di Macchia, 53024 Montalcino, Via S. Saloni 21, Tel. +39 0577846116. Probieren: Bisteca Fiorentina. Engagierte Besitzer.

Ristorante/Pizzeria S. Giórgio, 53024 Montalcino, Via S. Saloni 10, Tel. +39 0577848507. Nicht nur gute Pizza.

Einkaufen

Biondi Santi Franco – Tenuta Greppo, 53024 Montalcino, Villa Greppo 183, Tel. +39 0577848023, www.biondisanti.com, Führungen und Degustation nach einer Voranmeldung über die Website. Ausgezeichneter Brunello, aber auch der Rosso ist nicht zu verachten.

Stellplätze

129 Agriturismo La Crociona, Montalcino
130 Stellplatz Area comunale, Montalcino
131 Agriturismo Il Cocco, Montalcino
132 Stellplatz Stazioni, Torrenieri

SAN QUIRICO D'ORCIA
(15 km – km 147)

San Quirico d'Orcia liegt an der antiken Via Cassia, einer alten römischen Handelsstraße, die von Rom über Arezzo und Florenz nach Bologna führte. Heute rast der Verkehr auf der neuen Via Cassia, der ausgebauten SS2, am Ort vorbei.

Dass San Quirico einst eine gewisse Bedeutung hatte, zeigt die Tatsache, dass sich hier 1205 die Toskanische Liga versammelte und es unter Friedrich II. sogar königlicher Hof und Sitz des Burgrichters war. Mit dem Bau der **Collegiata-Kirche,** die sich im Zentrum des hübschen Städtchens befindet, wurde bereits im 9. Jh. begonnen, ihre Fertigstellung zog sich bis in das 14. Jh. hinein. Besonders sehenswert sind ihre drei Portale. Das romanische aus Travertin und Sandstein an der Giebelseite zeigt zwei säulentragende Löwen mit einem vielfältig gestalteten Rundbogen. Das erste Portal an der Südseite (romanisch mit gotischem Einfluss) wird einem Schüler Giovanni Pisanos zugeschrieben. Im linken Querschiff des Gotteshauses befindet sich ein Triptychon des sienesischen Malers Sano di Pietro. Aufmerksamkeit verdient auch das mit detailreichen Intarsienarbeiten verzierte Chorgestühl. Leider wird es durch

---

Spaziergang von Castiglione d'Orcia zur Rocca di Tentennano und nach Rocca d'Orcia

Einen kleinen Spaziergang an der Rocca di Tentennano vorbei zum kleinen Weiler Rocca d'Orcia sollte man unbedingt machen. Vom „centro storico" geht man ein kurzes Stück auf der SP323 zurück und dann links, ausgeschildert mit „Coop" und „Rocca Tentennano", bis zum Eingang der Festung Tentennano (Öffnungszeiten s. S. 192). Die Aussicht aus 620 m Höhe ist wirklich grandios. Nach der Besichtigung folgt man weiter dem breiten Weg bis nach Rocca d'Orcia, einem wunderschönen kleinen Stein-

dorf. Vom Weg aus hat man einen tollen Blick über die Dächer der Ortschaft, die sich unterhalb der Rocca di Tentennano an einen steilen Hang schmiegt. Die schmalen, steinbelegten Gassen und besonders die Piazza con Cisterna mit dem schönen Brunnen in der Mitte erfreuen den Besucher. Hier findet man auch die hervorragende Osteria La Cisterna nel borgo.
Für den Rückweg nimmt man den letzten Treppenweg rechts hinauf und biegt dann links auf den ausgeschilderten Fußweg ab. Bei der kleinen Bar kommt man zurück auf den bekannten Weg. Dieser leichte Spaziergang dauert ungefähr 45 Minuten.

den Rokokoaltar weitgehend verdeckt. Am Ende des Hauptplatzes betritt man die gepflegte Gartenanlage, die Horti Leonini. Unterhalb der im Zweiten Weltkrieg zerstörten Festung hat Diomede Leoni um 1580 einen geometrischen Buchsbaumgarten mit perspektivischer Wirkung angelegt.

Information
Ufficio Turismo, 53027 San Quirico d'Orcia, Via Dante Alighieri 33, Tel. +39 0577899728, Öffnungszeiten: Ostern–Sept. Mi–Mo 10–13 und 15.30–18 Uhr

Stellplatz
133 Campo sportivo, San Quirico d'Orcia

ABSTECHER: BAGNO VIGNONI UND CASTIGLIONE D'ORCIA
(hin und zurück 18 km)

Wer noch einmal ins Mittelalter reisen möchte, besucht **Castiglione d'Orcia.** Doch zuvor bietet sich ein erholsamer Aufenthalt in **Bagno Vignoni** an. Im Thermalbad Val di Sole kann man bei 38 °C Wassertemperatur die verspannten Muskeln wieder fit bekommen.

Viele gut bezeichnete Wanderwege starten im Ort. Wie wäre es anschließend mit einem kostenlosen Fußbad in den Thermalrinnen am Ortseingang? Der Wohnmobilstellplatz bei GPS 43.02919°N 11.62455°E war 2019 eine große Baustelle, er soll aber bis spätestens 2020 wieder zur Verfügung stehen.

Essen
Il Loggiato, 53027 Bagno Vignoni, Piazza delle Sorgenti 36, Tel. +39 0577888973. Antipasti: Peccorino mit Trüffelhonig; Primi: hausgemachte Polenta.

Aktivität
Thermalbad Val di Sole, 53027 San Quirico d'Orcia, Loc. Bagno Vignoni, Tel. +39 0577887112, Öffnungszeiten: Mo–Do 8–19.30 Uhr, Fr–So 8–24 Uhr, 6 Std. kosten 28 €, Fr–So 38 €

Von Bagno Vignoni fährt man zurück auf die SS2, folgt ihr für 400 m nach rechts und biegt dann auf die SP323 nach **Castiglione d'Orcia.** Der Ort wird von zwei Burganlagen eingerahmt, der **Rocca di Tentennano** und der **Rocca Aldobrandesca.**

☑ *Schon Römer und Etrusker wussten die heilkräftigen Quellen von Bagno Vignoni zu schätzen*

213to Abb.: gg

Schon von Weitem sichtbar, weist der imposante Wehrturm der Rocca di Tentennano den Weg. Der größte Teil der Festung stammt aus der Mitte des 13. Jh. Die Anlage wurde mit großem finanziellen Aufwand originalgetreu restauriert. Von ihrem Turm hat man eine grandiose Aussicht in das Umland. Von der Festung Rocca Aldobrandesca sind nur noch Ruinen erhalten. Sie wird schon seit Jahren renoviert und ist nicht zugänglich.

Am besten parkt man auf dem Stellplatz **134** und erkundet das Bergdorf zu Fuß. Außerordentlich schön und harmonisch ist die **Piazza il Vecchietta,** die dem Künstler Lorenzo di Pietro („il Vecchietta") gewidmet ist. Im Zentrum des stark abfallenden Platzes steht ein Brunnen aus Travertinstein von 1618. Neben anderen wertvollen Bildern hängt auch ein echter Lorenzo di Pietro im **Sala d'Arte** bei der Touristeninformation (Öffnungszeiten siehe dort).

Information

Ufficio Tursimo, 53023 Castiglione d'Orcia, Via S. Giovanni 10, Sala S. Giovanni, Tel. +39 0577888986, Öffnungszeiten: siehe Rocca Tentennano

Sehenswertes

Rocca Tentennano, 53023 Castiglione d'Orcia, Via San Giovanni, Öffnungszeiten: Apr.–Okt. Di–So 10–12 und 15–18 Uhr, Okt.–März Sa/So 10–13 und 15–18 Uhr, Eintritt: 3 €

Essen

Il Cerchio delle Streghe, 53023 Castiglione d'Orcia, Piazzale A. Monaci (bei der Rocca), Tel. +39 05771503133. Kleines Lokal mit regionaler Küche und freundlichem Service, Reservierung anzuraten.

Stellplatz

134 Pro Loco, Castiglione d'Orcia

Das nächste Ziel nach dem Genuss des guten Brunello-Weins in Montalcino ist eine Käsestadt: Pienza ist die Heimat des Peccorinokäses.

◹ *Im Gassengewirr von Castiglione d'Orcia versteckt sich die wunderschöne Piazza il Vecchietta*

PIENZA
(10 km – km 157)

Die erste Stadt, die auf dem Reißbrett entworfen wurde, die Stadt von Papst Pius II., die Käsestadt – all diese Bezeichnungen treffen auf Pienza zu. Für eine Million Touristen jährlich ist sie aber einfach eine der liebenswertesten Städte der Toskana.

Papst Pius II. wollte aus seinem Geburtsort Corsignano die „ideale Stadt" und eine Perle der Renaissance machen. In wenigen Jahren wurden nach humanistischen Gesichtspunkten entworfene Bauten wie das Rathaus, die Kathedrale, der Palazzo Pubblico und der Palazzo Piccolomini vom Baumeister Rosselino aus dem Boden gestampft, doch Papst Pius erlebte die Vollendung seines Traums nicht mehr. Einen Überblick über die Baugeschichte und ein Modell der „idealen Stadt" ist im Palazzo Borgia links der Kathedrale zu sehen.

An der Piazza Pio II steht der **Palazzo Piccolomini,** einst Sommersitz von Papst Pius II., ein vom Florentiner Palazzo Rucellai inspiriertes Gebäude und zugleich das größte und schönste am Platz. Beim Rundgang durch die herrlichen Säle mit Einrichtungsgegenständen, die noch im Original vorhanden sind, kommt man auch zur Loggia. Das Panorama von hier über das Orca-Tal ist grandios. Die hängenden Gärten des Palastes stehen ebenfalls Besuchern offen.

Der **Travertinbrunnen** der Piazza trägt das Familienwappen der Piccolominis und diente während der folgenden Jahrhunderte als Vorbild für viele toskanische Brunnen.

Die **Kathedrale Santa Maria Assunta** wurde von 1459 bis 1462 als dreischiffige Hallenkirche mit Renaissancefassade erbaut. Im Inneren sollte man sich unbedingt das wunderschöne Altarbild im Chorraum links ansehen: „Mariä Himmelfahrt" von Lorenzo di Pietro. Die anderen Werke sind von Matteo di Giovanni und Giovanni di Paolo.

▷ *Pienza – die „Città Ideale" Vecchietta*

An ihrer Nordseite wird die Piazza Pio II durch den von einem viereckigen, zinnenbewehrten Turm überragten und mit Arkadenbögen vesehenen **Palazzo Pubblico** abgeschlossen.

Das **Diözesanmuseum** im **Palazzo Vescovile** zeigt sowohl Textilarbeiten (Messgewand von Pius II.) als auch sakrale Gegenstände und Gemälde u. a. von Pietro Lorenzetti „Madonna col Bambino".

Ein Spaziergang auf der den halben Ort umschließenden Stadtmauer gehört wegen des weiten Panoramas bis Montalcino und Radicofani unbedingt zu einem Besuch.

Information
Ufficio Turistico Comunale, 53026 Pienza, Corso Rossellino 30, Palazzo Borgia, Tel. +39 0578749905, Öffnungszeiten: März–Okt. Mi–Mo 10.30–13.30 und 14.30–18 Uhr, Nov.–Febr. Sa/So 10–13 und 14–17 Uhr

Sehenswertes
Palazzo Piccolomini, 53026 Pienza, Piazza Pio II, Öffnungszeiten: Di–So 10–18.30, 16. Okt.–7. Jan./ Mitte Febr.–14. März nur bis 16.30 Uhr, Eintritt: 7/5 € inkl. Audioguide
Museo Diocesano inkl. Cripta, 53026 Pienza, Corso Rossellino 30, Palazzo Borgia, Öffnungszeiten: wie Ufficio Turistico, Eintritt: 4,50/3 €

Essen

Bar Il Casello, 53026 Pienza, Via del Casello 12, Tel. +39 0578749105. Herrliche Aussicht.

Sette di Vino, 53026 Pienza, Piazza di Spagna 1, Tel. +39 0578749092, geöffnet: 12–14 und 19.30–21 Uhr, Mi. geschl. Auf der ruhigen Piazza gibt es in der kleinen Osteria einfache hausgemachte Speisen.

La Chiocciola, 53026 Pienza, Via Mencatelli 2–4, Tel. +39 0578748683. Beim Stellplatz **135**, mittleres Preissegment.

Einkaufen

Consorzio Agrario, 53026 Pienza, Viale Mangiavacchi 45 (beim Stellplatz **135**), Tel. +39 0578224902, Öffnungszeiten: 8–13 Uhr und 16–19.30 Uhr, Mi nachmittags geschl. Käse und *pici* (Nudelspezialiät aus Pienza) sind besser und günstiger als in Touristenläden der Altstadt.

Parken

Via Don Sergio Sini, GPS: 43.07887°N 11.67336°E, kostenlos, enge Einfahrt nur für Womos bis 6–7 m Länge, je nachdem, ob Autos an der Zufahrtsstraße parken.

Parken

An der Zufahrtsstraße 300 m nach dem Kreisverkehr links, Beschilderung Bus turistici, GPS: 43.07987°N 11.67328°E, kostenlos

Stellplätze

135 Centro storico, Pienza
136 Agriturismo Podere il Casale, Pienza
137 Agriturismo Podere delli Albergo, Pienza

MONTEPULCIANO

(14 km – km 171)

Die Stadt liegt an einem Steilhang am Rande des Valdichiana (Chianatal). Größere neuzeitliche Auswucherungen gibt es kaum und so erlebt der Besucher ein beinahe unverfälschtes Stück Mittelalter.

Vom Wohnmobilstellplatz gelangt man in wenigen Minuten zum Giardino di Poggiofanti. Man durchschreitet ihn und findet da-

hinter die Porta al Prato, das Zugangstor zur Altstadt. Nun kann man sich eigentlich nicht mehr verirren. Über die Via Gracciano nel Corso geht es bergauf zur **Chiesa Sant'Agostino** mit ihrer Marmorfassade aus der Frührenaissance. Ihr gegenüber steht der Glockenturm. Ein blecherner **Commedia-dell'Arte-Clown** namens **Pulcinella** schlägt hier die Stunden. Die Hauptstraße führt weiter bergan, gesäumt von Renaissancepalästen wie dem Palazzo Cervini oder dem Palazzo Grugni. Neben zahlreichen Weinhandlungen findet man hier auch etliche Lederwaren- und Schuhgeschäfte. Der Corso geht in die Via del Poliziano über und auf dieser erreicht man die **Chiesa Santa Maria dei Servi** aus dem 14. Jh. mit ihrem sehenswerten Portal. An der Fortezza vorbei über die Via San Donato gelangt man zum Zentrum Montepulcianos, der **Piazza Grande.**

An dem großzügigen Platz steht der **Palazzo Comunale.** Der Palast aus dem frühen 15. Jh. zieht mit seinem imposanten Turm sofort den Blick und die Kameraobjektive an.

An der Südseite des Platzes erhebt sich der unvollendete **Dom** aus dem 16. bis 17. Jh. Die für ihn vorgesehene Marmorverkleidung hat er nie erhalten und so wirkt die Fassade relativ trist. Im Gegensatz dazu strahlt in seinem Innern das farbenfrohe Triptychon (1401) von Taddeo di Bartolo über dem Altar.

Ein Schmuckstück ist der wunderschöne **Palazzo Tarugi** mit Bogengängen, Wandsäulen und aufwendig gestalteten Fenstern. Vor dem **Palazzo del Capitano del Popolo** steht ein sehr schön gearbeiteter Brunnen, geziert von zwei Löwen, den Machtsymbolen der Florentiner. Sie halten das Wappen der Medici.

Es ist jedoch nicht nur das überaus sehenswerte Stadtbild, das Hunderttausende von Touristen jährlich nach Montepulciano lockt, auch der **Wein** hat eine enorme Anziehungskraft. Der Vino Nobile di Montepulciano reiht sich ein in die oberste Liga der italienischen Spitzenweine. Er besteht hauptsächlich aus der Rebe Prugnolo Gentile, zu 15 % aus der Canaiolo nero Traube und zu 5 % aus Mam-

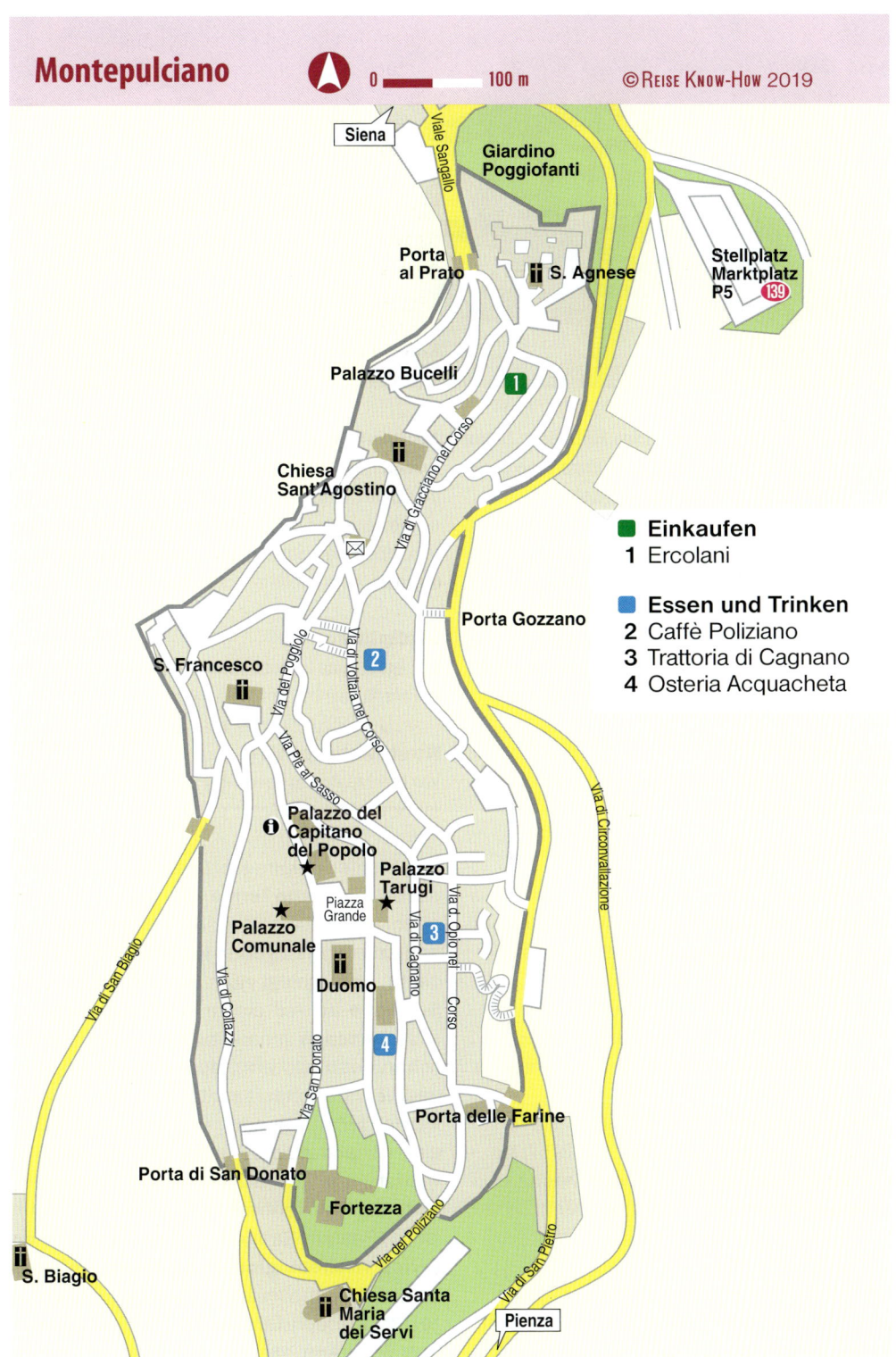

Montepulciano

0 — 100 m

© REISE KNOW-HOW 2019

Siena

Giardino Poggiofanti

Viale Sangallo

Porta al Prato

ⅱ S. Agnese

Stellplatz Marktplatz P5 139

Palazzo Bucelli

1

Chiesa Sant'Agostino

Via di Gracciano nel Corso

Einkaufen
1 Ercolani

Porta Gozzano

Essen und Trinken
2 Caffè Poliziano
3 Trattoria di Cagnano
4 Osteria Acquacheta

S. Francesco

Via del Poggiolo

Via di Voltaia nel Corso

2

Via Pie al Sasso

Palazzo del Capitano del Popolo

★ Palazzo Tarugi

Piazza Grande

Via di Circonvallazione

★ Palazzo Comunale

Via di Opio nel Corso

Via di Cagnano

3

Duomo

4

Via di San Biagio

Via di Collazzi

Via di San Donato

Porta delle Farine

Porta di San Donato

Fortezza

S. Biagio

Via del Poliziano

Via di San Pietro

Chiesa Santa Maria dei Servi

Pienza

molo. Zwei Jahre lagert er im Holzfass, bevor er in den Handel kommt. Der Vino Nobile Riserva verbleibt drei Jahre im Fass.

Information

Pro Loco, 53045 Montepulciano, Piazza Don Minzoni 1, Tel. +39 0578757341, Öffnungszeiten: Apr.–2. Nov. Mo–Sa 9–13 und 15–20 Uhr, So 9–13 Uhr, 3. Nov.–März Mo–Sa 9.30–13 und 15–18.30 Uhr, Aug. Mo–Sa 9–20 Uhr, So 9–13 und 15–20 Uhr

Sehenswertes

Duomo, 53045 Montepulciano, Piazza Grande, Öffnungszeiten: 9.30–13 Uhr und 15–19 Uhr

Essen

Caffè Poliziano, 53045 Montepulciano, Via di Voltaia nel Corso 27–29, Tel. +39 0578758615. Kaffeehausatmosphäre in der Toskana seit 1868, dementsprechende Preise, aber mit toller Aussicht.
Osteria Acquacheta, 53045 Montepulciano, Via del Teatro 2, Tel. +39 0578717086, Di geschlossen. Ein gut geführter Familienbetrieb mit typisch toskanischer Küche.
Trattoria di Cagnano, 53045 Montepulciano, Via dell'Opio nell Corso 30, Tel. +39 0578758757, Mo geschlossen. Pizzen und schmackhafte Gerichte im mittleren Preissegment.

△ *Wie wäre es mit einer kleinen Pause?*

Einkaufen

Ercolani, 53045 Montepunlciano, Via di Gracciano nel Corso 80–82, Tel. +39 0578716764, www.ercola nimontepulciano.it. Große Weinhandlung mit Degustation, großer Käseauswahl und Kellerbesichtigung: Hier lagert der Vino Nobile in Eichenfässern.

Stellplätze

138 Agriturismo La Buca Vecchia, Montepulciano
139 Marktplatz P5, Montepulciano

Routenalternative

Von Montepulciano über die SP14/135 9,5 km nach Torrita di Siena, dort Anschluss an Route 8 (s. S. 208).

Von Montepulciano fährt man auf der SS146 nach **Chianciano Terme.** Ein Stopp lohnt sich aber nur für diejenigen, die hier im Thermalbad schwimmen gehen wollen. Hinter Chianciano Terme biegt man auf die SP19 nach **Sarteano** ab. Auf einem sanften Hang zieht sich **Sarteano** hinauf zu einem mittelalterlichen Festungsturm, dessen Ursprung auf das 11. Jahrhundert zurückgeht. Die Festung war im 15. Jahrhundert im Besitz von Siena, ging danach an die Medici und wurde 1617 wiederum an die Grafen Fanelli übergeben, in deren Familienbesitz sie auch heute noch ist. Im Palazzo Gabrielli ist das kleine **Museo Civico Archeologico di Sarteano** untergebracht. In ihm werden Funde aus der Bronzezeit, von den Etruskern und den Römern aus Sarteano gezeigt. Ein Bummel durch

Essen in der Toskana

Die typisch toskanische Küche ist reich an natürlichen, gesunden Zutaten. Viel Gemüse, angereichert mit zahlreichen Kräutern, Fleisch, gezüchtet oder in den Wäldern gejagt, viel Olivenöl, dazu Weißbrot, ungesalzen mit fester Kruste, so sah und sieht die traditionelle, bäuerliche Speisefolge in der Toskana aus. An der Küste dominieren als Hauptgericht Fisch und andere Meerestiere.

In den letzten Jahrzehnten hat sich die einfache Küche zu einer wahren **Gourmetküche** entwickelt, ist allerdings ihrer **Tradition** treu geblieben.

„Pappa col Pomodore" (Brei aus Brot und Tomaten), „cacciucco alla livornese" (Fischsuppe mit geröstetem Brot), „fagioli all'uccelletto" (grüne Bohnen mit Würsten), „risotto al nero" (Reis mit Tintenfisch), „scottiglia" (Fleischeintopf mit Tomaten), „la schiacciata con l'uva" (Blechkuchen mit Weintrauben) sind nur einige ausgefallene Gerichte der Region.

Die Toskana ist keine typische Pastaregion. Eine Ausnahme sind „pici", ca. 20 cm lange, 3 mm dicke, spaghettiähnliche Nudeln aus Hartweizengries. Als „primi piatti" (erster Gang) wird traditionell **Suppe** serviert, am bekanntesten ist die „minestrone", eine dicke Gemüsesuppe. Das Hauptgericht (secondi) besteht meist aus **Fleisch,** häufig auf dem Grill zubereitet. Vegetarier tun sich hier schwer. **Innereien** wie die „trippa alla fiorentina" (Kutteln in Tomatensoße) sind bei den Toskanern sehr beliebt. Hirn („cervella"), Kuhdarm („lampredotto") und Hoden („granelli"): wer sich traut – einfach probieren! Beliebte herbstliche Gerichte sind gebratene oder frittierte „porcini" (Steinpilze). **Süßspeisen** aus Kastanienmehl, lange Zeit das Essen armer Leute, sind wieder sehr im Kommen.

Ein „ristorante" ist das auch preislich gehobenste **Speiselokal.** Eine „trattoria" ist ursprünglich ein einfacheres, bodenständiges, meist als Familienbetrieb geführtes Lokal. Heute kann sich jedoch dahinter auch ein Edelrestaurant verbergen, das sich eine gewisse Volkstümlichkeit geben will. Die „osteria" ist der deutschen **Eckkneipe** verwandt. Hierher geht man in der Mittagspause und um sich mit den Nachbarn zu treffen. Doch auch dies ist heute eine ziemlich verwaschene Bezeichnung, unter der Bezeichnung „osteria" gibt es bis hin zum gestylten In-Lokal alles. Eine **Pizzeria** ist preiswert und es wird nicht erwartet, dass man noch eine Vorspeise nimmt. Eine „birreria" ist nicht, wie der Name fälschlicherweise suggeriert, nur ein **Bierlokal,** hier werden auch Speisen gereicht. Eine „enoteca" ist ein **Weinlokal** oder eine Weinprobierstube mit meist großer Auswahl an Weinen und kleinen Snacks. Mit „tavola calda" bezeichnet man preiswerte, einfache Speisen, meist auch zum Mitnehmen.

Eine typisch italienische **Speisefolge** ist: Vorspeise, Pasta, Hauptgericht, Käsegang, Dessert, Digestif und Kaffee. In ein Speiserestaurant geht man am Abend ab ca. 19.30 Uhr, besser erst 20 Uhr, will man nicht alleine im Lokal sitzen. Bei der **Rechnung** („il conto") werden ca. 10 % Bedienungsgeld und ein Gedeckzuschlag („coperto") hinzugerechnet. Das „coperto" kann je nach Lokal zwischen 0,50 € und 3 € betragen. Trinkgeld (5–10 %) wird auf jeden Fall erwartet, dies legt man diskret auf den Tisch, wenn man geht. Na, dann guten Appetit!

Übrigens: In ganz Italien besteht in allen Gaststätten striktes **Rauchverbot,** was auch folgsam eingehalten wird. Bei Nichtbeachten des Rauchverbots drohen dem Wirt nämlich drakonische Strafen.

---

die engen Gassen der Altstadt ist durchaus lohnenswert. In Sarteano sprudelt auch eine heilkräftige Thermalquelle, sie speist das Schwimmbad des Campingplatzes.

Parken

Am Ortsrand von Sarteano in Richtung Radicofani, dann rechts auf freie Fläche. GPS: 42.98791°N 11.86961°E

Camping-/Stellplätze

140 Centro storico, Sarteano
141 Camping Parco della Piscine, Sarteano

In vielen Serpentinen kommt man auf landschaftlich sehr schöner Strecke (SP21) nach Cetona.

CETONA
(26 km – km 197)

Cetona ist ein Dorf wie aus dem Bilderbuch! Die Häuser sind liebevoll restauriert, die Gassen mit Steinpflaster belegt, über allem thront eine Burg und dazu gibt es noch eine *cantina* (Kellerei mit Spezialitätenverkauf) und eine sehr gute *osteria* (Gaststätte) – Feinschmecker werden begeistert sein.

Aber auch für geschichtlich Interessierte lohnt sich ein Stopp in Cetona, denn hier gibt es einiges zu entdecken: Im **Museo Civico** gleich neben dem Rathaus erfährt man viel über die frühgeschichtliche Besiedlung am Monte Cetona und im 5 km entfernten **Parco Archeologico Naturalistico di Belverde** kann man die in den Travertin geschlagenen Wohnhöhlen – erste prähistorische Ansiedlungen – besichtigen.

Am besten man nimmt sich etwas Zeit und lässt sich von der guten Beschilderung zu den kleinen Sehenswürdigkeiten und den Aussichtspunkten von Cetona leiten. An der breiten Piazza Garibaldi findet am Freitag ein Wochenmarkt statt.

Information
I.A.T., 53040 Cetona, Piazza Garibaldi 63, Tel. +39 0578239143, www.cetona.org, Öffnungszeiten: 15. Juni–15. Sept. 10.30–12.30 und 17–19 Uhr, 16. Sept.–14. Juni Sa/So 10.30–12.30 Uhr

Sehenswertes
Museo Civico per la Preistoria del Monte Cetona, 53040 Cetona, Via Roma 37, Tel. +39 0578237632, Öffnungszeiten: Juli–Sept. Di–So 10–13 und 16–19 Uhr, Okt.–Juni Sa/So 10–13 Uhr, Eintritt: 4/3 €, mit Parco 7/5,50 €
Parco Archeologico Naturalistico di Belverde e Archeodromo, 53040 Cetona, Strada della Montagna, Loc. Belverde, Tel. +39 0578239219, Öffnungszeiten: Juli–Sept. Di–So 10–13 u. 15–19 Uhr, Okt.–Juni So 10–13 u. 15–17 Uhr, Eintritt: 6/5 €

Essen
Osteria Merlo, 53040 Cetona, Via Sobborgo 1, Tel. +39 0578238299, www.osteriadelmerlo.it, Mo geschlossen. Versteckt an der Piazza Garibaldi unterhalb des großen runden Turms. Kleine Karte mit ausgezeichneten toskanischen Gerichten, mittleres Preisniveau.

Einkaufen
Forno del Vicolo, 53040 Cetona, Via Risorgimento 55, Tel. +39 0578238687. Spezialität: Pane di Santi und Ciabatta mit Körnern.
Cantina La Frasca, 53040 Cetona, Via Roma 13, Tel. +39 0578239214, Öffnungszeiten: Mo–Fr 10–13.30 Uhr und 16.30–20 Uhr (Okt.–April nur bis 19.30 Uhr), Sa/So ohne Mittagspause, Mi geschlossen, www.winetrecase.it. Loretana vertreibt in der Cantina Wein und köstliches Olivenöl aus den Weinbergen ihres Ehemanns und ihres Opas. Vom vorzüglichen Tafelwein über den Cuvée Barrique aus Sangiovese bis zum

171to Abb.: gg

◁ *Hier gibt es etwas für Feinschmecker*

Merlot zum Preis von 5 bis 16 € reicht die Palette. Alles ist aus eigener Produktion. Ganz besondere Leckerbissen sind der nach einem Geheimrezept von Loretanas Schwiegermutter hergestellte, in Asche gereifte Peccorino und – nicht zu vergessen – die Wildschweinsalami, der wunderbare Prosciutto, die luftgetrocknete Salami und vieles mehr. Die herzliche Loretana bietet in dem liebevoll hergerichteten Ladengeschäft alle Produkte auch zum Probieren an. Wer zwölf Flaschen Vino Giovanni kauft, muss, wenn er sich auf diesen „Wohnmobil-Tourguide Toskana" beruft, nur zehn bezahlen. Feinschmecker kommen an der Cantina La Frasca nicht vorbei.

Parken

GPS: 42.96727°N 11.90133°E. An der Altstadt vorbei bis zum Stoppschild, hier links abbiegen, ausgeschildert mit „P".

Man verlässt Cetona auf der SP321 und fährt nach Chiusi Scalo. Dort geht es auf der SS146 weiter bis Chiusi.

CHIUSI
(10 km – km 207)

Chiusi steht ganz im Zeichen der **Etrusker.** Die Geschichtsschreibung berichtet, dass die einst mächtigste Stadt des etruskischen Städtebundes 510 v. Chr. unter ihrem **König Porsenna** Rom unterworfen hat. Der glorreichste Führer der Etrusker soll der Überlieferung nach in Chiusi begraben sein. Laut einem römischen Chronisten aus vorchristlicher Zeit ist sein Grab mit einem goldenen Wagen, gezogen von 12 goldenen Pferden, geschmückt. Die Grabstätte wurde bis heute nicht gefunden. Andere **Grabstellen** sind aber zu besichtigen, so die Tomba di Leone (Löwengrab), die Tomba della Pellegrina (Pilgerinnengrab) und die Tomba della Scimmia (Affengrab). Letzteres ist nach einem Wandfresko benannt, auf dem ein kleiner Affe abgebildet ist, der sich im Gebüsch versteckt. Die etruskischen Nekropolen liegen ca. 3 km außerhalb der Stadt in Richtung Lago di Chiusi.

Das **Museo Nazionale Etrusco** zeigt viele Funde aus der etruskischen Epoche. Unter den Exponaten sind veschiedene Keramiken, Sarkophage und Urnen. Typisch für diese Gegend sind die sogenannten *canopi,* Urnen, deren Deckel menschliche Köpfe darstellen.

Die **Cattedrale San Secondiano** ist einer der ältesten Sakralbauten der Toskana. Ihre ältesten Mauernteile gehen bis ins 6. Jh. zurück, die Säulen im Inneren und der Mosaikboden des Altarbereichs sind noch Überreste aus dieser Zeit. Ihre heutige Form erhielt sie im 12. Jh.

Funde aus der Römerzeit, aus der Zeit des frühen Christentums, alte Handschriften und sakrale Kunstobjekte aus dem Mittelalter sind im **Museo della Cattedrale** ausgestellt.

Für Besucher freigegeben sind die unterirdischen Gänge des sogenannten **Porsenna-Labyrinths.** Sie wurden in etruskischer Zeit als Kanalsystem zur Drainage und Wasserversorgung angelegt.

Die **Catacomba Cristiana di S. Caterina** aus dem 2. und 3. Jh. liegt 3 km außerhalb von Chiusi. Die ersten Christen bestatteten hier ihre Toten in Grabnischen im Tuffgestein und so entstand im Laufe der Zeit ein großes Labyrinth von unterirdischen Gängen, das zum Teil zu besichtigen ist. Ein bisschen gruselig zwar, aber eine der wenigen Gelegenheiten, außerhalb Roms eine christliche Katakombe zu sehen.

◹ *Das Museo Archeologico Nazionale Etrusco*

5 km von Chiusi entfernt liegt der **Lago di Chiusi**. Er ist, ebenso wie der Lago di Montepulciano, ein Überbleibsel aus den ehemaligen Sumpfgebieten des Chianatales. Der im Durchmesser 1,5 km große See ist sehr flach und überwiegend von Schilf bewachsen.

Information

Pro Loco, 53043 Chiusi, Piazza Duomo 1, www.prolocochiusi.it, Tel. +39 0578227667, Öffnungszeiten: Okt.–März Di–So 9.30–12.30 Uhr, Apr.–Okt. 9–13 und 15–17 Uhr, So 9–13 Uhr

Sehenswertes

Tomba Etrusca del Leone, Tomba della Pellegrina, Richtung Lago di Chiusi ausgeschildert, Öffnungszeiten: März–Oktober 11–16 Uhr, November–Februar 11–14.30 Uhr, Eintritt im Ticket Museo Nazionale Etrusco inkl.
Tomba della Scimmia, Öffnungszeiten: März–Okt. Führungen Di, Do, Sa 11 und 16 Uhr, Nov.–Febr. 11 und 14.30 Uhr, Eintritt: 3 €
Museo Nazionale Etrusco, 53043 Chiusi, Via Porsenna 93, Öffnungszeiten: 9–20 Uhr, Eintritt: 6/3 €

Museo della Cattedrale, 53043 Chiusi, Piazza Duomo, Öffnungszeiten: Mai–Sept. 10–12.45 u. 15.20–18.15 Uhr, Okt.–Apr. Do/Fr 10–12.30 Uhr, Sa/So 10–12.30 und 14.30–16.30 Uhr, während dieser Öffnungszeiten kann auch das Porsenna Labyrinth besucht werden. Führungen um 10, 10.45, 11.30, 12.15, 15.15 Uhr, Eintritt: 5/3 €.
Catacomba Cristiana di S. Caterina, 53043 Chiusi, Via dei Ghibellini, nur nach Voranmeldung im Museo della Cattedrale, Eintritt: 5 €

Essen

La Solita Zuppa, 53043 Chiusi, Via Porsenna 21, Tel. +39 057821006, www.lasolitazuppa.it. Die Suppen – aber nicht nur die – sind ein Gedicht. Von Einheimischen geschätzt, deshalb sehr gut besucht.

Ver- und Entsorgung

Via Torri del Fornello, GPS: 43.01455°N 11.94989°E, kostenlos

Von Chiusi aus führt Route 7 über die SS71 zu einen Ausflug nach Umbrien an den Trasimenischen See.

CASTIGLIONE DEL LAGO

(23 km – km 230)

Castiglione del Lago, ein hübsches, liebevoll gepflegtes Städtchen, thront weithin sichtbar auf einem Kalksteinfelsen am Westufer des Trasimenischen Sees. Das Wahrzeichen der Stadt ist die **Rocca del Leone** (Löwenburg), die von einem 39 m hohen Bergfried bewacht wird. Im Sommer finden im Innenhof der Burg Theateraufführungen statt. Gleich nebenan steht der **Palazzo della Corgna.** Der imposante Bau aus dem 16. Jh. ist durch einen dunklen Gang mit der Festung verbunden. In den repräsentativen Innenräumen des Palazzo sind die manieristischen Fresken von Pomarancio sehenswert. Sie erzählen u. a. die Geschichte der Seeschlacht von Lepanto, an der ein Mitglied der Adelsfamilie Corgna teilnahm.

Weiter auf der Via V. Emanuele, an unzähligen Läden mit Käse und Wurstwaren vorbei, deren geschäftstüchtige Betreiber einem die Spezialitäten nahezu aufdrängen, erreicht man kurz vor der **Porta Senese** die **Chiesa Santa Maria Maddalene.** Sie birgt ein Kleinod von Eusebio da San Giórgio, einem Schüler Peruginos: das Bild „Madonna mit Kind".

Castiglione ist Mitglied der Vereinigung „Cittaslow", einer 1999 in Italien gegründeten Bewegung zur Entschleunigung und Erhöhung der Lebensqualität in den Städten.

Information

Tourist-Information, 06061 Castiglione del Lago, Piazza Gramsci 1, Tel. +39 075951307, Öffnungszeiten: Apr.–Sept. Mo–Sa 9–13 und 15.30–19 Uhr, So 9–13, Okt.–März Mo–Fr 8.30–13 und 15.30–19 Uhr, Sa 9–13 Uhr

Sehenswürdigkeiten

Chiesa Santa Maria Maddalene, 06061 Castiglione del Lago, Via. V. Emanuele (gleich hinter der Porta Senese), Öffnungszeiten: 8–13 und 16–19 Uhr
Palazzo della Corgna, 06061 Castiglione del Lago, Via. V. Emanuele, www.palazzodellacorgna.it, Öffnungszeiten: März 9.30–18 Uhr, Apr.–Sept. 9.30–19 Uhr, Okt. 9.30–18.30 Uhr, Nov.–Febr. Fr–Mo 10–17 Uhr, Eintritt: 8/6 €

Essen

Monna Lisa, 06061 Castiglione del Lago, Via del Forte 2, Tel. +39 075951071. Sehr schöne Lage mit Seeblick, Maurizio spricht sehr gut englisch.
L'Angolo del Buon Gustaio, 06061 Castiglione del Lago, Via Vittorio Emanuele 40, Tel. +39 3293168456. Hier findet man kleine Snacks und gute Weine.

Camping-/Stellplätze

142 Strand, Castiglione del Lago
143 Camping Listro, Castiglione del Lago

133to Abb.: gg

◁ *Von der Löwenburg überblickt man den Trasimenischen See*

121 Agriturismo La Palombara, San Lorenzo Nuovo
42.66803°N 11.92058°E

Privater, leicht geneigter Platz in sehr schöner, ausgesprochen ruhiger Panoramalage, 2 km zum Bolsena-See. **Lage/Anfahrt:** von der SS2 kurz vor km 121 V rechts abbiegen, ca. 300 m unbefestigter Weg, ausgeschildert; **Platzanzahl:** 12; **Untergrund:** Wiese; **Ver-/Entsorgung:** Strom, Trinkwasser, Abwasser, Chemie-WC; **Sicherheit:** beleuchtet; **Preise:** 13 €, alles inkl.; **Geöffnet:** Apr.–1. Nov.; **Kontakt:** SS2 km 121, 01020 San Lorenzo Nuovo, Tel. +39 763727588.

122 Stellplatz Parkplatz Gramsci, Radicofani
42.89457°N 11.77528°E

Offizieller Stellplatz in relativ ruhiger Lage (Straßenkreuzung) mit schöner Fernsicht, etwa 600 m vom Zentrum entfernt. **Lage/Anfahrt:** Von der SR2 auf die SP24 Richtung Radicofani fahren, nach 7,7 km bei der Kreuzung geradeaus und dann sofort wieder rechts zum Stellplatz, ausgeschildert; **Platzanzahl:** 5; **Untergrund:** Rasengitter; **Ver-/Entsorgung:** Trinkwasser, Abwasser, Chemie-WC; **Sicherheit:** beleuchtet; **Preise:** kostenlos; **Geöffnet:** frei zugänglich; **Kontakt:** 53040 Radicofani, Piazza Gramsci.

123 Stellplatz Centro storico, Vivo d'Orcia
42.93351°N 11.64188°E

Freie Stellplätze auf einem Parkplatz am südlichen Ortsrand, nur für Wohnmobile mit einer Länge bis 7 m geeignet, 100 m bis zum Zentrum. **Lage/Anfahrt:** Von Bagni San Filippo vor dem Ort rechts, ausgeschildert mit „P"; **Platzanzahl:** 5; **Untergrund:** Asphalt; **Ver-/Entsorgung:** Wasserhahn am Straßenrand; **Sicherheit:** beleuchtet; **Preise:** kostenlos; **Geöffnet:** frei zugänglich; **Kontakt:** 53023 Vivo d'Orcia, SP65.

124 Stellplatz Via Grossetana, Piancastagnaio
42.85188°N 11.68729°E

Markierte Plätze auf einem großen Parkplatz in lauter Lage an einer Kreuzung. Samstags hier Markt. **Lage/Anfahrt:** An der Kreuzung Richtung Santa Fiora rechts zum Platz; **Platzanzahl:** 4; **Untergrund:** Pflaster; **Ver-/Entsorgung:** Strom, Trinkwasser, Abwasser, Chemie-WC; **Sicherheit:** beleuchtet; **Preise:** kostenlos; **Geöffnet:** frei zugänglich; **Kontakt:** 53025 Piancastagnaio, SP Monte Amiata.

125 Stellplatz Centro storico, Santa Fiora
42.83531°N 11.58359°E

Schöner, offizieller Platz in ruhiger Lage am Waldrand. 300 m ins Zentrum. Im Herbst gibt es in der Nähe viele Kastanien. **Lage/Anfahrt:** Von der Zufahrtsstraße zum Ort bei einer Tankstelle nach rechts zum Platz, ausgeschildert; **Platzanzahl:** 40; **Untergrund:** Schotter; **Ver-/Entsorgung:** Strom (sechs Anschlüsse), Trinkwasser, Abwasser, Chemie-WC; **Sicherheit:** beleuchtet; **Preise:** kostenlos; **Geöffnet:** frei zugänglich; **Kontakt:** 58037 Santa Fiora, Via Martiri della Niccioleta.

126 Stellplatz Parco Faunistico, Arcidosso
42.83742°N 11.52892°E

Offizielle, schräge Stellplätze auf dem Parkplatz vom Naturpark in wunderschöner, einsamer Lage. **Lage/Anfahrt:** 4 km hinter S. Fiora links ab auf die SP160 (ausgeschildert), auf ihr 3,2 km, dann rechts abbiegen, von hier 2,9 km auf teilweise sehr holpriger, unbefestigter Straße; **Platzanzahl:** 20; **Untergrund:** Schotterrasen; **Ver-/Entsorgung:** Wasser am Parkeingang; **Preise:** kostenlos; **Geöffnet:** frei zugänglich.

127 Stellplatz Via Po, Castel del Piano
42.88861°N 11.53811°E

Offizielle Stellplätze auf einem riesigen Parkplatz am Ortsrand, 300 m bis zum Zentrum. **Lage/Anfahrt:** Im Ortszentrum in Richtung „Campo sportivo" in die Via Po abbiegen, ausgeschildert; **Platzanzahl:** 20; **Untergrund:** Asphalt; **Ver-/Entsorgung:** Trinkwasser im oberen Platzteil, Abwasser, Chemie-WC; **Sicherheit:** beleuchtet; **Preise:** kostenlos; **Geöffnet:** frei zugänglich; **Kontakt:** 58033 Castel del Piano, Via Po.

128 Camping Amiata, Castel del Piano
42.88446°N 11.53650°E

Platz mit guter Sanitärausstattung in schöner und ruhiger Lage am Ortsrand. **Lage/Anfahrt:** Von der SP160 bei km 25 II aus am Ortsanfang von Castel del Piano links, ausgeschildert; **Untergrund:** Wiese; **Ver-/Entsorgung:** Strom, Trinkwasser, Abwasser, Chemie-WC; **Sicherheit:** umzäunt, beleuchtet, bewacht; **Preise:** 7,10–10,50 €/ Fahrz., 7,10–7,80 €/Pers. inkl. Strom, 3,10–3,40 €/ Hund; **Geöffnet:** ganzjährig; **Kontakt:** 58033 Castel del Piano, Via Roma 15, Tel. +39 0564955107, www.amiata.org.

129 Agriturismo La Crociona, Montalcino
43.03818°N 11.50348°E

Privater Platz bei einem familiären Weingut in schöner und relativ ruhiger (Straße) Lage. Weinverkostung und -verkauf, Olivenöl; **Lage/Anfahrt:** An der Straße von Sant'Antimo rechts Richtung P. Scopone abbiegen; **Platzanzahl:** 7; **Untergrund:** Schotter; **Sicherheit:** beleuchtet; **Preise:** kostenlos, Einkauf obligatorisch; **Geöffnet:** Apr.–Okt.; **Kontakt:** La Croce 9, 53024 Montalcino, www.lacrociona.com.

130 Stellplatz Area comunale, Montalcino
43.04911°N 11.48771°E

Ein offizieller, separater Parkplatz für Wohnmobile, der sich ca. 1 km vom Ortszentrum entfernt auf einem Berg befindet. Der Platz ist an drei Seiten von Häusern umgeben und wird leider auch von Anlieger-Pkws benutzt. **Lage/Anfahrt:** Am Kreisverkehr fährt man in Richtung Grosseto (ausgeschildert) und dann sofort wieder rechts. Vorsicht: Zufahrt ist etwas steil; **Platzanzahl:** 30; **Untergrund:** Asphalt; **Ver-/Entsorgung:** Trinkwasser, Abwasser, Chemie-WC; **Sicherheit:** beleuchtet; **Preise:** 1,50€/Std., 5€/24 Std.; **Geöffnet:** frei zugänglich; **Kontakt:** 53024 Montalcino, Via Osticcio.

131 Agriturismo Il Cocco, Montalcino
43.02287°N 11.49859°E

Privater Platz auf einem Weingut in sehr schöner und sehr ruhiger Lage, schattiges Wäldchen, herrliche Aussicht. Dusche, WC. Freundliche Besitzer, Essen möglich, Wein- und Ölverkauf. **Lage/Anfahrt:** Von Montalcino 3,4 km Richtung Grossetto, dann links Richtung „Podere Cocco" 2,2 km auf unasphaltierter Straße; **Platzanzahl:** 10; **Untergrund:** fest; **Ver-/Entsorgung:** Strom, Trinkwasser; **Sicherheit:** beleuchtet; **Preise:** 10 €/Fahrz.; **Geöffnet:** ganzjährig; **Kontakt:** 53024 Siena Localitá Cocco 54, Tel. +39 3391898840, www.ilcocco.it.

132 Stellplatz Stazioni, Torrenieri
43.08553°N 11.55114°E

Offizieller Stellplatz auf einem gemischten Parkplatz in befriedigender, relativ ruhiger Lage beim stillgelegten Bahnhof. Osteria und Pizzeria in der Nähe. **Lage/ Anfahrt:** Von der SR2 Richtung Siena bei der Ausfahrt Torrenieri abfahren, im Ort Richtung San Quirico/ Stazione, ausgeschildert; **Platzanzahl:** 6; **Untergrund:** Rasengitter; **Ver-/Entsorgung:** Trinkwasser, Abwasser, Chemie-WC; **Sicherheit:** beleuchtet; **Preise:** kostenlos; **Geöffnet:** frei zugänglich; **Kontakt:** 53024 Torrenieri, Via Bindo Crocchi.

133 Stellplatz Campo sportivo, San Quirico d'Orcia
43.05595°N 11.60694°E

Offizieller, stark von Jugendlichen frequentierter Stellplatz, hier parken auch Busse. Fußballplatz und öffentlicher Park angrenzend, sehr laut. **Lage/Anfahrt:** Am Ortsrand ca. 200 m zum *centro storico*, ausgeschildert; **Platzanzahl:** 20; **Untergrund:** Asphalt; **Ver-/Entsorgung:** Trinkwasser, Abwasser, Chemie-WC; **Sicherheit:** beleuchtet; **Preise:** 10 €/Fahrz. (für 24 Std.), 5 € für 6 Std.; **Geöffnet:** frei zugänglich; **Kontakt:** 53027 San Quirico d'Orcia, Via Scuole.

134 Stellplatz Pro Loco, Castiglione d'Orcia
43.00280°N 11.61571°E

Offizieller Platz in ruhiger Lage mit Fernsicht, 200 m bis zum Zentrum. **Lage/Anfahrt:** Von der SP323 in Richtung Arcidosso am Ortsende links zur Bar Petra abzweigen, ausgeschildert, rechts halten, etwas steile Zufahrt; **Platzanzahl:** 10; **Untergrund:** Schotter; **Ver-/Entsorgung:** Trinkwasser; **Sicherheit:** beleuchtet; **Preise:** kostenlos; **Geöffnet:** frei zugänglich; **Kontakt:** 53023 Castiglione d'Orcia, SP323.

135 Stellplatz Centro storico, Pienza
43.07832°N 11.68047°E

Stellmöglichkeit für Fahrzeuge bis höchstens 7 m Länge auf einem meist überfüllten Parkplatz in befriedigender und unruhiger Lage, WC, ca. 200 m zum *centro storico*, freitags 7–14 Uhr hier Markt. **Lage/ Anfahrt:** Von Montalcino aus bis zum Stadttor, dann halblinks an der Altstadt entlang (Via Mangiavacchi)

und links zum Parkplatz abbiegen (Via Mencattelli), ausgeschildert; **Platzanzahl:** 10; **Untergrund:** Asphalt; **Ver-/Entsorgung:** Trinkwasser, Abwasser, Chemie-WC; **Sicherheit:** beleuchtet; **Preise:** 1,70 €/Std., 12 €/14 Std., gebührenpflichtig 8–22 Uhr; **Geöffnet:** ganzjährig; **Kontakt:** 53026 Pienza, Via Mencattelli.

136 Agriturismo Podere il Casale, Pienza

43.08119°N 11.71070°E

Wer gerne direkt auf einem aktiven Bauernhof steht, ist hier richtig! Schafe und Ziegen direkt am Platz, schöne Aussicht beim Restaurant, WC, Dusche, Käse- und Ölverkauf. **Lage/Anfahrt:** Von Pienza auf der SS146 bei km 33 Richtung Montichiello abbiegen, 3 km unbefestigte Straße; **Platzanzahl:** 8; **Untergrund:** fest; **Ver-/Entsorgung:** Strom, Trinkwasser; **Sicherheit:** beleuchtet; **Preise:** 6 €/Fahrz. 10 €/Pers., Strom 3 €; **Geöffnet:** ganzjährig; **Kontakt:** 53026 Pienza Localitá Il Casale 64, Tel. +39 3334250705, www.podereilcasale.com.

In schöner Aussichtslage übernachtet man auf dem Agriturismo Podere delli Albergo 137

137 Agriturismo Podere delli Albergo, Pienza

43.09282°N 11.71054°E

Privater Platz in sehr schöner und ruhiger Aussichtslage, WC, Dusche, WLAN. **Lage/Anfahrt:** Von Pienza auf der SS146, dann rechts Richtung Fattoria dell Borghetto abbiegen, 2 km auf unbefestigter Straße; **Platzanzahl:** 5; **Untergrund:** Wiese; **Ver-/Entsorgung:** Strom, Trinkwasser, Abwasser, Chemie-WC; **Preise:** Juni–Sept. 30 €/Fahrz., Okt.–Mai 25 €, Taxe 1 €/Pers.; **Geöffnet:** ganzjährig; **Kontakt:** 53026 Pienza, Strada Comunale del Borghetto, Tel. +39 3383856108, www.podereilcasale.com.

138 Agriturismo La Buca Vecchia, Montepulciano

43.10245°N 11.73905°E

Privater, liebevoll angelegter Platz in traumhaft schöner und ruhiger Aussichtslage, großzügige, gepflasterte Plätze mit Wasseranschluss, WLAN inkl., ideal mit Hunden, Grillplatz, kleiner See in 200 m, Käseverkostung. **Lage/Anfahrt:** Von Pienza auf der SS146 Richtung Montepulciano, nach 8 km links, ausgeschildert; **Platzanzahl:** 7; **Untergrund:** fest; **Ver-/Entsorgung:** Strom, Trinkwasser, Abwasser, Chemie-WC; **Sicher-**

rechts und wieder rechts, ausgeschildert; **Platzanzahl:** 5; **Untergrund:** Asphalt; **Ver-/Entsorgung:** Trinkwasser, Abwasser, Chemie-WC; **Sicherheit:** beleuchtet; **Preise:** kostenlos; **Geöffnet:** frei zugänglich; **Kontakt:** 53047 Sarteano, Via degli Spartitoi.

⑭¹ Camping Parco della Piscine, Sarteano
42.98722°N 11.86472°E

Platz am Ortsrand. Teurer, dafür aber mit eigenem Thermalschwimmbad, gepflegten Sanitäranlagen, Waschmaschine, inkl. WLAN, Restaurant, keine Hunde. **Lage/Anfahrt:** In Sarteano ausgeschildert; **Platzanzahl:** 300; **Untergrund:** Wiese; **Ver-/Entsorgung:** Strom, Trinkwasser, Abwasser, Chemie-WC; **Sicherheit:** umzäunt, beleuchtet, bewacht; **Preise:** 12–24 €/Fahrz., 11–20 €/Pers., Strom 6 €, Taxe 0,80 €/Pers.; **Geöffnet:** Mitte April bis 30. September; **Kontakt:** 53047 Sarteano, Via del Bago Santo 29, Tel. +39 057826971, www.parcodellepiscine.it.

⑭² Stellplatz Strand, Castiglione del Lago
43.12357°N 12.05043°E

Offizieller Stellplatz direkt am See in schöner, relativ ruhiger Lage, Spülbecken, Bar. Bei Nässe sehr matschig. Für Hunde ideal. **Lage/Anfahrt:** Im ersten Kreisverkehr erste Straße rechts, am Jachthafen vorbei, dann rechts; **Platzanzahl:** 20; **Untergrund:** Wiese; **Ver-/Entsorgung:** Strom, Trinkwasser, Abwasser, Chemie-WC; **Sicherheit:** beleuchtet; **Preise:** 12 €/24 Std., alles inkl.; **Geöffnet:** frei zugänglich; **Kontakt:** 06061 Castiglione del Lago, Viale Divisione Partiani Garibaldi.

⑭³ Camping Listro, Castiglione del Lago
43.13396°N 12.04455°E

Sehr schöne Lage direkt am See, einige Stellplätze direkt am Ufer, befriedigende Ausstattung. **Lage/Anfahrt:** Am nördlichen Ortsrand, ausgeschildert; **Platzanzahl:** 110; **Untergrund:** Wiese, Sand; **Ver-/Entsorgung:** Strom, Trinkwasser, Abwasser, Chemie-WC; **Sicherheit:** umzäunt, beleuchtet, bewacht; **Preise:** 6,60–7,60 €/Fahrz., 6,30–7,30 €/Pers. inkl. Strom, Hund 1,90 €, Taxe 0,30 €, ACSI-Preis Nebensaison 17 €; **Geöffnet:** 1. April bis 30. September; **Kontakt:** 06061 Castiglione del Lago, Via Lungolago, Tel. +39 075951193, www.listro.it.

heit: beleuchtet; **Preise:** 20 €/Fahrz., Taxe 1 €/Pers.; **Geöffnet:** ganzjährig; **Kontakt:** 53045 Montepulciano, Via Strada per Pienza 38, Tel. +39 3333371801, www.labucavecchia.it.

⑬⁹ Stellplatz Marktplatz P5, Montepulciano
43.09582°N 11.78725°E

Offizieller Stellplatz auf dem Marktplatz, der deshalb donnerstags bis 15 Uhr nicht zugänglich ist. Schöne Aussicht, jedoch laut aufgrund des angrenzenden Busbahnhofes. **Lage/Anfahrt:** Von der Umgehungsstraße des historischen Zentrums ausgeschildert; **Platzanzahl:** 50; **Untergrund:** Asphalt; **Ver-/Entsorgung:** Trinkwasser, Abwasser, Chemie-WC; **Sicherheit:** beleuchtet; **Preise:** 10 €/Fahrz. (24 Std.), Mindestbetrag 5 € für bis zu 6 Std., ganztägig gebührenpflichtig; **Geöffnet:** frei zugänglich; **Kontakt:** 53045 Montepulciano, Via delle Lettere.

⑭⁰ Stellplatz Centro storico, Sarteano
42.98851°N 11.86846°E

Offizielle Stellplätze auf einem Parkplatz, oft von Pkw zugeparkt, freitags Markt (Parkverbot). **Lage/Anfahrt:** Am Ortsrand in Richtung Radicofani abbiegen, dann

ZYPRESSENALLEEN IN KARGER LANDSCHAFT, ÜPPIGE WEINGÄRTEN UND DIE EHEMALIGE RIVALIN VON FLORENZ

Die Farbenspiele auf dieser Route durch die typisch toskanische Landschaft sind sehr beeindruckend und geben ihr einen besonderen Reiz. Riesige wogende Getreidefelder im Sommer, trockene lehmgelbe bis sandfarbene Mondlandschaft im Herbst und Winter: Das ist die Crete, südlich von Siena. Unterbrochen wird die monotone Farbgebung durch lange grüne Zypressenalleen, die zu einsamen Gehöften führen. Schwarz-weiß gestreift ist der imposante Dom von Siena, Ziegelrot und Marmorweiß sind dagegen auf der Piazza del Campo vorherrschend. Bunt wird es zur Zeit des Palio, wenn die „contraden" um den Sieg reiten. Weiß-grün oder dunkelviolett hängen die Trauben kurz vor der Ernte an den schier endlosen Rebenreihen im Chianti. Im Herbst färbt sich das Laub der Reben gelb bis tiefrot und zeichnet intensive Muster. Mit dem schwarzen Hahn als Gütesiegel auf der Flasche schimmert der zwei Jahre gereifte Chianti Classico dunkelrot im Glas. Ja, und leicht „blau" ist so mancher nach einer der vielen angebotenen Weinverkostungen.

▷ *Der Herbst im Chianti ist von besonderem Reiz*

ROUTE 8

CRETE, SIENA UND CHIANTI

STRECKENVERLAUF

Strecke:
Castiglione del Lago – Trequanda (47 km) – Abbazia di Monte Oliveto Maggiore (29 km) – Siena (39 km) – Abstecher nach Monteriggioni (hin und zurück 30 km) – Abstecher zum Castello di Meleto (hin und zurück 6 km) – Radda in Chianti (35 km) – Abstecher nach Volpáia (hin und zurück 16 km) – Abstecher nach Badia a Coltibuono (hin und zurück 16 km) – Castellina in Chianti (11 km) – Greve in Chianti (20 km)

Streckenlänge:
ohne Abstecher ca. 181 km
mit Abstecher ca. 249 km

Auf der SR71 geht es am Trasimenischen See entlang und dann weiter auf der Schnellstraße mit dem klangvollen Namen Raccordo Autostradale Bettole-Perugia in Richtung Siena. Bei der Ausfahrt „Bettolle" fährt man ab und nun sind es 7 km auf der SP327 ins reizvolle **Torrita di Siena** in 325 m Höhe. Das 1037 erstmalig erwähnte Städtchen ist ganz aus rotem Backstein erbaut. Durch eines der vier mächtige Stadttore hineinspaziert, bummelt der Besucher über schmale Gassen und Treppenwege hinauf bis zur Piazza Mateotti

mit Zisterne und dem Palazzo Comunale aus dem 13. Jh. Der Wohnmobilreisende kann sich ruhig Zeit lassen, denn ein guter Übernachtungsplatz **144** am Ortsrand wartet auf ihn.

Essen
Ristorante Pizzeria Piccolo, 53049 Torrita di Siena, Passeggio G. Garibaldi 51, Tel. +39 0577684049. Gutes Preis-Leistungs-Verhältnis, angenehme Bedienung (auch auf Deutsch), geschl. Mi, im Winter auch Mo

Ver- und Entsorgung Sinalunga
GPS: 43.21719°N 11.74419°E. Ver- und Entsorgung beim Bahnhof. Kostenlos Strom und zwei Stellplätze (laut durch Straße und Eisenbahn).

Stellplatz
144 Area comunale, Torrita di Siena

Über die SS715 und die SP38 sind es 12 km zum nächsten Ziel der Route.

△ *Die Crete Senesi zeigt im Jahresverlauf ihr unterschiedliches Gesicht. Crete kommt von Creta, in Italien der Begriff für Tonerde.*

TREQUANDA
(47 km – km 47)

Trequanda stellt sich dem Gast als niedliches, prächtig herausgeputztes Festungsdorf dar. Schmale Gassen mit schönem Blumenschmuck und einem Ziegelsteinrundturm als letzten Rest einer Burg – Trequanda ist „der ideale Platz zum Leben", wie der Ortsprospekt wirbt. An der Piazza Garibaldi steht die außergewöhnliche **Chiesa SS. Pietro e Andrea.** Ihre Fassade ist an der Frontseite schachbrettartig weiß (Travertin) und ockerfarben (Tuffstein) „gewürfelt". Das Innere der einschiffigen Kirche ziert das goldene Triptychon Madonna mit Kind von Giovanni di Paolo di Grazia auf dem Hauptaltar.

Umgeben ist Trequanda von vielen knorrigen Olivenbäumen. Aus den handverlesenen Früchten wird ein vorzügliches Öl gepresst. Mitte Oktober findet hier ein Marktfest **(Festa dell'Olio Nuovo di Podere)** mit regionalen Anbietern dieses erlesenen Produkts statt.

Information
Pro Loco, 53020 Trequanda, Via Roma 4, Tel. +39 0577662296, www.trequandaproloco.it, Öffnungszeiten: Mo–Mi/Sa 10–12.30 Uhr u. 16–18.30 Uhr

Essen
Il Conte Matto, 53020 Trequanda, Via Taverne 40, Tel. +39 0577662079. Wunderbare Landküche.

Parken
GPS: 43.18862°N 11.66592°E, kostenlos, steile Anfahrt, Vorsicht: Aufsitzgefahr. Alternativ kleiner Parkplatz bei GPS 43.18653°N 11.66878°E.

Weiter geht es 7 km zum malerischen **Petroio,** der Heimat der seit dem Mittelalter betriebenen Terrakottamanufakturen. Im **Museo della Terracotta** werden antike und moderne Ausstellungsstücke wie Küchen-

▷ *Trequanda schmiegt sich malerisch an einen Bergrücken*

geschirr, Ölkrüge, Waschgefäße und Vasen gezeigt. Vom Band kommt die Stimme eines ehemaligen Töpfers, der auf Italienisch die Arbeitsabläufe der Terrakottafertigung erläutert.

Sehenswertes
Museo della Terracotta, 53020 Trequanda, Loc. Petroio, Via Valgelata 10, Tel. +39 0577665188, Öffnungszeiten: Apr.–Okt. Sa/So 10.30–13 und 16–19 Uhr, Nov.–März Sa 15–18 Uhr, So 10.30–13 und 15–18 Uhr, Eintritt: kostenlos, Spende wird erwartet

Essen
Palazzo Brandano, 53020 Petroio, Via di Val Gelata 18, Tel. +39 05771460185, Bar und Restaurant mit ausgezeichnetem Service, ausgesuchten Gerichten und toller Terrasse.

Einkaufen
F.A.T.A.P. Snc di Pecci, 53020 Petroio, Loc. Madonnino dei Monti 12, Tel. +39 0577665011, www.fatap.it. Exquisite Töpferwaren und normale Gebrauchskeramik.

Stellplatz
145 Sportplätze, Petroio

Auf der SP71a erreicht man vorbei am pittoresken Castelmuzio nach 8 km **Montisi.** Ein Besuch lohnt sich, denn der kleine Ort hat ein harmonisches mittelalterliches Stadtbild. Beim Bummel durch die Gassen stößt man irgendwann auf die Pieve dell'Assunzione di

136fo Abb.: gg

Trüffel

*Bereits in der Antike waren Trüffel eine beliebte Delikatesse auf den Tischen der Römer. Heute werden die wertvollen Pilze bis zu einem Preis von 9000 bis 12.000 €/kg (für den begehrteren weißen Trüffel) auf dem Weltmarkt gehandelt. Es gibt weiße und schwarze Trüffel. Die geschmacksintensivere **weiße Trüffel** wächst im Winterhalbjahr, die **schwarze Trüffel** gedeiht das ganze Jahr hindurch. Trüffel sind mykorrhizierend, d. h., sie gehen eine Symbiose mit ihrer Wirtspflanze ein. Die Suche nach diesem lukrativen Schlauchpilz wird mithilfe von Trüffelschweinen bzw. -hunden durchgeführt. Weibliche Schweine reagieren auf den dem Sexualduftstoff des Ebers ähnlichen Duftstoff der Trüffel. Da die Schweine dabei den Boden stark aufwühlen, ist diese Art der Suche in Italien verboten. In der Toskana werden abgerichtete Hunde eingesetzt. In der Küche findet die Trüffel vielfältigen Einsatz. Fein gehobelt über ein Omelett oder Pasta wird ein einfaches Gericht zu einer Delikatesse.*

⌃ *Bosco della Ragnaie*

Maria aus der ersten Hälfte des 14. Jh. Das große Altarbild von Neroccio di Bartolomeo de'Landi zeigt die Madonna mit Kind.

Parken
am Ortseingang bei GPS 43.16035°N 11.65688°E

Picknickplatz mit schöner Aussicht
GPS: 43.14860°N 11.59908°E

Stellplatz
146 Impiantivi sportivi, Montisi

In **San Giovanni d'Asso** dreht sich alles um die wertvollen **Trüffel.** Mehr als hundert Trüffelhunde soll es hier geben. Wer vom ehemaligen Bahnhof aus zum Dorf geht, glaubt es gerne, denn überall bellen die Hunde meist sehr wütend aus den Gärten und Zwingern. Es gibt in der alten Festung sogar ein Trüffelmuseum (Museo del Tartufo), in dem der Interessierte alles von der Suche bis hin zur

Crete
*Crete heißt der Landstrich südlich von Siena. Durch **Erosionen** entstandene Schluchten und endlose Lehmhügel in eintönigen Sandfarben bestimmen im Herbst und Winter die Landschaft, im Sommer dominieren wogende, goldbraune Getreidefelder. Nur ab und zu unterbrechen Weinberge und lange Zypressenalleen den beinahe wüstenhaften Eindruck. Eine Fremdheit, die Besucher in ihren Bann zieht, doch die Erosion ist ein großes Problem in dem dünn besiedelten Gebiet. Der fruchtbare Boden hält den winterlichen Sturzbächen nicht stand und wird häufig mitgerissen.*

Verarbeitung des Trüffels erfährt. Im Ristorante del Castello gibt es außer allerlei guten Gerichten natürlich auch Trüffel zu kosten, serviert wird im lauschigen Schlosshof.

Eine friedliche Atmosphäre strahlt die am Ortsrand liegende **Chiesa San Pietro in Villore** aus. Umgeben von dunkelgrünen Zypressen steht das romanische Kirchlein mit seiner schönen in weiß und ocker „gewürfelten" Fassade. Ein richtiges Postkartenmotiv.

Sehenswertes

Museo del Tartufo, 53020 San Giovanni d'Asso, Piazza Gramsci 1, Tel. +39 0577803268, Öffnungszeiten: Apr.–Nov. Fr–So 10–13 und 15–18 Uhr, Eintritt: 4 €

Essen

Ristorante Locanda del Castello, 53020 San Giovanni d'Asso, Piazza V. Emanuele II, Tel. +39 0577802939. Speisen, Service und Ambiente lohnen den höheren Preis.

Parken

an der Zufahrt zum ehemaligen Bahnhof entlang der Straße, GPS: 43.15224°N 11.59201°E

Stellplatz

147 Stazione, San Giovanni d'Asso

Am Ortsrand Richtung Monte Oliveto Maggiore (GPS: 43.15641°N 11.58744°E) hat der Künstler Sheppard Craige den **Bosco della Ragnaie** angelegt. Er spielt mit Anpflanzungen, Tuffsteinen und künstlerischen Installationen als gestalterisches Element. Den fantastischen Waldpark kann man von Sonnenauf- bis Sonnenuntergang kostenlos besuchen (durchs Tor zum kleinen Parkplatz mit holpriger Zufahrt).

▷ *Ein beeindruckendes Beispiel toskanischer Freskenmalerei im Kloster Monte Oliveto Maggiore*

◁ *Die Crete – ein eindrucksvoller Landstrich*

Gut ausgeschildert ist die Straße zur Abbazia di Monte Oliveto Maggiore. Sie führt durch die typische Landschaft der Crete. Kurz vor der Abbazia sind starke **Bodenerosionen** mit tiefen Furchen ein Grund, einen Fotostopp einzulegen (GPS: 43.17959°N 11.55153°E).

ABBAZIA DI MONTE OLIVETO MAGGIORE
(29 km – km 76)

Das bedeutendste **Benediktinerkloster** der Toskana liegt versteckt inmitten von grünen Zypressen. Die Abtei von Monte Oliveto Maggiore besucht man jedoch nicht nur wegen der schönen Lage, sondern vor allem wegen ihres mit einzigartigen **Fresken** geschmückten Kreuzgangs. Sodoma und Luca Signorelli schufen die 36 Szenen dieses an Detailgenauigkeit, Farbenpracht und Anmut nicht zu überbietenden Freskenzyklus. Man kann Stunden davor verbringen und entdeckt doch immer wieder kleine, oftmals lustige Details, wie z. B. eine sich mit einem Hund um einen Fischkopf streitende Katze. Besonders schön ist das Bild diagonal gegenüber dem Eingang: Die Eltern von Maurus und Placidus kommen mit großem Gefolge aus Rom, um ihre Söhne dem Orden zu übergeben. Erst bei längerer Betrachtung entwirrt sich das Durcheinander in einzelne, mit typischen Merkmalen verse-

hene Figuren. Im Kreuzgang gegenüber dem Eingang hat sich Sodoma im Bild 4 selbst verewigt. Er ist der Ritter mit den weißen Handschuhen und sogar seinen zahmen Dachs hat er mit auf das Bild gebannt.

Zurzeit leben im Kloster noch mehr als 30 Benediktinermönche. Sie gewähren Besuchern einen Einblick in ihr Refektorium (Speisesaal), die herrliche Bibliothek und die Gemäldesammlung. Im Klosterladen gibt es Klosterlikör, Tinkturen, Salben und Literatur zu kaufen. An Sonntagen findet um 11 Uhr eine Messe mit gregorianischen Gesängen statt.

❯ 53041 Asciano, Tel. +39 0577707670, www. monteolivetomaggiore.it, Öffnungszeiten: April–Okt. 9.15–12 Uhr und 15.15–18 Uhr, Nov.–März nur bis 17 Uhr, So immer nur vormittags, Eintritt: frei

Zur Weiterfahrt nach Asciano fährt man zunächst zurück bis zur Kreuzung hinter dem Fotostopp. Hier gibt es zwei Varianten: Zur ersten fährt man zurück, bis hinter Chiusure die SP60 11 km nach Asciano führt. Die zweite, die Panoramastrecke, gehört sicherlich zu den schönsten in der gesamten Toskana. Entlang eines Bergkamms mit traumhafter Aussicht auf die typische Cretelandschaft, allerdings auf schmaler Straße mit vielen Berg- und Talfahrten (bis zu 15 % Steigung/ Gefälle), kommt man nach **Asciano,** dem Handelszentrum der Crete. Die Lebensader ist der ansehnliche Corso Matteotti mit einigen Bars und Läden.

Parken
GPS: 43.17927°N 11.54688°E

⊡ *Die fächerförmige Piazza del Campo in Siena*

Essen

La Mencia, 53041 Asciano, Corso Matteotti 77, Tel. +39 0577718227, Mo geschl. Riesige Pizzen, auch mittags.

Stellplatz

148 Parkplatz, Asciano

Weiter Richtung Siena durchfährt man die atemberaubende Landschaft der Crete auf der SP438 bis sie in die Schnellstraße E78 mündet.

SIENA

(39 km – km 115)

Siena, eine Stadt mit 54.000 Einwohnern, erstreckt sich über drei Hügel und ist von einer ehemals 7 km langen **Stadtmauer** umschlossen, die heute in Teilen noch erhalten ist. Die Anfänge der Stadt gehen der Sage nach auf Senius und Askius zurück, Söhne des Remus, der zusammen mit Romulus Rom gründete. Aus diesem Grund ist die säugende Wölfin nicht nur das Wahrzeichen Roms, sondern auch das von Siena. Gesichert ist, dass bereits in der frühen Römerzeit eine Siedlung bestand, die den Namen **Sena Julia** trug. Siena war lange Zeit im Besitz der Langobarden und kam dann unter die Herrschaft der Franken. In der Mitte des 12. Jh. wurde die Stadt eine selbstständige Republik. Damit begann ihr wirtschaftlicher und kultureller Aufschwung, aber auch die immer wieder in kriegerische Auseinandersetzungen ausartende **Rivalität mit Florenz.** Ab dem Ende des 13. Jh. erlebte Siena unter dem **Consiglio dei Nove** (Rat der Neun) – einer Regierung, die aus den einflussreichsten Bürgern Sienas bestand – seine Blütezeit. Aus dieser Epoche stammen auch die großartigen gotischen Bauwerke wie der **Palazzo Pubblico** und der **Dom.** 1348 fand der Aufschwung ein jähes Ende: Siena wurde von der **Pest** heimgesucht, die 80 % der Bevölkerung das Leben kostete. In die Bedeutungslosigkeit versank die Stadt, als sie 1555 Kaiser Karl V. zusammen mit der gesamten Toskana an die Medici aus Florenz übereignete. Erst nach der Vereinigung Italiens 1861 ging es mit Siena wieder bergauf.

Das intakte mittelalterliche Stadtbild, die einzigartigen Museen und die vielen herausragenden Sehenswürdigkeiten locken Touristen aus allen Kontinenten das ganze Jahr über nach Siena. Trotzdem wirkt die Stadt nicht museal, sondern lebendig und betriebsam. Von den Stell- bzw. Parkplätzen gibt es Busverbindungen ins Zentrum. Von Platz **149** kann man auch bis zum Bahnhof gehen und fährt dort mit der Rolltreppe hinauf in die Nähe der Porta Camollia.

Von dort ist man in wenigen Minuten auf der **Via Banchi di Sopra,** der Hauptgeschäftsstraße von Siena. Hier herrscht zu allen Tageszeiten ein geschäftiges Durcheinander. In den Läden bieten renommierte Hersteller ihre Produkte an und von Delikatessen über Damen- und Herrenbekleidung gibt es alles zu kaufen. Bald weitet sich die Via Banchi zur Piazza Salimbeni. An der Stirnseite des Platzes steht der gotische **Palazzo Salimbeni** mit seiner Front aus dreibogigen Fenstern und einem abschließenden Bogenfries mit Zinnen.

Immer weiter auf der Via Banchi und dann links durch einen der Tordurchgänge erreicht man den Hauptplatz Sienas die **Piazza del Campo.** Der leicht geneigte, fächerförmige Platz erhielt 1347 sein heutiges Gesicht und gilt als einer der schönsten der Toskana. Er wird von vielen einzigartigen mittelalterlichen Palästen eingerahmt. In der Mitte sprudelt die „fröhliche Quelle", die **Fonte Gaia,** in ihrem mit Plastiken und Reliefs geschmückten Becken. Die Reliefs sind nur Kopien, die Originale sind im Museo Civico (s. S. 217) zu sehen.

Beherrscht wird die Piazza vom **Palazzo Pubblico** mit dem **Torre del Mangia,** einem schlanken 102 m hohen Turm. Begonnen im Jahre 1295, wurde er bis 1340 ständig ergänzt. Im ersten Stock des Palastes liegen die zu besichtigenden historischen Ratssäle wie

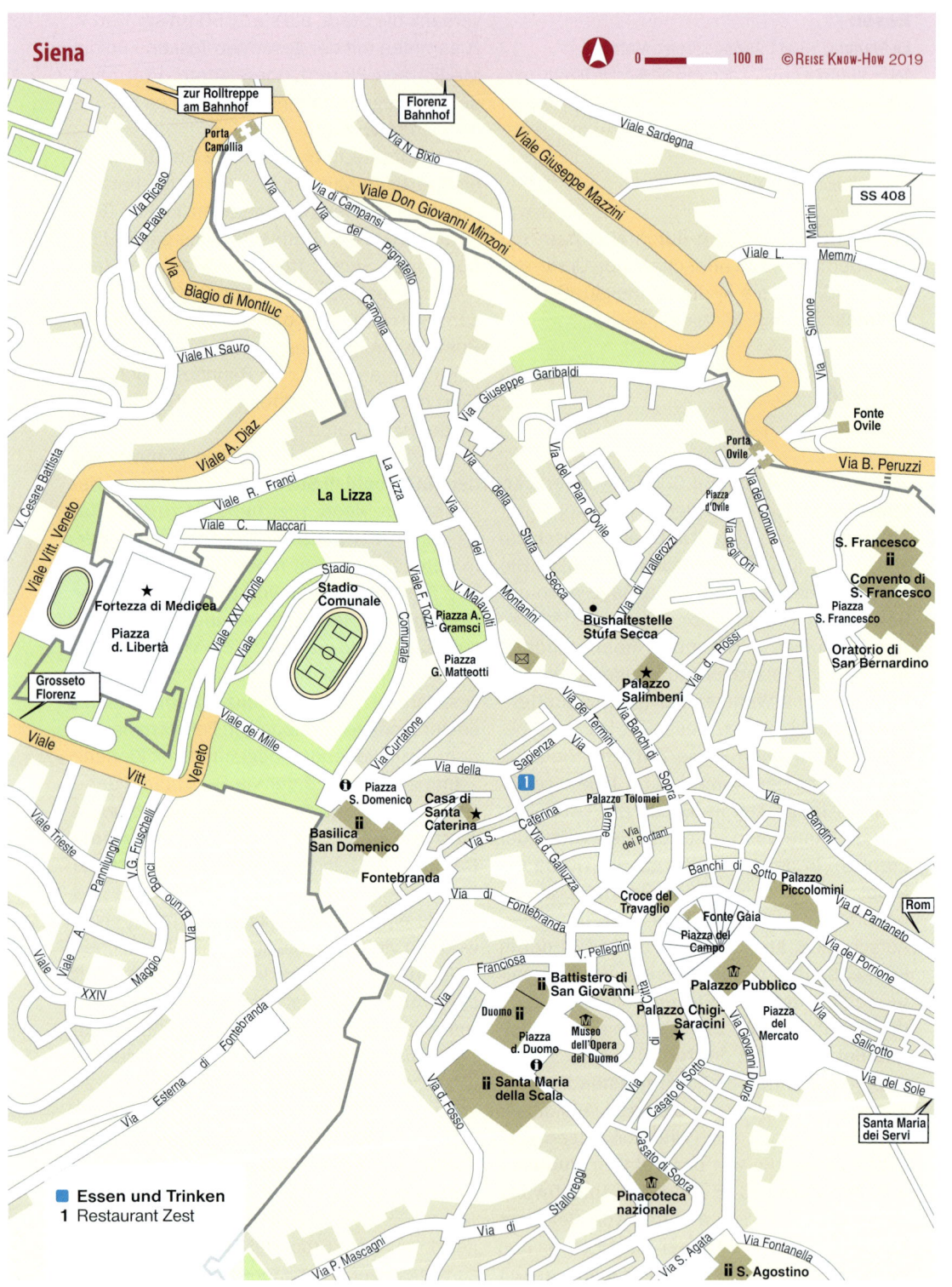

Siena

0 ▬▬▬▬ 100 m © Reise Know-How 2019

zur Rolltreppe am Bahnhof

Porta Camollia

Florenz Bahnhof

Viale Sardegna

SS 408

Viale Giuseppe Mazzini

Via N. Bixio

Viale Don Giovanni Minzoni

Via di Campansi

Via Riceo
Via Piave

Via del Pignatelo

Via di Biagio di Montluc

Viale L. Memmi

Via Martini

Via Simone

Camollia

Viale N. Sauro

Via Giuseppe Garibaldi

Viale A. Diaz

Porta Ovile

Fonte Ovile

V. Cesare Battista

Via del Pian d'Ovile

Via B. Peruzzi

Viale R. Franci

La Lizza

La Lizza

Piazza d'Ovile

Viale C. Maccari

Via della Sapienza

Via degli Orti

Via del Comune

S. Francesco

Convento di S. Francesco

Viale Vitt. Veneto

Stadio

Via Valerozzi

Piazza S. Francesco

Fortezza di Medicea

Stadio Comunale

V. Malavolti

Montanini

Bushaltestelle Stufa Secca

Via d. Rossi

Oratorio di San Bernardino

Piazza d. Libertà

Piazza A. Gramsci

Via del Termini

Palazzo Salimbeni

Grosseto Florenz

Piazza G. Matteotti

Via Comunale

Via Curtatone

Via Banchi di Sopra

Viale del Mille

Viale Vitt. Veneto

Piazza S. Domenico

Via della Sapienza

Palazzo Tolomei

Via del Pontani

Via Trieste

Basilica San Domenico

Casa di Santa Caterina

Via S. Caterina

Via di Galluzza

Palazzo Terme

Banchi di Sotto

Palazzo Piccolomini

Via d. Pantaneto

Rom

V.G. Fruschelli

Fontebranda

Via S.

Croce del Travaglio

Fonte Gaia

Via del Porrione

Viale XXIV Maggio

Via di Fontebranda

V. Pellegrini

Piazza del Campo

Via Giovanni Duprè

Via Esterna di Fontebranda

Franciosa

Battistero di San Giovanni

Palazzo Pubblico

Salicotto

Duomo

Piazza d. Duomo

Museo dell'Opera del Duomo

Palazzo Chigi-Saracini

Piazza del Mercato

Via del Sole

Via d. Fosso

Santa Maria della Scala

Casato di Sotto

Santa Maria dei Servi

Casato di Sopra

■ **Essen und Trinken**
1 Restaurant Zest

Pinacoteca nazionale

Stalloreggi

Via P. Mascagni

Via S. Agata

Via Fontanella

ii S. Agostino

u. a. die Sala di Mappamondo, der nach einer Weltkarte benannt wurde, die sich früher hier befand. Heute sind es die Fresken von Simone Martini und das Reiterbild von Guidoriccio da Fogliano, die die Blicke der Besucher auf sich ziehen. In der Sala della Pace, dem Friedenssaal, sind Fresken des Sieneser Meisters Ambrogio Lorenzetti zu sehen: über dem Eingang „Die gute Regierung" und ihre Auswirkung auf Stadt und Land und gegenüber „Die schlechte Regierung". Eine Treppe höher hat man von der Loggia einen guten Blick auf die Piazza del Campo. Wer noch mehr sehen möchte, sollte auf den Torre del Mangia steigen. (Der Name kommt vom ersten Glöckner, der „Einkommensfresser" genannt wurde.) In luftiger Höhe von 102 m liegt einem das ganze Siena zu Füßen.

Weiter auf der Via di Città sollte man im Haus Nr. 71 einen Blick auf die historische Einrichtung der über 130 Jahre alten **Antica Drogheria** werfen. Der **Palazzo Chigi-Saracini,** erbaut Anfang des 14. Jh., ist in seiner Form der Straßenbiegung angepasst. Heute beherbergt er die weltbekannte Musikschule von Siena und kann im Rahmen einer Führung besichtigt werden.

An der nächsten Kreuzung links ist man auf der Via di San Pietro nach wenigen Schritten bei der **Pinacoteca nazionale,** die im gotischen Palazzo Buonignori aus dem 14./15. Jh. untergebracht ist. Hier kann man eine ausgezeichnete Sammlung von Werken nahezu aller Sieneser Meister betrachten. Die über 700 Bilder bieten einen lückenlosen Überblick über die Malerei vom 13. bis zum 16. Jh. Zu sehen sind unter anderem Werke von Simone Martini, Pietro Lorenzetti, Ambrogio Lorenzetti und Giovanni di Paolo.

Sich rechts haltend, kommt man zur Piazza Duomo. Hier steht das Prunkstück der Stadt: der **Dom** (Duomo di Siena bzw. Cattedrale di Santa Maria Assunta). 1229 begonnen, 1263 mit einer Kuppel versehen und 1313 mit dem 77 m hohen Glockenturm vollendet, erschien er den Sienesern bald nach seiner Fertigstellung im Vergleich zum Dom in Flo-

renz zu klein. Nun sollte der schon erbaute Teil zu einem Querschiff um- und ein riesiges Längsschiff angebaut werden. Die Pest und eine Wirtschaftsflaute führten jedoch bald zur Einstellung des Vorhabens. Im 14. Jh. vervollständigte Giovanni di Cecco den oberen Teil der fein gegliederten Westfassade, deren unterer, älterer Teil von Giovanni Pisano stammen soll. Die bunten Mosaike mit Bildern aus dem Leben Marias wurden erst im 19. Jh. angebracht. Man sollte sich Zeit nehmen, die vielen aufwendigen Details der fein gearbeiteten Marmorfassade genau zu betrachten. Das Innere ist durch gestreifte Säulen unterteilt und vom Deckengewölbe leuchten Sterne, aber das beeindruckendste ist sicherlich der kunstvoll gearbeitete Marmorfußboden. 52 Bilder erzählen die Geschichte der Menschheit vom Alten bis zum Neuen Testament. Meist sind Teile des Bodens abgedeckt. Die Zeiten, in denen er uneingeschränkt zu sehen ist, wechseln von Jahr zu Jahr (Infos dazu s. Website). Über den Säulen reihen sich auf einem umlaufenden Fries die Büsten der Päpste. In einem Nebenraum des Doms, vom linken Seitenschiff aus zugänglich, befindet sich die von Kardinal

◿ *Prächtig dekoriert ragt der Dom von Siena in den Himmel*

Francesco Todeschini Piccolomini eingerichtete Dombibliothek (Libreria Piccolomini). Der Kardinal war ein Neffe von Pius II. und als Pius III. selbst eine kurze Zeit Papst. Farbenfrohe Fresken von Pinturicchio zeigen Szenen aus dem Leben von Pius II. Niccoló Pisano schuf 1268 die prächtige achteckige Marmorkanzel, deren Säulen auf zwei weiblichen und zwei männlichen Löwen ruhen – ein außerordentliches Meisterwerk des Künstlers. In der Apsis verdient das Chorgestühl mit wunderschönen Intarsienarbeiten von Fra Giovanni da Verona besondere Beachtung. La Porta del Cielo, das Tor zum Himmel, überrascht mit einem spektakulären Blick vom Dach des Domes in die Innenräume und außen auf die Stadt.

Direkt neben dem Dom steht das **Museo dell'Opera del Duomo** (Dombaumuseum). Unter den vielen Werken, die darin ausgestellt sind, ist besonders die „Maestá", eine große beidseitig bemalte Altartafel, von Duccio di Buoninsegna zu erwähnen. 1308 entstanden gilt sie als das herausragendste Meisterwerk der Sieneser Schule. Bis 1505 schmückte sie den Hochaltar des Doms. Im Erdgeschoss findet man Skulpturen von Querica und Figuren von Pisano von der Domfassade. Im dritten Stock gelangt man über eine Treppe hinauf zum *facciatone,* zur großen Fassade des unvollendeten Domschiffs. Von hier hat man einen fantastischen Blick auf die Stadt.

Zwischen Turm und Dommuseum führen einige Stufen hinunter zum **Battistero di San Giovanni.** Durch drei Portale gelangt man in das Innere mit schönem Kreuzgewölbe. Die Fresken in der Apsis und im Spitzbogengewölbe stammen von il Vecchietta und stellen Szenen aus dem Leben und den Leiden Christi dar. In der Mitte des Raums steht das Prunkstück, das Taufbecken. Sehr schön sind die Bronzereliefs an dem sechseckigen Brunnen. Die Szenen aus dem Leben Johannes des Täufers stammen von Donatello, Ghiberti, Jacopo della Quercia und anderen Bildhauern des 15. Jh.

Dem Domportal gegenüber steht eines der ältesten Spitäler Europas, **Santa Maria della Scala.** Sehenswert sind besonders die herrlichen Fresken im ehemaligen Schlafsaal.

Vom Battistero über die Via di Fontebranda spaziert man hinunter zum Brunnenhaus der Branda (Fontebranda) aus dem 13. Jh. und über die Via S. Caterina ist man rasch bei der **Casa di Santa Caterina.** Hier wurde 1347 die heilige Katharina als jüngstes von 25 Geschwistern geboren. Ihr kurzes, spartanisches Leben verbrachte sie in diesem Haus und starb 1380 im Alter von nur 33 Jahren völlig entkräftet in Rom. Santa Caterina galt als wundertätig, war aber auch politisch engagiert. Der rege Briefwechsel der Mystikerin und Kirchenlehrerin mit dem Papst trug mit dazu bei, dass der Vatikan seinen Sitz von Avignon wieder nach Rom zurückverlegte. Heute ist das Santuario e Casa S. Caterina ein Gebäudekomplex mit Pilgerunterkünften. Die ehemaligen Wohnräume der Heiligen wurden zu Gebetsräumen (Oratorien) umgestaltet und aus der Küche wurde der prächtige Oratorio della Cucina – mit einer von Wundmalen gezeichneten Katharina als Altarbild.

Über die Costa S. Antonio und die Via della Sapienza erreicht man die Piazza San Domenico. Die **Basilica San Domenico** mit ihrem außergewöhnlich breiten Querschiff wirkt auf den ersten Blick beinahe modern. Von besonderem Interesse für Gläubige und Kunstliebhaber ist die **Cappella di Santa Caterina.** Hier ruhen Reliquien der heiligen Katharina. Sie wurde zwar in Rom beigesetzt, nachdem man bei einer Exhumierung Mitte des 15. Jh. jedoch festgestellt, dass ihr Leichnam nicht verwest war, wurden der Kopf und ein Finger nach Siena gebracht. Die Cappella di Santa Caterina ist wunderschön mit Fresken von Sodoma geschmückt: rechts vom Altar „Ekstase der hl. Katharina" und links „Die Heilige erhält die Stigmatisierung und fällt in Ohnmacht". In der Cappella delle Volte, die sich gleich rechts vom Eingang befindet, ist über dem Altar das einzige zeitgenössische Bild der Heiligen zu sehen. Andrea Vanni malte sie in Ordenstracht und mit einer Lilie in der Hand. In dieser Kapelle erhielt Katharina die Weihen des Dominikanerordens.

Von der Piazza S. Domenico sieht man schon die **Fortezza di Medicea,** die ehemalige Verteidigungsanlage der Stadt. Cosimo I. gab sie 1560 in Auftrag und demonstrierte damit seinen Sieg über die Stadt. Heute ist hier eine Grünanlage mit Spazierwegen angelegt.

Über die Piazza Gramsci erreicht man sowohl die Bushaltestelle als auch die Porta Camollia und somit die Rolltreppe.

Information

Touristinfo, 53100 Siena, Piazza Duomo 2, Tel. +39 0577280551, Öffnungszeiten: Apr.–Okt. 9–18 Uhr, Nov.–März 9–17.30 Uhr, www.enjoysiena.it

Sehenswertes

Palazzo Pubblico (Museo Civico), 53100 Siena, Piazza del Campo, Öffnungszeiten: Nov.–15. März 10–18 Uhr, 16. März–Okt. 10–19 Uhr, Eintritt: 9/8/22 €

Torre del Mangia, 53100 Siena, Piazza del Campo, Öffnungszeiten: 16. Okt.–28.Febr. 10–16 Uhr, März–15. Okt. 10–19 Uhr, Eintritt: 10 €, Kombiticket mit Museo Civico und S. Maria Scala 20/40 €

Palazzo Chigi-Saracini, 53100 Siena, Via di Città, Führungen: Mo–Sa 11.30 Uhr, Do/Fr auch 16 Uhr, Eintritt: 7 €

Pinacoteca nazionale, 53100 Siena, Via di San Pietro, www.pinacotecanazionale.siena.it, Öffnungszeiten: Mo/So 9–13 Uhr, Di–Sa 8.15–19.15 Uhr, Eintritt: 4/2 €

Casa di Santa Caterina, 53100 Siena, Via S. Caterina, Öffnungszeiten: 9.30–19 Uhr

Cattedrale, Museo dell'Opera mit Panorama dal Facciatone, Cripta, Battistero, Piccolomini-Bibliothek, www.operaduomo.siena.it, Öffnungszeiten: März–1. Nov. 10.30–19 Uhr (Kathedrale So 13.30–18 Uhr), 2. Nov.–Febr. 10.30–17.30 Uhr (Kathedrale So 13.30–17.30 Uhr), Eintritt: Kombiticket OPA März–Juni, Anf.–Mitte Aug., 27.–31. Okt. und Weihnachtsferien 13 €, Juli/Mitte–Ende Aug. 15 €, Nov.–Mitte Dez. und 7. Jan.–Febr. 8 €, Kombiticket OPA + zusätzlich mit Porta del Cielo 20/5 €, Einzelpreise: Kathedrale 5–8/5–6 €

Palio

*Das größte Volksfest in Siena ist der Palio, ein wildes **Pferderennen** auf der Piazza del Campo. Seine Ursprünge gehen ins 13. Jh. (evtl. sogar bis ins 11. Jh.) zurück. Der Preis des Rennens war der „pallium", ein wertvoller Stoffumhang. Heute handelt es sich bei der begehrten Trophäe (dem sog. „Palio") um eine Fahne.*

Siena besteht aus 17 Stadtteilen, den sogenannten „contraden". Unter diesen 17 werden vor jedem Rennen zehn ausgelost, die einen Reiter an den Start schicken dürfen. Die Reiter sind in prunkvolle Gewänder aus dem 15. Jh. gekleidet. Ohne Sattel jagen sie ihre Pferde um den Campo. Mit Peitschenhieben versuchen sie dabei, die gegnerischen Pferde abzudrängen.

*Der Palio findet jährlich am 2. Juli und am 16. August statt. Das eigentliche Rennen dauert höchstens 90 Sekunden, die ganzen Festivitäten einschließlich der Proberennen vier Tage. Die öffentlichen **Proberennen** finden an den Vorta-*

*gen jeweils morgens um 9 Uhr und abends um 19.45 Uhr statt. Am eigentlichen Renntag bewegt sich gegen 17 Uhr ein **feierlicher Umzug** auf den Campo, begleitet vom Geläut der Glocken des Mangiaturms. In farbenprächtigen Gewändern ziehen die Abordnungen der teilnehmenden „contraden" ein. Ein von vier weißen Ochsen gezogener Wagen trägt die Flagge Sienas und die seidene Trophäe. Um 19 Uhr fällt schließlich der Startschuss („la mossa") zu dem für Ross und Reiter nicht ungefährlichen Rennen. Viele Pferde wurden bei der wilden Hatz schon verletzt oder sind gar ums Leben gekommen. Aus diesem Grund haben schon etliche **Tierschutzorganisationen** und berühmte Persönlichkeiten wie Brigitte Bardot gegen die Rennen protestiert. Trotz der heftigen Einwände haben sich die Sieneser bis heute nicht von diesem traditionsreichen Spektakel abbringen lassen. Nun hat es das Rennen auch noch in die Kinos geschafft, als Kulisse für den James-Bond-Film „Ein Quantum Trost".*

Basilica San Domenico, 53100 Siena, Piazza S. Domenico, Öffnungszeiten: März–Okt. 7–18.30 Uhr, Nov.–Febr. 9–18 Uhr

Essen

Zest, 53100 Siena, Costa di Sant'Antonio 13, Tel. +39 057747139. Man sitzt draußen mit Blick zum Dom, freundlicher Service, sehr gutes mediterranes Essen.

Parken

Il Fagiolone, GPS: 43.31419°N 11.31753°E, gebührenpflichtig 8–20 Uhr 20 €, Anfahrt: Bei Siena Süd abfahren und den Hinweisschildern „P" folgen. Busverbindung ins Zentrum.

Parcheggio comunale, GPS: 43.34169°N 11.30533°E, kostenlos, Busverbindung ins Zentrum. Fahrradvermietung über App am Platz. Anfahrt: Über die Tangenziale bis zur Ausfahrt Aqua calda, dann geradeaus auf der Via della Province zum gemischten Parkplatz. Achtung: 2. u. 4. Sa. des Monats 6–9 Uhr Parkverbot!

Camping-/Stellplätze

🔴149 Palasport, Siena
🔴150 Camping Colleverde, Siena
🔴151 Agriturismo Il Sambuco, Monteriggioni

Zum Abstecher nach Monteriggioni verlässt man Siena auf der SR2 in nordwestlicher Richtung und biegt nach ca. 13 km nach Monteriggioni ab.

ABSTECHER NACH MONTERIGGIONI
(hin und zurück 30 km)

Monteriggioni liegt an der alten Via Francigena (Frankenstraße), die Rom mit dem nördlichen Europa verband. Der 570 m lange Mauerring mit seinen 14 Türmen erhebt sich auf einem mit Weinbergen und Olivenhainen bedeckten Hügel. Dante war vom Anblick der **Türme** so fasziniert, dass er sie mit angeketteten Riesen verglich und in seiner „Göttlichen Komödie" verwendete. Die **Burg** wurde oft belagert und angegriffen, eingenommen wurde sie aber erst 1554 durch den Verrat des sienesischen Hauptmanns Giovannino Zeti, der nach einer Absprache Monteriggioni im Tausch für sein Leben den Florentinern übergab.

Heute wirken die dunklen Mauern immer noch uneinnehmbar. Nur zwei Tore führen durch den Mauerring und trotzdem finden viele Touristen aus der ganzen Welt hierher. Die Atmosphäre auf der Piazza ist aber auch etwas Besonderes. Auf einem Teil der Mauerkrone kann man entlang spazieren und bei der Information ist ein kleines Museum über die kriegerische Vergangenheit des Dorfes eingerichtet.

21Tto Abb.: gg

Information

Ufficio turistico und Museo del Armature,
53035 Monteriggioni, Piazza Roma 23, Tel. +39
0577304834, www.monteriggioniturismo.it, Öffnungszeiten: Nov.–März Mi–Mo 10–13.30 und 14–16 Uhr,
Apr.–15. Sept. 9.30–13.30 und 14–19.30 Uhr, Mitte
Sept.–Okt. 9.30–13.30 und 14–18 Uhr. Eintritt: Museo und Mauer 3/2/9,50 €, Audioguide 1,50 €

Stellplätze

152 Area Camper Monteriggioni
153 Area Camper, Pianella

Man verlässt Siena Richtung Radda über die
SP408 nach Pianella. Zur Fahrt nach Brolio
gibt es zwei Möglichkeiten. Wer es bequem
mag, fährt auf der SP408 bis km 21 zur Abzweigung der SP484 und auf dieser nach Brolio. Die interessantere Variante auf schmaler,
kurviger, landschaftlich sehr schöner Route
durch die typische Landschaft des Chianti
zweigt bereits bei km 14 III nach Monti/Brolio
(SP14b) ab.

Das **Castello di Brolió** ist das eindrucksvollste Schloss im gesamten Chianti-Gebiet.
Es thront auf einem Hügel in 530 m Höhe
und wurde im 11. Jh. erstmals urkundlich
erwähnt. Seit 1141 ist es in Besitz der Barone Ricasoli. Im Streit zwischen Florenz und
Siena geriet es zwischen die Fronten. 1529
griff Siena Brolió an, verjagte die Familie Ricasoli und setzte die Gebäude in Brand. Das
Schloss, das der Besucher heute sieht, ist
ein imposanter, im Jahre 1860 entstandener
Bau im neugotischen Stil. Die Innenräume
sind noch bewohnt und nicht zu besichtigen,
allerdings stehen die Kapelle und die Befestigungsanlagen (450 m lang, 14 m hoch) Besuchern offen.

◁ *Der Mauerring von Monteriggioni trotzte
allen Angreifern*

Am Fuße des Burghügels liegt die **Wein-
kellerei Casa Vinicola Barone Ricasoli.** Aus
den Reben der umliegenden Weinberge erzeugt sie erstklassigen Chianti Classico. Übrigens: Bettino Ricasoli gilt als der „Erfinder"
der Traubensortenmischung für den Chianti
Classico.

Sehenswertes

Castello di Broliò, Öffnungszeiten: März–Sept. 10–
18 Uhr, Okt.–Dez. 10–17 Uhr, Eintritt: 5 €, mit Führung
8 €, inkl. 1 Glas Wein

Essen

Malborghetto, 53013 Gaiole, Loc. Lecchi in Chianti,
Tel. +39 0577746201. Eine große Auswahl wirklich
guter Gerichte, im Sommer sitzt man sehr schön auf
der kleinen Terrasse, Di. geschlossen.
Osteria del Castello, unterhalb der Burg von Brolió,
Tel. +39 0577730290. Gutes, allerdings nicht ganz
billiges Essen und ausgezeichnete Weine des Hauses
Ricasoli. Do geschlossen.

> ### Wanderung oder Radtour beim Castello di Brolió
>
> *Nach der Besichtigung des Castello geht man
> zurück bis kurz vor den Parkplatz. Hier führt
> eine wenig befahrene Straße nach San Régolo.
> An der Kirche des kleinen Ortes vorbei geht
> es geradeaus die Straße mit 25 % Gefälle hi-
> nunter und schon bald wieder bergauf. Oben
> an der Kuppe angekommen biegt man sofort
> nach links auf die Schotterstraße SC 25 (Hin-
> weisschild „della Grotta"). Zuerst durch Wald
> und später durch Weinberge folgt man der
> Schotterstraße bergan. Wenn von rechts eine
> Straße mit Zypressen auf die Schotterstraße
> mündet, wendet man sich links zum Hotel
> Villa la Grotta, geht daran vorbei und immer
> geradeaus bis zum Castello. Dort an der Mau-
> er entlang und hinunter zum Parkplatz.
> Es handelt sich um eine einfache Wanderung
> mit geringer Steigung und schönem Blick auf
> das Castello (Dauer 1:30 Std.).*

Die Weine der Toskana

Wer kennt sie nicht, die bastumwickelten Riesenweinflaschen, die in 1960er-Jahren hinter der Rücksitzbank des VW-Käfers von Italien nach Deutschland geschmuggelt wurden? Erinnerungen an einen Wirtschaftswunderurlaub am „Teutonengrill", wie die Strände der Adria seinerzeit im Volksmund hießen. Der Inhalt der Flaschen: **Chianti,** Inbegriff des „dolce vita". Sogar Schlager wurden in dieser Zeit über ihn gesungen, obwohl die Qualität des Weins oft sehr zu wünschen übrig ließ. So wurde die bastumwickelte Flasche, die „fiasco", wenn einmal geleert, nicht einfach weggeworfen, sondern diente als Kerzenhalter, der die italienische Urlaubsstimmung noch ein Weilchen erhalten sollte.

Heute dominiert die „fiasco" nicht mehr die Ladentische, dafür kauft man den edlen Chianti in Bordeauxflaschen, deren Inhalt Weintrinker zu höchstem Lob und Weinhändler zu höchsten

Preisen anregen. Viel hat sich gewandelt im Chianti-Gebiet. Strenge Regeln und Klassifizierungen halfen mit, **internationale Spitzenweine** zu erzeugen.

Hauptbestandteil des Chianti ist die **Sangiovese-Traube.** Ihr Anteil muss mindestens 80 % betragen. Weitere zugelassene Rebsorten sind **Canaiolo** und **Cabernet Sauvignon.** Der Weißweinanteil darf höchstens 10 % betragen. Stammt der Wein aus dem Kerngebiet des Chianti zwischen Florenz und Siena, trägt er den Namen **Chianti Classico.** Der **Chianti Classico Riserva** muss zudem mindestens 2 Jahre in Eichenholzfässern gereift und weitere 3 Monate in Flaschen gelagert worden sein, bevor er in den Verkauf kommt. Außerdem muss sein Alkoholgehalt mindestens 12,5 % betragen. Das Konsortium Chianti Classico mit Sitz in Greve hat die Schutzmarke „gallo nero" (schwarzer Hahn) für sich entworfen. Ein schwarzer Hahn auf dem Flaschenhals bürgt für höchste Qualität.

Wenn man den toskanischen Wein aber nur auf den Chianti beschränkt, würde man den anderen, gleichwertigen Lagen der Toskana ein großes Unrecht antun. Einige der größten Weine Italiens werden in Montalcino und Montepulciano angebaut. Weine voller Komplexität und Tiefgang, die oft viele Jahre gelagert werden, stammen von hier. Namen wie **Brunello di Montalcino** oder **Vino Nobile di Montepulciano** lassen die Herzen eines jeden Weingenießers höherschlagen. Auch in weniger bekannten Anbaugebieten wie Carmignano oder San Gimignano werden edle Spitzenprodukte erzeugt. Des Weiteren kommen Weinliebhaber entlang der etruskischen Weinstraße, die sich unterhalb von Livorno bis nach Piombino erstreckt, auf ihre Kosten. Und nicht zu vergessen: die Weine Elbas. Die Insel kann auf eine dreitausendjährige Weinbautradition zurückblicken. Sowohl der **Elba Bianco** (trockener Weißwein) als auch der **Elba Rosso,** ein trockener Rotwein, der **Aleatico,** ein schwerer, süßer Likörwein, oder der **Moscato** (süßer, bernsteinfarbener Dessertwein) haben bei Weinkennern einen guten Ruf.

Einkaufen

Wineshop Barone Ricasoli, Öffnungszeiten: Apr.–
Sept. Mo–Fr 9–19.30 Uhr, Sa/So 11–19 Uhr, Okt.–
Dez. 10–18 Uhr, Jan.–März Mo–Fr 10–17.45 Uhr

Parken

beim Castello di Brolió, GPS: 43.41624°N
11.45861°E

Von Castello di Brolió fährt man auf der
SP484 in Richtung Gaiole bis zur Einmündung in die SS408. Hier 2 km nach links bis
rechts die SR114a nach Lecchi abzweigt.

Lecchi in Chianti ist ein noch ursprüngli-
cher Ort mit einer dörflichen Gemeinschaft.
Hier treffen sich die alten Männer an der Bar,
um über Gott und die Welt zu diskutieren.
Die Burg (Monte Luco di Lecchi) ist allerdings
schon in der Hand von reichen Großstädtern,
die sich hier ihr Feriendomizil erschaffen haben. Man sollte aber trotzdem den zehnminü-
tigen Spaziergang hinauf nicht scheuen, von
oben liegt einem beinahe das ganze Chianti-
Gebiet zu Füßen.

Parken

in Lecchi, GPS: 43.43325°N 11.39916°E, Übernachtung möglich, Wasser an Zufahrt

Auf der SR114a geht es wieder zurück auf die
SS408. Auf ihr kommt man bald zur Abzweigung nach Radda in Chianti. Wer noch Lust
auf eine Schlossführung mit Weinprobe hat,
sollte den kurzen Abstecher zum Castello di
Meleto machen. Dazu nicht nach Radda abbiegen, sondern weiter auf der SS408 bleiben
und nach 2 km nach rechts abbiegen. Hinter
der Kellerei und einem Restaurant geht es
rechts auf schmaler Straße steil nach oben
zum Castello. Oben ist ein Parkplatz (GPS:
43.45007°N 11.42565°E), auf dem auch ein
Wohnmobil einen Platz findet.

⌂ *Zum prächtigen Castello di Meleto gehört
heute ein Weingut*

ABSTECHER ZUM
CASTELLO DI MELETO
(hin und zurück 6 km)

Das Castello di Meleto mit den zwei zylindri-
schen Festungstürmen und einer massiven
Befestigungsanlage ist eine Ritterburg wie
aus dem Spielzeugkatalog. Außen Mittelalter
und innen Barock, verspielt und mit Fresken
bemalt, so stellt sich das Castello heute dar.
Besonders interessant ist das kleine, barocke
Theater aus dem 18. Jahrhundert.
› 53013 Gaiole in Chianti, Tel. +39 0577749217,
   www.castellomeleto.it, Schlossführungen 11.30,
   15 und 16.30 Uhr, Weinverkostung 11–15 Uhr

RADDA IN CHIANTI
(35 km – km 150)

Viele ausländische Touristen haben Radda in
Chianti für sich entdeckt und es herrscht beinahe zu allen Jahreszeiten ein buntes Stim-
mengewirr in den Gassen. Doch das kleine
Städtchen hat trotz des Touristenandrangs
keineswegs seinen Charme und seinen mittelalterlichen Charakter verloren.
Raddas Vergangenheit ist geprägt von krie-
gerischen Auseinandersetzungen zwischen
Florenz und Siena. Reste der Stadtmauer

221to Abb.: gg

ABSTECHER NACH VOLPÁIA
(hin und zurück 16 km)

Ein interessanter Abstecher führt von Radda aus nach Volpáia. Schon die schöne Aussicht auf der Fahrt dorthin lohnt sich. Pittoresk, mittelalterlich, ein Kleinod – dies sind alles Attribute, die auf den kleinen Weiler Volpáia zutreffen. Im **Castello di Volpáia** wird ein guter Chianti erzeugt und in der Bottega kocht Carla ein vorzügliches Mahl. Wer danach keine Lust mehr hat, sein Wohnmobil zu bewegen, bleibt einfach auf dem Parkplatz am Ortsrand.

So friedlich und ruhig war es aber nicht immer in Volpáia. Der Ort war als Mitglied der Lega del Chianti lange Zeit in die Streitigkeiten zwischen Siena und Florenz verwickelt – deshalb auch die heute nur noch in Teilen sichtbaren, stattlichen Verteidigungsmauern. 1443 ließ der Burgherr außerhalb des Kastells an der Piazza della Cisterna die **Commenda di San Eufrosino** errichten, um Pilger und Reisende zu beherbergen und zu pflegen.

Essen
Bar Ucci, 53017 Volpáia, Piazza della Torre 9, Tel. +39 0577738042, Mo geschlossen. Gäste werden von Paola herzlich empfangen. Das Frühstück mit Cappuccino und *Cornetti* (Hörnchen) ist vorzüglich, mittags gibt es gute Hausmannskost.
La Bottega, 53017 Volpáia, Piazza della Torre 1, Tel. +39 0577738066, Di geschlossen. Fleisch und Wurst aus eigener Produktion, typisch toskanische Küche. Terrasse mit wunderschönem Ausblick. Leser klagten schon über unfreundlichen Service.

---

zeugen noch von dieser wehrhaften Zeit. Seine Blüte hatte das Städtchen im 14. und 15. Jahrhundert, als es zu den drei Hauptorten des Chianti-Städtebundes (Lega del Chianti) gehörte. Aus dieser Zeit stammt auch der **Palazzo del Podestà** mit seiner wappenverzierten Fassade. Schräg gegenüber dem Palazzo steht die **Kirche San Niccolò.** Die Bogenattrappe, die sich an der Fassade befindet, wurde nachträglich angebracht, um das dahinterliegende Fresko zu schützen. Die auf den umliegenden Hügeln gewachsenen Trauben veredeln Winzer zu einen ausgezeichneten Wein. Ein guter Grund, den Tag mit einem Gläschen ausklingen zu lassen.

Information
Ufficio Tursimo, 53017 Radda in Chianti, Piazza del Castello, Tel. +39 0577738494 Öffnungszeiten: April–Okt. Mo–Sa 10–12.30 Uhr und 15.15–18.30 Uhr, So 10.30–12.30 Uhr, Nov.–März Mo–Sa 10–13 Uhr

Essen
La Loggia del Chianti, 53017 Radda in Chianti, Via degli Ulivi 1, Tel. +39 0577738784, nettes Lokal mit schöner Terrasse direkt am Stellplatz 🔴154.

Einkaufen
Caparsino, 53017 Radda in Chianti, Via Roma 17, www.caparsa.it. Öffnungszeiten: 10.30–13.15 und 14.30–19.30 Uhr. Bei Paolo Cianferoni muss man die mit viel Liebe gekelterten ausgezeichneten Bio-Weine einfach probieren. Ein Genuss!

Stellplatz
🔴154 Centro storico, Radda in Chianti

⌂ *Der kleine Weinort Radda in Chianti hat einen reizenden Altstadtkern*

Kleine Wanderung bei Volpaia

Diese kleine Tour bietet unterwegs ein weites Panorama über die bewaldeten Hügel und die Weinberge.

Man beginnt die ca. 40-minütige Tour, indem man an der Kirche rechts vorbei die Treppen hinuntersteigt und sich dann an den Hinweisschildern „Prato" und „Casetto" orientiert. Über einen von hohen Zypressen gesäumten Weg wandert man bis zur Gabelung und hält sich hier rechts (Prato). Nun begleiten Olivenbäume den Weg bis zum einsamen Gehöft, an dem man rechts vorbei und dann durch Weinberge bergab spaziert. Am Zaun weiter links steil bergab und dann unten rechts abbiegen. Bald geht es im Rechtsbogen bergan und das Gehöft Casetto ist erreicht. Bei der nächsten Weggabelung links und rasch ist man wieder auf der Zypressenallee zurück in Volpaia.

222to Abb.: gg.

Einkaufen

Castello di Volpáia, 53017 Volpáia, Piazza della Torre, Tel. +39 0577738779, Öffnungszeiten: 10–13 Uhr und 14–19 Uhr. Es gibt Chianti Classico, Chianti Riserva und Chianti Bianco, verschiedene Essigsorten und Olivenöl. Außerdem werden Degustationen und Weintouren angeboten.

Camping-/Stellplätze

🔴155 Camping Piano Orlando, Cavriglia
🔴156 Parkplatz, Volpáia

ABSTECHER NACH
BADIA A COLTIBUONO
(hin und zurück 16 km)

Von Radda in Chianti aus fährt man auf der SR429 in Richtung Montervarcchi. Nach 7,5 km geht es links ab und dann 500 m zur Badia a Coltibuono (GPS: 43.49469°N 11.45047°E).

Die sich wunderschön in der Einsamkeit der Wälder befindende **Benediktinerabtei** stammt aus dem Jahre 930. Von hier oben hat man einen Panoramablick ins Valdarno, das Tal des Arno, hinunter. Mönche leben hier schon lange keine mehr, ein reicher Italiener hat das Anwesen bis auf die Kirche gekauft und zu einem weithin bekannten **Weingut** umgebaut. Es werden Führungen durch den Kreuzgang, die historischen Keller und den wunderschön angelegten Garten angeboten. Der Treffpunkt ist an der kleinen grünen Tür mit Löwenklopfer in der Mauer beim Parkplatz.

Die Klosterkirche, umgeben von mächtigen Zedern, hat im Inneren keinen einheitlichen Stil. Die schmucklosen romanischen Wände und die im barocken Stil bemalte Decke wollen nicht so recht zusammen passen.

› Öffnungszeiten: Führungen finden Mitte März–Apr. und Okt.–Anf. Nov. stündlich 14.30–17.30 Uhr und Mai–Sept. 14.30–18.30 Uhr zum Preis von 10 € statt.

🔲 *Hier wachsen die Trauben für den samtigen, rubinroten Chianti Classico*

Von Radda geht die weitere Route auf der SR222 10 km durch schöne Flaumeichenwälder nach Castellina in Chianti.

CASTELLINA IN CHIANTI
(11 km – km 161)

Castellina ist ein Dorf, dessen Schönheit sich dem Besucher nicht auf den ersten Blick erschließt. Die Kulisse wird durch den wuchtigen Turm der Rocca, aber auch durch das große Silo der Futtermittelfabrik geprägt. In der Fußgängerzone und in der Via delle Volte findet man dagegen einige sehr malerische Ecken. Die Kirche am Hauptplatz ist zwar nicht mittelalterlich, fügt sich aber gut ins Gesamtbild ein. Durch die Fußgängerzone mit ihren ansprechenden Läden zu bummeln, in der *enoteca* einige Weine probieren, das ist genau, was man sich unter Dolce Vita vorstellt. Die **Via delle Volte** ist ein Teil der ehemaligen Befestigungsanlage. Auf ihr spaziert man durch einen gemauerten Gewölbetunnel unter den Häusern hindurch.

◁ *Die Via delle Volte, ein romantisches Plätzchen für einen abendlichen Bummel*

Außerhalb, nur ca. 200 m vom Stellplatz, liegt ein besuchenswertes **etruskisches Schachtgrab.** Neben dem Eingang ist ein Stromkasten, an dem man per Knopfdruck kostenlos Licht zur Besichtigung anmachen kann. Vier nach den Himmelsrichtungen ausgerichtete Gänge führen in den Grabhügel hinein und münden jeweils in verschieden großen Grabkammern. Der Eintritt ist frei!

Information
Ufficio Turistico, 53011 Castellina, Via Ferruccio 40, Tel. +39 0577741392, www.comune.castellina.si.it, Öffnungszeiten: Apr.–Juni/Okt. Di–Sa 10–13 Uhr, Juli–Sept. Di–So 10–13 und 16–19 Uhr

Stellplatz
157 Area comunale, Castellina in Chianti

Auf der SR222 ist nach 14 km **Panzano** erreicht. Der Ort ist inzwischen beinahe schon „weltberühmt" wegen seiner „musikalischen Metzgerei".

Diese wohl einmalige Mischung von guten Wurstwaren und lauten italienischen Arien, teilweise vom Metzgermeister lautstark mitgesungen, gibt es in der **Antica Macelleria Cecchini** in der Via XX Luglio. Das mittelalterliche *centro storico* wird immer mehr durch kleine Enotecas und Krimskramsläden belebt. Weiter geht es auf aussichtsreicher Strecke 8 km auf der SR222 nach Greve in Chianti.

Essen

Cantinetta Sassolini, 50022 Panzano, Piazza Ricasoli 2, Tel. +39 0558560142. Lauschiger Innehof, sehr freundlicher Service bei guter Küche.
Trattoria Oltre il Giardino, 50022 Panzano, Piazza G. Bucciarelli 42, Tel. +39 055852828, geöffnet: 12–15 und 19–21.30 Uhr. Klassische toskanische Küche mit grandiosem Ausblick von der Terrasse.

Stellplatz

158 Centro storico, Panzano

GREVE IN CHIANTI
(20 km – km 181)

Die Stadt liegt an der Kreuzung zweier ehemals wichtiger Handelsstraßen und entwickelte sich deshalb zu einem großen Handelszentrum. Der Markt findet auch heute noch auf der ungewöhnlich dreieckigen Piazza Matteotti statt. Zwischen den Laubengängen herrscht jeden zweiten Samstag im Monat ein lebhaftes Treiben.

Und noch etwas hat Greve zu bieten: eine Weinprobierstube mit Selbstbedienung namens **Le Cantine Enoteca Falorni.** Man löst eine Chipkarte im Wert von 10, 15, 20 oder 25 €, wählt unter 140 Sorten seinen Probier-

Wanderung nach Montefioralle

Von der nordwestlichen Ecke der Piazza Matteotti nimmt man die schmale Via delle Conce, biegt nach links in die Via Sagrona und geht weiter geradeaus auf einem schmalen, unbefestigten Steig steil bergauf. Dieser mündet in einen breiten Weg, den man nach rechts über alle Abzweigungen hinweg immer bergan erwandert. Er wird zu einem befestigten Sträßchen, führt an einem Haus mit großem Pool vorbei bis zur Weggabelung. Hier nach links dem Hinweis „Montegonzi" folgend, erreicht man den Agriturismo Castello di Montegonzi in traumhafter Aussichtslage. Auf der Schotterzufahrt geht es bergab bis zur Gabelung und hier rechts bis zu einem einsamen Haus. Sofort nach dessen Parkplatz wählt man bei der Kreuzung den steilen Weg rechts hinunter.

Die Wanderung führt auf holprigem, breitem Weg steil bergab und später bergan in einem großen Bogen bis zur Straße von Montefioralle. Unterwegs rückt das kleine Bergdorf Montefioralle immer wieder ins Blickfeld. Man überquert die Straße und kommt durch einen Torbogen in das pittoreske Dörfchen. Es ist rasch durchquert und nun wandert man ca. 1 km an der Straße nach Greve entlang.
In der dritten Kehre mündet ein asphaltierter Weg mit Fahrverbot für alle Fahrzeuge ein. Diesem folgt man bergab und kommt so am Museo San Francesco, einem kleinen Oratorio mit sakralem Kunstmuseum, vorbei und hinunter nach Greve.
Diese ca. 4,6 km lange Wanderung weist einen Höhenunterschied von 250 m auf.

259to Abb.: gg

wein aus, steckt die Karte in ein Lesegerät und schon läuft der Rebensaft aus dem Hahn in das Glas. Und so weiter und so weiter, bis das Guthaben aufgebraucht ist. Sehr viel persönlicher ist die Beratung durch die freundlichen Damen im Il Vinaino di Greve.

Information

Informazioni turistiche, 50022 Greve, Piazza Matteotti 10, Tel. +39 0558546299, Öffnungszeiten: Apr.–Okt. 10–19 Uhr, Nov.–März Mo–Fr 10–13 und 15–18 Uhr, Sa 10–17 Uhr, So 10–13 Uhr, 7. Jan.–Mitte Febr. geschl.

Essen

Gallo Nero, 50022 Greve, Via Barristi 9, Tel. +39 055853734, Do. geschl. Ansprechendes Ambiente bei freundlichem Service, anspruchsvolle Küche.

Einkaufen

Antica Macelleria Falorni, 50022 Greve, Piazza Matteotti 71. Traditionsmetzgerei mit lokalen Spezialitäten wie Wildschweinsalami. Angeschlossen ist ein Bistro, das kleine Gerichten anbietet.
Il Vinaino di Greve, 50022 Greve, Via Roma 36, Tel. +39 055853927. Reelle, günstige Weine aus dem Fass *(sfuso)*. Sehr gute Beratung.

Stellplatz

159 Piscina, Greve

STELLPLÄTZE ENTLANG DER ROUTE 8

144 Area comunale, Torrita di Siena
43.16439°N 11.77182°E
Gut angelegter Stellplatz in sehr schöner, relativ ruhiger Lage (Straße) am Ortsrand. **Lage/Anfahrt:** Von Sinalunga her im Ort zunächst Richtung Pienza, dann in Montepulciano rechts abbiegen, ausgeschildert; **Platzanzahl:** 6; **Untergrund:** Pflaster; **Ver-/Entsorgung:** Strom, Trinkwasser, Abwasser, Chemie-WC; **Sicherheit:** beleuchtet; **Preise:** kostenlos; **Geöffnet:** frei zugänglich; **Kontakt:** 53049 Torrita di Siena, Via di Ciliano.

145 Stellplatz Sportplätze, Petroio
43.14547°N 11.69218°E
Offizieller Wohnmobilparkplatz am Ortsrand beim Tennins- und Fussballplatz. **Lage/Anfahrt:** Vor dem Ort rechts, ausgeschildert; **Platzanzahl:** 30; **Untergrund:** Schotter; **Ver-/Entsorgung:** Trinkwasser, Abwasser, Chemie-WC; **Sicherheit:** beleuchtet; **Preise:** kostenlos; **Geöffnet:** frei zugänglich; **Kontakt:** 53020 Petroio, SP71.

146 Stellplatz Impiantivi sportivi, Montisi
43.15358°N 11.64281°E
Freie Stellmöglichkeit auf einem Parkplatz des Sportzentrums, ca. 1 km außerhalb des Ortes. Wenn trainiert wird, kann es etwas laut werden. **Lage/Anfahrt:** Auf der SP14 von Montisi in Richtung San Giovanni d'Asso und bei km 12 IX rechts abbiegen, ausgeschildert mit „impiantivi sportivi" (Sportanlagen); **Platzanzahl:** 5; **Untergrund:** Schotter; **Preise:** kostenlos; **Geöffnet:** frei zugänglich.

▷ Stellplatz **144** *– so ein schönes, kostenloses Plätzchen findet man nicht oft*

◁ Im Töpferdorf Petroio **145** *ist sogar die Womoversorgung aus Terrakotta*

26(to Abb.: gg

147 Stellplatz Area Servizio, San Giovanni d'Asso

43.15014°N 11.58699°E

Privater Stellplatz hinter einer Tankstelle mit Bistro in befriedigender Lage, 500 m bis zum Zentrum. **Lage/Anfahrt:** Nicht in den Ort hinauf, sondern unten links zur Tankstelle; **Platzanzahl:** 7; **Untergrund:** Pflaster; **Ver-/Entsorgung:** Trinkwasser, Abwasser, Chemie-WC; **Sicherheit:** beleuchtet; **Preise:** kostenlos; **Geöffnet:** frei zugänglich; **Kontakt:** 53020 San Giovanni d'Asso, Via Traversa dei Monti, Tel. +39 577803101.

148 Stellplatz Parkplatz, Asciano

43.23684°N 11.55718°E

Offizielle Stellplätze auf einem großen Parkplatz am Ortsrand, zwei kostenlose Stromsteckdosen an der Ver- und Entsorgung, ca. 200 m bis zum Zentrum. **Lage/Anfahrt:** Von der Abbazia aus am Ortsanfang von Asciano nach der langgezogenen Rechtskurve rechts abbiegen; **Platzanzahl:** 5; **Untergrund:** Schotter; **Ver-/Entsorgung:** Strom, Trinkwasser, Abwasser, Chemie-WC; **Sicherheit:** beleuchtet; **Preise:** kostenlos; **Geöffnet:** frei zugänglich; **Kontakt:** 53041 Asciano, Strada delle Castellare.

149 Stellplatz Palasport, Siena

43.33343°N 11.31691°E

Offizieller Womoparkplatz. Lage ausreichend und laut (Straße und Bahnverkehr), WC. Hier üben auch Fahranfänger! Ins Zentrum nimmt man den Bus 7 oder ab dem Bahnhof die Rolltreppe. **Lage/Anfahrt:** ausgeschildert; **Platzanzahl:** 50; **Preise:** 20 €/Fahrz. von 8 bis 20 Uhr, der Betrag wird aber auch bei kürzerem Aufenthalt fällig 2019 wurde der Platz nicht mehr von der Parkplatzgesellschaft betrieben. Es ist unklar, ob und wer in Zukunft die Gebühr eintreibt. Alternative siehe unter Parken (s. S. 218); **Ver-/Entsorgung:** Trinkwasser, Abwasser, Chemie-WC; **Geöffnet:** ganzjährig; **Kontakt:** 53100 Siena, Strada di Vico Alto.

150 Camping Colleverde, Siena

43.33689°N 11.33125°E

Platz in schöner und ruhiger Lage, enge Stellplätze, befriedigende Sanitäranlagen, WLAN gegen Gebühr, Schwimmbad, Restaurant, Laden. 2,5 km nach Siena, Busverbindung. **Lage/Anfahrt:** Von Siena Est weiter auf Viale Tosselli Richtung Ospedale, dann ausgeschildert; **Platzanzahl:** 100; **Untergrund:** Schotterrasen; **Ver-/Entsorgung:** Strom, Trinkwasser, Abwasser,

Chemie-WC; **Sicherheit:** umzäunt, beleuchtet, bewacht; **Preise:** 13,50–15 €/Fahrz., 10–11,50 €/Pers., Taxe 1 €, WLAN 5 €; **Geöffnet:** März–Dez.; **Kontakt:** 53100 Siena, Strada di Scacciapensieri 47, Tel. +39 0577332545, www.sienacamping.com.

🔴 Agriturismo Il Sambuco, Monteriggioni
43.35251°N 11.29385°E

Privater Platz bei einem Restaurant in schöner, relativ ruhiger Lage (Straße). Einfache Dusche, WC. Gutes Restaurant mit toller Aussichtsterrasse, auch Frühstück möglich. Kleiner Pool in der Nähe. Die freundlichen Besitzer bringen ihre Gäste für 10 € nach Siena. **Lage/Anfahrt:** Von der Tangenziale bei der Ausfahrt Aqua calda abfahren, geradeaus. Im Kreisverkehr zunächst SS2 Richtung Monteriggioni, dann nach Badesse fahren, nach 1,4 km im Kreisverkehr umdrehen und nach 150 m rechts auf den Platz fahren; **Platzanzahl:** 8; **Untergrund:** Schotterrasen; **Preise:** 15–20 €/Fahrz., alles inkl., Pool 5 €; **Ver-/Entsorgung:** Strom, Trinkwasser, Abwasser, Chemie-WC; **Sicherheit:** beleuchtet; **Geöffnet:** ganzjährig; **Kontakt:** 53035 Monteriggioni, Via Maestri del Lavoro 12, Tel. +39 05771653011, www.ilsambuco.it.

▱ Eine gute Übernachtungsmöglichkeit findet man auf dem Stellplatz von Monteriggioni 🔴

🔴 Area Camper, Monteriggioni
43.38589°N 11.22794°E

Platz in schöner und relativ ruhiger Lage, 400 m ins Dorf, WC, Dusche (beim letzten Besuch kein warmes Wasser). Achtung! Die Kaution von 4 € für die Karte wird bei der Ausfahrt oft vom Automaten nicht zurückerstattet! **Lage/Anfahrt:** An der SP14 ausgeschildert mit Womopiktogramm; **Platzanzahl:** 32; **Untergrund:** Rasengitter; **Ver-/Entsorgung:** Strom, Trinkwasser, Abwasser, Chemie-WC; **Sicherheit:** beleuchtet; **Preise:** 16 €/24 Std., 8 €/12 Std., Kaution Karte 4 €; **Geöffnet:** ganzjährig; **Kontakt:** SR2, 53035 Monteriggioni.

🔴 Area Camper, Pianella
43.35574°N 11.41648°E

Offizieller, einfacher Platz in guter, relativ ruhiger Lage (Straße, Fabrik in Hörweite) am Ortsrand bei den Sportplätzen. Gutes Restaurant/Pizzeria in der Nähe. Busverbindung nach Siena. **Lage/Anfahrt:** Von der SP408 am Ortsende nach rechts Richtung „impianti sportivi"; **Platzanzahl:** 5; **Untergrund:** Schotterrasen; **Ver-/Entsorgung:** Trinkwasser, Abwasser; **Preise:** kostenlos; **Geöffnet:** frei zugänglich; **Kontakt:** 53019 Pianella, Via delle Fonti.

🔴 Stellplatz Centro storico, Radda in Chianti
43.48579°N 11.37561°E

Offizieller Stellplatz auf dem unteren Teil eines terrassierten Parkplatzes am Ortsrand. Lage befriedigend und relativ ruhig. **Lage/Anfahrt:** Von Siena aus vor dem Stadttor nach links und gleich wieder links steil hinunter, ausgeschildert; **Platzanzahl:** 10; **Untergrund:** Asphalt; **Sicherheit:** beleuchtet; **Preise:** 5 €/5 Std.,12 €/24 Std.; **Max. Stand:** 3 Nächte; **Geöffnet:** ganzjährig; **Kontakt:** Circonvallazione S. Maria, 53017 Radda in Chianti.

🔴 Camping Piano Orlando, Cavriglia
43.53819°N 11.41439°E

Schöner, schattiger Platz inmitten von Flaumeichenwäldern, gute Sanitärausstattung, drei Schwimmbäder, Bar und Restaurant. Für große Wohnmobile nur wenige geeignete Plätze. **Lage/Anfahrt:** Im Ortsteil La Villa von Radda von der SP72 in Richtung Lucolena abbiegen, auf steiler, jedoch gut zu befahrender Straße am Weingut Castello d'Albola vorbei, dann

Richtung Cavriglia abbiegen und hinter der Kreuzung sofort links zum Platz; **Platzanzahl:** 70; **Untergrund:** Schotterrasen; **Ver-/Entsorgung:** Strom, Trinkwasser, Abwasser, Chemie-WC; **Sicherheit:** umzäunt, beleuchtet, bewacht; **Preise:** 8–28 €/Fahrz., 7–14 €/Pers., Hund 1–7 €; **Geöffnet:** Ende April bis Anfang Oktober; **Kontakt:** 52022 Cavriglia, Loc. Cafaggiolo, Tel. +39 055967422, www.campingorlandoinchianti.it/de.

⑯ Stellplatz Parkplatz, Volpáia
43.51624°N 11.38112°E

Freie Stellmöglichkeit auf einem öffentlichen Parkplatz am Ortsrand von Volpáia, schöne Sicht auf das Chianti-Gebiet. Nur in der Nebensaison als Stellplatz nutzbar. **Lage/Anfahrt:** Von Radda in Richtung Florenz (nicht Autobahn) und nach 3 km rechts nach Volpáia abbiegen, der Parkplatz liegt am Ortsrand; **Platzanzahl:** 2; **Untergrund:** Schotter; **Sicherheit:** beleuchtet; **Preise:** kostenlos; **Geöffnet:** frei zugänglich.

⑰ Stellplatz Area comunale, Castellina in Chianti
43.47332°N 11.28811°E

Der offizielle Stellplatz liegt direkt an einer Straße und wird auch von Bussen und Pkws genutzt. Gebührenpflichtiges WC, 300 m zum Zentrum. **Lage/Anfahrt:** Am nordöstlichen Stadtrand, an der SR222, ausgeschildert; **Platzanzahl:** 14; **Untergrund:** Betonsteine; **Ver-/Entsorgung:** Strom (acht Anschlüsse), Trinkwasser, Abwasser, Chemie-WC; **Sicherheit:** beleuchtet;

Preise: 1 €/Std., 12 €/24 Std., Strom inkl., Wasser 0,20 €/10 l; **Geöffnet:** frei zugänglich; **Kontakt:** 53011 Castellina in Chianti, SR222.

⑱ Stellplatz Centro storico, Panzano
43.54658°N 11.31060°E

Freie Stellplätze auf einem Parkplatz des *centro storico*, schöne Aussicht, ruhig. **Lage/Anfahrt:** Von Castellina vor dem Ort links abbiegen (Hinweisschild „P" und „Centro"), durch ein Neubaugebiet ca. 1 km zum Platz, kurzes steiles Stück, Vorsicht: Aufsitzgefahr!, ausgeschildert; **Platzanzahl:** 10; **Untergrund:** Schotter; **Preise:** kostenlos; **Geöffnet:** frei zugänglich; **Kontakt:** 50020 Panzano, Via degli Orti.

⑲ Stellplatz Piscina, Greve
43.59067°N 11.31371°E

Offizieller Stellplatz am Rand eines Industriegebiets, ruhige Lage, 500 m zum Zentrum. **Lage/Anfahrt:** Durch den Ort in Richtung Florenz und am Ortsrand links, ausgeschildert; **Platzanzahl:** 19; **Untergrund:** Asphalt; **Ver-/Entsorgung:** Trinkwasser, Abwasser, Chemie-WC; **Sicherheit:** beleuchtet; **Preise:** kostenlos; **Geöffnet:** frei zugänglich; **Kontakt:** 5022 Greve in Chiant, Via Montebeni.

◹ *Weit reicht der Blick ins Chianti vom Stellplatz in Panzano* ⑱

KUNSTSCHÄTZE IN
DER STADT DER MEDICI

Florenz ist eine Stadt der Superlative. Mit ihren 380.000 Einwohnern ist sie die größte und sicher auch interessanteste Stadt der Toskana und ihr Reichtum an Kunstwerken von Weltrang ist überwältigend. Die berühmtesten Renaissancekünstler wie Michelangelo, Vasari und Pisano schufen hier Meisterwerke, die Museen, Kirchen und Paläste füllen. Der Dom, das Wahrzeichen der Arnometropole, ist die viertgrößte Kirche der Christenheit und die Piazza della Signoria mit dem Palazzo Vecchio einer der meistbesuchtesten Plätze Italiens. Die Uffizien zählen zusammen mit dem Louvre und dem Prado zu den wichtigsten Kunstmuseen Europas, die bedeutenste Skulpturensammlung der Renaissance findet man im Bargello. An die sechs Mio. Touristen pilgern jährlich in die toskanische Hauptstadt. Doch nicht nur Kunst und Kultur locken, sondern auch die angesagtesten Modelabel, die man in noblen Boutiquen findet und die Ponte Vecchio als Ziel von Schmuckliebhabern. Vielfältige Veranstaltungen runden das Angebot ab. Fiesole oberhalb von Florenz ist weit weniger spektakulär, aber wegen des angenehmeren Klimas im Sommer sehr beliebt.

▷ *Von der Piazzale Michelangelo liegt dem Besucher ganz Florenz zu Füßen*

ROUTE 9

FLORENZ UND UMGEBUNG

STRECKENVERLAUF

Strecke:
Greve in Chianti – Florenz (33 km) – Abstecher nach Fiesole (14 km)

Streckenlänge:
ohne Abstecher 33 km
mit Abstecher 47 km

In Greve in Chianti nimmt man die SR222 nach Florenz. Unterwegs führt ein kleiner Umweg in Italiens Töpfermetropole **Impruneta.** Dazu biegt man kurz hinter Strada in Chianti von der SR222 nach Impruneta ab. Die Stadt ist für ihre qualitativ hochwertigen Töpferwaren und als Wallfahrtsort bekannt. Am Hauptplatz steht die Chiesa Santa Maria mit eindrucksvollem fünfbogigem Portikus. Hier wird das Marienbildnis aufbewahrt, das die Pilger aus dem ganzen Land anzieht. Die Töpferwaren gibt es in zahlreichen Betrieben zu kaufen. Echt sind sie nur mit dem Impruneta-Stempel.

Einkaufen

Pesci Giórgio, 50023 Impruneta, Loc. Valciani, Via Chiantigiana per Ferrone 36, Tel. +39 0552326285, www.terrecottepescigiorgio.com. Töpferwaren aller Stilrichtungen, auf Wunsch Spezialanfertigungen.

Campingplätze

160 Camping Internazionale, Impruneta
161 Florence Park, Scandicci

FLORENZ (FIRENZE)
(33 km – km 33)

Freies Parken ist für Wohnmobile in Florenz nahezu unmöglich. Bei Parking Via del Gelsomino 162 sollte parken, wer das Unmögliche schaffen will, Florenz in weniger als 24 Std. zu besichtigen. Alle anderen sind am besten auf den Plätzen 161 oder 163 untergebracht.

Florenz wird beinahe das ganze Jahr hindurch von Touristen überschwemmt, mit den Folgen, dass man ruhige, beschauliche Plätze kaum findet, die Restaurants teilweise saftige Preise für die gebotene Qualität er-

Die Stadtrepublik Florenz

*„Campanilismo", das heißt das Denken rund um den eigenen Kirchturm, ist auch heute noch in der Toskana sehr verbreitet. Vielleicht stammt dieses Misstrauen allen Menschen außerhalb der eigenen Stadtgrenzen gegenüber noch aus der Zeit der **Stadtrepubliken.** Als die letzte Markgräfin Mathilde im Jahr 1114 ohne Nachkommen verstarb, entbrannte zwischen den Päpsten und dem Kaiser ein erbitterter Krieg um das Erbe. Dieser Konflikt ermöglichte es den großen Städten wie Florenz, Pisa, Siena, Arezzo, Pistóia und Lucca ihre Unabhängigkeit zu erlangen.*
*1250 gab sich die Bürgerschaft von Florenz eine eigene **Verfassung** mit demokratischen Grundzügen und wählte eine Stadtregierung, die „Signoria". Das Dogma der Kirche war gebrochen, der Aufstieg der Bankiersfamilie **Medici** begann. Die einzelnen Stadtstaaten verhielten sich unter-*

einander äußerst kriegerisch und machthungrig. Siena kämpfte gegen Florenz, Florenz zusammen mit Lucca gegen Pisa und so weiter. Unter der Herrschaft der Medici erlangte Florenz im 14. Jh. die Vorherrschaft. Es wuchs zu einer Metropole für Kunst und Wissenschaft mit 100.000 Einwohnern heran.
Als im 18. Jh. die inzwischen zu Großherzögen ernannten Medici ausstarben, ging das Großherzogtum Toskana an den Ehemann Maria Theresias, Franz Stephan von Lothringen. Unter Napoleon I. war Florenz die Hauptstadt des Königreichs Etrurien, 1808 wurde die Toskana Teil des französischen Kaiserreichs. Nach Napoleons Sturz im Jahr 1814 gelangten die Habsburger erneut an die Macht. Nach etlichen Wirren in der ersten Hälfte des 19. Jh. kam die Toskana 1861 an das Königreich Italien. Florenz war von 1865 bis 1871 sogar italienische Hauptstadt.

heben und sich lange Schlangen vor den Sehenswürdigkeiten bilden. Deutlich besser ist es im Winterhalbjahr. Nachdem die Museen das ganze Jahr über geöffnet sind, ist diese Zeit genau richtig für alle Kunst- und Kulturliebhaber.

Den Stadtrundgang beginnt man am besten auf der **Piazza del Duomo** mit dem grandiosen Dom, dem Campanile und dem Baptisterium. Das **Battistero di San Giovanni** wurde im 11. Jh. erbaut und zählt zu den vollkommensten Gebäuden von Florenz. Das Zusammenspiel von Marmordekoration und architektonischer Struktur ist perfekt. Der dreigeschossige Bau, mit weißen und grünen Marmorplatten verkleidet, spiegelt bereits die florentinische Renaissance wider, obwohl er lange davor begonnen wurde. Sowohl die Mosaike im Innenraum als auch die Bronzetüren gelten als Meisterwerke europäischer Kunstschaffender.

Die Bronzetüren des Südportals stammen von Andrea Pisano und zeigen Szenen aus dem Leben Johannes des Täufers, der auch Stadtpatron von Florenz ist. Das Nordportal ist Ghibertis erstes Werk und man sieht deutlich, dass der junge Künstler hier noch ganz der Tradition der Gotik verbunden war. 28 Motivfelder stellen Bilder aus dem Neuen Testament dar. Nach der Fertigstellung erhielt Ghiberti den Auftrag für das Ostportal. Die Paradiestür gegenüber der Domfassade wurde dann sein Meisterwerk, an dem er 25 Jahre arbeitete. Glanzpunkte sind die Relieftafeln aus vergoldeter Bronze mit Episoden aus dem Alten TestamenOt. Deutlich ist die künstlerische Entwicklung Ghibertis in der Anordnung und der Perspektive der Figuren zu sehen. Sie treten praktisch aus dem Bild heraus und die Gestaltung des Hintergrunds gewinnt an Bedeutung. Das achteckige Innere des Baptisteriums ist ganz mit verschiedenfarbigem Marmor ausgekleidet und mit

▷ *Eindrucksvoll mit dreifarbigem Marmor verkleidet – das Langhaus des Domes*

herrlichen Mosaiken im byzantinischen Stil geschmückt. Bis in die Mitte des 12. Jh. diente es als Kathedrale, erst dann wurde es zur Taufkapelle.

1296 begannen die Florentiner mit dem Bau des **Duomo di Santa Maria del Fiore.** Siena und Pisa hatten sich bereits im Bau von Vierungskuppeln hervorgetan und diese galt es nun zu übertreffen. Die neu zu errichtende Kathedrale sollte so sein, „dass man sie weder schöner, noch größer je erbauen könnte“. Der Baumeister Arnolfo di Cambio wurde beauftragt, eine Kathedrale von 153 m mal 38 m zu errichten. Durch den Tod von Cambio kam der Bau zum Erliegen, erst 1357 konnte Francesco Talenti fortfahren.

Als der Dom schließlich so weit vollendet war, dass nur noch die Kuppel fehlte, wagte sich zuerst kein Baumeister an deren Konstruktion. 1418 wurde ein Wettbewerb ausgeschrieben, den der Architekt Filippo Brunelleschi gewann. 1436 vollendete er das einzigartige Werk. Auf 463 Stufen kann man bis zu einer Höhe von 107 m hinaufsteigen, um die ungewöhnliche Konstruktion auf den verschiedenen Ebenen zu bewundern und natürlich von der Aussichtsplattform ganz Florenz von oben zu betrachten.

Die schöne, reich verzierte und besonders filigran wirkende Aussenfassade des Doms

151to Abb.: gg

Statt der Domkuppel kann man auch den **Campanile** erklimmen. Giotto begann 1334 mit dem Bau des frei stehenden Glockenturms. Er hat einen quadratischen Grundriss, ist beinahe 85 m hoch und passt mit seiner schlanken wohlproportionierten Form und der Verkleidung aus farbigem Marmor harmonisch in das Gesamtbild des Domplatzes. Die einzigartigen Flachreliefs mussten wegen der starken Beschädigung durch Abgase durch Kopien ersetzt werden. Die Motive an der Westseite stellen Szenen aus der Menschheitsgeschichte dar.

An der Ostseite des Platzes steht das **Museo dell'Opera del Duomo.** Hier im Dommuseum ist eine Sammlung von Architekturmodellen, Zeichnungen und Goldschmiedearbeiten zu sehen, die alle mit der Entstehung des Doms, des Baptisteriums und des Campanile zusammenhängen. Das bemerkenswerteste Kunstwerk ist jedoch die „Pietà" von Michelangelo, die früher im nördlichen Seitenschiff des Domes stand. Pietà bedeutet in der Übersetzung „Frömmigkeit" bzw. „Barmherzigkeit", in der sakralen Kunst ist die Darstellung der trauernden Maria mit ihrem toten Sohn Jesus gemeint. Der Meister hatte sie eigentlich für sein eigenes Grab geschaffen, war mit dem Ergebnis aber nie ganz zufrieden.

Die Kirche **Orsanmichele** scheint ihrem Äußeren nach eher ein Palazzo als ein Gotteshaus zu sein. Gebaut wurde sie als offene Halle mit Arkaden, in der ein Getreidemarkt abgehalten wurde. 1380 mauerte Simone Talenti die Arkaden von Simone Talenti zu und versah sie mit gotischen Maßwerkfenstern und wunderschönen zarten Portalen. In den äußeren Mauernischen stehen Marmorskulpturen von Schutzheiligen der Zünfte, gefertigt von den besten Künstlern der Renaissance. Eine kulturhistorische Sehenswürdigkeit im düsteren Inneren ist das Marmortabernakel von Orcagna, eine wunderbare feine Arbeit.

Die **Piazza della Signoria** ist sicherlich einer der berühmtesten Plätze Italiens und seit dem Mittelalter Zentrum des öffentlichen Le-

wurde erst deutlich später – zwischen 1875 und 1887 – nach dem Entwurf von Emilio de Fabris in weißem, grünem und rotem Marmor vollendet.

Wenn man den Dom betritt, ist man ob seiner Schlichtheit überrascht. Das dreischiffige gotische Innere beeindruckt nicht durch Marmorschmuck, sondern allein durch seine Größe. Die Reiterbilder von Uccello und Castagno (1436) im linken Seitenschiff sind frühe Beispiele für die neue Verwendung der räumlichen Perspektive in der Renaissancemalerei. Sie stellen berühmte Florentiner Heerführer (condottieri) dar. Über den Portalen der Sakristei sind einzigartige glasierte Terrakottareliefs von Luca della Robbia zu bewundern.

◁ *Stolz ragt der Campanile in den florentinischen Himmel*

bens von Florenz. Hier verbrannten die Florentiner 1497 auf Aufforderung des *Girolamo Savonarola* im „Fegefeuer der Eitelkeiten" Schmuck, Kosmetika, Spiegel und Musikinstrumente – und im darauffolgenden Jahr nach päpstlichem Urteil *Savonarola* selbst. Eine Tafel im Boden der Piazza erinnert daran. Nicht weit davon entfernt erhebt sich **Neptun** auf seinem Brunnen, viel fotografiert und umlagert von Touristengruppen.

Der Palazzo della Signoria, heute **Palazzo Vecchio,** war bis ins 16. Jahrhundert der Sitz der Stadtregierung und anschließend Residenz von Cosimo I. Im 14. und 15. Jahrhundert konzentrierte sich die Macht der Stadtrepublik in dem festungsartigen Bau mit dem 94 m hohen Turm. Den Haupteingang flankiert die monumentale Marmorstatue „David" von Michelangelo. Nachdem das Original ins Museum Galleria dell'Accademia gebracht wurde, steht hier seit Anfang des 20. Jahrhunderts eine Nachbildung der 4 m hohen Statue. Überraschend lieblich ist der Renaissanceinnenhof mit eleganten Bögen, Säulen und Gewölben. Die Stuckdekoration der Säulen wurde von Vasari anlässlich der Hochzeit von Francesco di Medici mit Johanna von Österreich angebracht. Über einen prächtigen Treppenaufgang, ebenfalls von Vasari gestaltet, erreicht man das Obergeschoss. Über 50 m lang und 22 m breit ist der Salone dei Cinquecento, der „Saal der Fünfhundert". Er war der Repräsentations- und Versammlungsraum der Stadtoberen. Ursprünglich sollten Leonardo da Vinci und Michelangelo Anfang des 16. Jahrhunderts den Saal mit kolossalen Schlachtgemälden ausmalen. Die neue Freskentechnik von da Vinci misslang jedoch, sodass er das Vorhaben aufgab. Auch Michelangelo hinterließ nur die Entwurfszeichnungen seiner Fresken. Cosimo I. baute den Saal in einen prunkvollen Festsaal um. Beeindruckend sind die Decke mit Gemälden von Vasari und die monumentalen Schlachtgemälde an den Wänden. Sechs große Marmorplastiken stellen die Taten des Herkules dar. In der mittleren Nische der Querseite steht die Marmorstatue „Genius des Sieges" von Michelangelo. An diesen Prunksaal schließen sich die Gemächer Leos X. an, sechs Säle mit kostbaren Fresken von Vasari und anderen florentinischen Künstlern. Im zweiten Obergeschoss ist der Saal der Elemente aus dem 16. Jahrhundert, ebenfalls von Vasari, von Interesse. Allegorische Fresken, die die vier Elemente zum Thema haben, schmücken die Wände. Prunkvolle Gemächer mit herrlichen Kassettendecken wie das Quartiere di Eleonora di Toledo, der Gemahlin Cosimos I., folgen anschließend.

In der offenen Arkadenhalle der **Loggia dei Lanzi,** benannt nach den hier stationierten Landsknechten, stehen weltberühmte Plastiken der Antike und der Renaissance. Der „Raub der Sabinerinnen" von Giambologna, die Bronzeplastik „Perseus" mit dem bluttrie-

▷ *Der Palazzo Vecchio*

fenden Haupt der Medusa von Cellini und die „Entführung von Polyxena" von Pio Fedi werden von Touristenscharen umlagert, die sich hier im Schatten ausruhen.

Im Jahre 1560 benötigte Cosimo I. eine Verwaltungszentrale, in der alle Ämter untergebracht werden konnten. Vasari entwarf die **Uffizien** (Uffici = Büros) im Stil der Spätrenaissance. In den Nischen der Arkaden sind Statuen berühmter Persönlichkeiten der Toskana, wie Cosimo der Alte, Lorenzo der Prächtige, Dante, Petrarca, Michelangelo, da Vinci u. a. zu sehen. Im Inneren des riesigen Gebäudekomplexes befindet sich eine der bedeutendsten Kunstsammlungen der Welt. Francesco di Medici legte den Grundstock, als er 1575 die diversen Sammlungen der Familie im zweiten Stock der Uffizien zusammentrug. Alle folgenden Medici-Herrscher erweiterten die Galerie. Unter anderem gehören Werke von Cimabue, Giotto, Piero della Francesca, Filippo Lippi, Botticelli, da Vinci, Michelangelo, Raffael, Tizian, Tintoretto, Caravaggio, Dürer, Cranach, Holbein, Rubens, van Dyk und Rembrandt zu der einmaligen Gemäldesammlung. Man wird es nicht schaffen, alle 45 Säle zu durchwandern und alle Werke zu besichtigen, deshalb sollte man vorher genau planen, was man sehen möchte.

> Um die Wartezeit am Einlass zu umgehen, reserviert man Eintrittskarten (auch von anderen Museen in Florenz) im Internet: www.florence-museum.com. Man bezahlt im Voraus zzgl. Zuschlag und kann ohne Schlangestehen hinein.

Wahrscheinlich war bereits in der Römerzeit an der heutigen **Ponte Vecchio** ein wichtiger Übergang über den Arno. Nach einer Überschwemmung im 14. Jh. wurde die Brücke auf drei Bögen neu erbaut. Schon damals hatten sich Geschäfte, besonders Fleischer, auf der Brücke angesiedelt. Als sich Cosimo am anderen Arnoufer im Palazzo Pitti niederließ, verfügte er, dass auf der Ponte Vecchio nur noch Goldschmiedehandwerk betrieben werden durfte. Vermutlich störte ihn der Gestank der Fleischereien. Heute drücken sich

vor allem die Touristen aus der ganzen Welt an den goldfunkelnden Auslagen die Nasen platt. Ebenfalls Cosimo I. ließ einen Geheimgang anlegen, sodass er unbemerkt vom gemeinen Volk von seiner Residenz in die Uffizien gelangen konnte.

Der **Palazzo Pitti** wurde eigentlich 1447 für den wohlhabenden Kaufmann Luca Pitti in Auftrag gegeben. Nachdem Pitti in Konkurs ging, kaufte Eleonora von Toledo, die Frau von Cosimo I., 1550 den Palast und ließ ihn zu einer dreiflügeligen Anlage erweitern. Sein heutiges Aussehen bekam er im 17. und 18. Jahrhundert. Als Florenz Hauptstadt von Italien war (1865–1871) wurde er sogar Königssitz. Heute sind darin verschiedenste Museen untergebracht. Die **Galleria Palatina** umfasst Werke von Raffael, Tizian, Tintoretto, Rubens und van Dyk. Die Bilder werden zusammen mit erlesenem Mobiliar in den Prachträumen gezeigt. Im **Silbermuseum** (Museo d. Argenti) sind eine riesige Sammlung von Juwelen, Edelsteinen und edlen Stoffen ausgestellt. Hinter dem Palast zieht sich der **Giardino di Boboli,** der Boboli-Garten, den Hang hinauf. Hier kann man an Brunnen, Statuen und Grotten vorbei durch Zypressenalleen flanieren.

Die **Chiesa Santo Spirito** liegt an einem der hübschesten Plätze von Florenz. In der Mitte ein Brunnen, umgeben von Bäumen und einigen kleinen Gaststätten – genau der richtige Platz, um eine Pause einzulegen. Die Kirche selbst ist außen unvollendet geblieben und erhielt im 18. Jh. barocke Elemente. Einfach im Äußeren, überrascht sie im Inneren mit reinem Renaissancestil. Ein Meisterwerk des Architekten Brunelleschi.

Die **Piazzale Michelangelo** wurde 1869 nach den Plänen von Giuseppe Poggi verwirklicht. Im Zentrum steht eine Bronzekopie des Davids von Michelangelo. Aber nicht nur seinetwegen machen sich die Touristen auf den Weg, die 100 Höhenmeter zu überwinden: Von oben hat man einen herrlichen Blick auf Florenz mit der Ponte Vecchio und dem Dom.

Hoch über Florenz, oberhalb der Piazzale Michelangelo, steht seit dem 11. Jh. die

Chiesa San Miniato al Monte. Ihre Fassade in weiß-grünem Marmor ist ein schönes Beispiel des romanisch-florentinischen Stils. Im Inneren sind Fresken von Spinello Aretino, die Szenen aus dem Leben des heiligen Benedikt darstellen, und die Cappella del Crocifisso mit einem Marmortabernaklel von Michelozzo überaus interessant.

Nachdem man wieder an das Arnoufer hinabgestiegen ist, überquert man auf der Ponte alle Grazie den Fluss und geht nach der Brücke weiter geradeaus über die Via de Benci zur Piazza S. Croce.

Die Franziskanerkirche **Santa Croce** wurde 1295 nach den Plänen von Amolfo di Cambio als großer dreischiffiger, formenstrenger Bau begonnen. Die Bauarbeiten am Chor und am Querhaus dauerten bis zum Jahr 1300. Die reich verzierte Marmorfassade beendete Nicola Matas erst im Jahr 1863. In der Kirche befinden sich zahlreiche Meisterwerke italienischer Maler. Die reiche Bankiersfamilie Peruzzi gab Giotto 1317 den Auftrag für die Komposition und Ausführung der Fresken in der **Peruzzikapelle.** Zu Ehren der Familie Bardi malte er ebenfalls die sogenannte **Bardikapelle** mit Szenen aus dem Leben des heiligen Franziskus meisterlich aus. Die wundervollen Fresken mit Episoden aus dem Leben Marias in der **Baroncellikapelle** entwarf *Taddeo Gaddi*, ein Schüler Giottos. Der Altar hingegen stammt vom Meister Giotto und zeigt die Krönung Marias. Die **Pazzikapelle** gehört zu den wichtigsten Bauten der Frührenaissance. Die Pazzi waren eine florentinische Adelsfamilie, die 1478 den Medici im Kampf um die Vormacht in Florenz unterlag. Mitglieder der sogenannten „Pazzi-Verschwörung" wurden auf der Piazza Signoria gehängt, nachdem ein von ihnen organisierter Anschlag auf Lorenzo den Prächtigen im Dom misslang. Die Kapelle mit ihrem harmonischen Maß konzipierte Brunelleschi und Donatello und Luca della Robbia schmückten sie aus.

Im Hauptschiff fand eine ganze Reihe weltbekannter Persönlichkeiten ihre letzte Ruhe. Gleich rechts beim Eingang, in einem

von Vasari 1564 entworfenen Grabmal, ruht **Michelangelo.** Die drei Figuren auf seinem Sarkophag symbolisieren die Malerei, die Architektur und die Bildhauerei. **Machiavelli, Rossini** und **Galileo Galilei** wurden ebenfalls in dieser Ruhmeshalle verdienter Florentiner Bürger begraben.

Die **Casa Buonarroti,** ein Palast, vom Großneffen Michelangelos erbaut, zeigt Werke des großen Künstlers. Zeichnungen, Porträts und Jugendwerke wurden hier zusammengetragen, darunter das marmorne Flachrelief „Madonna della Scala".

Der düstere, zinnenbewehrte **Bargello** birgt die bedeutendste Skulpturensammlung der Renaissance. Ursprünglich war in dem schlichten festungsartigen Bau der Amts- und Wohnsitz des *Podestà* (Bürgermeister). 1574

◹ *Die Fassade der Uffizien spiegelt sich im Wasser des Arno* ließ sich hier der Polizeihauptmann, „der Bargello" (Büttel), nieder und verwandelte den Palast in ein Gefängnis mit Hinrichtungsstätte. Über einen schönen Innenhof mit Arkaden und Freitreppe kommt man hinauf zu den Werken von Michelangelo (Bachus, Brutus), Cellini, Giambologna, della Robbia, Verrocchio, Brunelleschi u. v. a.

Der **Palazzo Strozzi** wurde im Auftrag Filippo Strozzis vermutlich nach Entwürfen von Giuliano da Sangallo von 1489 bis 1539 errichtet. Er verkörpert in sehr reiner Form den Florentiner Stadtpalast der Frührenaissance. Heute werden darin hochkarätige Kunstausstellungen präsentiert.

Der unvollendeten **Chiesa San Lorenzo** fehlt die sonst übliche Marmorverkleidung. Der Kontrast zwischen der rohen Backsteinfassade und der angebauten prunkvollen Grabkapelle der Medici könnte nicht größer sein. Die Basilika mit Querschiff, von Brunelleschi ab 1421 errichtet, ist klar gegliedert und überzeugt durch ihre vollendete Harmonie. San Lorenzo zählt zu den Meisterwerken der Renaissancearchitektur.

In Autrag gegeben wurde der kuppelförmige Bau der **Cappelle Medicee,** die an die Chorseite von San Lorenzo angebaut wurde, von Cosimo I. als Grabstätte für seine Eltern. Man betritt die Kapelle durch die Krypta mit in den Boden eingelassenen Gräbern. Eine Treppe höher liegt die prunkvolle, mit Marmor und edlen Steinintarsien ausgestattete **Cappella dei Principe.** Sechs Mitglieder der Familie Medici fanden hier in teils riesigen Sarkophagen ihre letzte Ruhestätte. 16 prächtige Wappen der toskanischen Städte zieren den Raum. Klassische Eleganz und Erhabenheit strahlt hingegen die **Sagrestia Nuova** (Neue Sakristei) von Michelangelo aus, in der Giuliano de'Medici, Herzog von Nemours, in einem Sarkophag mit Allegorien, die Tag und Nacht symbolisieren, und Lorenzo, Herzog von Urbino, in einem Steinsarg mit allegorischen Liegefiguren, die Dämmerung und Morgenröte darstellen, ruhen.

Der **Palazzo Medici Riccardi** ist ein Beispiel eines typischen Wohnpalasts der Renaissance. Von Michelozzo im Auftrag Cosimo il Vecchios errichtet, wurde er vom nachfolgenden Besitzer Riccardi umgebaut. Besonders schön ist der von Arkaden geschmückte Innenhof. Sehenswert ist auch die Palastkapelle, in der Fresken von Benozzo Gozzoli erhalten sind.

Die **Galleria dell'Accademia,** 1562 von Cosimo I. als Florentiner Kunstakademie gegründet, bietet einen guten Überblick über Gemälde und Skulpturen vom 13. bis zum 16. Jh. Hier findet man das Original von Michelangelos „David", das bis 1873 auf der

◁ *Von der Hinrichtungsstätte zum weltberühmten Museum für Skulpturen: der Bargello*

Piazza della Signoria als Symbol der Demokratie stand. Meisterhaft sind auch die anderen Werke Michelangelos: die „Pietà von Palestrina", „Die vier Sklaven" und der „Apostel Matthäus". Andere Meister der toskanischen und umbrischen Schule wie Botticelli, Fra Bartolomeo, Lippi und Perugino werden ebenfalls in der umfangreichen Sammlung gezeigt und daneben zahlreiche Bilder, die Großherzog Leopoldo gesammelt hatte, um den jungen Künstlern der Kunstakademie, die sich auch heute noch neben der Galerie befindet, das Studium zu erleichtern.

Im **Museo Archeologico** wird eine umfangreiche Sammlung etruskischer, ägyptischer, griechischer und römischer Fundstücke gezeigt. Das Museum gilt als eines der wichtigsten seiner Art in Italien. Kloster und Kirche von **San Marco** gab Cosimo il Vecchio 1452 in Auftrag und Michelozzo di Bartolomeo führte ihn im Stil der Renaissance aus. Die Kirche wurde im Laufe der Jahre mehrfach verändert. Das anmutige Kloster ist bis heute unverändert geblieben und wird noch von Dominikanermönchen bewohnt. Sehenswert sind die Fresken von Fra Angelico im Kreuzgang, im Sala del Lavabo (Waschraum) und im Sala degli Ospiti, die Fresken von Ghirlandaio im kleinen Refektorium und das Fresko von Giovanni Antonio Sogliani im großen Refektorium. Im Obergeschoss kann man die Mönchszellen besuchen, von denen jede mit einem Fresko bemalt ist. Teilweise stammen diese Fresken ebenfalls von Fra Angelico. In Zelle 12 wohnte der gestrenge Dominikanermönch Savonarola. Seine inbrünstigen Reden gegen den Sittenverfall führten zum „Scheiterhaufen der Eitelkeiten" auf der Piazza della Signoria. Zwei Bilder unbekannter Maler zeigen seine öffentliche Hinrichtung 1498.

Die **Chiesa S. Maria Novella** wurde zwischen 1246 und 1360 als Dominikanerkloster erbaut. Leon Battista Alberti entwarf die eindrucksvolle Fassade aus dunkelgrünem und weißem Marmor. Zahlreiche Werke namhafter Künstler sind in der Kirche zu finden, so das Trinitätsfresko von Masaccio über dem dritten Altar im linken Seitenschiff. Das Bildnis Gottvaters mit seinem gekreuzigten Sohn ist hier inmitten einer vollendeten Renaissancearchitektur zu sehen. Dieses Bild gilt als das erste mit Zentralperspektive und ist wegweisend für die spätere Entwicklung der Malerei. Die wunderbaren Fresken in der Hauptchorkapelle gab Giovanni Tornabuoni, ein reicher Kaufmann, bei Ghirlandaio in Auftrag. Seine gesamte Familie ist figürlich in die biblische Darstellung eingearbeitet. Die Malereien der ersten Seitenkapelle rechts, der Strozzikapelle, sind Werke von Filippino Lippi.

Information

info-point, 50121 Florenz, Via Cavour 1R, Tel. +39 055290832, www.firenzeturismo.it, Öffnungszeiten: Mo–Sa 8.15–19.15 Uhr, Nov.–März Mo–Fr. 9–13 Uhr
info-point, 50123 Florenz, Piazza Statione 4, Tel.+39 055 212245, Öffnungszeiten: Mo–Sa 9–19 Uhr, So 9–14 Uhr

Sehenswertes

Duomo di Santa Maria del Fiore, 50121 Florenz, Piazza del Duomo, Öffnungszeiten: Mo–Fr 10–17 Uhr, Sa 10–16.45 Uhr, So 13.30–16.45 Uhr, Eintritt: gratis

⌂ *Der Palzzo Strozzi, ein typischer Renaissancepalast*

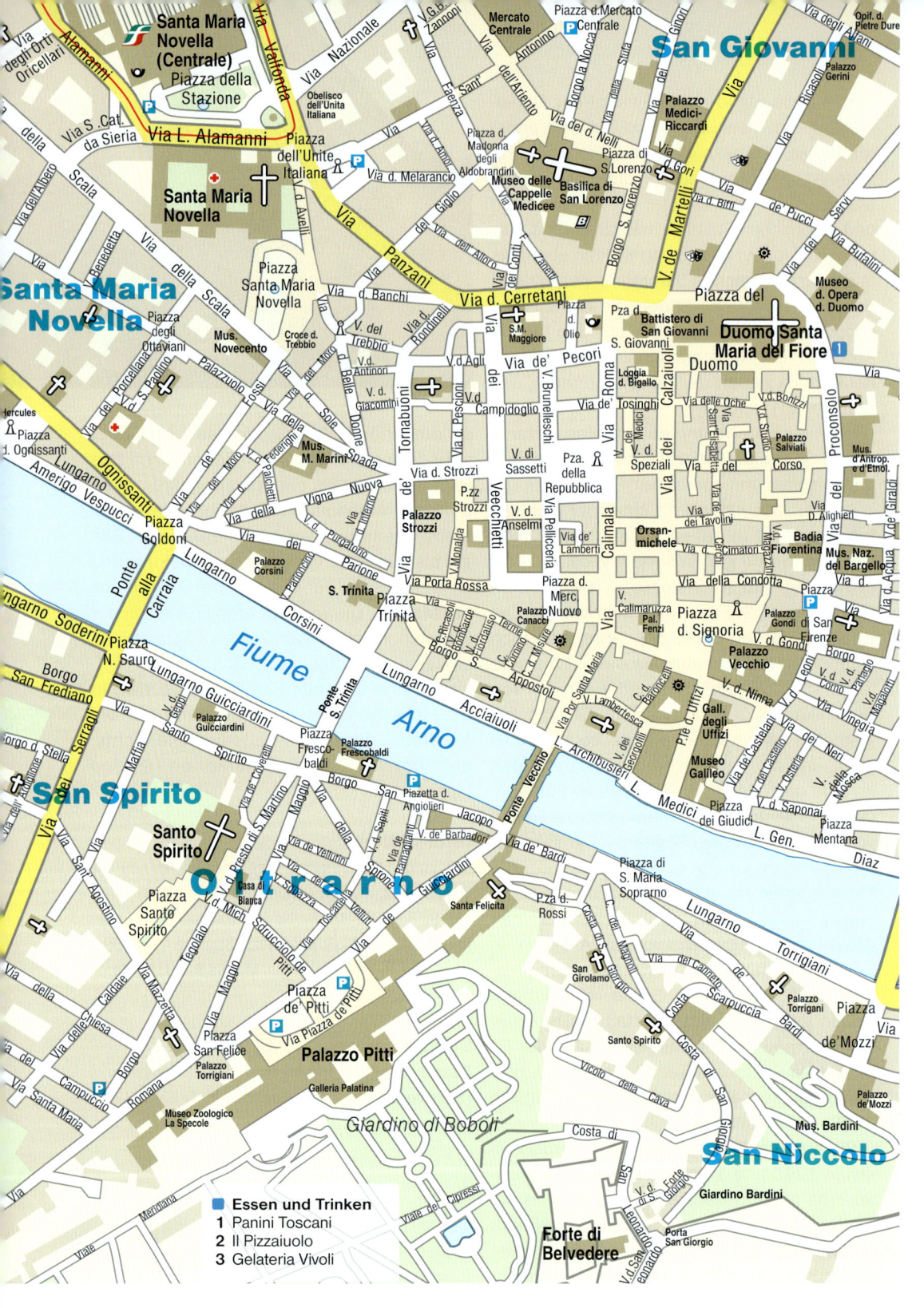

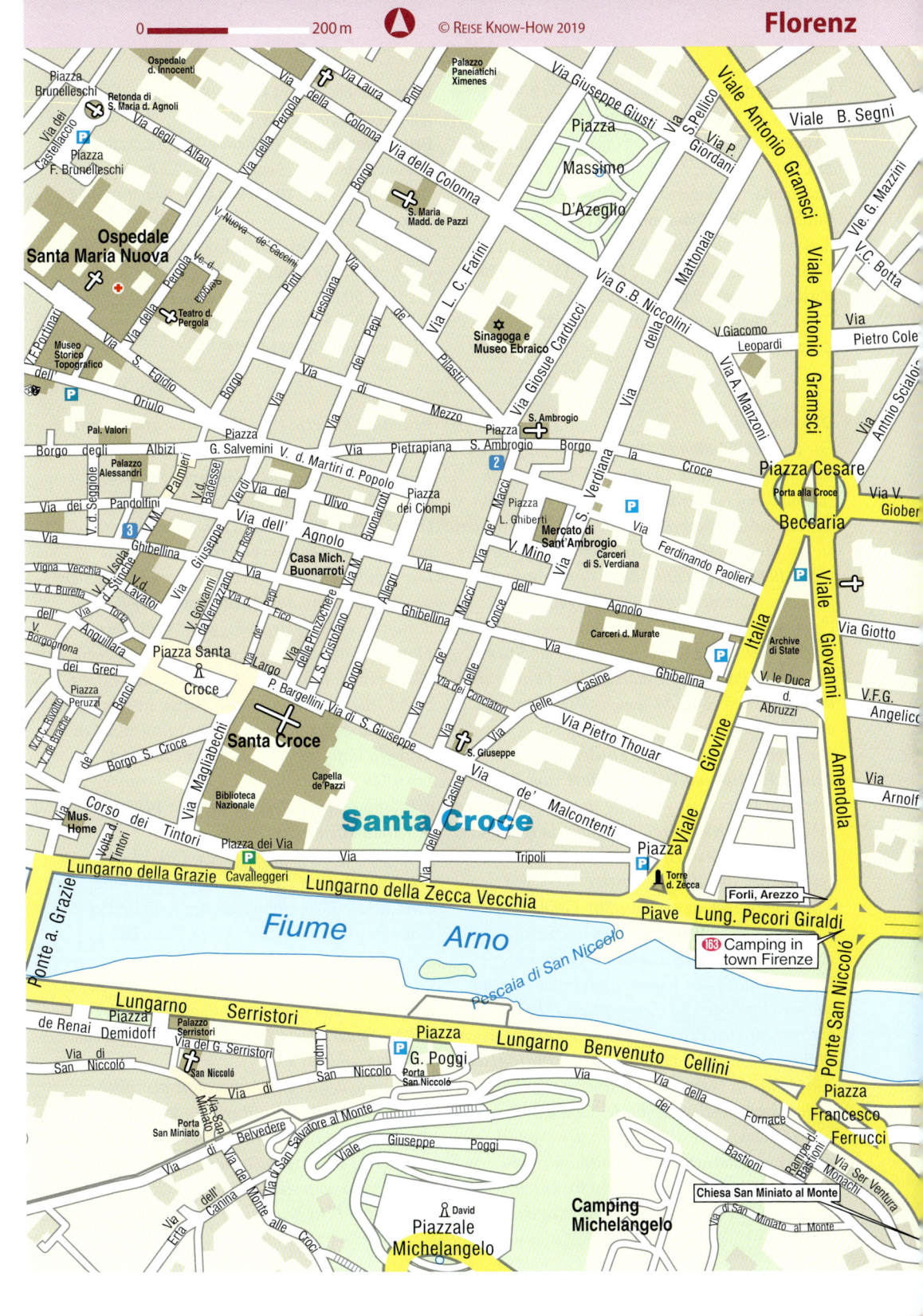

Santa Croce

Fiume   Arno

Piazzale
Michelangelo

Camping
Michelangelo

Cupola del Duomo, Öffnungszeiten: Mo–Fr 8.30–19, Sa 8.30–17.40, So 13–16 Uhr, Eintritt: Kombiticket inkl. Campanile, Krypta, Museo dell'Opera und Battistero 18 €

Campanile, Öffnungszeiten: Mo–Sa 9–19 Uhr

Battistero di San Giovanni, 50121 Florenz, Piazza S. Giovanni, Öffnungszeiten: Mo–Fr 8.15–10.15 und 11.15–18.30, Sa 8.15–18.30, So 8.15–13.30 Uhr

Museo dell'Opera del Duomo, 50121 Florenz, Piazza Duomo, Öffnungszeiten: 9–19 Uhr, Eintritt: siehe Cupola del Duomo

Orsanmichele, 50121 Florenz, Via Calzaiuoli, Öffnungszeiten: 10–17 Uhr

Palazzo Vecchio, 50121 Florenz, Piazza della Signora, Öffnungszeiten: Apr.–Sept. Fr–Mi 9–23, Do 9–14, Okt.–März Fr–Mi 9–19, Do 9–14 Uhr, Eintritt: 10/8 € + Turm 14/12 €

Galleria degli Uffizi, 50121 Florenz, Piazzale d. Uffizi 6, Tel. +39 0552388651, Öffnungszeiten: Di–So 8.15–18.50 Uhr, Eintritt: März–Okt. 20/10 €, Nov.–Febr. 12/6 €, mit Reservierung bei www.florence-museum.com 20,77/14,75 €

Die Medici

*Die aus dem Umland von **Florenz** stammenden Medici traten in der zweiten Hälfte des 13. Jh. erstmals in Erscheinung. Mit ihrem durch den Textilhandel erworbenen Vermögen begründeten sie ein **modernes Bankenwesen** und durch ihre guten Beziehungen zum Papsttum konnten sie bald eine Vormachtstellung erlangen.*

*Cosimo il Vecchio (der Alte) und Lorenzo il Magnifico (der Prächtige) beherrschten als **Stadtherren** die Politik der Stadtrepublik Florenz und die Päpste Leo X. und Clemens VII. stammten ebenfalls aus dem Hause Medici.*

*Die Familie hatten sich die **Förderung von Kunst, Kultur und Wissenschaft** zum Ziel gesetzt und unter ihrer Führung wurde Florenz zur „Wiege der Renaissance". Cosimo gelang es 1439, das wichtige Konzil zur Versöhnung der römisch-katholischen und der griechisch-orthodoxen Kirche nach Florenz zu holen. Im Gefolge der östlichen Kirchenmänner kamen auch Philosophen nach Florenz, deren platonisches Gedankengut bei den aufgeklärten Humanisten in Florenz auf fruchtbaren Boden fiel. Die beeindruckten Gelehrten wandten sich fortan auch der griechischen Philosophie zu. Cosimo gründete die **Platonische Akademie** in Florenz, einen losen Zusammenschluss humanistisch gesinnter Gelehrter.*

Nach Cosimo il Vecchio begann der Wandel von der nüchternen Kaufmannsfamilie zum prunksüchtigen Fürstengeschlecht. Lorenzo der Prächtige, der Enkel Cosimos liebte rauschende

Feste und förderte Künstler, unter ihnen auch Michelangelo, doch die Machtentfaltung der Medici ging auf Kosten der demokratischen Organe: 1530 wurde die Signoria (Stadtregierung) abgeschafft und die Medici vom Papst zu Großherzögen der Toskana erklärt.

Der von Lorenzo dem Prächtigen nach Florenz geholte Kirchenmann Savonarola betrieb nach dessen Tod die Vertreibung der Medici aus Florenz. Savonarola, Prior des florentinischen Klosters San Marco, wetterte gegen den Sittenverfall, die Eitelkeit und den Papst. In seinem „Scheiterhaufen der Eitelkeiten" gingen neben Würfeln und Spiegeln auch Gemälde und Schriften in Flammen auf. Papst Alexander VI. exkommunizierte ihn und ließ ihn 1498 auf dem Scheiterhaufen verbrennen.

*1512 gelang Lorenzo II., einem Enkel Lorenzos des Prächtigen, die **Rückkehr** nach Florenz. Eine zweite Vertreibung konnte mithilfe Papst Clemens VII. und Kaiser Karls V. rückgängig gemacht werden.*

*Großherzog Cosimo I. (12.06.1519–21.04.1574), brachte Florenz noch einmal zu **kultureller Blüte**. Er errichtete 1559 die Uffizien und baute den Palazzo Pitti aus.*

*1737 starb der letzte Medici ohne männlichen Nachkommen und die überlebende Schwester, Anna Maria Luisa de'Medici, vermachte die gesammelten **Kunstschätze** der Familie der Stadt Florenz, wo man sie heute in den Uffizien und im Palazzo Pitti bewundern kann.*

Renaissance

Der Begriff „Renaissance" bezeichnet die **Epoche** *zwischen 1400 und 1600 und damit den Übergang vom Mittelalter zur Neuzeit. Wörtlich übersetzt bedeutet das französische Wort „Wiedergeburt", im übertragenen Sinn soll die* **Wiedergeburt der Antike** *in der Kunst, aber auch in der Gesellschaft bezeichnet werden.*

Ihren Ursprung fand die Renaissance in den weitestgehend selbstständigen **Stadtrepubliken Italiens.** *Durch Kontakte mit dem „Morgenland" (Naher Osten) wuchs das Interesse an der Antike. Der finanzielle Wohlstand der Stadtrepubliken, besonders in der Toskana, machte eine Förderung von öffentlichen und privaten Kunstwerken möglich.*

Die **Kunst** *befasste sich intensiv mit der Natur, d. h., Bilder sollten möglichst ein exaktes Ebenbild der Gegenstände, aber auch der Menschen sein. Man gab sich jedoch nicht nur mit einer naturgetreuen Wiedergabe zufrieden, sondern wollte die Realität noch überbieten, indem man das Naturvorbild idealisierte. Die Darstellungen des menschlichen Körpers in der Malerei und in Skulpturen bekamen ideale Maße und Proportionen. Es entstanden Werke wie Michelangelos „David" und seine Fresken in der Sixtinischen Kapelle des Petersdoms oder Leonardo da Vincis „Abendmahl" und „Mona Lisa".*

In der Literatur wurden Werke wie Boccaccios „Il Decamerone" herausgebracht. Auf dessen Betreiben hin richtete man in Florenz einen Lehrstuhl für Griechisch ein; „Ilias" und „Homer" wurden übersetzt und einem breiten Publikum zugänglich gemacht.

In der Wissenschaft vollzog sich die **Trennung von Theologie und Philosophie.** *Der* **Humanismus** *in der Renaissance mit seinen Hauptwerten wie Toleranz, Gewaltfreiheit und Gewissensfreiheit ergab sich aus dem Verständnis, dass der Mensch das Ebenbild Gottes sei.*

Pallazzo Pitti mit Gal. Palatina & Arte moderna, 50121 Florenz, Piazza dei Pitti, Öffnungszeiten: Di–So 8.15–18.50 Uhr, Eintritt: 8,50 €

Giardino di Boboli, Museo Porcellane, 50121 Florenz, Palazzo Pitti, Öffnungszeiten: Apr./Mai/Sept./Okt. 8.15–18.30 Uhr, Juni–Aug. 8.15–19.30 Uhr, Nov.–Febr. 8.15–16.30 Uhr, März 8.15–17.30 Uhr, Eintritt: 10/5 €, Nov.–Febr. 6/3 €

Museo d. Argenti, Galleria d'Arte Moderna, Gal. Costume, 50121 Florenz, Palazzo Pitti, Öffnungszeiten: Di–So 8.15–18.50 Uhr, Eintritt: 16/8 €, Nov.–Febr. 10/5 €

Chiesa Santo Spirito, 50121 Florenz, Piazza S. Spirito, Öffnungszeiten: Mo–Sa 10–12.30 Uhr und 16–17.30 Uhr, So 16–17.30 Uhr

San Miniato al Monte, 50121 Florenz, Via Monte alle Crocci, Öffnungszeiten: Mo–Sa 9.30–13 und 15–19 Uhr, So 15–19 Uhr, Juli/Aug. bis 19.30 Uhr, Eintritt: frei

Chiesa Santa Croce, 50121 Florenz, Piazza S. Croce, Öffnungszeiten: Mo–Sa 9.30–17 Uhr, So 14–17 Uhr, Eintritt: 8/6 €

Casa Buonarroti, 50121 Florenz, Via Ghibellina 70, Öffnungszeiten: Nov.–Febr. Mi–Mo 10–16.30 Uhr, März–Okt. Mi–Mo 10–17 Uhr, Eintritt: 6,50/4,50 €

▷ *Die schöne Renaissancefassade der Chiesa Santa Maria Novella*

Bargello, 50121 Florenz, Via del Proconsolo 4, Öffnungszeiten: 8.15–17 Uhr, geschlossen: 2. und 4. Sonntag im Monat, Nov.–Febr. Mo., Eintritt: 8/4 €

Palazzo Strozzi, 50121 Florenz, Piazza Strozzi, Öffnungszeiten: 10–20 Uhr, Eintritt: 12 €, 65+ 9,50 €

San Lorenzo, 50121 Florenz, Piazza S. Lorenzo, Öffnungszeiten: 10–17 Uhr, Eintritt: 6 €

Cappelle Medicee, 50121 Florenz, Piazza S. Lorenzo, Öffnungszeiten: tägl. 8.15–18 Uhr, Eintritt: 8/4 €

Palazzo Medici Riccardi, 50121 Florenz, Via Cavour 3, Tel. +39 0552760340, Öffnungszeiten: Do–Di 9–17 Uhr, Eintritt: 7 €

Galleria dell'Accademia, 50121 Florenz, Via Ricasoli 60, Öffnungszeiten: Di–So 8.15–18.50 Uhr, Eintritt: 8/4 €

Museo Archeologico, 50121 Florenz, Piazza SS Annunziata 9b, Öffnungszeiten: Di–Fr 8.30–19 Uhr, Sa/Mo 8.30–14 Uhr, Eintritt: 4/2 €

San Marco, 50121 Florenz, Piazza S. Marco, Öffnungszeiten: Di–Fr 8.15–13.50 Uhr, Sa 8.15–18.50 Uhr, Eintritt: 4/2 €

Basilica S. Maria Novella, 50121 Florenz, Piazza S. Novella, Öffnungszeiten: Apr.–Sept. Mo–Fr 9–19 Uhr, Okt.–März Mo–Do 9–17.30 Uhr, Fr 11–17.30 Uhr; Sa: Sept.–Juni 9–17.30 Uhr, Juli/Aug. 9–18.30 Uhr; So: Sept.–Juni 13–17.30 Uhr, Juli/Aug. 12–18.30 Uhr, Eintritt: 5/3,50 €

Essen

Gelateria Vivoli, 50121 Florenz, Via Isola delle Stinche 7R. Ein Traditionsbetrieb mit exzellenten Eissorten.

Il Pizzaiuolo, 50121 Florenz, Via de Macci 113R, Tel. +39 055241171. Sehr gute original-neapolitanische Pizza.

Panini Toscani, 50121 Florenz, Piazza del Duomo 34R, Tel. +39 3487439969. Man kann sich aus vielen Zutaten leckere Panini zusammenstellen.

Camping-/Stellplätze

🄵🄶🄸 Parking Via del Gelsomino, Florenz
🄵🄶🄸 Camping in town Firenze, Florenz

ABSTECHER NACH FIESOLE
(hin und zurück 14 km)

Man verlässt Florenz in nördlicher Richtung auf der SS65. Von ihr geht es rechts ab ins Zentrum von Fiesole.

Fiesole liegt malerisch oberhalb von Florenz. Hier oben, im angenehmeren Klima, wohnen die betuchten Florentiner. Besonders sehenswert ist die archäologische Zone **(Zona archeologico)** mit einem römischen Theater aus dem 1. Jh. v. Chr., Resten einer Thermenanlage und einem etruskischen Tempel aus dem 4. Jh. v. Chr. Im archäologischen Museum sind Fundstücke von der Antike bis zum Mittelalter ausgestellt. Der schlichte **Dom San Romolo** mit seinem schlanken Turm wurde im 11. Jh. erbaut, inzwischen aber mehrmals umgestaltet. An den Dom grenzt das Domstift mit einem schönen Innenhof an. An der Piazza Mino steht der **Palazzo Pretorio.** Mit dekorativem Säulenportikus, in fröhlichem Gelb verputzt und mit Blumen geschmückt, hebt er sich von den anderen, oft düsteren Rathäusern ab. Das Denkmal in der Mitte der Piazza zeigt König Vittorio Emanuele II. bei einer Begegnung mit dem Freiheitskämpfer Garibaldi.

Steil geht es beim Dom bergauf zum **Kloster San Francesco.** Neben einem kleinen Museum mit allerhand „Mitbringseln" von Missionaren des Franziskanerordens lockt besonders die schöne Aussicht viele Besucher die steile Gasse hinauf.

Information
Uffizio Turismo, Fiesole, Via Portigiani 3, Tel. +39 0555961293, www.museidifiesole.it Öffnungszeiten: Apr.–Sept. Mo–So 10–18.30 Uhr, März/Okt. 10–17.30 Uhr, Nov.–Febr. 10–13.30 Uhr

Sehenswertes
Zona archeologico, Öffnungszeiten: Nov.–Febr. Mi–Mo 10–15 Uhr, März/Okt. 10–18 Uhr, Apr.–Sept. 9–19 Uhr, Eintritt: 10/6/20 € (mit Museo Archeologico 12/8/24 €)

Tipp
Von Florenz kommend, ist die Straße SP54 hinter Fiesole in nördlicher Richtung für Fahrzeuge ab 2,5 t gesperrt. Da es keine Umleitung gibt, muss man zurück nach Florenz fahren.

Parken
Via degli Artigiani, GPS: 43.80849°N 11.29903°E nur dieser Platz ist für Womos geeignet, allerdings ist die Zufahrtstraße schmal und zugeparkt. Kostenlos.

Campingplatz
🔴164 Camping Panoramico, Fiesole

◁ *Bedeutende römische Ausgrabungen am Ortsrand von Fiesole*

⑯⓪ Camping Internazionale, Impruneta

43.72382°N 11.21947°E

Platz mit guter Sanitärausstattung in lauter Lage (Autobahn), Bus 37 fährt nach Florenz. **Lage/Anfahrt:** 7 km südlich von Florenz, von der SR2 hinter der Autobahnunterführung links, ausgeschildert; **Platzanzahl:** 280; **Untergrund:** Schotterrasen; **Ver-/Entsorgung:** Strom, Trinkwasser, Abwasser, Chemie-WC; **Sicherheit:** umzäunt, beleuchtet, bewacht; **Preise:** 10–14 €/Fahrz., 7–13 €/Pers. inklusive Strom und Hund, Taxe 1 €/Pers.; **Geöffnet:** März–Anfang Januar; **Kontakt:** 50029 Bottai Impruneta, Via San Cristofano 2, Tel. +39 0552374704, www.internazionalefirenze.florencevillage.com.

⑯① Stellplatz Florence Park, Scandicci

43.76277°N 11.20825°E

Privater Platz in befriedigender und ruhiger Lage, stark frequentiert, WLAN gegen Gebühr, Bus 6 ins Zentrum (4 km). **Lage/Anfahrt:** Über Impruneta, Bagnollo nach Scandicci, Vorsicht: Zufahrt nur von Florenz aus beschildert, bei GPS: 43.76292°N 11.20781°E nach rechts in die schmale Zufahrt abbiegen; **Platzanzahl:** 80; **Untergrund:** Schotter; **Ver-/Entsorgung:** Trinkwasser, Abwasser, Chemie-WC; **Sicherheit:** umzäunt, beleuchtet, bewacht; **Preise:** 15–20 €/24 Std.; **Geöffnet:** ganzjährig; **Kontakt:** 50100 Florenz, Via di Scandicci 241, Tel. +39 3285474412.

⑯② Stellplatz Parking Via del Gelsomino, Florenz

43.75157°N 11.24348°E

Im Ortsteil Certosa, in der Nähe der SR2 nach Florenz, von Häusern umgeben. In lauter Lage (Straße), für Fahrzeuge bis 8 m Länge. Bustranfer ins Zentrum mit der Linie 11 (alle 20 Min.) bzw. am So Linie 37. **Lage/Anfahrt:** Im südlichen Ortsteil Certosa von der SR2 (Via Senese) in die Via del Gelsomini, hinter einer Fiatwerkstatt; **Platzanzahl:** 10; **Untergrund:** Rasengitter; **Ver-/Entsorgung:** Trinkwasser, Abwasser, Chemie-WC; **Sicherheit:** beleuchtet; **Preise:** 1 €/Fahrz. pro Std., 15 €/24 Std.; **Geöffnet:** ganzjährig; **Kontakt:** 50121 Florenz, Certosa, Via del Gelsomino 11, Tel. +39 055363362.

163 Camping in town Firenze, Florenz
43.76558°N 11.31579°E

Privater Platz in guter, lauter Lage, ordentliche Sanitär-ausstattung, Waschmaschine, kein Schatten, Wasser an jedem Platz. WLAN, Fahrradverleih, Schwimmbad. Busshuttle 3 €, Fahrrad 5 km ins Zentrum. **Lage/Anfahrt:** Von Greve aus Richtung Zentrum, nach der Arnobrücke rechts und 600 m zum Platz; **Platzanzahl:** 300; **Untergrund:** Schotterrasen; **Ver-/Entsorgung:** Strom, Trinkwasser, Abwasser, Chemie-WC; **Sicher-heit:** umzäunt, beleuchtet, bewacht; **Preise:** 22–30 € inkl. 2 Pers., jede weitere 4–5 €; **Geöffnet:** ganzjährig; **Kontakt:** 50136 Firenze, Viale G. dalla Chiesa 1/3, Tel. +39 0554698300, www.humancompany.com.

164 Camping Panoramico, Fiesole
43.80639°N 11.30639°E

Platz in schöner ruhiger Lage, mit guter Ausstattung, Bar, Pizzeria, Schwimmbad mit tollem Panoramablick, kostenloser Shuttle nach Fiesole. **Lage/Anfahrt:** In Richtung Olmo durch Fiesole hindurch, ausgeschil-dert, sehr steile Auffahrt (16 %); **Platzanzahl:** 110; **Untergrund:** Schotterrasen; **Ver-/Entsorgung:** Strom, Trinkwasser, Abwasser, Chemie-WC; **Sicherheit:** um-zäunt, beleuchtet, bewacht; **Preise:** 10–16 €/Fahrz., 7–13 €/Pers. inklusive Strom und Hund, Taxe 1 €/Pers.; **Geöffnet:** ganzjährig; **Kontakt:** 50014 Fiesole, Via Peramonda 1, Tel. +39 055599069, www.florencevillage.com.

☐ *Praktisch und mit moderner Sanitär-ausstattung wurde der Stellplatz Camping in town Firenze* **163** *angelegt*

225to Abb.: gk

AUF WENIG BEREISTEN PFADEN DURCH DAS MUGELLO UND DAS CASENTINO

Wer von der Toskana spricht, denkt dabei nicht zwangsläufig an das Mugello oder das Casentino, denn diese Regionen, die die Toskana nach Norden und Nordosten abschließen, sind von vielen Touristen noch unentdeckt. Im Mugello wandelt man auf den Spuren der Medici. Etliche Villen und Burgen des florentinischen Herrschergeschlechts zeugen von dessen Wurzeln. Viele gut bezeichnete Wanderwege führen durch die großen Waldgebiete. In den abgelegenen, verträumten Städtchen scheint die Zeit stillzustehen, was die Wohnmobilinfrastruktur angeht, ist die Region dagegen auf dem neusten Stand. Durch das grüne Tal des Casentino folgt die Route dem Arno bis nach Arezzo und durchstreift dabei die Lande der Grafen Guidi, die sich bis in die Mitte des 15. Jh. den Machtgelüsten der Medici widersetzen konnten. Einen Einblick in das Leben hinter einsamen Klostermauern bekommt man beim Besuch des Eremo Camaldoli, des Klosters Bosco ai Frati und des Klosters La Verna. Auf dieser Route finden selbst Toskanakenner noch Unentdecktes.

▷ *Immer wieder lohnen Fotostopps mit grandioser Fernsicht über das waldreiche, hügelige Mugello*

ROUTE 10

DER UNBEKANNTE NORDOSTEN DER TOSKANA

STRECKENVERLAUF

Strecke:
Florenz – Borgo San Lorenzo (55 km) – Marradi
(34 km) – Scarperia (64 km) – San Piero a Sieve
(5 km) – Abstecher: Cafaggiolo und Kloster Bosco
ai Frati (hin und zurück 16 km) – Stia (56 km) –
Poppi (10 km) – Abstecher: Eremo Camaldoli und
Kloster Camaldoli (hin und zurück 35 km) – Kloster
la Verna (39 km) – Abstecher nach Caprese Michelangelo (28 km hin und zurück) – Arezzo (47 km)

Streckenlänge:
ohne Abstecher ca. 310 km
mit Abstecher ca. 389 km

Die Reise durch das Mugello führt von Florenz über die Via Bolognese (SS65) nach
Pratolino. Hier findet man die ersten Spuren der Medici, und zwar im Park der **Villa
Demidoff** am Ortseingang (Parken bei GPS:
43.85983° N 11.29772° E). Der Name ist ir-
reführend. Er rührt daher, dass der russische
Prinz Demidoff 1872 das ehemalige Medici-
Anwesen kaufte. Das Parkgelände wurde zwischen 1569 und 1581 unter der Regie von
Francesco I. de'Medici angelegt. Von der aus
dieser Zeit stammenden Villa ist nichts mehr
zu sehen, sie wurde 1820 vom damaligen
Besitzer Ferdinand III. von Lothringen wegen
ihres zunehmenden Zerfalls abgerissen. Der
wundervoll angelegte **Parco Mediceo di Pratolino** mit Grotten, Brunnen und Statuen kann
besichtigt werden. Sehr eindrucksvoll ist die
aus einem großen Steinquader gehauene Figur des Apennins, das symbolisch als Riese
dargestellt ist.

Sehenswürdigkeiten
Parco Mediceo di Pratolino, Öffnungszeiten: Apr. –
Sept. Fr–So 10–20 Uhr, Okt. 10–18 Uhr, Eintritt: frei

Ein kleiner lohnender Umweg (für Fahrzeuge
mit einer Länge bis 7 m) auf schmaler Straße führt zum **Kloster Monte Senario** (GPS:
43.89804° N 11.33110° E). Es liegt in 800 m
Höhe auf einer bewaldeten Bergkuppe, von
der die Sicht weit über die Hügel des Mugello
reicht. Das im Jahr 1234 von sieben Florentiner Adligen gegründete Kloster ist schon wegen seiner einsamen Lage und seiner mittelalterlichen Außenansicht einen Besuch wert
(Öffnungszeiten: 7.30–19.30 Uhr, Okt.–März
bis 17 Uhr).
  Über eine schmale, sehr kurvenreiche Straße geht es vorbei am **Camping Poggio Uc-
celini** (GPS: 43.90110° N 11.30984° E, sehr
viele Dauercamper) hinunter nach Bivigliano
und von hier auf der Via Bolognese weiter
über Vaglia und an San Piero a Sieve vorbei
nach Borgo San Lorenzo. Wer den Umweg
nicht fährt, bleibt immer auf der SS65.

BORGO SAN LORENZO
(35 km – km 35)

Borgo San Lorenzo ist das Zentrum des
Mugello. Es ist sinnvoll, die Rundfahrt hier
zu beginnen, da die Touristeninformation
Reisende bestens mit Material über die gesamte Region versorgt. Man erhält unter anderem eine Broschüre mit zahlreichen Wan-

◁ *Einsam und abgeschieden:
das Kloster Monte Senario*

dervorschlägen („Mugello nature") und ein Heft mit detailliert beschriebenen Radtouren („Cycling among Chestnut Trees and Vines"). Beide gibt es nur in Italienisch und Englisch, sie sind aber trotzdem sehr hilfreich.

Borgo San Lorenzo war seit dem 10. Jahrhundert Bischofssitz und über eine kurze Zeitspanne eine frei Stadt, bevor sie 1290 von den Florentinern übernommen wurde. Von einem Festungsring aus dem 14. Jahrhundert sind kaum noch Reste vorhanden. Die einzigen Zeugen jener Zeit sind die **Porta Fiorentina** und die **Porta dell'Orologio.** Harmonisch fügt sich der wappengeschmückte **Palazzo del Podestà** und die romanische Kirche **Pieve di San Lorenzo** aus dem 10. Jh. in das historische Stadtbild ein. Östlich des Stadtkerns steht mitten in einem großen Park die **Villa Pecori Giraldi.** Außer der Touristeninformation findet man hier das **Museo della Manifattura Chini,** in dem die außergewöhnlichen Keramiken der Künstlerfamilie Chini aus der Zeit vom ausgehenden 19. bis zur Mitte des 20. Jahrhunderts zu bewundern sind.

Auffallend viele **Bäckereien** und **Konditoreien** findet man in der verkehrsberuhigten Altstadt. Das Mugello ist berühmt für seine Backwaren, darunter liebevoll verzierte Torten und Törtchen. Eine weitere süße Verführung sind glasierte Maronen. Die Touristeninformation hält sogar einen Süßigkeitenführer durch das Mugello bereit. Das Heftchen „Un Viaggio nel dolce Mugello" („Eine Reise durch das süße Mugello") listet alle Konditoreien der Umgebung auf – eine wahrer „Kalorienbombenkatalog".

Information

Uffizio Informzioni Turistice Mugello, 50032 Borgo San Lorenzo, Villa Pecori Giraldi, Piazzale Lavacchini, Tel. +39 05584527185, www.mugellotoscana.it, Öffnungszeiten: Nov.–März Sa/So 10–13 und 15–19 Uhr, Apr.–Okt. Do–So 9–13 und 15–19 Uhr

▷ *Borgo San Lorenzo ist das Zentrum des Mugello*

Sehenswertes

Museo della Manifattura Chini, 50032 Borgo San Lorenzo, Piazzale L. Lavacchini 1, Öffnungszeiten: siehe Uffizio Turistice, Eintritt: 3 €

Essen/Einkaufen

Caffè Pasticceria Valecchi, 50032 Borgo San Lorenzo, Via G. Mazzini 6, Tel. +39 0558495930. Im gemütlichen Ambiente eines „Wiener Kaffeehauses" gibt es hier ausgezeichnete Törtchen.

Stellplatz

🔴165 Parkplatz, Borgo San Lorenzo

Von Borgo San Lorenzo führt die SP302 nach Marradi. Die schmale Straße mit vielen Kurven steigt bis zum 913 m hohen Colle di Casaglia kontinuierlich an. Sie ist gut zu befahren, ein paar Engstellen unterwegs zwingen bei Gegenverkehr aber zum Anhalten. Dichte Wälder und ein paar Weideflächen prägen die einsame Landschaft.

Hinter dem Pass „Colle di Casaglia" geht es bergab durch das dünnbesiedelte Mugello. Mal mit schöner Fernsicht, mal durch ein enges Tal, ständig die parallel führende Bahnlinie Florenz–Ravenna querend, fährt man hinunter nach Marradi. Das Dorf ist bei italienischen Wohnmobilisten sehr beliebt.

160to Abb.: gg

MARRADI

(34 km – km 69)

Marradi gehörte einst den Grafen Guidi, die sich letztendlich aber nicht gegen die Übermacht der Medici zur Wehr setzten konnten. So kam die Stadt im 14. Jh. unter die Herrschaft der Florentiner. Hübsch anzusehen ist die Piazza delle Scalelle mit einigen alten Palästen. Am schönsten ist der **Palazzo Comunale** mit seinen Arkaden.

Wer im Sommer hier ist, wird das schön angelegte Freibad direkt unterhalb des Wohnmobilstellplatzes zu schätzen wissen. Im Oktober findet in Marradi an jedem Wochenende ein ein großes Kastanienfest statt und an den ersten drei Dezembersonntagen erstrahlen Tausende von Lichtern über dem traditionellen Weihnachtsmarkt.

Information

Pro Loco, 50034 Marradi, Via Castelnaudary 5, Tel. +39 0558045170, Öffnungszeiten: Jan.–Mai Mo–Sa 9–12 Uhr, Juni–Dez. Mo–Sa 9–12 Uhr und 15.30–18.30 Uhr, Mi nur vormittags

Essen

Il Camino, 50034 Marradi, Viale A. Baccarini 38, Tel. +39 0558045069. In der Saison unbedingt die verschiedenen Pilzgerichte probieren. Zuvorkommendes Personal.

Einkaufen

Pasticceria Quadalti, 50034 Marradi, Via Talenti 31/33. Lokale Spezialitäten, u. a. Maronenstrudel oder glasierte Maronen.

Stellplatz

166 Piscina, Marradi

Hinter Marradi führt die kurvenreiche, schmale SP306 durch die wunderschöne, bewaldete Hügellandschaft des Mugello nach Palazzuolo sul Senio. Man sollte für die Fahrt viel Zeit einplanen, nicht nur wegen der Kurven, sondern auch wegen der vielen Fotostopps.

Das malerische **Palazzuolo sul Senio** liegt einsam in der herrlichen Natur des Mugello. Einige hübsche Ecken, ein Palazzo dei Capitani, eine gute *Locanda* mit leckeren Speisen

Wanderung in Marradi

Kurz bevor die Zufahrtsstraße zum Stellplatz in die Straße nach S. Benedetto einmündet, steigt rechts über Treppen ein mit weiß-rotem Zeichen markierter Wanderweg an zwei Häusern vorbei den Berg hinauf. Nach dem zweiten Haus schlüpft man durch ein kleines, provisorisches Tor nach links in eine Kuhweide (Schild Monte Scarabatolle) und kommt auf schmalem Trampelpfad zu einem Steinhaus, an dem man eine schöne Sicht auf Marradi hat. Ab hier windet sich ein breiter Weg bergwärts bis zu einer Freifläche mit drei Antennenmasten. Man geht zwischen den Masten hindurch und folgt auf schmalem Weg weiter der weiß-roten Markierung. Nach 50 Min. Gehzeit biegt der Weg nach links und verläuft zunächst eben und dann etwas bergan, bis man aus dem Wald kommt. Nun folgt man dem Bergrücken nach links und hat eine sehr schöne Aussicht

auf das Mugello. Jetzt Vorsicht! Wenn man in einer Senke deutlich einen bewaldeten Hügel vor sich sieht, verlässt man die Markierung (zwei rot-weiße Striche an einem Stacheldrahtzaun) und steigt nach links über eine Holzleiter auf den auf der anderen Bergseite hinunterführenden Weg ohne Markierung. Auf dem breiten Weg in Kehren bergab, sieht man schon bald das kleine helle Band der Schotterstraße untem im Talgrund, die das nächste Ziel der Wanderung sein wird. An den vielen Wegverzweigungen in dem schönen Kastanienhain geht man immer bergab, bis man auf das genannte Schottersträßchen trifft. Dieses führt bis zur Straße nach San Benedetto in Alpe. Bei der Einmündung geht man nach links und 800 m die Straße entlang bis zum Stellplatz. Es handelt sich um eine mittelschwere Wanderung mit steilem Auf- und Abstieg und einem Höhenunterschied von 400 m (Dauer 2:30 Std.).

und ein Stellplatz: genau das Richtige, um hier sein Wohnmobil über Nacht zu parken.

Essen

Locanda Senio, 50035 Palazzuolo sul Senio, Via Borgo dell'Ore 1, Tel. +39 0558046019. Hier wird man vom Chef persönlich gut bekocht. Es gibt auch Pizza.

Camping-/Stellplätze

167 Parkplatz, Palazzuolo sul Senio
168 Camping le Sorgenti, Palazzuolo sul Senio

Zur Weiterfahrt hat man die Wahl zwischen zwei Varianten. Auf beiden Strecken gibt es viele kleine **Parkbuchten,** sodass auch der Fahrer die schöne Rundumsicht genießen kann. Die erste, die direkte Verbindung nach Borgo San Lorenzo, ist 33 km lang und hat eine fantastische Streckenführung mit grandiosem Panorama; die zweite auf der SP32 wird hier im Folgenden weiter beschrieben. Sie ist **für Fahrzeuge mit über 5 t Gewicht gesperrt,** lässt sich jedoch gut bewältigen. Die fabelhafte Aussichtstraße SP32 mündet in die SP610. Hinter San Pellegrino schlägt die Schnellbahntrasse Florenz–Bologna eine tiefe Schneise in die unberührte Landschaft und entlang der Straße fallen die vielen Stein

verarbeitenden Betriebe auf. An den Hängen wird der **Pietra Serena** abgebaut, ein dunkelgrauer Sandstein, der auch in Florenz viele Palazzi schmückt.

Firenzuola musste im Zweiten Weltkrieg große Zerstörungen hinnehmen. Viele Gebäude wurden in einem nicht besonders ansprechenden „Betonstil" wieder aufgebaut. Besonders die Kirche und einige der Arkadenhäuser wollen überhaupt nicht zu den zwei schönen Stadttoren und der kompakten Burg passen.

Parken

Firenzuola, Viale Sandro Pertini, GPS: 44.11714°N 11.37722°E, kostenlos, auch Übernachtung möglich

Die SP503 schraubt sich hinauf zum Giogo di Scarperia, einem Pass mit 882 m Höhe. Von hier kann man einen 15-minütigen Spaziergang zum **Croce di Monte Altuzzo** machen, von dem man eine grandiose Aussicht über das Mugello hat. Nach vielen Kehren wird dann unten im Tal Scarperia erreicht.

◹ *Die bewaldeten Hügel des Mugello*

SCARPERIA

(64 km – km 133)

Wenn man neue Messer braucht, ist man in Scarperia richtig, denn seit Jahrhunderten wird hier das Handwerk des Messerschmiedens gepflegt. Vom Brieföffner über sämliche Arten von Küchen- und Taschenmesser bis hin zu futuristisch gestalteten Bestecken findet man alles, was gut und teuer ist. Ein Küchenmesserset kann gut und gerne an die 1000 € kosten. Etliche Meisterbetriebe und vornehm gestaltete Geschäfte werben um Kunden.

Im **Palazzo dei Vicari** aus dem Jahr 1306 ist – wie sollte es auch anders sein – das Museum für Schneidewerkzeuge **(Museo dei Ferri Taglienti)** untergebracht. Die Außenfassade ist mit einer Vielzahl verschiedener Wappen der florentinischen Vikare (Verwalter) verziert. Das Gebäude mit seinem schlanken Turm wirkt wie eine kleinere Ausgabe des Palazzo Vecchio in Florenz.

Die Stadt wurde Anfang des 14. Jh. von den Florentinern gegründet und war ein bedeutender Stützpunkt an der Handelsstraße über den Giogopass. Im Jahre 1542 zog ein Erdbeben Scarperia stark in Mitleidenschaft. Die Madonna von Filippo Lippi im **Oratorio della Madonna dei Terremoti** soll weitere Schäden von der Stadt fernhalten.

Information
Pro Loco, 50038 Scarperia, im Palazzo dei Vicari, Tel. +39 0558468165, www.prolocoscarperia.it, Öffnungszeiten: Mai–Okt. Mo/Di 9–13 Uhr, Mi–Fr 9–13 und 14.30–18.30 Uhr, Sa/So ab 10 Uhr, Nov.–Apr. Mo–Fr 9–13 Uhr, Sa/So 10–13 und 14–18 Uhr

Sehenswertes
Museo dei Ferri Taglienti, 50038 Scarperia, im Palazzo dei Vicari, Öffnungszeiten: Mai–Okt. Mi–So 10–13 und 14.30–18.30 Uhr, Nov.–Apr. Mi–Fr 10–13 Uhr, Sa/So 10–13 und 14.30–18 Uhr, Eintritt: 5/3 €, 65+ 4 €

Parken
GPS: 43.99489°N 11.35624°E, kostenlos, auch Übernachtung möglich

Ver- und Entsorgung
GPS: 43.99721°N 11.35726°E, kostenlos

SAN PIERO A SIEVE

(5 km – km 138)

In San Piero a Sieve schließt sich der Kreis der Mugello-Rundfahrt. Das 4000-Seelen-Dorf ist untrennbar mit dem Hause Medici verbunden. Im alten Ortskern stehen die eleganten **Medici-Villen** Schifanoia (14. Jh.) und Adami (16. Jh). Oberhalb der Stadt ließ Großherzog Cosimo I. um 1569 die Festung San Martino errichten. Beeindruckend sind die bis zu 12 m dicken Mauern und die Wallanlagen. Die **Chiesa Pieve di San Piero** aus dem 12. Jh. birgt in ihrem Inneren ein wundervolles sechseckiges, weiß-gelbes Taufbecken. 1518 von Giovanni della Robbia geschaffen,

◁ *Wappen am Palazzo dei Vicari in Scarperia*

zeigt es Bilder aus dem Leben Johannes des Täufers.

Die Töpferwarenmanufaktur **Cestenoli** bietet eine riesige Auswahl an Terrakotta. Hier findet man Vasen, Figuren, Brunnen, Gartenmöbel, Kamine, bemalte und glasierte Dekoartikel: alles, was man sich nur erträumen kann oder seinen Lieben mitbringen möchte. Was nicht ins Wohnmobil passt, wird nach ganz Europa geliefert.

Einkaufen

Forno Conti, 50037 San Piero a Sieve, Via Provinciale 42, Tel. +39 055848054. Ungewöhnlich große Bäckerei mit reichhaltigem Angebot an Brot, Brötchen, Pizzen, Foccace, Keksen und Kuchen.

Cestenoli, 50037 San Piero a Sieve, Via Bolognese (ca. 3 km vor dem Ort auf der rechten Seite), Loc. Casenuove Taiuti 45, Tel. +39 055848004. Riesige Auswahl an Terrakotta, freundliches Personal, das auch in Englisch sehr gut berät, sehr zivile Preise und ausgezeichnete Qualität. Das gesamte Sortiment wird in Handarbeit hergestellt. Die Werkstatt kann besichtigt werden. Vorbeigehen, es lohnt sich!

Camping-/Stellplätze

🔴169 Centro storico, San Piero a Sieve
🔴170 Camping Mugello Verde, San Piero a Sieve

ABSTECHER: CAFAGGIOLO UND KLOSTER BOSCO AI FRATI

(hin und zurück 16 km)

Man verlässt San Piero a Sieve in Richtung Florenz und fährt am folgenden großen Kreisverkehr in Richtung Bologna. Schon bald taucht rechts der Straße der Turm der Medici-Villa von **Cafaggiolo** auf. Ursprünglich 1427 erbaut, ließ Cosimo de Medici sie im Jahr 1453 vom Architekten Michelozzo zum Sommersitz umbauen. Der prächtige Renaissancebau wurde seine Lieblingsresidenz. Angeblich spielte sich in diesen Mauern ein

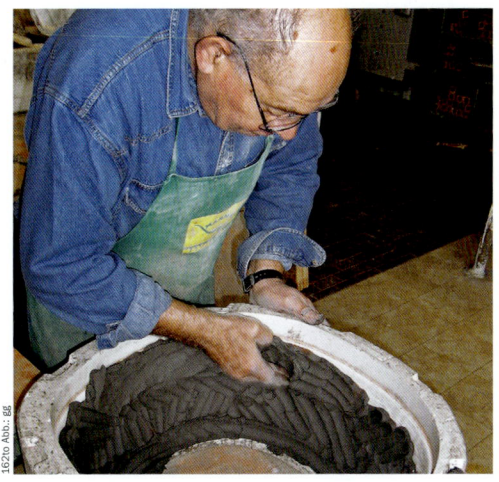

schrecklicher Mord ab. Don Pietro, ebenfalls ein Spross der Medici, erwürgte hier aus Eifersucht seine ihm untreue Gattin Eleonora. Der Palast wurde einige Zeit für Hochzeitsfeierlichkeiten genützt. Seit einigen Jahren wird er renoviert. Derzeit ist ungewiss, ob und wann er wieder für die Öffentlichkeit zugänglich sein wird.

Nach weiteren 1,8 km (4,1 km ab dem Kreisverkehr) biegt man nach Galliano bzw. Panna ab und fährt schon nach 600 m bei km O VIII nach rechts. Von hier geht es noch 1 km auf allerdings sehr schmaler Straße zum **Kloster Bosco ai Frati,** das umgeben von Wiesen und Wäldern in völliger Abgeschiedenheit liegt. Mit einer über tausendjährigen Geschichte gehört es zu den ältesten Klöstern der Toskana. Im 14. Jh. wurde es von den Medici erworben. Der Hauptaltar trägt ihr Wappen. Das wunderbar gearbeitete Kreuz „Il Cristo" von Donatello (auf 1430 datiert) im Kapitelsaal ist die größte Kostbarkeit, die das Kloster birgt.

❯ **Kloster Bosco ai Frati,** 50038 Scarperia e San Piero, Via di Lucigliano 1, GPS: 43.98627°N 11.30332°E, Öffnungszeiten: Mo–Fr 9–12 und 17.30–18.45 Uhr, Sa 9–12 und 18.10–19 Uhr, So 11.30–12.30 und 18.10–19 Uhr, Eintritt: frei

🔲 *Bei Cestenoli ist alles Handarbeit*

Vorbei am schon bekannten Borgo San Lorenzo geht die Fahrt auf der SP551 ins nahe **Vespignano,** dem Geburtsort des Malers Giotto di Bondone. Am Ortsende links und dann noch weitere 1,2 km auf schmaler Straße kommt man zum schön renovierten Geburtshaus **(Casa di Giotto)** des großen Renaissancekünstlers.

Parken beim Casa di Giotto
Picknickplatz mit schöner Fernsicht

Sehenswertes
Casa di Giotto, 50039 Vespignano, Öffnungszeiten: Apr. So 10–13 und 15–19 Uhr, Mai–Mitte Sept. Do/Fr 15.30–19.30 Uhr, Sa/So 10–13 und 15.30–19.30 Uhr, Mitte Sept.–Okt. Sa/So 10–13 und 15.30–19.30 Uhr, Nov.–März So 10–13 und 14–18 Uhr, Eintritt: 4/3 €.
Museo di Arte Sacra Beato Angelico, 50039 Vícchio, Piazza Don Milani, Tel. +39 0558448251, Öffnungszeiten: siehe Casa di Giotto, Eintritt: 4/3 €, 65+ 3 € inkl. Casa di Giotto.

Stellplatz
171 Stellplatz area comunale, Dicomano

Vícchio, der letzte Ort auf der Fahrt durch das Mugello, erinnert im Museo di Arte Sacra Beato Angelico ebenfalls an einen berühmten Sohn: Fra Angelico, ein Maler der Frührenaissance, erblickte hier vermutlich 1387 das Licht der Welt.

Unterwegs gibt es an der SS551 noch den Campingplatz Vecchio Ponte in Vícchio (GPS: 43.93114°N 11.46426°E, geöffnet Mai–Sept.).

Von Vícchio sind es auf der SS551 nur 9 km bis nach **Dicomano,** einem kleinen Handelszentrum am Sieve. Sehenswert ist allein die romanische Kirche S. Maria (12. Jahrhundert) mit Tafelbildern u. a. von Vasari.

Man fährt 3,5 km auf der SP67, um dann nach links in Richtung Stia abzubiegen. Vorbei an Londa mit seinen hübschen bunten Häusern windet sich die SP556 hinauf nach Fornace. Der Panoramablick auf die bewaldeten, welligen Hügel und zum Monte Falterone (1684 m) ist besonders im Herbst überwältigend.

Campingplatz
172 Campo All'Oca, Londa

Auf der SS556 geht es kurvenreich hinunter ins Tal des Arno und durch das liebliche Casentino nach Stia.

STIA
(56 km – km 194)

Das blitzsaubere hübsche Casentino-Städtchen Stia muss man einfach besuchen. Auf der stark abschüssigen, von malerischen

262to Abb.: gg

Arkadengängen gesäumten **Piazza Tanucci** fühlt man sich richtig wohl. Am unteren Bereich steht die **Chiesa Santa Maria Assunta** aus dem 12. Jh. In der linken Seitenkapelle versteckt sich ein kunstvolles Tonrelief von Andrea della Robbia, die „Madonna mit Kind".

Zu einigem Wohlstand kam die Stadt von Mitte des 19. Jh. bis in die 1950er-Jahre durch ihre einzigartige Wollmanufaktur. Die 23.000 m² große historische Tuchfabrik wurde von 2007 bis 2010 renoviert, um darin das **Museo dell'Arte della Lana** und einen Ladenverkauf von außergewöhnlichen Modewaren (Tessilnova) unterzubringen. Eine Zeitreise in die Geschichte der Wollverarbeitung von ihren Anfängen bis zur Industrialisierung verspricht ein Museumsbesuch. Ganz besonders stolz ist man hier, dass Audrey Hepburn im Film „Frühstück bei Tiffany" einen roten Mantel aus Stia trug.

Sehr idyllisch ist ein Spaziergang durch den **Parco Palaggio Fiorentino** auf der gegenüberliegenden Seite der Staggia. Historische Statuen und moderne Plastiken des Künstlers Greg Wyatt fügen sich hier wunderbar in das Ensemble um einen rekonstruierten Palazzo von 1230 ein.

Vom Stellplatz ⑰ aus kann man bequem 1,5 km hinauf zum **Castello di Porciana,** eine Burg des Geschlechts der Guidi, wandern. Die Zufahrtstraße überquerend, geht es zuerst auf der Straße hinauf. Hinter den letzten Häusern immer wieder auf Feldwegen die Straße abkürzend (weiß-rote Markierung), ist man bald oben. Der Weg lohnt sich wegen der schönen Aussicht, aber auch aufgrund der romantischen Burg und dem winzig-kleinen Dorf Porciano.

⌂ *Eine kleine Welt für sich: das Dörfchen Porciano mit seiner Burg*

◁ *Sehenswertes Museo dell'Arte della Lana*

Sehenswertes

Museo dell'Arte della Lana, 52015 Pratovecchio Stia, Via Sartori 2, www.museodellalana.it, Tel. +39 0575582216, Öffnungszeiten: Apr.–Sept. Di/Mi/Fr 10–13 Uhr, Do/So 10–13 und 16–19 Uhr, Sa 16–19 Uhr, Okt.–März Di/Mi/Fr 10–13, Do/So 10–13 und 15–18 Uhr, Sa 15–18 Uhr, Eintritt: 5/3 €, 65+ 3 €

Einkaufen

Tessilnova, beim Museo dell'Arte della Lana, www.tessilnova.com, Öffnungszeiten: Mo–Fr 9–13 und 15.30–19.30 Uhr, Sa/So 10–13 und 15.30–19 Uhr, von Mai–Sept. bis 20 Uhr. Hier gibt es farbenfrohe Jacken, Taschen, Hüte u. v. a. aus gewalktem Tuch. Örtliche Produktion.

Stellplatz

⑰ Centro storico, Stia

Die Städtchen Stia und Pratovecchio gehen nahezu direkt ineinander über (1,6 km auf der SP310).

Das Zentrum der Stadt **Pratovecchio,** die Piazza Paolo Uccello, wurde nach dem hier geborenen Renaissancemaler benannt. Nicht nur hier, sondern auch an der Piazza Landino fallen die fotogenen bunten Häuser mit Arkadengängen ins Auge.

Beim Stellplatz ⑰ zweigt rechts die Straße zum **Castello di Romena,** der größten Burgruine im Casentino, ab. Auch sie wurde vom Grafen Guidi zum Schutz gegen die Florentiner erbaut.

Sehenswertes

Castello di Romena, Tel. +39 335 6244440, Parkplatz GPS: 43.78291°N 11.70862°E, Öffnungszeiten: Apr.–Juni Do–So 10–13 und 14–18 Uhr, Juli/Aug. tägl. 10–13 und 14–19 Uhr, Anf.–Mitte Sept. tägl. 10–13 und 14–18 Uhr, Mitte Sept.–1. Nov. Do–So 10–13 und 14–17 Uhr, Eintritt: 3/2 €

Die sehr sehenswerte romanische Kirche **Pieve di Romena** aus dem 12. Jh. liegt 1 km unterhalb der Burg (GPS: 43.77464°N 11.71547°E). Die schmale Straße dorthin ist sehr holprig, deshalb entweder hinunter wandern oder zurück bis zur Straßenkreuzung vor der Arnobrücke und dort nach rechts abbiegen.

Stellplatz

⑰ Centro storico, Pratovecchio

Im Arnotal ist man nach 8 km auf der SP310 in Poppi.

POPPI
(10 km – km 204)

Wie im gesamten Casentino haben auch in Poppi die Grafen Guidi ihre Spuren hinterlassen. Die prächtigste Burg **(Castello dei Conti Guidi)** dieses Adelsgeschlechts stammt aus dem 12. Jh. und steht an der Piazza Repubblica, dem höchsten Punkt der Stadt. Man sollte es nicht versäumen, das Innere der Burg zu besichtigen. Die Rilliana-Bibliothek enthält Hunderte mittelalterliche Schriftstücke und Bücher und die kleine Burgkapelle wurde von Taddeo Gaddi, einem Schüler Giottos, mit wundervollen Fresken dekoriert.

Die arkadengesäumte Hauptstraße endet auf der einen Seite am hübschen **Oratorio Madonna del Morbo** (17. Jh.) mit seinem hexagonalen Grundriss und barockem Innenraum (Altarbild vermutlich von F. Lippi), an der anderen Seite an der romanischen Ab-

teikirche **San Fedele.** Zahlreiche Werke aus der Schule Giottos und eine Goldbüste des heiligen Torello, der hier auch bestattet liegt, gibt es im Kircheninneren zu sehen.

Sehenswertes
Castello dei Conti Guidi, Tel. +39 0575520516, Öffnungszeiten: Nov.–15. März Do–So 10–17 Uhr, 16. März–Okt. tägl. 10–18, Eintritt: 7/4 €

Parken
Ausreichend Parkplätze findet man auf dem Stellplatz **175**.

Camping-/Stellplätze
175 La Crocina, Poppi
176 Camping La Pineta, Poppi

ABSTECHER: EREMO CAMALDOLI UND KLOSTER CAMALDOLI
(hin und zurück 35 km)

Am Ortsende von Poppi weist im Kreisverkehr ein Schild die Fahrstrecke (SP67 bzw. 69) zur 17 km entfernten **Einsiedelei Eremo Camaldoli.**

Versteckt in den einsamen Wäldern des Casentinos gründete 1012 Romuald, Spross einer lombardischen Herzogsfamilie, das Kloster Camaldoli. Später kam noch die zwei Kilometer entfernte Einsiedelei hinzu – beide gelten als Keimzellen des Kamaldulenserordens. Er lebte nach eremitischen Idealen mit der benediktinischen Regel „Ora et Labora" („Bete und arbeite"). Heute wie damals ist das Dasein der Mönche eine Mischung aus Abgeschiedenheit und Öffnung gegenüber der Welt. So sind ihre kleinen, spartanisch

◁ *Der Eremo Camaldoli versteckt sich hinter hohen Mauern*

eingerichteten Wohnhäuser mit einer hohen Mauer von der Außenwelt abgetrennt, gleichzeitig laden sie aber gerne Gäste ein, die hier Ruhe und Kontemplation finden.

Den kargen Zellenbereich des Heiligen Romuald mit Schlaf- und Gebetsraum kann man besuchen, ebenso die 1027 im romanischen Stil erbaute Kirche. Ihre üppige Barockausstattung mit vergoldeten Schmuckornamenten erhielt sie 1658. Sehenswert ist das Einganstor „Porta Speciosa" (2013) aus der Werkstatt von Claudio Parmiggiani. Die linke Türseite erinnert mit ihrer Symbolik an den Tod, die rechte soll Hoffnung vermitteln.

Zum Besuch des nur 2 km Luftlinie entfernten **Klosters Camaldoli** muss man die letzten Kilometer zurückfahren und dann nach links auf die SP67 abbiegen. Das Kloster in 818 m Höhe stammt aus der Zeit Anfang des 17. Jh. In der reich mit goldenem Stuck verzierten Klosterkirche hat kein geringerer als Giorgio Vasari neben dem Altargemälde auch die beiden Bilder links und rechts (Madonna col Bambino und Natività) gemalt. Die antike Apotheke (1460) ist besonders sehenswert. In historischen Nussbaumvitrinen wird vom Shampoo über diverse Cremes bis zum Likör alles angeboten, was im Kloster produziert wird.

300 m vom Kloster Camaldoli entfernt liegt der naturbelassene **Campingplatz Camaldoli 178**. Von hier aus kann man schöne Wanderungen in den **Nationalpark Casentino** unternehmen.

Sehenswertes
Eremo Camaldoli, 52014 Camaldoli, GPS: 43.81000°N 11.81630°E, Tel. +39 0575556021, Öffnungszeiten: 5.30–12.15 und 15–18 Uhr
Kloster Camaldoli, GPS: 43.79167°N 11.81945°E, Öffnungszeiten: 8–12 und 14.30–18 Uhr
Antica Farmacia, Öffnungszeiten: 9–12.30 und 14–18 Uhr

Camping-/Stellplätze
177 Stellplatz Area sosta Camper di Moggiona
178 Camping Camaldoli, Camaldoli

Die 14 km lange Straße vom Kloster Camaldoli bis zur Einmündung in die SR71 ist recht schmal. Auf der SR71 angekommen, fährt man nach rechts in Richtung Arezzo und erreicht bald Bibbiena.

Bibbiena ist mit seinen 10.000 Einwohnern der größte und wichtigste Ort des Casentinotals. In den engen Gassen des historischen Stadtkerns stößt man immer wieder auf schöne Adelspaläste. Das **Oratorium San Francesco** wurde innen im für die Toskana einzigartigen Rokokostil ausgebaut. Die prunkvolle goldene Kassettendecke, pausbäckige Putten und viele Stuckornamente kann man durch die gläserne Eingangstür bestaunen. Von einer Aussichtsterrasse an der **Piazza Tarlati** hat man eine weite Sicht über das Arnotal bis nach Poppi. Unter den Arkaden lädt die Bar Le Logge del Tarlati zu einer gemütlichen Pause ein.

Parken in Bibbiena (P5)
GPS: 43.69411°N 11.82008°E

Stellplatz
🔴179 La Collina delle Stelle Agricola Casentinese, Bibbiena

Von Bibbiena geht es noch einmal über viele Serpentinen hinauf auf die Höhen des Monte La Verna. Unterwegs kommt man am einmalig schön gelegenen Agriturismo Agricola Casentinese vorbei. Die Straße windet sich über Chiusi della Verna weiter hinauf zum Kloster La Verna.

KLOSTER LA VERNA
(39 km – km 243)

Als sich Franziskus im Spätsommer des Jahres 1224 auf den Berg La Verna zurückzog, wurden der Legende nach bei ihm Wundmale sichtbar. Die Felsengrotte, in der sich die Stigmatisierung vollzog, liegt hinter einer Tür im Wandelgang des Klosters. In der Cappella della Stigmata gibt es ein prunkvolles Chorgestühl mit Intarsienarbeiten und einen Terrakottaaltar von Andrea della Robbia zu besichtigen.

Im Wandelgang vor der Kapelle wird in einer Bildergeschichte das Leben und Wirken von Franz von Assisi erzählt.

Meditative Ruhe findet der Wanderer auf bezeichneten Wegen durch die Wälder rund um das Kloster.

❯ **Santuario Francescano,** 52010 Chiusi della Verna, Via del Santuario 45, Tel. +39 05755341, Öffnungszeiten: 8–17 Uhr, Museo Sa/So 10–12.30 und 13–16 Uhr, Juli/Aug. tägl.

Nachdem man wieder in Chiusi della Verna angekommen ist, geht es weiter in Richtung Chitignano. Kunstinteressierte werden sicherlich die 28 km Umweg nicht scheuen, um zum Geburtsort von Michelangelo zu fahren.

Campingplatz
🔴180 Camping La Verna, Chiusi della Verna

ABSTECHER NACH CAPRESE MICHELANGELO
(28 km hin und zurück)

In dem kleinen Weiler Caprese Michelangelo erblickte der große Meister der italienischen Renaissance am 6. März 1475 das Licht der Welt. Sein **Geburtshaus, der Palazzo del Podestà,** liegt neben den Resten des alten Kastells hoch oben auf einer Hügelkuppe. In seinem Inneren und in den Räumen des Castellos ist eine Ausstellung von Duplikaten und Bildern der wichtigsten Werke Michelangelos zu sehen. In einer Vitrine liegt die **Geburtsurkunde,** die sein Vater, seinerzeit Bürgermeister von Caprese, eigenhändig ausgestellt hat.

❯ **Casa natale michelangelo,** 52033 Caprese Michelangelo, Via Capoluogo 1, Tel. +39 0575793776, Öffnungszeiten: 2. Nov.–März Sa/So 10–13 und 15–17.30 Uhr, Apr.–1. Nov. tägl. 9.30–13 und 15–18.30 Uhr, Eintritt: 4/3 €

Campingplatz

181 Campeggio Michelangelo, Caprese Michelangelo

Auf dem Weg ins Tal des Arno kommt man in Chitignano am Rande eines Neubaugebietes noch an dem kostenlosen Stellplatz **182** mit Entsorgung vorbei, bis dann in Rassina die Straße in die SR71 mündet, auf ihr sind es noch 26 km bis Arezzo.

Stellplatz

182 Area Comunale, Chitignano

AREZZO
(47 km – km 290)

Der Endpunkt dieser Toskanarundreise ist die Stadt Arezzo, die ca. 95.000 Einwohner hat. Arezzo mit seinen **Sakralbauten** und den wunderschönen **Palazzi** (Palästen) ist ein mittelalterliches Juwel, das auf eine frühe etruskische Siedlung zurückgeht.

Vom Parkplatz Tarlati beginnt man den Stadtspaziergang über die Salita Piero Magi und überwindet so bequem den Höhenunterschied bis zum Domplatz mit einer Rolltreppe (*Scala mobile*). Die Touristeninformation auf halbem Weg hat neben Prospekten auch Souvenirs in Angebot.

Oben angekommen, erhebt sich auf der weitläufigen Piazza del Duomo der gotische **Dom San Donato.** Auf der breiten Treppe, die zum romanisch-gotischen Portal hinaufführt, steht das Denkmal Ferdinands I. Das etwas düster wirkende Innere des Doms wird belebt durch die herrlich bunten Glasfenster von Fra Guillaume de Marcillat. Links neben dem Altar ruhen die sterblichen Überreste von Papst Gregor X., der am 10. Januar 1276 hier in Arezzo verstarb.

Weiter geht der Rundgang zur **Chiesa San Domenico.** Der gotische Bau stammt aus dem 13. Jh. und birgt ein in warmen Braun- und Rottönen und mit viel Gold gehaltenes Kruzifix vom Cimabue. Ihm gelang als einem der ersten die lebendige Darstellung der ge-

malten Personen. Die Freskenreste von Spinello Aretino wurden frisch renoviert.

In der **Casa di Giórgio Vasari** (Haus Nr. 55 in der Via XX Settembre), dem ehemaligen Wohnsitz des Malers und Baumeisters Vasari, sind Werke von ihm und einigen seiner Zeitgenossen ausgestellt. Seine Biografien über florentinische Künstler wie Cimabue, Leonardo da Vinci, Raffael und Michelangelo sind auch heute noch eine wichtige Informationsquelle.

Von hier erreicht man in wenigen Minuten die **Basilica San Francesco** mit ihrer eher unscheinbaren Fassade. Im 14. Jh. wurde dieses Gotteshaus – ganz im Sinne von Franz von Assisi – als schlichte Bettelordenskirche errichtet. In der **Bacci-Kapelle** verbirgt sich ein kunsthistorisch wertvoller Schatz: der Freskenzyklus „La Leggenda della Vera Croce" von Piero della Francesca. Zehn Bilder zeigen die Geschichte des Kreuzes Christi von der Pflanzung des Baumes, aus dem es geschaffen wurde, über den Raub desselben durch den Perserkönig Chosrau II. bis zu seiner Rückkehr nach Jerusalem. Die Fresken beeindrucken durch die Kraft der Farben und ihrer klaren Linienführung noch heute den Betrachter. Karten für die Besichtigung müssen vorher telefonisch oder im Internet reserviert werden (s. S. 264). Vor der Kirche auf der **Piazza San Francesco** gibt es einige einladende Cafés.

Am aufsteigenden Corso Italia steht die **Chiesa Santa Maria della Pieve.** Sie wurde im 12. Jh. begonnen, konnte aber erst im 14. Jh. vollendet werden. Die Kirche zählt zu den schönsten sakralen Bauwerken der Region. „Turm der 100 Löcher" wird der Kampanile wegen seiner vielen Doppelfenster im Volksmund genannt. Pietro Lorenzetti fertigte den Flügelaltar um 1320. Dieses überaus sehenswerte Kunstwerk zeigt Maria mit dem Kind und die 12 Apostel in leuchtenden Farben vor goldenem Hintergrund.

Die anschließende **Piazza Grande** ist das Zentrum von Arezzo. An dem trapezförmigen, leicht abfallenden Platz steht der Gerichtshof

Arezzo

0 ▬▬▬▬ 200 m   © REISE KNOW-HOW 2019

P Parkplatz
Tarlati

Stellplatz
Campo
sportivo
183

Via Guido Tarlati

Via S. Domenico

Viale Bernardo Dovizi

Firenze

V.S. Lorentino

Casa di
Giórgio Vasari
Ⓜ

Chiesa San
Domenico
🏛

Via Mad. Laura

■ **Essen und Trinken**
1 Mazzoni
2 Gastronomia il Cervo

Via B. Varchi

1

SS. Annunziata
🏛

Via Cavour

Via d. Saracino

Palazzo
dei Priori

Casa del
Petrarca
Ⓜ

Duomo San
Donato
🏛

Palazzo del Tribunale/
Palazzetto della Fraternita
dei Laici

Passeggio
del Prato

Via Cesalpino

2

Via Cavour

Palazzo Pretorio
🏛

★

Logge Vasari
★

Fortezza
Medicea

Piazza d.
Popolo

✉

Basilica San
Francesco
🏛

★ Piazza
Grande

Chiesa San
Maria della
Pieve

V. Piero d. Francesca

Via Garibaldi

Italia

Corso

Via Oberdan

Piazza
G. Monaco

Via de Cenci

Piazza
S. Agostino

V. Garibaldi

Staz.
FS
ⓘ

Viale

Corso Italia

Via F. Crispi

Piazza
S. Giusto

Valtibe-
rina

Via Margaritone

Michelangelo

Ⓜ
Museo Archeologico
Mecenate della Pieve

Signorelli

Luca

Viale

Giotto

Via Vittorio Veneto

Siena

Sanse-
polcro

(Palazzo del Tribunale) mit seiner Freitreppe aus dem 17. Jh. und anschließend der **Palazzetto della Fraternita dei Laici** (Haus der Laienbruderschaft). Das Gebäude besitzt eine wunderschöne Fassade und ein Glockentürmchen mit einer astronomischen Uhr (Führungen 10.30–18 Uhr). An der Nordseite schließt sich die **Logge Vasari,** ein langer Arkadengang, an. In einem der zahlreichen Restaurants und Bars sollte man sich eine kleine Pause gönnen und gemütlich dem Treiben auf der Piazza zuschauen.

Über den steil ansteigenden Corso Italia führt der weitere Stadtrundgang am Palazzo Albergotti vorbei zum **Palazzo Pretorio** (Haus des Statthalters). Viele in Stein gehauene Wappen schmücken die Fassade.

Dahinter links steht in der Via dell'Orto die renovierte **Casa del Petrarca.** Dort wurde am 20. Juli 1304 Francesco Petrarca geboren, verließ allerdings Arezzo bereits im Alter von sieben Jahren. Petrarca gilt als (Mit-)Begründer des Humanismus und als einer der bedeutendsten Dichter Italiens. Sein Gedichtzyklus „Canzoniere" enthält 366 Gedichte, in denen er die reine Liebe beschreibt, aber auch religiöse und politische Themen verarbeitet.

Vom **Parco Passegio del Prato** (Stadtpark) hat man eine schöne Sicht ins Umland. Treppen führen von hier zurück zum Parkplatz Tarlati und zum Stellplatz ⑱.

Am südöstlichen Altstadtrand, in der Via Anfiteatro, finden sich die Überreste eines **römischen Amphitheaters** und das **archäologische Museum** (Museo Archeologico Mecenate). In dessen Ausstellungsräumen wird eine umfangreiche Sammlung etruskischer Bronzeskulpturen, Münzen und griechischer Vasen gezeigt.

⌃ Auf der Piazza Grande in Arezzo findet jedes Jahr das Pferderennen „Giostra del Saracino" statt

Information

Informazione Turistica, Piazetta Amiciclo G. Paolo II, 52100 Arezzo, www.arezzoturismo.it, Tel. +39 05751822770, Öffnungszeiten: 9.30–19 Uhr

Sehenswertes

Basilica San Francesco, 52100 Arezzo, Via San Francesco, www.pierodellafrancesca.it, Tel. +39 0575352727, Öffnungszeiten: Okt.–März Mo–Fr 9–18 Uhr, Sa 9–17.30, So 13–17.30 Uhr, Apr.–Sept. Mo–Fr 9–19 Uhr, Sa 9–18 Uhr, So 13–18 Uhr, Eintritt: 8/5 € (Reservierungspflicht), 12/7 € inkl. Museo Archeologico, Casa Vasari, Museo medievale

Chiesa Santa Maria della Pieve, 52100 Arezzo, Corso Italia, Öffnungszeiten: 8–12 und 15–19 Uhr

Duomo San Donato, 52100 Arezzo, Piazza del Duomo, Öffnungszeiten: täglich 7–12.30 und 15–18.30 Uhr

Chiesa San Domenico, 52100 Arezzo, Piazza San Domenico, Öffnungszeiten: Mo–Sa 10–13 und 14–19 Uhr, So 10–11 und 12.30–19 Uhr

Casa di Giórgio Vasari, 52100 Arezzo, Via XX Settembre 55, Öffnungszeiten: Mo–Sa 8.30–19.30 Uhr, So 8.30–13.30 Uhr, Di geschlossen, Eintritt: 4/2 €

Casa del Petrarca, Arezzo, Via dell'Orto 2, Öffnungszeiten: Sa 11–17.30 Uhr, So 10.30–17.30 Uhr, Eintritt: 4/3 €

Museo Archeologico Mecenate, 52100 Arezzo, Via Margaritone 10, Öffnungszeiten: Mo–Sa 8.30–19.30 Uhr, Eintritt: 6/3 €

Essen

Gastronomia il Cervo, 52100 Arezzo, Via Cavour 38–40, Tel. +39 057520872. Gutes Essen und guter Service in einer alten Apotheke.

Mazzoni, 52100 Arezzo, Canto alla Croce 1, Tel. +39 057526857. Kleine gemütliche Trattoria etwas abseits, gutes Preis-Leistungs-Verhältnis.

Parkplatz Tarlati

Separater Parkplatz für Wohnmobile, auf dem man auch übernachten kann. Zentrumsnah, beleuchtet, kostenlos. GPS: 43.47252°N 11.88308°E

Camping-/Stellplätze

🔴183 Campo sportivo, Arezzo
🔴184 Camping Le Ginestre, Arezzo

STELLPLÄTZE ENTLANG DER ROUTE 10

🔴165 Stellplatz Parkplatz, Borgo San Lorenzo
43.95145°N 11.38537°E

Offizieller Stellplatz auf großem Parkplatz am Ortsrand. Hier lagern seit Jahren auch Schausteller. Ca. 300 m zum Zentrum. **Lage/Anfahrt:** Aus Richtung San Piero a Sieve ab Ortsanfang ausgeschildert; **Platzanzahl:** 10; **Untergrund:** Asphalt; **Ver-/Entsorgung:** Trinkwasser, Abwasser, Chemie-WC; **Sicherheit:** beleuchtet; **Preise:** kostenlos; **Geöffnet:** frei zugänglich; **Kontakt:** 50032 Borgo San Lorenz, Via Caduti di Montelungo.

🔴166 Stellplatz Piscina, Marradi
44.07265°N 11.61108°E

Terrassenplatz in schöner, ruhiger Lage, einige Plätze durch Absenkungen sehr uneben, steile Zufahrt, für Fahrzeuge bis 7 m Länge, ca. 300 m bis zum Zentrum. **Lage/Anfahrt:** Vor dem Ort rechts nach S. Benedetto abzweigen, dann sofort wieder rechts bergauf (ausgeschildert); **Platzanzahl:** 12; **Untergrund:** Rasengitter; **Ver-/Entsorgung:** Strom, Trinkwasser, Abwasser, Chemie-WC; **Sicherheit:** beleuchtet; **Preise:** Platz kostenlos, 5 € für 8 kWh Strom/100 l Wasser, Chipkarte (7 € Kaution) im Ort zu kaufen (siehe Aushang); **Geöffnet:** frei zugänglich; **Kontakt:** 50034 Marradi, Via S. Benedetto.

🔴167 Stellplatz Parkplatz, Palazzuolo sul Senio
44.11037°N 11.54953°E

Ruhiger, offizieller Stellplatz auf einem gekennzeichneten Teil eines großen, von Wiesen umgebenen Parkplatzes, 100 m bis zum Ort; **Lage/Anfahrt:** Von Marradi kommend am Ortsbeginn links fahren, ausgeschildert; **Platzanzahl:** 10; **Untergrund:** Asphalt; **Ver-/Entsorgung:** Trinkwasser, Abwasser, Chemie-WC; **Sicherheit:** beleuchtet; **Preise:** kostenlos; **Geöffnet:** frei zugänglich; **Kontakt:** 50035 Palazzuolo sul Senio, Via del Casone.

166to Abb.: gg

🔢 Camping le Sorgenti, Palazzuolo sul Senio

44.11719°N 11.53622°E

Terrassierter Platz, ausreichende Sanitärausstattung in schöner ruhiger Lage. **Lage/Anfahrt:** Von Palazzuolo in Richtung Firenzuola, hinter der Abzweigung nach Visano links zum Platz; **Platzanzahl:** 40; **Untergrund:** Schotterrasen, Wiese; **Ver-/Entsorgung:** Strom, Trinkwasser, Abwasser, Chemie-WC; **Sicherheit:** umzäunt, beleuchtet, bewacht; **Preise:** 16 €/Fahrz. inkl. Pers., Strom 2–2,50 €, Hund 3–4 €; **Geöffnet:** Mai–Okt.; **Kontakt:** 50035 Palazzuolo sul Senio, Via della Faggiola, Tel. +39 3483615184, www.campinglesorgenti.it.

🔢 Stellplatz Centro storico, San Piero a Sieve

43.96194°N 11.32825°E

Platz in relativ ruhiger Lage (Dorfjugend und Straße) an einer großen Wiese, abgestellte Wohnmobile blockieren viele Plätze! **Lage/Anfahrt:** Aus Richtung Scarperia im Ort links (ausgeschildert), nach 150 m rechts zum Platz abbiegen; **Platzanzahl:** 10; **Untergrund:** Rasengitter; **Ver-/Entsorgung:** Trinkwasser, Abwasser, Chemie-WC; **Sicherheit:** beleuchtet; **Preise:** kostenlos; **Geöffnet:** frei zugänglich; **Kontakt:** 50037 San Piero a Sieve, Via Giudici G. Falcone P. Borsellino.

🔢 Camping Mugello Verde, San Piero a Sieve

43.96232°N 11.30843°E

Platz auf terrassiertem Waldgelände, befriedigende Ausstattung, Schwimmbad, Restaurant, Minimarkt, WLAN, Bus-/Zugverb. nach Florenz. **Lage/Anfahrt:** Von SS65 Richtung Bologna bei km 26 abbiegen, ausgeschildert; **Platzanzahl:** 110; **Untergrund:** Schotterrasen; **Ver-/Entsorgung:** Strom, Trinkwasser, Abwasser, Chemie-WC; **Sicherheit:** umzäunt, beleuchtet, bewacht; **Preise:** 9–13 €/Fahrz., 7–13 €/Pers. inkl. Strom und Hund, Taxe 0,50 €; **Geöffnet:** Mitte März–Anfang November; **Kontakt:** 50037 San Piero a Sieve, Via Massorondinaio 39, Tel. +39 055848511, www.florencevillage.com.

🔢 Stellplatz area comunale, Dicomano

43.89409°N 11.53724°E

Platz in schöner, relativ ruhiger Lage (Straße) am Rande eines gemischten Parkplatzes, Picknicktische, 1 km ins Zentrum. **Lage/Anfahrt:** in Dicomano Richtung Forli und nach 1 km rechts zum Platz fahren; **Platzanzahl:**

◁ *Ruhig, zentrumsnah und mit guter Ver- und Entsorgung: der Stellplatz von Marradi*

4; **Untergrund:** Asphalt; **Ver-/Entsorgung:** Trinkwasser, Abwasser, Chemie-WC; **Sicherheit:** beleuchtet; **Preise:** kostenlos; **Geöffnet:** frei zugänglich; **Kontakt:** 50062 Dicomano, Via Ettore Pinzani.

⑰ Campo All'Oca, Londa
43.86671°N 11.61812°E

Wunderschöne, sehr ruhige Lage, einfache Sanitärausstattung, Waschmaschine, Pool, Restaurant, **Lage/Anfahrt:** Von SP556 zwischen km 15 I und II rechts ab. Einfahrt für Womos direkt an der Abzweigung von der Straße. Nicht bis zur Rezeption hinunterfahren, da dort kaum Platz zum Wenden ist; **Untergrund:** Wiese; fest; **Ver-/Entsorgung:** Strom, Trinkwasser, Abwasser, Chemie-WC; **Sicherheit:** umzäunt, beleuchtet, bewacht; **Preise:** 8–10 €/Fahrz., 7–8 €/Pers., Taxe 0,60 €; **Geöffnet:** Juni–15. Sept.; **Kontakt:** 50060 Londa, Loc. Mandri SS556, Tel. +39 0558354060, www.campoalloca.it.

⑰ Stellplatz Centro storico, Stia
43.80386°N 11.70319°E

Offizieller Stellplatz in schöner und ruhiger Lage, Zentrum 300 m. **Lage/Anfahrt:** Am Ortsanfang gleich rechts steil hinunter, ausgeschildert; **Platzanzahl:** 8; **Untergrund:** Schotter; **Ver-/Entsorgung:** Strom, Trinkwasser, Abwasser, Chemie-WC; **Preise:** kostenlos inkl. Strom; **Geöffnet:** frei zugänglich; **Kontakt:** 52017 Stia, Via di G. Castelnuovo Orlo.

⑰ Stellplatz Centro storico, Pratovecchio
43.78658°N 11.71932°E

Offizieller Stellplatz auf einem separaten Parkplatz nur für Womos, begrenzt von Häusern, einem Sportplatz und dem Arno, 100 m bis ins Zentrum. **Lage/Anfahrt:** ausgeschildert; **Platzanzahl:** 15; **Untergrund:** Asphalt; **Ver-/Entsorgung:** Strom, Trinkwasser, Abwasser, Chemie-WC; **Sicherheit:** beleuchtet; **Preise:** kostenlos inkl. Strom; **Geöffnet:** frei zugänglich; **Kontakt:** 52015 Pratovecchio, Via Uffenheim.

⑰ Stellplatz La Crocina, Poppi
43.71939°N 11.76536°E

Offizieller Stellplatz auf einem gemischten Parkplatz, der untere Teil ist sehr schräg, Schule angrenzend, 150 m bis zum Zentrum. **Lage/Anfahrt:** Man umfährt

Poppi auf der Umgehungsstraße bis zum Schulzentrum, ab der Ausfahrt der SP310 ausgeschildert; **Platzanzahl:** 12; **Ver-/Entsorgung:** Strom, Trinkwasser, Abwasser, Chemie-WC; **Sicherheit:** beleuchtet; **Preise:** kostenlos, Strom 3 €/5 Std., 5 €/9 Std.; **Geöffnet:** frei zugänglich; **Kontakt:** 52014 Poppi, Via dei Pini.

⑰ Camping La Pineta, Poppi
43.74451°N 11.78151°E

Platz mit befriedigender Ausstattung in schöner, ruhiger Lage. Schwimmbad. **Lage/Anfahrt:** An der Straße nach Camaldoli (SP67), ausgeschildert; **Platzanzahl:** 100; **Untergrund:** Wiese; fest; **Ver-/Entsorgung:** Strom, Trinkwasser, Abwasser, Chemie-WC; **Sicherheit:** umzäunt, beleuchtet, bewacht; **Preise:** 7,50 €/Fahrz., 6,50 €/Pers., Strom 2 €, Hund 1 €; **Geöffnet:** Ostern–Ende Sept.; **Kontakt:** 5013 Avena, Poppi, Via Camaldolese 33, Tel. +39 0575529082, www.campinglapineta.net.

⑰ Stellplatz Area sosta Camper di Moggiona
43.77697°N 11.79060°E

Offizieller Stellplatz in sehr schöner, relativ ruhiger Lage (Straße), ca. 1,2 km in den Ort. **Lage/Anfahrt:** An der SP69 kurz vor Moggiona, ausgeschildert; **Platzanzahl:** 12; **Untergrund:** Schotter; **Ver-/Entsorgung:** Trinkwasser; **Sicherheit:** beleuchtet; **Preise:** kostenlos; **Geöffnet:** frei zugänglich; **Kontakt:** Moggona, SP69i.

⑰ Camping Camaldoli, Camaldoli
43.78624°N 11.81926°E

Platz für Fahrzeuge bis 7 m Länge in herrlicher und ruhiger Lage, in der Bar kann man auch frühstücken, Grill, WLAN, Markt. **Lage/Anfahrt:** steile Abfahrt, beim Kloster Camaldoli ausgeschildert; **Platzanzahl:** 30; **Untergrund:** Wiese; fest; **Ver-/Entsorgung:** Strom, Trinkwasser; **Sicherheit:** umzäunt, beleuchtet, bewacht; **Preise:** 7,50 €/Fahrz., 6,50 €/Pers., Hund 1 €, Strom 1 €/Pers.; **Geöffnet:** Apr.–Anfang Nov.; **Kontakt:** 52010 Camaldoli, Via dell'Eremo 2, Tel. +39 0575556202, www.campingcamaldoli.altervista.org.

⑰ Stellplatz La Collina delle Stelle Agricola Casentinese, Bibbiena
43.71713°N 11.85213°E

Schöner Privatplatz bei einem Bauernhof, toller Blick, Dusche, WC, WLAN. Pool und Sauna gegen Gebühr,

Restaurant, Mountainbikeverleih, Reitpferde. **Lage/Anfahrt:** Von der SP208 aus Richtung Bibbiena nach La Verna bei km 7 l abbiegen; **Platzanzahl:** 20; **Untergrund:** Schotterrasen; **Ver-/Entsorgung:** Strom, Trinkwasser, Abwasser, Chemie-WC, Dusche; **Sicherheit:** umzäunt, beleuchtet, bewacht; **Preise:** 15–20 €/Fahrz., inkl. 2 Pers., Strom 2 €, Hund 2 €, Pool 5 € (ab drei Nächten kostenlos); **Geöffnet:** März bis Dezember; **Kontakt:** 52012 Bibbiena, Loc. Casanova 63, Tel. +39 0575594806, www.agricolacasentinese.it.

⑱⓿ Camping La Verna, Chiusi della Verna
43.69760°N 11.92447°E

Schöne, ruhige Lage und ausreichende Austattung, Schwimmbad und Pizzeria. **Lage/Anfahrt:** Ab Chiusi della Verna ausgeschildert; **Platzanzahl:** 90; **Untergrund:** Wiese; **Ver-/Entsorgung:** Strom, Trinkwasser, Abwasser, Chemie-WC; **Sicherheit:** umzäunt, beleuchtet, bewacht; **Preise:** 8–10,50 €/Fahrz., 9–11 €/Pers., inkl. Strom und Hund; **Geöffnet:** Ende Apr.–Anfang Okt.; **Kontakt:** Camping La Verna, 52010 Chiusi della Verna, Loc. Vezzano, Tel. +39 0575532121, www.campinglaverna.it.

⑱① Campeggio Michelangelo, Caprese Michelangelo
43.63637°N 11.98822°E

Einfache Austattung, ruhige und schöne Lage. **Lage/Anfahrt:** Vom Geburtshaus Michelangelos ca. 2 km auf der SP47 in Richtung Sansepolcro, ausgeschildert; **Platzanzahl:** 50; **Untergrund:** Wiese; fest; **Ver-/Entsorgung:** Strom, Trinkwasser, Abwasser, Chemie-WC; **Sicherheit:** umzäunt, beleuchtet, bewacht; **Preise:** 10 €/Fahrz., 8 €/Pers., inkl. Strom; **Geöffnet:** April bis Oktober; **Kontakt:** Campeggio Michelangelo, 52033 Caprese Michelangelo, Via Zenzano, Tel. +39 0575793886, www.campingmichelangelo.com.

⑱② Area Comunale, Chitignano
43.66404°N 11.88063°E

Offizieller Stellplatz am Rande eines Neubaugebiets bei den Tennisplätzen. **Lage/Anfahrt:** Von der Piazza Manzzini am Ortsanfang rechts in die Via Verna, ausgeschildert; **Platzanzahl:** 5; **Untergrund:** Asphalt; **Ver-/Entsorgung:** Abwasser, Chemie-WC; **Sicherheit:** beleuchtet; **Preise:** kostenlos; **Geöffnet:** frei zugänglich; **Kontakt:** 52010 Chitignano, Via XXV Aprile.

⑱③ Stellplatz Campo sportivo, Arezzo
43.47201°N 11.88785°E

Offizieller Stellplatz in befriedigender und relativ ruhiger Lage bei den Sportplätzen, ungefähr 300 m von der Rolltreppe beim Dom entfernt. **Lage/Anfahrt:** in Arezzo der Beschilderung mit Womopiktogramm für Entsorgung folgen; **Platzanzahl:** ungefähr 20; **Untergrund:** Pflaster; **Ver-/Entsorgung:** Trinkwasser, Abwasser, Chemie-WC; **Sicherheit:** beleuchtet; **Preise:** 0,80 €/Std., 8 €/24 Std., Wasser 0,10 €/10 l; **Geöffnet:** frei zugänglich; **Kontakt:** 52100 Arezzo, Via Pier Luigi da Palestrina.

⑱④ Camping Le Ginestre, Arezzo
43.44972°N 11.78972°E

Platz in schöner, relativ ruhiger Lage, befriedigende Sanitärausstattung, Restaurant, Pool, Busverbindung ins Zentrum (10 km). **Lage/Anfahrt:** Vom Ort in Richtung Autobahn (A1) fahren, die Abfahrt Ruscello nehmen, dann ausgeschildert; **Platzanzahl:** 40; **Untergrund:** Wiese; **Ver-/Entsorgung:** Strom, Trinkwasser, Abwasser, Chemie-WC; **Sicherheit:** umzäunt, beleuchtet, bewacht; **Preise:** 10 €/Fahrz., 8 €/Pers., inklusive Strom, Taxe 1-1,50 €; **Geöffnet:** März–Oktober; **Kontakt:** 52100 Arezzo, Loc. Ruscello, Tel. +39 0575363566, www.campingleginestre.it.

044to Abb.: gg

017to Abb.: gg

ANHANG

ÜBERSICHT STELL- UND CAMPINGPLÄTZE

GPS-Koordinaten der im Buch beschriebenen Stellplätze (Kartendatum WGS84)
Die aufgeführten Stell- und Campingplätze können als Waypoint-Liste auf der Produktseite dieses Buches unter www.reise-know-how.de heruntergeladen werden.

ROUTE 1

Nr.	Platz	Koordinaten (Breite, Länge)	Seite
❶	Stellplatz Piazza Mercato Nuovo, Prato	43.88734, 11.10123	63
❷	Stellplatz Stadio, Pistóia	43.94398, 10.91594	63
❸	Camping Barco Reale, San Baronto	43.84196, 10.91039	63
❹	Stellplatz Sportplatz, Vinci	43.78085, 10.92819	63
❺	Agriturismo Poggetto, Larciano	43.83447, 10.88089	64
❻	Camping Belsito, Montecatini Alto	43.90503, 10.78828	64
❼	Camper Parc, Collodi	43.89793, 10.65332	64
❽	Stellplatz Viale Luporini, Lucca	43.84002, 10.48828	64
❾	Il Parcheggio del Borgo, Lucca	43.85082, 10.50483	64
❿	Stellplatz SS12, Bagni di Lucca	44.00459, 10.56269	65
⓫	Stellplatz Campo sportivo, Bagni di Lucca	44.00954, 10.57006	65
⓬	Stellplatz Area de sosta San Cristofero, Barga	44.07226, 10.48143	65
⓭	Stellplatz Area comunale, Gallicano	44.05825, 10.44529	66
⓮	Stellplatz Campo sportivo, Castelnuovo di Garfagnana	44.11430, 10.40313	66
⓯	Camping La Piella, Castelnuovo di Garfagnana	44.12008, 10.42062	66
⓰	Stellplatz Area attrezzata, San Romano	44.17298, 10.34208	66
⓱	Camping Argegna, Giuncugnano	44.20662, 10.23543	67
⓲	Stellplatz Tennisplatz, Fivizzano	44.23885, 10.12793	67
⓳	Agriturismo Al Vecchio Tino, Mezzano Monte de Bianchi	44.17376, 10.12601	67
⓴	Stellplatz Parkplatz Therme, Equi Terme	44.16982, 10.15488	67

ROUTE 2

Nr.	Platz	Koordinaten (Breite, Länge)	Seite
㉑	Parking Camper Kennedy, Lido di Camaiore	43.9080, 10.218720	88
㉒	Stellplatz Piscina, Viaréggio	43.85695, 10.24749	88
㉓	Camping Paradiso, Viaréggio	43.84818, 10.26032	88
㉔	Campeggio Bosco Verde, Torre del Lago Pucchini	43.82241, 10.27361	89
㉕	Stellplatz Via di Pratale, Pisa	43.72120, 10.42071	89
㉖	Camping Torre Pendente, Pisa	43.72406, 10.38316	89
㉗	Agriturismo Lago Le Tamerici, Coltano	43.63706, 10.36735	89
㉘	Stellplatz Arnomündung, Marina di Pisa	43.67892, 10.27913	89
㉙	Camping Mare e Sole, Tirrenia	43.58708, 10.29968	90
㉚	Stellplatz Area Il Parco del Mulino, Livorno	43.51398, 10.32506	90
㉛	Stellplatz Piazza O. Borrani, Livorno	43.50460, 10.32084	90
㉜	Stellplatz Parkplatz, Montenero	43.49885, 10.34254	90
㉝	Stellplatz Fortullino, Castiglioncello	43.43019, 10.39623	90
㉞	Stellplatz Via Aurelia, Rosignano Solvay	43.39867, 10.42826	91

35 Parcheggio Comunale, Rosignano Marittimo	43.39569, 10.42887	91
36 Camping Tripesce, Vada	43.34332, 10.45848	91
37 Stellplatz Parkplatz, Mazzanta	43.32845, 10.46025	91

ROUTE 3

Nr. Platz	Koordinaten (Breite, Länge)	Seite
38 Stellplatz Centro storico, Vicopisano	43.70090, 10.58397	112
39 Stellplatz Schule, Vicopisano	43.69014, 10.58291	112
40 Stellplatz Area Il Salice, S. Miniato Basso	43.68327, 10.82335	112
41 Stellplatz Via delle Casine, S. Miniato Alto	43.67905, 10.8383	113
42 Azienda Agricola Montaioncino, Empoli	43.69108, 10.97613	113
43 Stellplatz Piazza Macelli, Certaldo Bassa	43.54625, 11.04571	113
44 Stellplatz Santa Lucia, San Gimignano	43.45185, 11.05596	113
45 Camping Boschetto di Piemma, San Gimignano	43.45340, 11.05423	113
46 Stellplatz Azienda Agraria Casale, Colle di Val d'Elsa	43.34463, 11.11531	113
47 Stellplatz P3 Fonti di Docciola, Volterra	43.40331, 10.86403	114
48 Camping Le Balze, Volterra	43.41221, 10.85092	114
49 Stellplatz La Miniera, Montecatini Val di Cecina	43.39005, 10.73825	114
50 Stellplatz Agricampeggio Il Colono Pomarance	43.30339, 10.84766	115
51 Stellplatz Area Attrezzata, Pomarance	43.29953, 10.86948	115
52 Stellplatz Aquaparc, Marina di Cécina	43.30147, 10.50086	115
53 New Camping Le Tamerici, Marina di Cécina	43.29192, 10.51058	115
54 Stellplatz Gioia Selvaggia e Fabio, Cecina	43.28782, 10.55523	115
55 Camping il Gineprino, Marina di Bibbona	43.23650, 10.53530	115
56 Stellplatz Il Seggio, Marina di Castagneto	43.19344, 10.54134	116
57 Camperesort, Donoratico	43.15606, 10.56037	116
58 Area Sosta Camper Impianti Sportivi, San Vincenzo	43.08789, 10.54128	116
59 Stellplatz Agriturismo Le Rondini, San Bartolo	43.09205, 10.57242	116
60 Agricampeggio Rosa dei Venti, Grattalocchio	42.99844, 10.52924	116
61 Stellplatz Falcone, Piombino	42.93413, 10.50495	117
62 Stellplatz Camperoasi, Riotorto	42.95421, 10.66674	117
63 Agriturismo Isolotto, Riotorto	42.95694, 10.67364	117

ROUTE 4

Nr. Platz	Koordinaten (Breite, Länge)	Seite
64 Camping La Sorgente, Portoferraio	42.82222, 10.28079	132
65 Camping Enfola, Portoferraio	42.82430, 10.27042	132
66 Camping Scaglieri, Portoferraio	42.80370, 10.27123	132
67 Area Camper La Perla, Prócchio	42.78972, 10.24805	133
68 Camping del Mare, Marina di Campo	42.75070, 10.24473	133
69 Camping La Foce, Marina di Campo	42.74959, 10.24550	133
70 Camping Ville degli Ulivi, Marina di Campo	42.75179, 10.24522	134
71 L'Area Sosta Camper Isola d'Elba, Marina di Campo	42.75267, 10.24057	134
72 Camping Laconella, Lacona	42.75888, 10.29717	134
73 Camping Valle Santa Maria, Lacona	42.76099, 10.30211	134

Nr.	Platz	Koordinaten (Breite, Länge)	Seite
74	Stellplatz Agritursmo Orti di Mare, Lacona	42.76493, 10.30923	134
75	Camping Europa, Lido di Capoliveri	42.76237, 10.35824	134
76	Area Sosta Ferrato, Straccoligno	42.74493, 10.40880	135
77	Stellplatz P4, Porto Azzurro	42.77107, 10.39991	135
78	Camping Da Mario, Porto Azzurro	42.77065, 10.40669	135
79	Camping Arrighi, Porto Azzurro	42.77059, 10.40753	135
80	Stellplatz Erzverladestation, Rio Marina	42.81967, 10.42906	135
81	Attrezzato per Camper, Cavo	42.85452, 10.42287	135
82	Camping Sole e Mare, Rio Nell'elba	42.82579, 10.38060	135

ROUTE 5

Nr.	Platz	Koordinaten (Breite, Länge)	Seite
83	Stellplatz Terme Caldario, Venturina	43.03650, 10.59974	154
84	Stellplatz Centro storico, Campíglia Maríttima	43.05668, 10.61466	154
85	Stellplatz Centro storico, Suvereto	43.07572, 10.67802	154
86	Stellplatz Campo sportivi, Monterotondo	43.14835, 10.86105	154
87	Stellplatz Via Risorgimento, Massa Maríttima	43.04554, 10.89030	155
88	Stellplatz Parkplatz, Montieri	43.13227, 11.01594	155
89	Stellplatz Parkplatz, San Galgano	43.15303, 11.15090	155
90	Camping Agrituristico Le Fontanelle, Iesa	43.11927, 11.23590	155
91	Agricamper Punto Natura, Roccastrada	42.99028, 11.14167	156
92	Stellplatz Parkplatz, Sticciano Scalo	42.92855, 11.11832	156
93	Agriturismo Podere Mulinaccio, Castel di Pietra Gavorrano	42.94900, 11.01418	156
94	Stellplatz Jachthafen, Castiglione della Pescaia	42.76856, 10.89290	156
95	Camping Santapomata, Castiglione della Pescaia	42.77809, 10.80958	156
96	Stellplatz La Canova, Marina di Grosseto	42.73915, 10.96061	156
97	Stellplatz Area di Sosta L'Oasi, Marina di Grosseto	42.73481, 10.97509	157
98	Stellplatz Oasi di Maremma, Marina di Grosseto	42.72670, 10.99149	157
99	Parcheggio comunale, Marina di Grosseto	42.72443, 10.97375	157
100	Stellplatz Parkplatz, Roselle	42.82734, 11.16337	157
101	Camping Village Talamone, Talamone	42.56504, 11.13959	157
102	Stellplatz Wind Beach, Talamone	42.56329, 11.15739	158
103	Stellplatz Ai Delfini, Albinia	42.50887, 11.19641	158
104	Stellplatz Lanini Parco Sosta, Orbetello	42.43354, 11.15957	159
105	Stellplatz Parcheggio da Renzo, Porto Ércole	42.41501, 11.20765	159
106	Stellplatz Area Sosta Camper Le Miniere, Porto Ércole	42.41752, 11.20401	159
107	Camping Feniglia, Porto Ércole	42.40940, 11.20836	159

ROUTE 6

Nr.	Platz	Koordinaten (Breite, Länge)	Seite
108	Stellplatz Parkplatz, Magliano in Toscana	42.59726, 11.29270	173
109	Stellplatz Gli Olmi, Scansano	42.68926, 11.32497	173
110	Stellplatz L'Alveare del Pinzi, Satúrnia	42.65597, 11.50346	173
111	Stellplatz Parkplatz, Sovana	42.65773, 11.64317	173

Nr.	Platz	Koordinaten (Breite, Länge)	Seite
112	Stellplatz Piazza P. Nenni, Pitigliano	42.63731, 11.67985	173
113	Stellplatz Agri-Parc Oasi il Pantano, Pitigliano	42.62747, 11.70222	173
114	Stellplatz Agriturismo il Grillo Parlante, Pitigliano	42.63679, 11.70777	173
115	Stellplatz Parkplatz, Sorano	42.68097, 11.71162	174
116	Parcheggio Camper San Magno, Gradoli	42.59988, 11.86569	174
117	Area sosta camper Paieto, Capodimonte	42.56135, 11.88737	174
118	Agriturismo S. Antonio, Capodimonte	42.55083, 11.89541	174
119	Stellplatz Guadetto, Bolsena	42.63566, 11.98683	175
120	Stellplatz Agriturismo Le Calle, Bolsena	42.63029, 11.99717	175

ROUTE 7

Nr.	Platz	Koordinaten (Breite, Länge)	Seite
121	Agriturismo La Palombara, San Lorenzo Nuovo	42.66803, 11.92058	202
122	Stellplatz Parkplatz Gramsci, Radicofani	42.89457, 11.77528	202
123	Stellplatz Centro storico, Vivo d'Orcia	42.93351, 11.64188	202
124	Stellplatz Via Grossetana, Piancastagnaio	42.85188, 11.68729	202
125	Stellplatz Centro storico, Santa Fiora	42.83531, 11.58359	202
126	Stellplatz Parco Faunistico, Arcidosso	42.83742, 11.52892	202
127	Stellplatz Via Po, Castel del Piano	42.88861, 11.53811	202
128	Camping Amiata, Castel del Piano	42.88446, 11.53650	202
129	Agriturismo La Crociona, Montalcino	43.03818, 11.50348	203
130	Stellplatz Area comunale, Montalcino	43.04911, 11.48771	203
131	Agriturismo Il Cocco, Montalcino	43.02287, 11.49859	203
132	Stellplatz Stazioni, Torrenieri	43.08553, 11.55114	203
133	Stellplatz Campo sportivo, San Quirico d'Orcia	43.05595, 11.60694	203
134	Stellplatz Pro Loco, Castiglione d'Orcia	43.00280, 11.61571	203
135	Stellplatz Centro storico, Pienza	43.07832, 11.68047	203
136	Agriturismo Podere il Casale, Pienza	43.08119, 11.71070	204
137	Agriturismo Podere delli Albergo, Pienza	43.09282, 11.71054	204
138	Agriturismo La Buca Vecchia, Montepulciano	43.10245, 11.73905	204
139	Stellplatz Marktplatz P5, Montepulciano	43.09582, 11.78725	205
140	Stellplatz Centro storico, Sarteano	42.98851, 11.86846	205
141	Camping Parco della Piscine, Sarteano	42.98722, 11.86472	205
142	Stellplatz Strand, Castiglione del Lago	43.12357, 12.05043	205
143	Camping Listro, Castiglione del Lago	43.13396, 12.04455	205

ROUTE 8

Nr.	Platz	Koordinaten (Breite, Länge)	Seite
144	Area comunale, Torrita di Siena	43.16439, 11.77182	226
145	Stellplatz Sportplätze, Petroio	43.14547, 11.69218	226
146	Stellplatz Impiantivi sportivi, Montisi	43.15358, 11.64281	226
147	Stellplatz Area Servizio, San Giovanni d'Asso	43.15014, 11.58699	227
148	Stellplatz Parkplatz, Asciano	43.23684, 11.55718	227
149	Stellplatz Palasport, Siena	43.33343, 11.31691	227

Nr.	Platz	Koordinaten (Breite, Länge)	Seite
150	Camping Colleverde, Siena	43.33688, 11.33125	227
151	Agriturismo Il Sambuco, Monteriggioni	43.35251, 11.29385	228
152	Area Camper, Monteriggioni	43.38589, 11.22794	228
153	Area Camper, Pianella	43.35574, 11.41648	228
154	Stellplatz Centro storico, Radda in Chianti	43.48579, 11.37561	228
155	Camping Piano Orlando, Cavriglia	43.53819, 11.41439	228
156	Stellplatz Parkplatz, Volpáia	43.51624, 11.38112	229
157	Stellplatz Area comunale, Castellina in Chianti	43.47332, 11.28811	229
158	Stellplatz Centro storico, Panzano	43.54658, 11.31060	229
159	Stellplatz Piscina, Greve	43.59067, 11.31371	229

ROUTE 9

Nr.	Platz	Koordinaten (Breite, Länge)	Seite
160	Camping Internazionale, Impruneta	43.72382, 11.21947	246
161	Stellplatz Florence Park, Scandicci	43.76277, 11.20825	246
162	Stellplatz Parking Via del Gelsomino, Florenz	43.75157, 11.24348	246
163	Camping in town Firenze, Florenz	43.76558, 11.31579	247
164	Camping Panoramico, Fiesole	43.80639, 11.30639	247

ROUTE 10

Nr.	Platz	Koordinaten (Breite, Länge)	Seite
165	Stellplatz Parkplatz, Borgo San Lorenzo	43.95145, 11.38537	264
166	Stellplatz Piscina, Marradi	44.07265, 11.61108	264
167	Stellplatz Parkplatz, Palazzuolo sul Senio	44.11037, 11.54953	264
168	Camping le Sorgenti, Palazzuolo sul Senio	44.11719, 11.53622	265
169	Stellplatz Centro storico, San Piero a Sieve	43.96194, 11.32825	265
170	Camping Mugello Verde, San Piero a Sieve	43.96232, 11.30843	265
171	Stellplatz area comunale, Dicomano	43.89409, 11.53724	265
172	Campo All'Oca, Londa	43.86671, 11.61812	266
173	Stellplatz Centro storico, Stia	43.80386, 11.70319	266
174	Stellplatz Centro storico, Pratovecchio	43.78658, 11.71932	266
175	Stellplatz La Crocina, Poppi	43.71939, 11.76536	266
176	Camping La Pineta, Poppi	43.74451, 11.78151	266
177	Stellplatz Area sosta Camper di Moggiona	43.77697, 11.79060	266
178	Camping Camaldoli, Camaldoli	43.78624, 11.81926	266
179	Stellplatz La Collina delle Stelle Agricola Casentinese, Bibbiena	43.71713, 11.85213	266
180	Camping La Verna, Chiusi della Verna	43.69760, 11.92447	267
181	Campeggio Michelangelo, Caprese Michelangelo	43.63637, 11.98822	267
182	Area Comunale, Chitignano	43.66404, 11.88063	267
183	Stellplatz Campo sportivo, Arezzo	43.47201, 11.88785	267
184	Camping Le Ginestre, Arezzo	43.44972, 11.78972	267

WOMO-WÖRTERLISTE DEUTSCH – ITALIENISCH

A

Abblendlicht	anabbagliante
abdichten	impermeabilizzare
abschleppen	rimorciare
Abschleppseil	cavo di rimorchio
Abwasser	acque di rifiuto
abstellen/parken	parcheggiare
Achse	asse
Ampel	semaforo
Anlasser	avviare il motore
(Motor anlassen)	
Anschluss/Adapter	adattatore
aufgebrochen	forzare
Auspuff	tubo di scappamento
Auto	macchina

B

Batterie (laden)	batteria (ricaricare)
(nicht) befahrbar	(non) transitabile
Benzin	benzina
Benzinpumpe	pompa benzina
beschädigt	danneggiato
bleifrei	senza piombo
Blinker	freccia
Breite	larghezza
Bremsbelag	pastiglia di freni
Bremsen	freni
Bremsflüssigkeit	olio dei freni

C

Chemie-Toilette	WC chimico

D

defekt	difettoso
Dichtung	guarnizione
Diesel	gasolio/diesel
Differenzial	differenziale

E

(Einspritz-)Pumpe	pompa (d'iniezione)
eng/schmal	stretto
entleeren/entsorgen	svuotare
erlaubt	permesso
Ersatzrad	ruota di scorta
Ersatzteil	il pezzo di ricambio

F

Feder	molla
Fernlicht	fari abbaglianti
Feuerlöscher	estintore
Frostschutzmittel	antigelo
Führerschein	patente di guida

G

Gang	marcia
Gasflasche	bombola del gas
gebrochen	rotto
geöffnet	aperto
Gepäckträger	portabagagli
geradeaus	sempre dritto
geschlossen	chiuso
Geschwindigkeit	velocità
gesperrt	chiuso
gestohlen	rubato
Getriebe	cambio della marce
Gewicht	peso
Glühbirne	lampadina
Grauwasser	acqua nero

H

Handbremse	freno mano
Hebel	leva
Heizung	riscaldamento
Hilfe	aiuto
Höhe	altezza
Hupe	clacson

K

Kabel	cavo
(Benzin-)Kanister	tanica di benzina
Kardanwelle	albero motore
(Antriebswelle)	
Karrosserie	carrozzeria
Keilriemen	cinghia trapezoidale
Kfz-Kennzeichen	sigla automobilistica
Kolben	pistone
Kreuzung	bivio
Kugellager	cuscinetto
Kühler	radiatore
Kühlschrank	frigorifero
Kupplung	frizione

Kurve	curva
Kurzschluss	corto circuito

L

Länge	lunghezza
Langsames Fahrzeug	veicolo lento
leer	scarico/vuoto
Lenkung	zerzare
Lenkrad	volante
Licht	luce
Licht ein-/ ausschalten	accendere la luce, spegnere la luce
Lichtmaschine	dinamo
links	sinistra
Luftfilter	filtro aria
Lüftung	ventilazione

M

Messstab	asta di livello
Motor	motore
(Schrauben-)Mutter	dado

N

niedrig	basso

O

Ölwechsel	cambio olio

P

Parkplatz	parcheggi
Propangas	gas propano

R

Rad	ruota
Radkappe	pattana
Radkreuz	chiave la croce
Radmutter	bulloni
Radwechsel	cambio ruota
Rastplatz	piazzuola di sosta
rechts	a destra
Reifen	gomma
Reifendruck	pressione pneumatica
reparieren	riparare
Reserverad	ruota di scorta
(Rück-)Licht	fanalino di coda
(Rück-)Spiegel	specchio (retrovisore)

S

Scheibenwischer	tergicristallo
Scheinwerfer	fari
Schlauch	camera d'aria
Schlüssel	chiave
Schmutzwasser	acqua nero
Schraubenschlüssel	ciave per dadi
Schraubenzieher	cacciavite
Sicherung	fusibile
Starthilfekabel	cavi per ponte batteria
Stecker	spina
Steckdose	presa di corrente
steil	ripido
Stoßdämpfer	ammortizzatore
Strom	corrente
Super	benzina super

T

Tank	serbatoio
Tankstelle	stazione di servicio
Tempolimit	limite di velocità
Trinkwasser	acqua potabile
(voll-)tanken	fare benzina (tanken) pieno (volltanken)

U

übernachten	pernottare
undicht	non impermeabile
Unfall	incidente
Unfallprotokoll	il verbale dell'incidente

V

Ventil	valvola
Ventilator	ventilatore
verboten	vietato
Ver-/Entsorgung	carico/scarico
Vergaser	carburatore
(Schwer-)Verletzte	ferito (grave)
Versicherung	assicurazione
Vorfahrt	precedenza

W

Wagenheber	cric
Wasserpumpe	pompa di acqua

Wassertank	*serbatoio di acqua*
Werkstatt	*officina*
Werkzeug	*gli attrezzi*
Wie weit ist es nach ...?	*Quanto è distante ...?*
Wo ist die nächste Werkstatt?	*Dove è l'officina più?*
Wo ist die nächste Tankstelle?	*Dove è il distributore di benzina?*
Wohnmobil	*camper*
Wohnmobil-Stellplatz	*area di sosta camper*

z

Zündkerze	*la candela*
(Zünd-)Schlüssel	*chiave di accensione*
Zündung	*accensione*
Zusammenstoß	*la collisione*
Zylinder(kopf)	*(testa di) cilindro*

△ *Die Rocca Aragonese überragt Castiglione della Pescaia (s. S. 147)*

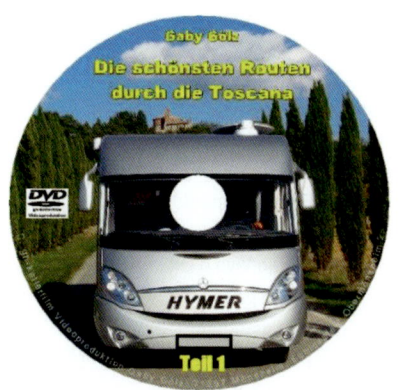

Die Wohnmobil Tourguide DVDs von Gaby Gölz

Exakt abgestimmt auf die jeweiligen Wohnmobiltourguides aus dem Reise Know-How Verlag wurden von der Autorin, der Reise- und Videojournalistin Gaby Gölz diese Tourguide-DVDs produziert. Die Menüführung der DVDs entspricht exakt den in den Büchern beschriebenen Routen.

Damit erleben Sie Ihre Wohnmobilreise am heimischen Bildschirm oder unterwegs im Wohnmobil bei der Routenplanung. Sehen Sie bereits vorab was Sie erwartet, seien es die in den Büchern beschriebenen Routen, die Besichtigungen, Wanderungen, die Stell- und Campingplätze.

Die Videos sind die ideale Ergänzung zu den Büchern.
Sie erhalten die DVDs zum Preis von 19,90 € zuzüglich von 4,90 € Versandkostenpauschale direkt bei der Produktionsfirma der Autorin.

Bestellungen und nähere Informationen bei

www.gh-kellerfilm.de

Beachten Sie auch unsere Sonderangebote!

REGISTER

DIE AUTORIN

Nach Berufsausbildung, Heirat und Begleitung ihrer Kinder in die Selbstständigkeit
erfüllte sich Gaby Gölz einen lange gehegten
Wunsch und gründete ihre eigene Videopro-
duktionsfirma, die gh-kellerfilm Videoproduktion. Schon bald verband
sie ihr technisches und künstlerisches Know-how mit ihrer zweiten
Leidenschaft, dem Reisen. Dabei entstanden unter anderem Filme
über Nepal, Südamerika und Südafrika, aber auch über so unbe-
kannte Flecken dieser Erde wie den westafrikanischen Inselstaat Sao
Tomé e Principe. An Wohnmobil-Videos erschienen unter ihrer Regie
„Norwegen – eine Winterreise" und „Abenteuer Marokko".

Seit vielen Jahren ist Gaby Gölz auch als Autorin im REISE KNOW-HOW
Verlag tätig, wo in der Reihe Wohnmobil-Tourguide außer dem vorlie-
genden noch weitere sieben Bücher der engagierten Reisejournali-
stin und -filmerin erschienen sind: „Die schönsten Routen durch die
Niederlande", „Die schönsten Routen durch Sizilien", „Die schönsten Routen durch Umbrien und die Marken", „Die schönsten Routen durch die Normandie", „Die schönsten Routen an der deutschen
Nordseeküste", „Die schönsten Routen durch den Schwarzwald" und
„Die schönsten Routen am Bodensee". Zu jedem Buch über Italien
und Frankreich gibt es ein eigens produziertes, inhaltlich abgestimm-
tes Begleitvideo, das auf einer DVD alle im Buch beschriebenen Routen zeigt (s. S. 279).

Begleitet von ihrem Ehemann Hans und ihrer Hündin Resi reist Gaby Gölz viele Monate im Jahr mit dem Wohnmobil durch ganz Europa.
Für die Neuauflage dieses Buches war sie erneut mehrere Monate in
der Toskana unterwegs.

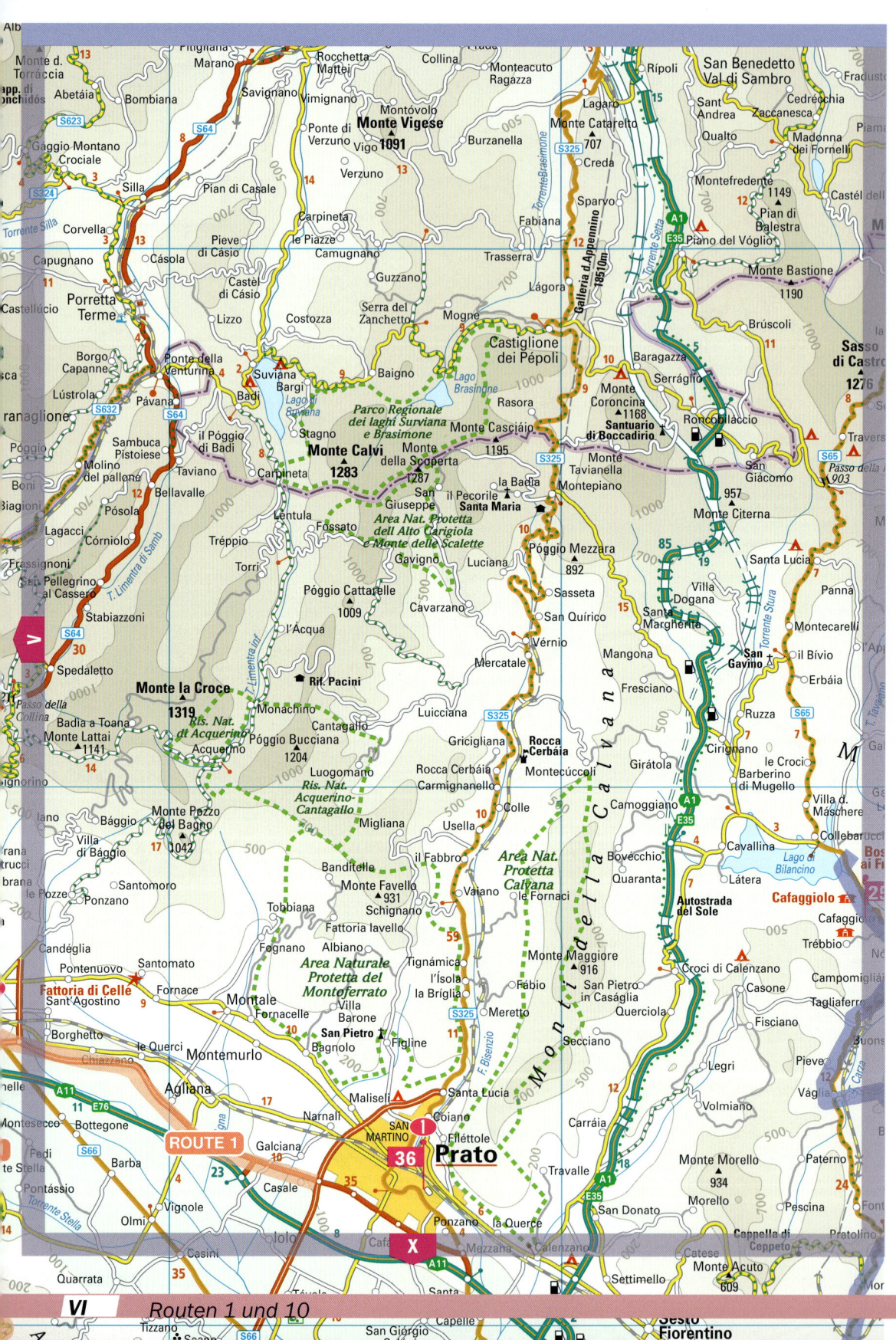

1 cm = 2 km
0   4 km
© REISE KNOW-HOW 2019

ROUTE 1

41
Vinci
Museo Leonardiano

3

5

ROUTE 3

X

40

94

San Miniato

41

Routenatlas

1 cm = 2 km
0   4 km
© REISE KNOW-HOW 2019

Routenatlas

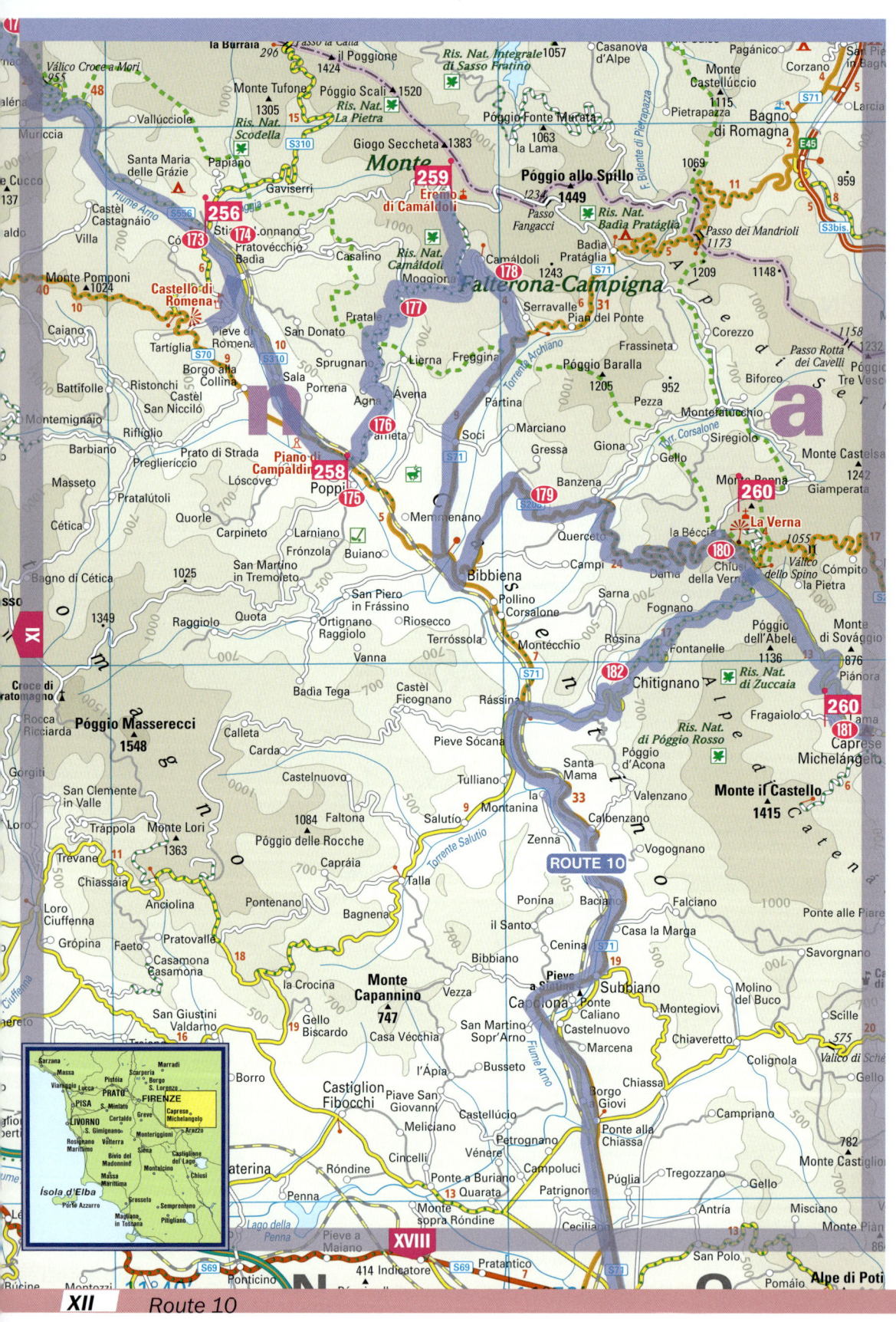

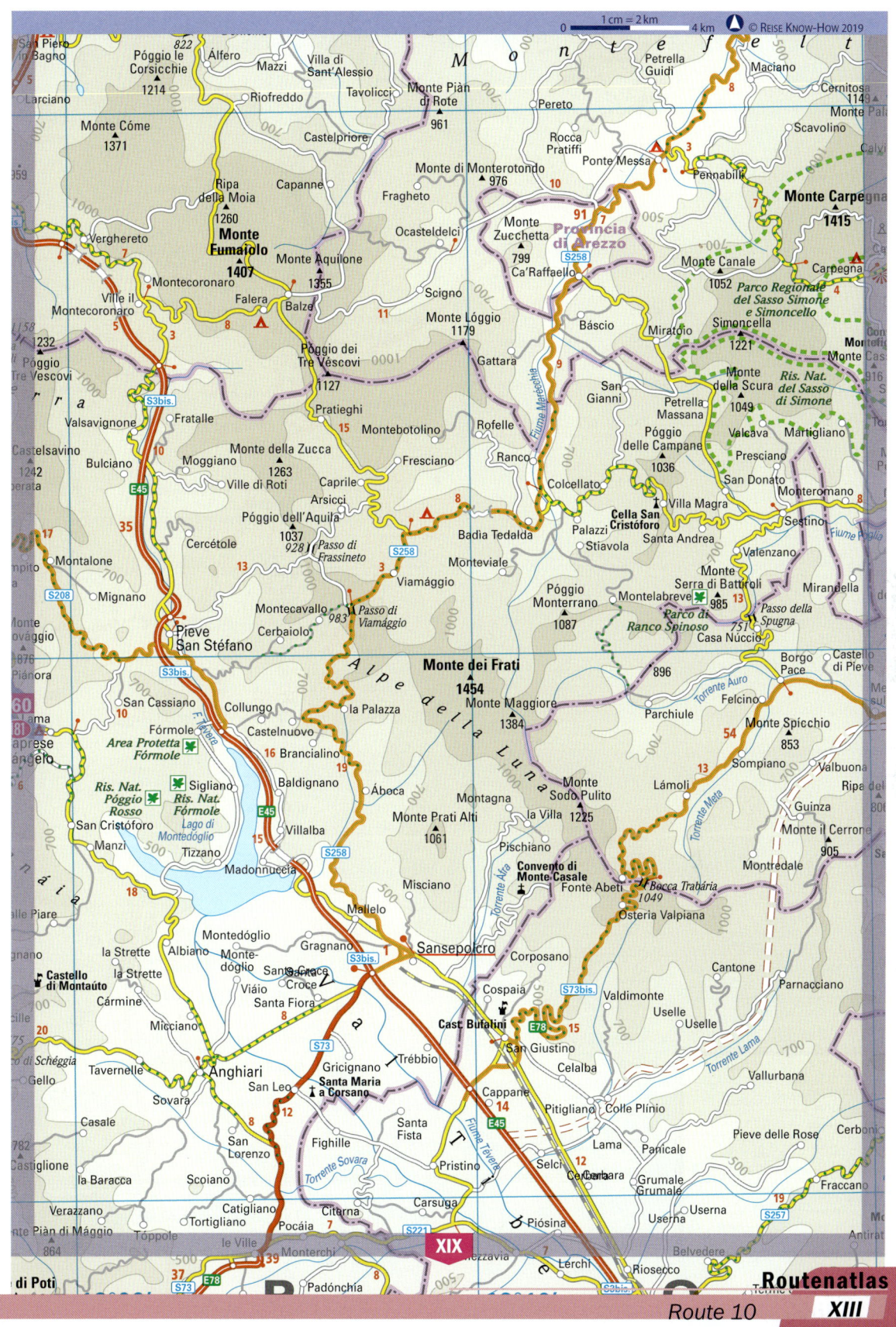

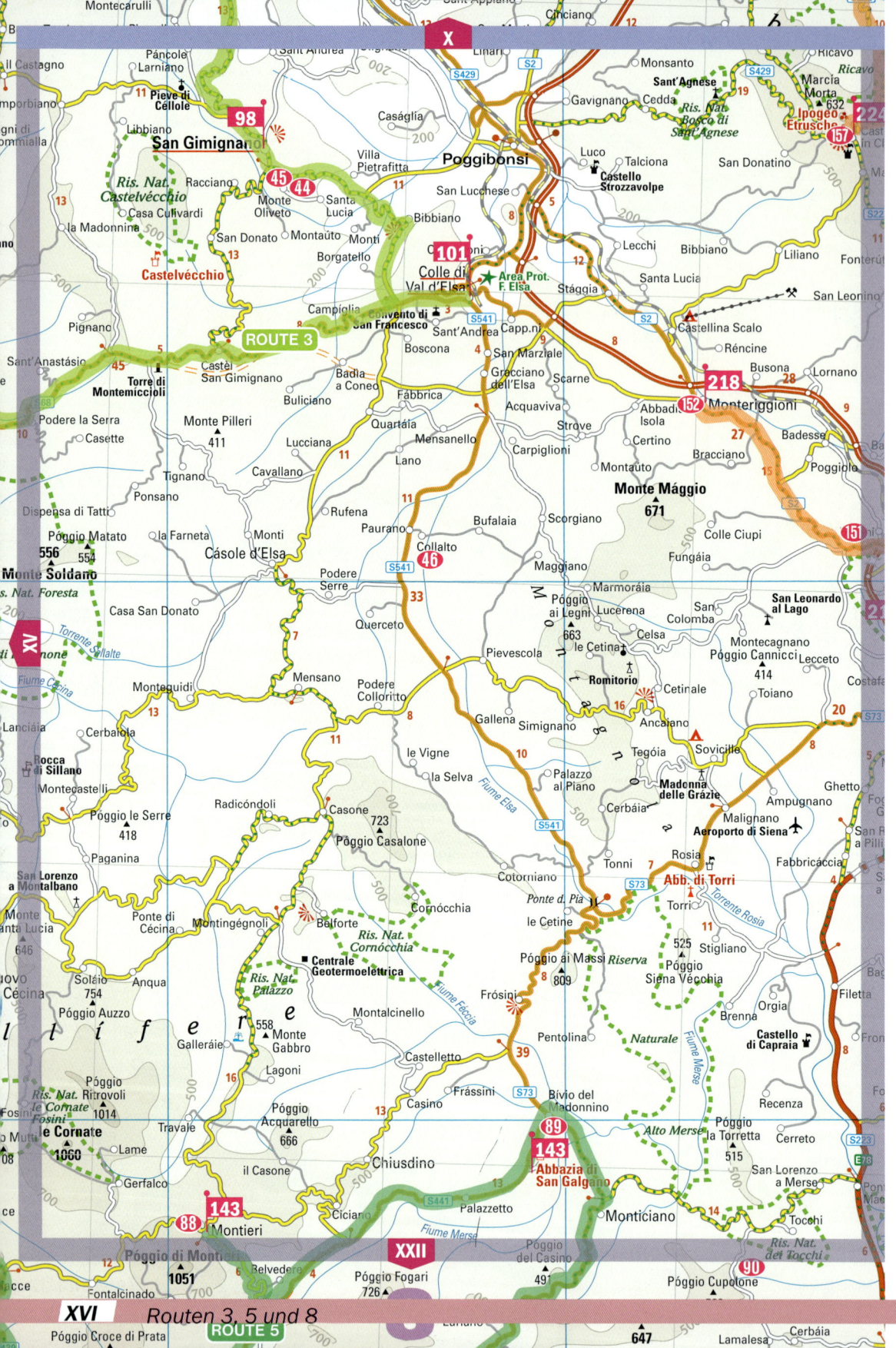

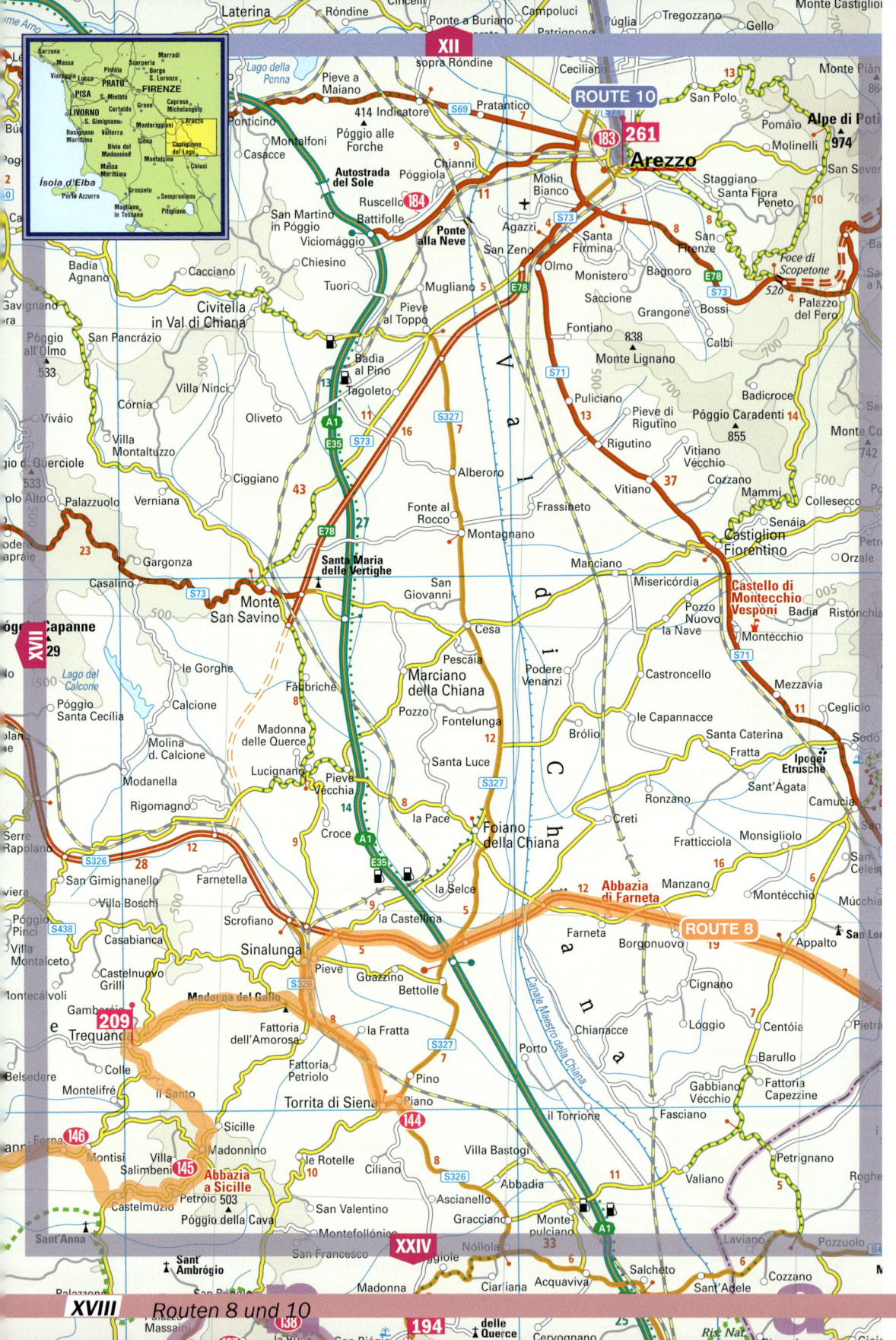

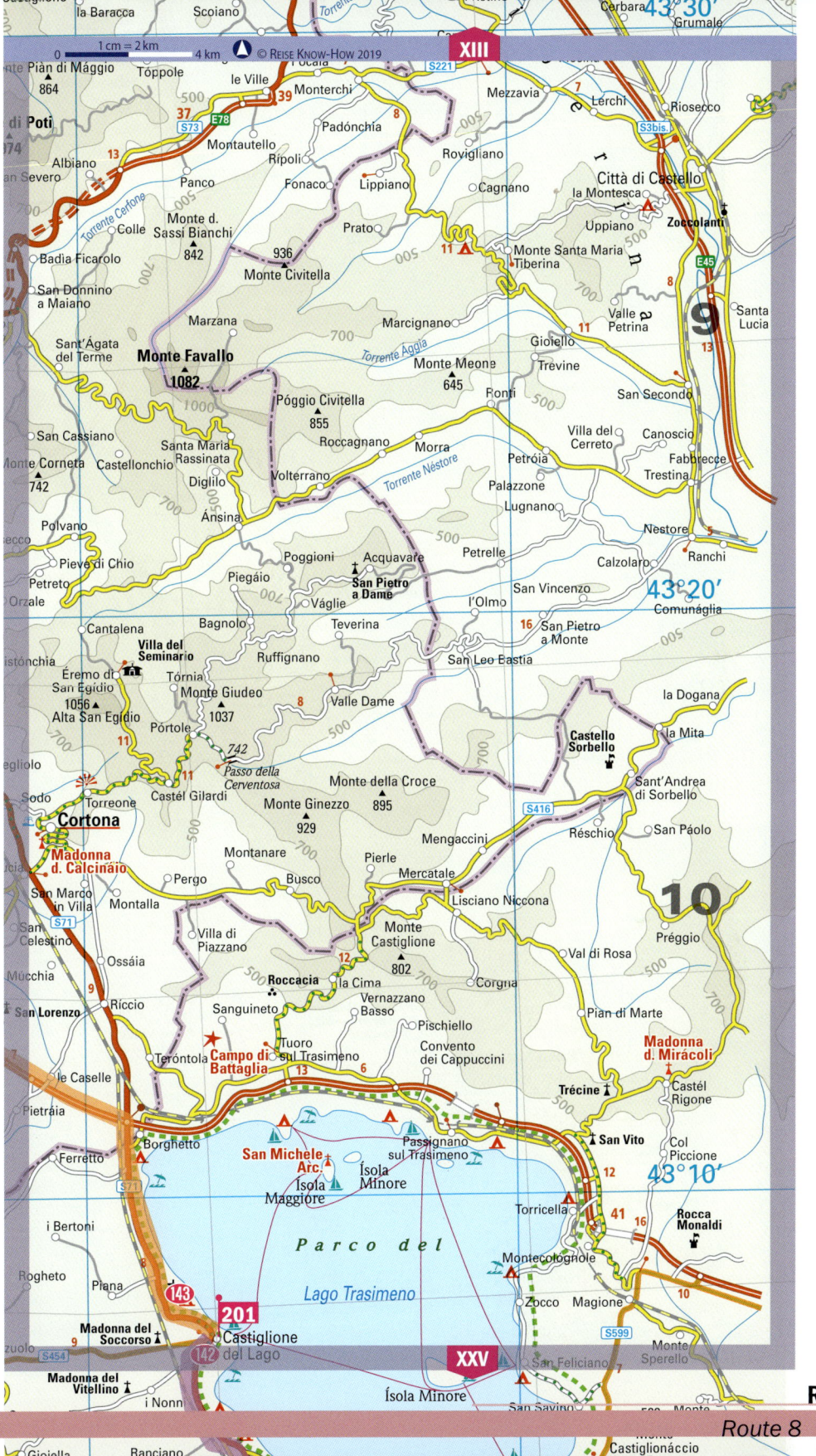

1 cm = 2 km
0   4 km © Reise Know-How 2019

la Baracca   Scoiano   Cerbara 43°30'
                                                                   Grumalé
Pián di Mággio   Tóppole   le Ville   S221 XIII
  864   Monterchi   Mezzavia   Lerchi   Riosecco
di Poti   37   39   Padónchia   7
974   Albiano 13 S73 E78 Montautello Rípoli   Rovigliano   S3bis.
an Severo   Panco   Fonaco   Lippiano   Cagnano   Città di Castello
            Monte d.   Prato   la Montesca
  Colle   Sassi Bianchi   Uppiano   Zoccolanti
Badia Ficarolo   842   936   11   Monte Santa Maria   E45
San Donnino   Monte Civitella   Tiberina   8   9
 a Maiano   Santa
       Marzana   Marcignano   Gioiello   11   Lucia
Sant'Ágata   Monte Meone Trevine Valle a 13
del Terme   Monte Favallo   645   Ronti   Petrina
            1082   Póggio Civitella   500 San Secondo
San Cassiano   855   Roccagnano   Morra   Villa del Canoscio
Monte Corneta Santa Maria Rassinata   Petróia Cerreto   Fabbrecce
  742   Castellonchio Diglilo Volterrano Torrente Néstore Palazzone Trestina
            Ánsina   Lugnano
Polvano   Poggioni   Acquavare Petrelle   Nestore 5
Pieve di Chio   Piegáio   San Pietro   l'Olmo Calzolaro Ranchi
Petreto   a Dame Váglie   San Vincenzo 43°20'
Orzale   Cantalena   Bagnolo Teverina   Comunáglia
        Villa del   Ruffignano   16 San Pietro
stónchia Seminario   San Leo Bastia   a Monte
Éremo di   Tórnia   la Dogana
San Egidio Monte Giudeo   8 Valle Dame   la Mita
1056   1037   Castello
Alta San Egidio Pórtole   Sorbello
     742   Passo della   Sant'Andrea
Sodo   11 Cerventosa Monte della Croce   di Sorbello
Torreone Castél Gilardi Monte Ginezzo 895 S416
Cortona   929   Réschio   San Páolo
Madonna   Montanare   Pierle   Mengaccini
d. Calcináio Pergo   Busco   Mercatale   10
San Marco   Lisciano Niccona   Préggio
in Villa Montalla   Monte
San   Villa di   12 Castiglione Val di Rosa
Celestino Piazzano   802
Múcchia   Ossáia   Roccacia la Cima Corgna
9 Riccio   Sanguineto Vernazzano Pian di Marte
San Lorenzo   Basso Pischiello   Madonna
        Tuoro   Convento   d. Miracoli
Teróntola Campo di sul Trasimeno dei Cappuccini Castél
le Caselle Battaglia 13   6   Trécine   Rigone
Pietráia   San Vito   Col
Borghetto   Passignano   Piccione
Ferretto San Michele   sul Trasimeno   12 43°10'
   Árc.   Ísola   Torricella 41 16 Rocca
i Bertoni   Ísola Minore   Monaldi
   Maggiore   Montecolognole
Rogheto   Parco del   Zocco   Magione   10
Piana 143   Lago Trasimeno   Monte
Madonna del 201   Sperello
Soccorso Castiglione   S599
S454 142   del Lago   XXV   San Feliciano
Madonna del   San Savino
Vitellino i Nonni   Ísola Minore
Gioiella Ranciano

Casa Rossa
Castello d. Donorótico

Podere Pianali
Monte

San Carlo

San Vincenzo
59

Riva degli Etruschi
58 E80
Via Aurelia
Rocca di
San Silvestro

Botro ai Marmi

13

Casa Cavalleggero

Campalto
12

200 **84**

13
Rimigliano
Lumiere
S1

22
Caldana
83

ROUTE 3

la Torráccia

Póggio
all'Agnello
S398

Golfo di
Baratti
110 Baratti
60
Populónia
5
12
la Sdriscia

Parco Archeologico
di Baratti e Populonia
**Tombe
Etrusche**
Oasi
degli

Monte Massoncello
Colmata 16
Casa
Vigr
P
286
Punta Rio Fanale
Monte Santa Maria
Torre del Sala
208
Asca

001
Foce della
Cornia Vécchia

100
Salívoli
61
Marina di Salívoli
111
Porto Vécchio
la Rocchetta
Fiume Cornia

l   a   g   o

50
Piombino

C
a
n
a
l
e

d
i

P
i
o
m
b
i
n
o

G o l f

100

50

0,5-1h

Capo della Vita
130
Ísola
Topi
Cavo

Cala
Mandriola
81
Monte Grosso
347
Cala del
Telegrafo
Ísola
Palmaiola
Parco Nazionale
dell'Arcipelago
Toscano

Ísola
Cérboli

Parco Nazionale
dell'Arcipelago
Toscano

0,75h

Cala dell'
Inferno
82
Parco Nazionale
Nisportino
Monte Ser
Capo Pero

Ísola d'Elba
422
ROUTE 4

Punta di Nisporto
10

65 50
Viticcio
64
Monte Poppe
122
Bagnáia
Rio
nell'Elba
130
80
Rio Marina
il Porticciolo

248
Portoferráio
Castello di Volterráio
Monte Arco
268
Capo Ortano

66
Carpani
Ville
Ottóne
Cima del Monte
516
Monte Arco
123
le Grotte
mpitelle
San Martino
**Madonna
di Monserrato**
9
Monte Arco
278
Villa Napoleone
377
Monte S. Marino
129
77 **78** **79**
Punta delle Cannelle
365
Monte Orello
12
Arcipelago

di Campo
72 **73**
74
75
Porto Azzurro
Lacona
10

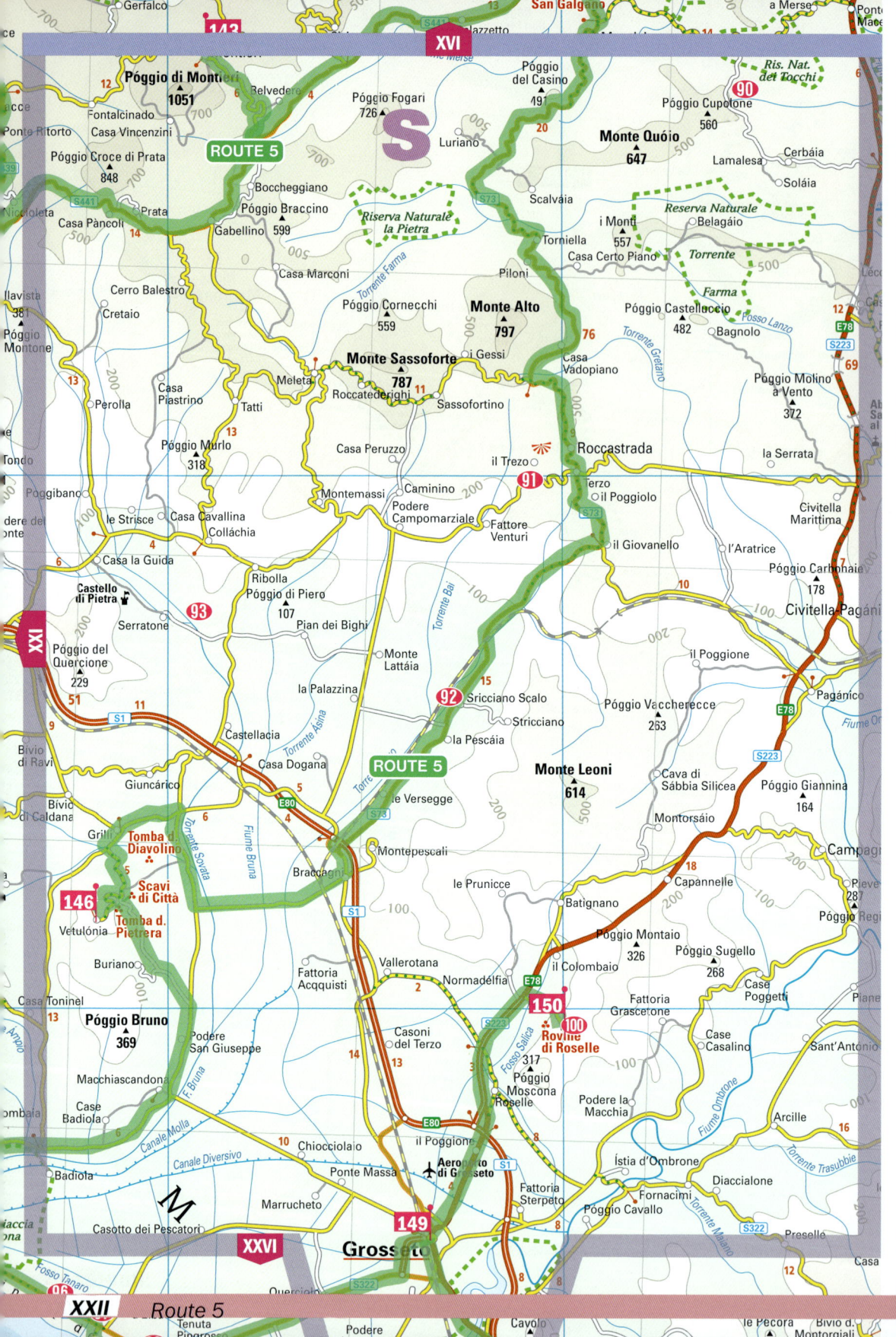

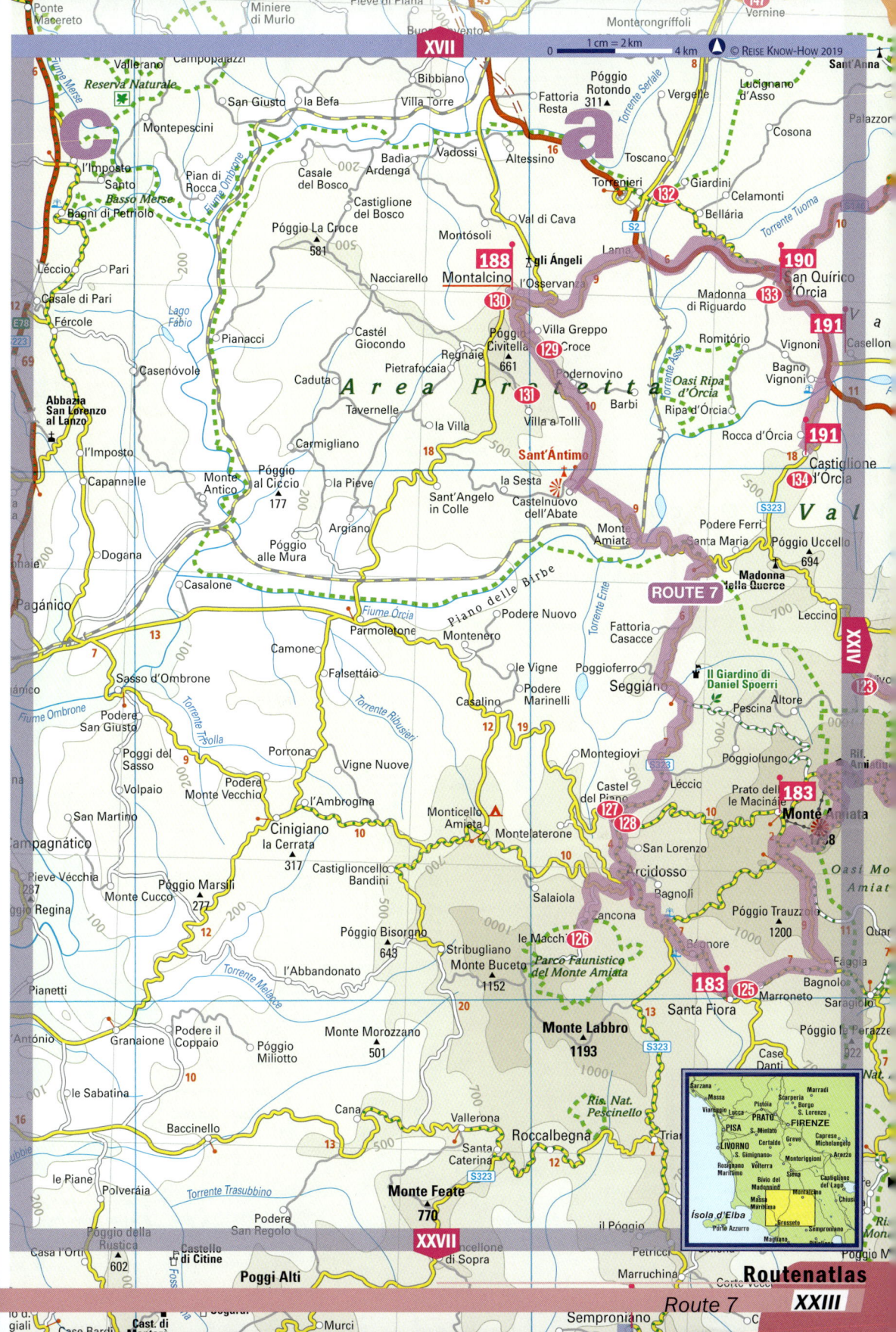

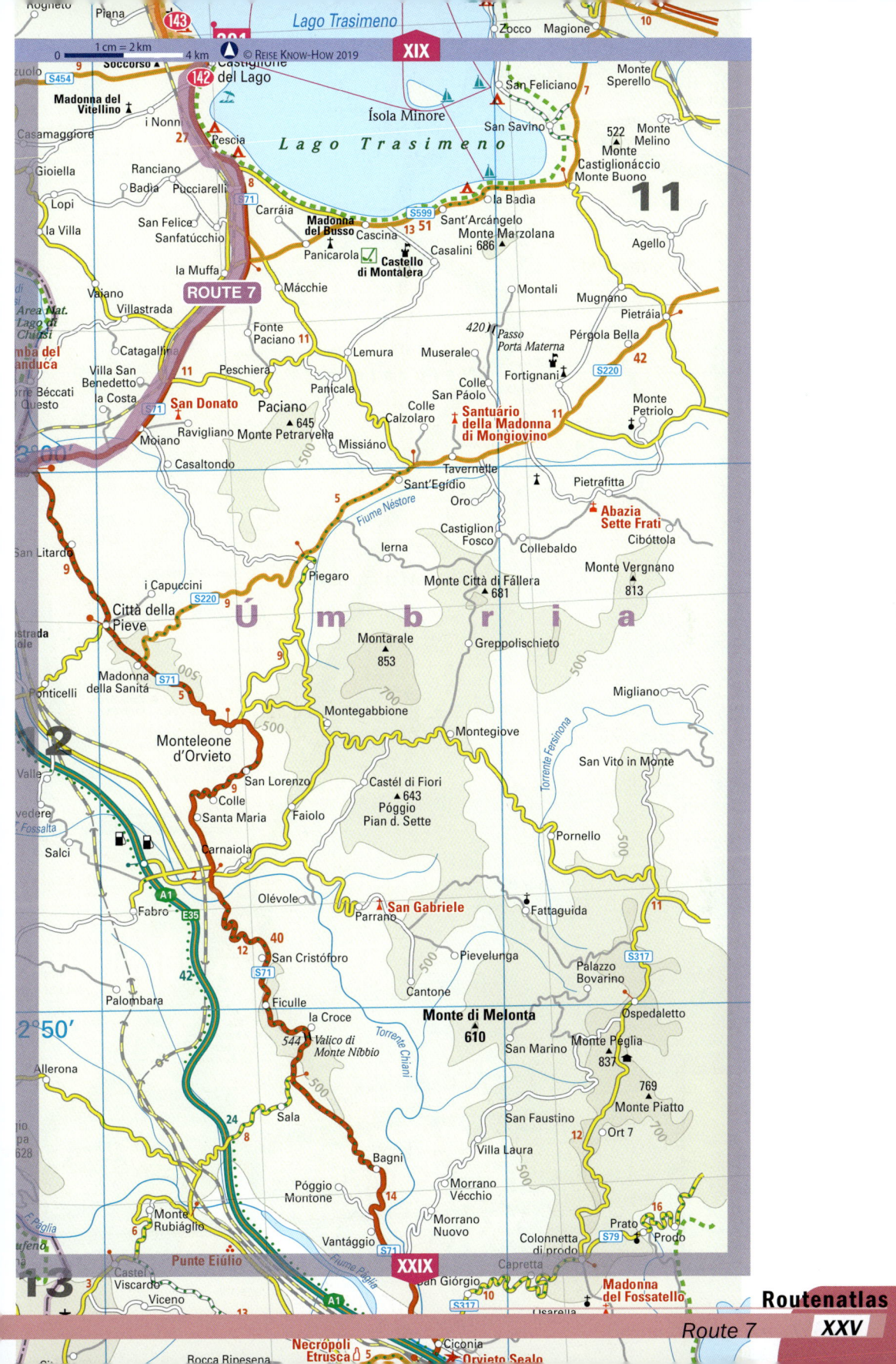

Lago Trasimeno

Rogneto   Piana   143   Zocco   Magione   10

© REISE KNOW-HOW 2019

Soccorso ▲   142   Castiglione del Lago   San Feliciano   Monte Sperello

zuolo   S454   Madonna del Vitellino ♦   i Nonni   27   Pescia   Ísola Minore   San Savino   522   Monte Melino

Casamaggiore   Ranciano   Badia   Pucciarelli   8   L a g o   T r a s i m e n o   Monte Castiglionáccio   Monte Buono

Gioiella   S71   Carráia   la Badia   Sant'Arcángelo   Agello   11

Lopi   San Felice   Madonna del Busso   13 51   Monte Marzolana   686

la Villa   Sanfatúcchio   Panicarola   Cascina   Casalini   Montali   Mugnano   Pietráia

la Muffa   Mácchie   Castello di Montalera   Pérgola Bella   42

ROUTE 7   Fonte Paciano   11   420   Passo Porta Materna   S220   Fortignani

Area Nat. Lago di Chiusi   Catagallina   Lemura   Musérale   Colle San Páolo   Monte Petriolo

mba del anduca   Villa San Benedetto   11   Peschiera   Panicale   Colle Calzolaro   Santuário della Madonna di Mongiovino   11

Torre Béccati Questo   la Costa   S71   Paciano   645   Missiáno   Tavernelle

San Donato   Ravigliano Monte Petrarvella   Sant'Egídio   Pietrafitta

Moiano   Casaltondo   5   Fiume Néstore   Oro   Abazia Sette Frati

San Litardo   9   Piegaro   Ierna   Castiglion Fosco   Collebaldo   Cibóttola

i Capuccini   S220   9   Monte Città di Fállera   Monte Vergnano

Città della Pieve   Ú m b r i a   681   813

strada ole   Madonna della Sanitá   S71   9   Montarale   Greppolischieto   Migliano

Ponticelli   5   853   Montegabbione   San Vito in Monte

Valla   Monteleone d'Orvieto   San Lorenzo   Castél di Fiori   Montegiove

Salci   Colle   Santa Maria   Faiolo   643   Póggio Pian d. Sette   Pornello

Carnaiola   9   Olévole   San Gabriele   Fattaguida   11

Fabro   A1   E35   Parrano   Pievelunga   Pálazzo Bovarino   S317

Palombara   40   12   San Cristóforo   Cantone   Ospedaletto

42   S71   Ficulle   la Croce   Monte di Melonta   610   Monte Péglia   837

Allerona   544   Valico di Monte Nibbio   San Marino   769   Monte Piatto

Torrente Chiani   24   Sala   San Faustino   Ort 7   12

8   Bagni   Villa Laura

Póggio Montone   14   Morrano Vécchio   16

Monte Rubiáglio   6   Morrano Nuovo   Prato   S79   Prodo

Vantággio   S71   Colonnetta di prodo

Punte Eiúlio   XXIX   Capretta   Madonna del Fossatello

Viscardo   3   San Giórgio   10   S317

Viceno   13   A1   Usarella

Necrópoli Etrusca   5   Ciconia   Orvieto Scalo

Routenatlas

Route 7   XXV

11

2

13

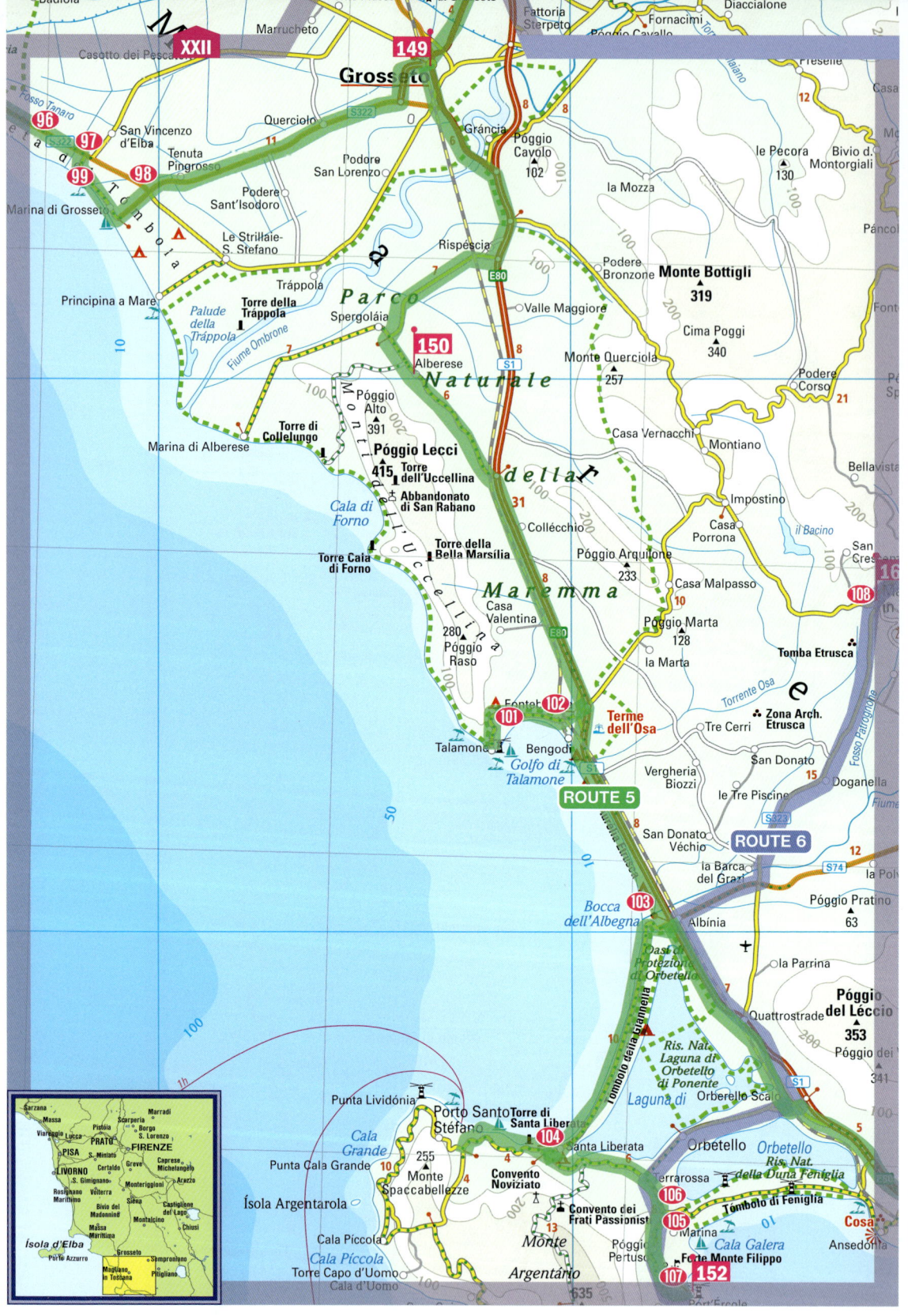

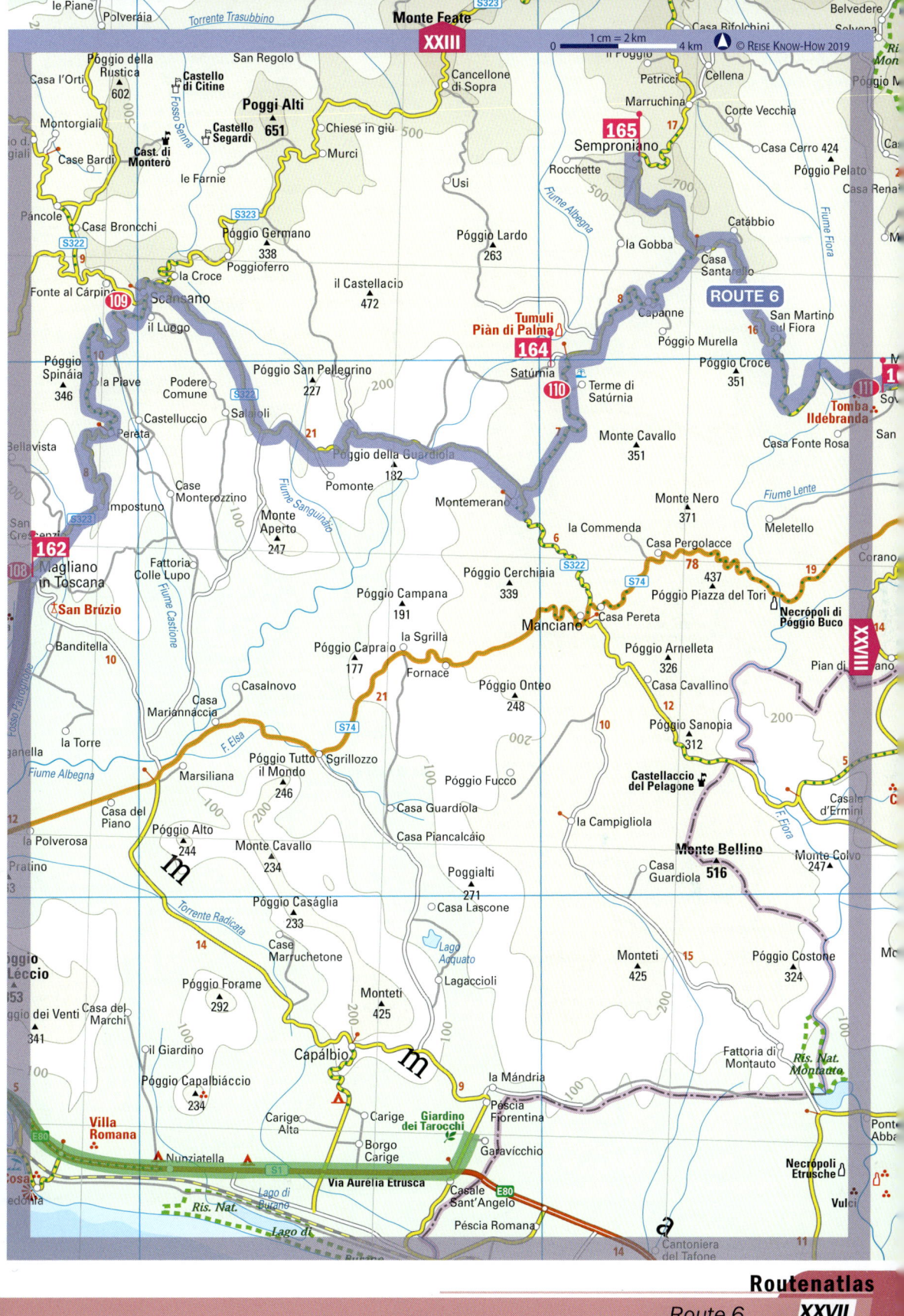

Monte
Rubiáola

Montóne

Vécchio
Merano

Prato

16

Fiume Páglia

A1
E35

Punte Eiúlio

Castel
Viscardo
Viceno

13

Benano

Citerno

Rocca Ripesena

S317
Madonna
del Fossatell

Osarella
Fossatello

Capretta

di prodo

San Giórgio

Necrópoli
Etrusca

Convento della Trínita
San Quírico
Sugano

Canónica

Pratostaffa
Case Perazza

Póggio
Pocatrabbio
655
Monte Panaro
631

28

Abbazia di
San Severo

12

Tombe
Etrusche

Poranbo

Torre
San Severo

171

Boccetta

16

S71

9

7

Capráccia

Lubriano

Civita

Bagnorégio

Bolsen

119

S

120

42

15

Monterado
625
la Casa

5

Rio Torbido

San Michele
in Teverina

Vetriolo

Sterpeti

Civitella
d'Agliano

Tardane

46

9

546
Póggio Selva
Monte Orsone
504

Capobianco

S71

Coste

10

Fastello

Montefascone

S2

le Mosse

10

537
Monte d'Oro

Fiordini

Zepponani

Santa Caterina

Celleno

Roccalvecco

Sant'Ángelo

Montecalvello

Santa María

Magugnano

5

Grotte
Santo Stéfano

Sipicciano

Vallebona

onte Cardone
412

17

Casa
Valle Rice

10

Ferento

Torrente Vezza

9

Casa Pratalano

Commenda

Valle
Castellone

13

Zona Archeologica
di Acquarossa

Victorchiano

il Conventino

8

Casale
Mogliane

Madonna
della
Spiga

S204

9

7

Osteria delle
Capannacce

8

Monte Razzano
301

24

San Gaetano

Bagno
Bussete

Bullicame

Aeroporto
di Viteo

3

Santa
María

la Quérica

Bagnáia

4

Villa Lante

Santa Catherina

Bagni
di Viterbo

7

Viterbo

Sasso
Menicante

1053
Monte Cimino

Soriano
nel Cimino

5

Macchia
d. Conte

Necrópoli
d'Axia

Castél
d'Asso

S675

le Farine

7

10

9

8

Legende der im Routenatlas verwendeten Symbole

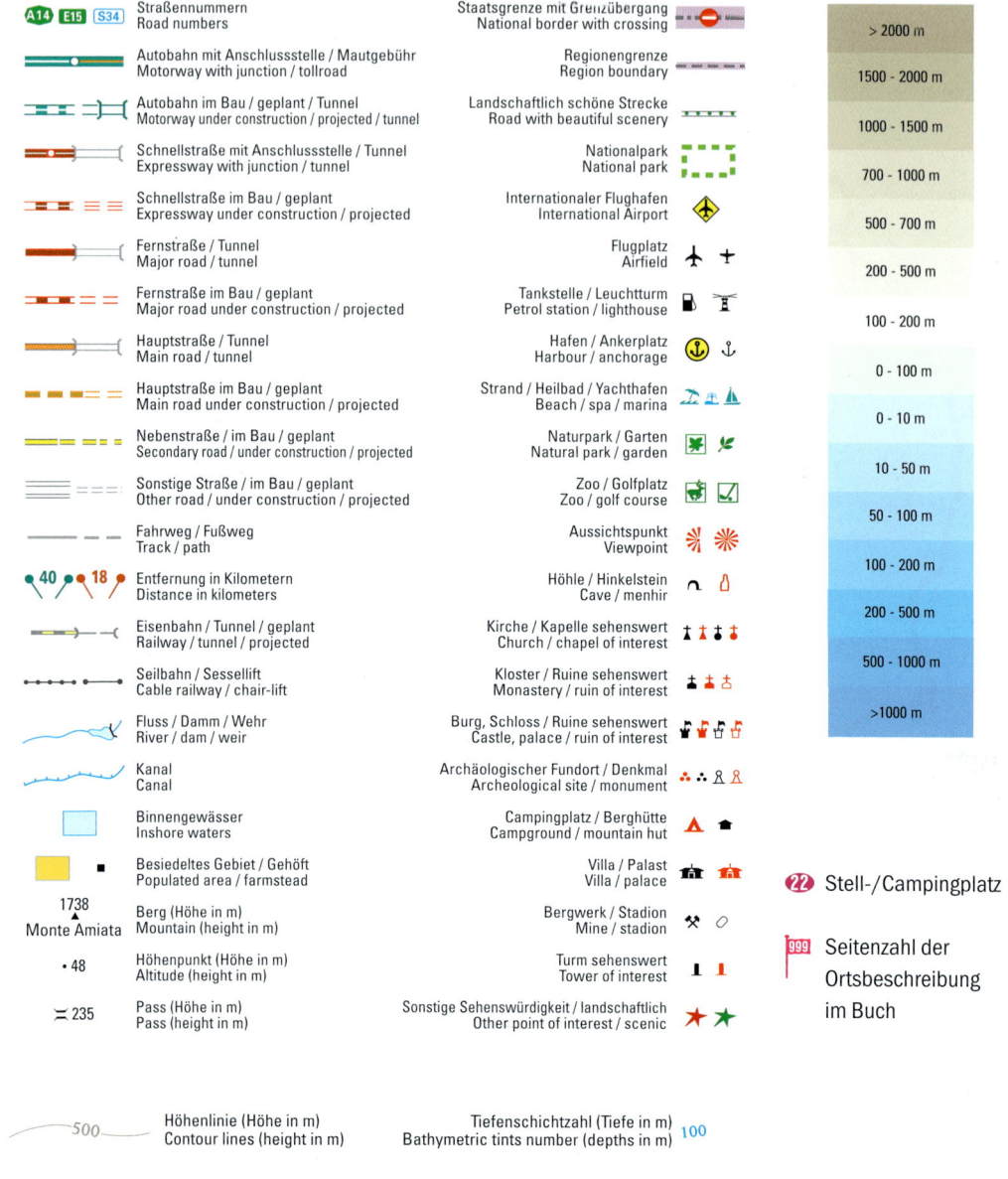

A14 **E15** **S34**	Straßennummern / Road numbers
	Autobahn mit Anschlussstelle / Mautgebühr / Motorway with junction / tollroad
	Autobahn im Bau / geplant / Tunnel / Motorway under construction / projected / tunnel
	Schnellstraße mit Anschlussstelle / Tunnel / Expressway with junction / tunnel
	Schnellstraße im Bau / geplant / Expressway under construction / projected
	Fernstraße / Tunnel / Major road / tunnel
	Fernstraße im Bau / geplant / Major road under construction / projected
	Hauptstraße / Tunnel / Main road / tunnel
	Hauptstraße im Bau / geplant / Main road under construction / projected
	Nebenstraße / im Bau / geplant / Secondary road / under construction / projected
	Sonstige Straße / im Bau / geplant / Other road / under construction / projected
	Fahrweg / Fußweg / Track / path
40 18	Entfernung in Kilometern / Distance in kilometers
	Eisenbahn / Tunnel / geplant / Railway / tunnel / projected
	Seilbahn / Sessellift / Cable railway / chair-lift
	Fluss / Damm / Wehr / River / dam / weir
	Kanal / Canal
	Binnengewässer / Inshore waters
	Besiedeltes Gebiet / Gehöft / Populated area / farmstead
1738 ▲ Monte Amiata	Berg (Höhe in m) / Mountain (height in m)
• 48	Höhenpunkt (Höhe in m) / Altitude (height in m)
≍ 235	Pass (Höhe in m) / Pass (height in m)

	Staatsgrenze mit Grenzübergang / National border with crossing
	Regionengrenze / Region boundary
	Landschaftlich schöne Strecke / Road with beautiful scenery
	Nationalpark / National park
	Internationaler Flughafen / International Airport
	Flugplatz / Airfield
	Tankstelle / Leuchtturm / Petrol station / lighthouse
	Hafen / Ankerplatz / Harbour / anchorage
	Strand / Heilbad / Yachthafen / Beach / spa / marina
	Naturpark / Garten / Natural park / garden
	Zoo / Golfplatz / Zoo / golf course
	Aussichtspunkt / Viewpoint
	Höhle / Hinkelstein / Cave / menhir
	Kirche / Kapelle sehenswert / Church / chapel of interest
	Kloster / Ruine sehenswert / Monastery / ruin of interest
	Burg, Schloss / Ruine sehenswert / Castle, palace / ruin of interest
	Archäologischer Fundort / Denkmal / Archeological site / monument
	Campingplatz / Berghütte / Campground / mountain hut
	Villa / Palast / Villa / palace
	Bergwerk / Stadion / Mine / stadion
	Turm sehenswert / Tower of interest
	Sonstige Sehenswürdigkeit / landschaftlich / Other point of interest / scenic

> 2000 m	
1500 - 2000 m	
1000 - 1500 m	
700 - 1000 m	
500 - 700 m	
200 - 500 m	
100 - 200 m	
0 - 100 m	
0 - 10 m	
10 - 50 m	
50 - 100 m	
100 - 200 m	
200 - 500 m	
500 - 1000 m	
>1000 m	

22 Stell-/Campingplatz

999 Seitenzahl der Ortsbeschreibung im Buch

—500—	Höhenlinie (Höhe in m) / Contour lines (height in m)
100	Tiefenschichtzahl (Tiefe in m) / Bathymetric tints number (depths in m)

Der in diesem Buch abgedruckte Routenatlas beruht auf dem Faltplan „Toskana" im Maßstab 1 : 200.000 aus dem world mapping project™, herausgegeben vom REISE KNOW-HOW Verlag. Er ist auf reiß- und wetterfestem Material gedruckt, GPS-tauglich und verfügt über einen ausführlichen Ortsindex.
Erhältlich für 9,95 € in allen Buchhandlungen.